NCS 직업기초능력평가

2025
고시넷
공기업

NCS
직업기초능력
대비

최신
LH공사
출제유형

고시넷 WWW.GOSINET.CO.KR

LH 한국토지주택공사

5·6급 NCS

기출예상모의고사

gosinet
(주)고시넷

PREFACE

정오표 및 학습 질의 안내

정오표 확인 방법

고시넷은 오류 없는 책을 만들기 위해 최선을 다합니다. 그러나 편집 과정에서 미처 잡지 못한 실수가 뒤늦게 나오는 경우가 있습니다. 고시넷은 이런 잘못을 바로잡기 위해 정오표를 실시간으로 제공합니다. 감사하는 마음으로 끝까지 책임을 다하겠습니다.

고시넷 홈페이지 접속 > 고시넷 출판-커뮤니티 > 정오표

www.gosinet.co.kr

모바일폰에서 QR코드로 실시간 정오표를 확인할 수 있습니다.

학습 질의 안내

학습과 교재선택 관련 문의를 받습니다. 적절한 교재선택에 관한 조언이나 고시넷 교재 학습 중 의문 사항은 아래 주소로 메일을 주시면 성실히 답변드리겠습니다.

이메일주소 **qna@gosinet.co.kr**

CONTENTS

차례

LH 한국토지주택공사 필기시험 정복

파트 1 LH 한국토지주택공사 기출예상모의고사

파트 2 인성검사

파트 3 면접가이드

책 속의 책 정답과 해설

구성과 활용

1

LH 소개 & 채용 절차

LH의 미션, 비전, 핵심가치, 인재상 등을 수록하였으며 모집 공고 및 채용 절차 등을 쉽고 빠르게 확인할 수 있도록 구성하였습니다.

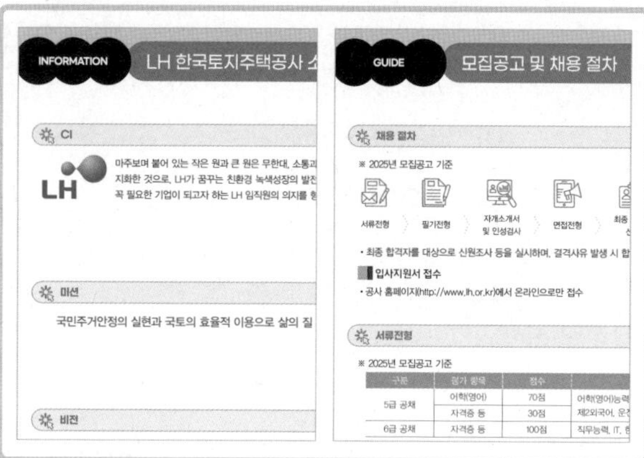

2

LH 기출문제 분석

2024년, 2023년 LH 직무능력검사 기출문제를 분석하여 최신 출제 경향을 한눈에 파악할 수 있도록 하였습니다.

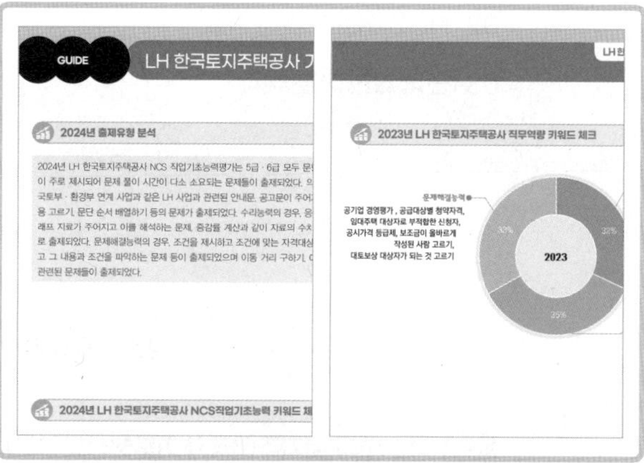

3

기출예상문제로 실전 연습

총 6회의 LH 기출예상문제로 자신의 실력을 점검하고 완벽한 실전 준비가 가능하도록 구성하였습니다.

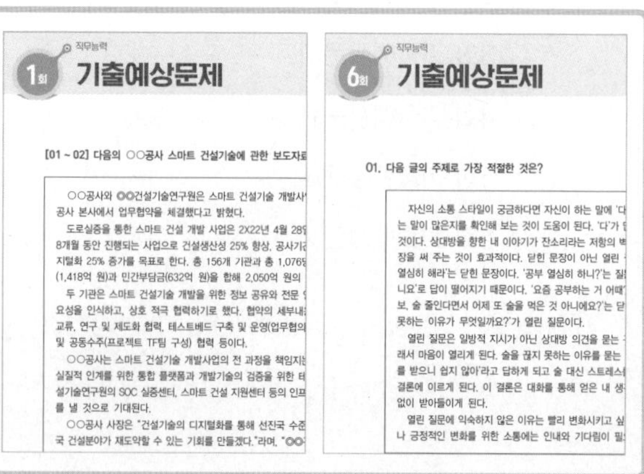

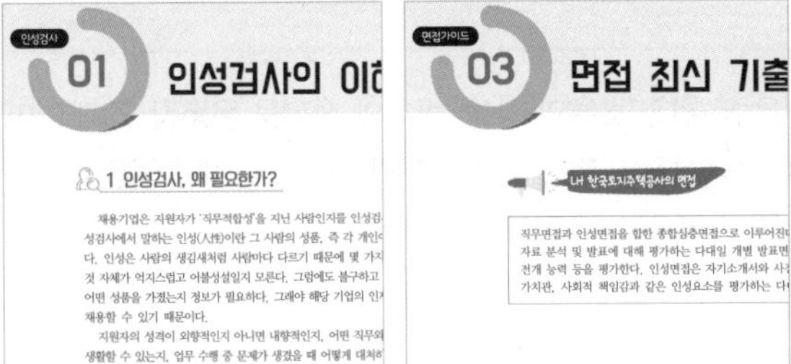

4

인성검사 & 면접가이드

최근 채용 시험에서 점점 중시되고 있는 인성검사와 면접 질문들을 수록하여 마무리까지 완벽하게 대비할 수 있도록 하였습니다.

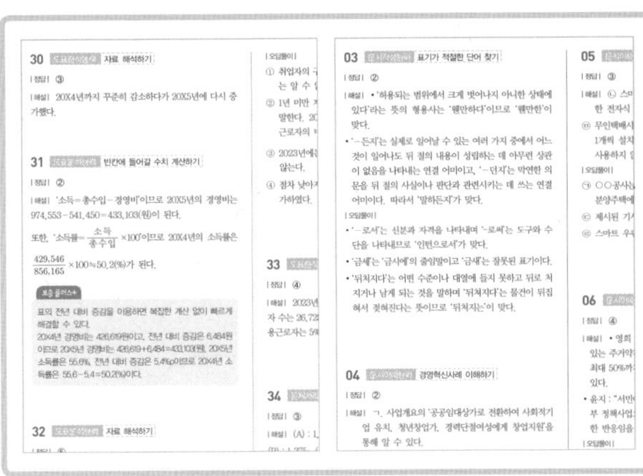

5

상세한 해설과 오답풀이가 수록된 정답과 해설

기출예상문제의 상세한 해설을 수록하였고 오답풀이 및 보충 사항들을 수록하여 문제풀이 과정에서의 학습효과가 극대화될 수 있도록 구성하였습니다.

INFORMATION

LH 한국토지주택공사 소개

 CI

마주보며 붙어 있는 작은 원과 큰 원은 무한대, 소통과 상생, 변화와 성장을 운동감 있게 이미지화한 것으로, LH가 꿈꾸는 친환경 녹색성장의 발전적 이미지와 공기방울처럼 국민들에게 꼭 필요한 기업이 되고자 하는 LH 임직원의 의지를 형상화하였다.

 미션

국민주거안정의 실현과 국토의 효율적 이용으로 삶의 질 향상과 국민경제 발전을 선도

 비전

살고 싶은 집과 도시로 국민의 희망을 가꾸는 기업

 핵심가치(TRUST)

국민중심 (Together) · 미래혁신 (Revolution) · 소통화합 (Unification) · 안전품질 (Safety&Quality) · 청렴공정 (Transparency)

전사적 경영목표

주택공급	도시조성	품질목표	부채비율
100만 호 공급	250km² 조성	100% 달성	232% 이하
주거복지	산업거점	중대재해	고객만족
200만 호 확보	50km² 조성	ZERO	BEST

인재상

LH C.O.R.E. Leadership

소통 · 성과 · 도전 · 공익으로
미래가치를 창출하는 핵심인재

의미

LH는 영문 공식명칭에 기반한 대표 이니셜을 사용하여 토지 · 주택분야 대표기업으로서의 의미를 함축하며, 또한 L과 H의 이니셜은 Land & Housing, Life & Human, Love & Happiness 등 인간중심과 국민행복을 위한 주거공간 및 도시 · 국토개발의 고객가치를 담았다.

설립근거

법률 제20557호 한국토지주택공사법	
설립목적	한국토지주택공사를 설립하여 토지의 취득 · 개발 · 비축 · 공급, 도시의 개발 · 정비, 주택의 건설 · 공급 · 관리 업무를 수행하게 함으로써 국민주거생활의 향상과 국토의 효율적인 이용을 도모하여 국민경제의 발전에 이바지함을 목적으로 한다.
자본금	공사의 자본금은 65조 원으로 하고, 그 전액을 정부가 출자한다.

모집공고 및 채용 절차

채용 절차

※ 2025년 모집공고 기준

서류전형 〉 필기전형 〉 자개소개서 및 인성검사 〉 면접전형 〉 최종 합격자 선정

• 최종 합격자를 대상으로 신원조사 등을 실시하며, 결격사유 발생 시 합격 취소

입사지원서 접수

• 공사 홈페이지(http://www.lh.or.kr)에서 온라인으로만 접수

서류전형

※ 2025년 모집공고 기준

구분	평가 항목	점수	세부 기준
5급 공채	어학(영어)	70점	어학(영어)능력, 직무능력, IT, 한국사, 영어말하기 또는 제2외국어, 운전면허
	자격증 등	30점	
6급 공채	자격증 등	100점	직무능력, IT, 한국사

• 평가 항목별로 만점에 40%를 기본점수로 부여
• 합격자 선정 : 평가점수에 가산점을 합산한 총점의 고득점자 순으로 모집분야별 선발예정인원의 30배수 선정

필기전형

• 전형대상 : 서류전형 합격자
• 전형내용 : 직무능력검사(모집분야별 전공시험 시험범위)

※ 2025년 기준

5급 공채		사무직	기술직	문항수	시간
		일반행정, 전산, 법률, 회계, 지적, 문화재			
직무능력검사	NCS 직업기초능력	의사소통능력, 문제해결능력, 수리능력 등		40	60분
	전공시험	객관식(50문항)+단답형 주관식(10문항)		60	80분

6급 공채		사무직	기술직	문항수	시간
		행정			
직무능력검사	NCS 직업기초능력	의사소통능력, 문제해결능력, 수리능력 등		40	60분

자기소개서 및 인성검사

• 전형대상 : 필기전형 합격자(필기전형 합격자는 기한 내 모두 응시)

구분	내용	측정항목
자기소개서	자기소개서 온라인 작성 및 제출	지원포부, 경험 · 경력활동 및 직업기초능력 기술
인성검사	온라인 필기 문답	적극성, 성실성, 적응위험 요인 등 인성 및 적응관련 항목 평가

면접전형

• 전형대상 : 필기전형 합격자 중 기한 내 사전 온라인검사 및 서류제출 완료자
• 전형내용 : 종합 심층면접(직무면접+인성면접)

구분	내용	평가항목
대면면접	• 직무 발표면접(多對一 방식) – 직무별 상황과 관련한 다양한 업무 자료 분석 및 발표에 대해 평가	정보해석 및 처리능력, 문제해결 및 논리전개 능력 등
	• 인성 면접(多對多 방식) – 자기소개서, 인성검사 등을 활용하여 평가	직업관, 가치관, 사회적 책임감 등

유의사항

• 블라인드 채용에 따라 입사지원서 작성 시 이전지역 및 비수도권지역 인재 해당여부, 자격증, 특별우대 관련 증명서 등은 꼼꼼한 확인이 필요하며 입력 오류 등에 따른 불합격 처리 등의 불이익에 대한 모든 책임은 지원자 본인에게 있다. 또한 입사지원서 작성 시 직, 간접적으로 학교명, 가족관계 등 개인 인적사항이 입력될 경우 불이익을 받을 수 있다(발견 시 임의 블라인드 처리 등).
• 전형단계별로 제출하도록 안내된 관련 증빙서류를 제출하지 않거나 입사지원서 등 제출서류 기재사항이 허위 또는 위 · 변조임이 판명된 경우 입사취소는 물론 추후 입사가 제한될 수 있다.

GUIDE

LH 한국토지주택공사 기출 유형 분석

2024년 출제유형 분석

2024년 LH 한국토지주택공사 NCS 직업기초능력평가는 5급 · 6급 모두 문항수가 40문항으로 변경되었으며 긴 지문이 주로 제시되어 문제 풀이 시간이 다소 소요되는 문제들이 출제되었다. 의사소통능력의 경우, 청년 월세 지원 사업, 국토부 · 환경부 연계 사업과 같은 LH 사업과 관련된 안내문, 공고문이 주어지고 이를 읽고 제목 찾기, 맞거나 틀린 내용 고르기, 문단 순서 배열하기 등의 문제가 출제되었다. 수리능력의 경우, 응용수리 문제는 출제되지 않았으며 표와 그래프 자료가 주어지고 이를 해석하는 문제, 증감률 계산과 같이 자료의 수치를 계산하는 문제 등 자료해석 문제가 주로 출제되었다. 문제해결능력의 경우, 조건을 제시하고 조건에 맞는 자격대상을 찾는 문제나 법 조항 혹은 공고문을 읽고 그 내용과 조건을 파악하는 문제 등이 출제되었으며 이동 거리 구하기, 예산에 맞는 유형 구하기 같이 자원관리와 관련된 문제들이 출제되었다.

2024년 LH 한국토지주택공사 NCS직업기초능력 키워드 체크

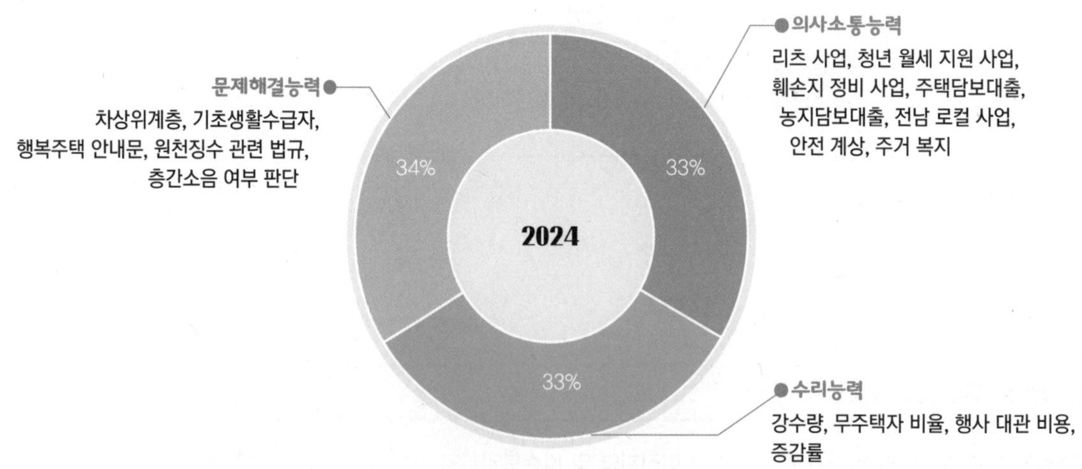

2023년 LH 한국토지주택공사 직무역량 키워드 체크

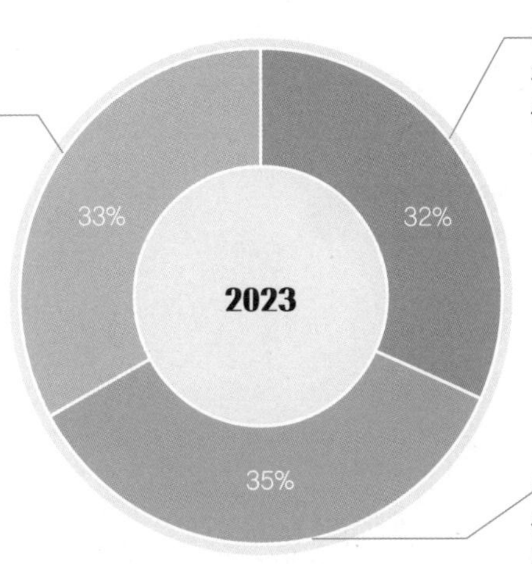

문제해결능력
공기업 경영평가 , 공급대상별 청약자격, 임대주택 대상자로 부적합한 신청자, 공시가격 등급제, 보조금이 올바르게 작성된 사람 고르기, 대토보상 대상자가 되는 것 고르기

의사소통능력
전세사기 피해자 구제 정책, 공공분양 공급대상 안내문, 선택형 · 나눔형 · 일반형 뉴홈 공공분양, 청약저축 대출, 신혼희망타운 관련 보도자료, 주민등록등본, 정관, 조합 사용인감, 시행 지침

수리능력
준시장형 공기업 등 기업 유형별 점수 체계 계산, 중앙행정기관 분포 비율 계산, 재산세 및 종부세 계산, 채권 매각시 금액, 소득기준 계산

2023년 LH 한국토지주택공사 NCS 직업기초능력 키워드 체크

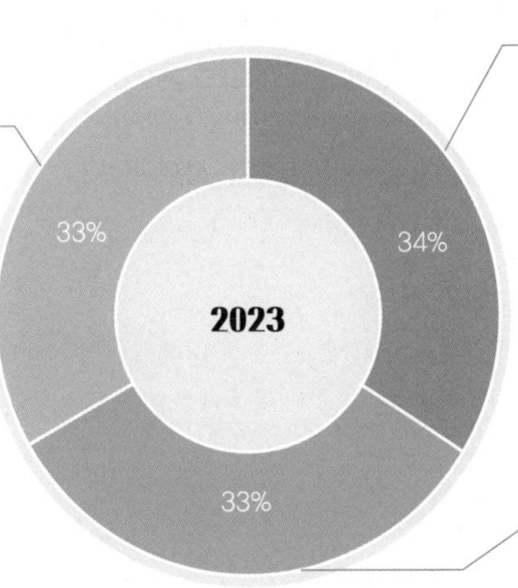

문제해결능력
행복주택 사업의 입주자 순위에 따른 당첨자 고르기, 주거 지원 조건을 충족한 사람 찾기, 안심전세앱 출시, 공모전 상금 계산, LH 마이홈 포털 사용, 출장비와 물품구입비 계산, 호실 · 자리 배치

의사소통능력
3D 프린팅, 영양소, 접속사(한편, 하필), 코로나19 바이러스, 부동산 관련 법 조항, 연금대출, 시행규칙, 내부정보 이용 규칙 준수, 채권

수리능력
정보 공개 절차에 관련하여 최소 소요기간 구하기, 연도별 · 항목별 증감률 및 평균 구하기, 비중 계산, 자료를 올바르게 반영한 그래프 고르기, 자료의 빈칸에 들어갈 수치 구하기, 조건에 따른 각각의 개수 계산

고시넷 LH 한국토지주택공사 [5 · 6급] NCS

영역별 출제비중

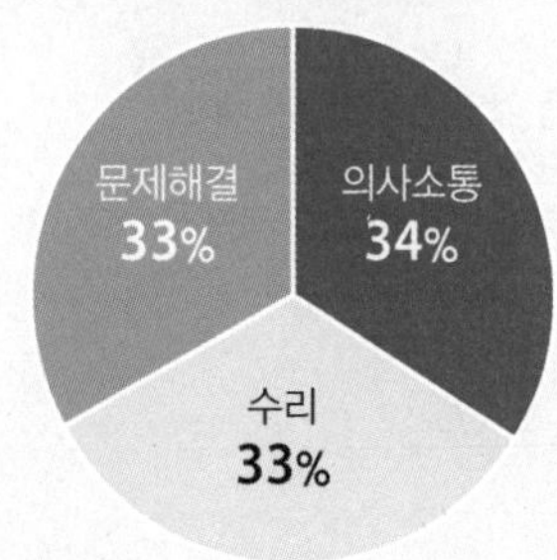

- ▶ 공고문, 기사문 이해하기
- ▶ 법조문, 약관, 규정 활용하기
- ▶ 표를 해석하여 수치 구하기
- ▶ 자료를 도표로 작성하기
- ▶ 예산에 맞는 유형 구하기
- ▶ 조건에 맞는 자격대상 파악하기

LH 한국토지주택공사 5 · 6급 필기전형 NCS는 의사소통능력, 수리능력, 문제해결능력의 영역으로 출제되었다. 의사소통능력은 LH 사업과 관련된 안내문, 공고문, 법조문 등의 제시된 자료를 독해하여 자료와 일치하는 내용을 찾거나 대출 상품을 비교하는 등 사례에 적용하는 문제가 주로 출제되었다. 수리능력은 제시된 표를 해석하거나 표의 수치를 계산하는 문제, 제시된 자료를 그래프로 작성하는 문제와 같은 자료 해석 문제가 출제되었다. 문제해결능력은 제시된 자료의 내용을 파악하여 조건에 맞는 대상을 찾는 문제, 자료를 바탕으로 예산에 맞는 유형을 구하기와 같은 자원관리 관련 문제가 출제되었다.

LH 한국토지주택공사
[5·6급]

파트
1

기출예상모의고사

1회 기출예상문제
2회 기출예상문제
3회 기출예상문제
4회 기출예상문제
5회 기출예상문제
6회 기출예상문제

1회 기출예상문제

문항수 : 40 문항

문항시간 : 60 분

▶ 정답과 해설 2쪽

[01 ~ 02] 다음의 ○○공사 스마트 건설기술에 관한 보도자료를 보고 이어지는 질문에 답하시오.

> ○○공사와 ◎◎건설기술연구원은 스마트 건설기술 개발사업의 성공적인 완수를 목표로 ○○공사 본사에서 업무협약을 체결했다고 밝혔다.
>
> 도로실증을 통한 스마트 건설 개발 사업은 2X22년 4월 28일부터 2X25년 12월 31일까지 3년 8개월 동안 진행되는 사업으로 건설생산성 25% 향상, 공사기간 25% 단축, 재해율 25% 감소, 디지털화 25% 증가를 목표로 한다. 총 156개 기관과 총 1,076명의 연구자가 참여하며 정부출연금(1,418억 원)과 민간부담금(632억 원)을 합해 2,050억 원의 예산으로 진행된다.
>
> 두 기관은 스마트 건설기술 개발을 위한 정보 공유와 전문 인력 간 기술교육 및 연구협약의 중요성을 인식하고, 상호 적극 협력하기로 했다. 협약의 세부내용은 관련 분야 정보 교육 및 기술교류, 연구 및 제도화 협력, 테스트베드 구축 및 운영(업무협의체 구성) 협력, 해외 개발사업 추진 및 공동수주(프로젝트 TF팀 구성) 협력 등이다.
>
> ○○공사는 스마트 건설기술 개발사업의 전 과정을 책임지는 총괄기관으로서 전체 세부과제의 실질적 인계를 위한 통합 플랫폼과 개발기술의 검증을 위한 테스트베드 구축을 추진하며, ◎◎건설기술연구원의 SOC 실증센터, 스마트 건설 지원센터 등의 인프라 운영 경험이 더해져 시너지 효과를 낼 것으로 기대된다.
>
> ○○공사 사장은 "건설기술의 디지털화를 통해 선진국 수준의 기술경쟁력을 확보하고, 대한민국 건설분야가 재도약할 수 있는 기회를 만들겠다."라며, "◎◎건설기술연구원을 비롯한 모든 참여기관과 적극 협력하여 스마트 건설기술 개발사업을 반드시 성공으로 이끌겠다."라고 밝혔다.
>
> 또한 ◎◎건설기술연구원 원장은 "이번 협력을 통해 도로 분야 스마트 건설기반을 마련하고, 이를 항만, 철도, 주택 등 건설 전 분야에 접목해 지속가능한 신시장 창출의 기회로 삼겠다."고 밝혔다.

01. 다음 중 제시된 보도자료의 제목으로 가장 적절한 것은?

① ◎◎건설기술연구원, 도로건설분야에서 신시장을 만들 기회를 마련한다.

② ○○공사－◎◎건설기술연구원, 스마트 건설기술의 개발과 상용화 위해 협력한다.

③ ○○공사－◎◎건설기술연구원, 서로 다른 목적 달성을 위해 건설기술 사업에 함께 참여한다.

④ ○○공사, 항만, 철도, 주택 등 건설 전 분야의 기술 개발사업의 통합기관으로 업무협의체를 구성하다.

⑤ ○○공사－◎◎건설기술연구원, 전문 인력 · 기술 교류 활성화한다.

02. 다음 중 제시된 보도자료를 이해한 내용으로 적절하지 않은 것은?

① 총 150여 개의 기관, 1,000명 이상의 연구원이 4개의 목표를 달성하기 위해 스마트 건설 개발 사업에 참여한다.

② ◎◎건설기술연구원은 스마트 건설 지원센터와 SOC 실증센터 등의 인프라 운영 경험을 가지고 있다.

③ ◎◎건설기술연구원은 도로뿐만 아니라 항만, 철도, 주택 등에도 스마트 건설기술을 접목시킬 계획이다.

④ ○○공사와 ◎◎건설기술연구원은 업무협약에 따라 국내 개발사업을 추진하고, 이를 위한 TF팀을 만든다.

⑤ 3년 8개월 동안 진행되는 스마트 건설 개발 사업에 투입되는 정부출연금은 민간부담금의 2배 이상이다.

03. 다음에 소개된 'Good Job Plan 시즌3'의 내용을 올바르게 이해하지 못한 것은?

○○공사는 20XX년 일자리 종합계획인 『Good Job Plan 시즌3』를 발표하고 '6대 일자리 사업유형', 150개 단위과제 발굴 및 실행을 통해 올해 18만 개의 일자리를 창출하겠다고 밝혔다.

'6대 일자리 사업유형'은 그동안 ○○공사의 다양한 일자리 창출경험과 지원성과를 집대성 및 정형화한 것으로, 이를 통해 ○○공사 사업 전반으로 일자리 창출을 확산시키고 그에 따른 성과를 국민들에게 효과적으로 전달할 계획이다.

(1) 경영혁신형 → 투자, 조달 등 경영체계 혁신을 통한 일자리 확산

(2) 사업개선형 → 새로운 사업모델, 사업체계 개선을 통한 일자리 확대

(3) 고용창출형 → 직접 또는 간접 고용을 통한 공공일자리 창출

(4) 고용유발형 → 혁신산업 육성, 인프라 조성 등을 통한 민간일자리 창출

(5) 공간지원형 → ○○공사의 공간창출 능력을 활용하여, 창업 등 지원

(6) 재원지원형 → ○○공사의 자금 · 지식 등 재원을 활용하여, 일자리 지원

특히, 올해는 국내최대 SOC 공기업으로서 공공기관 최대인 10.7조 원 규모의 재정집행을 통해 17만 개의 민간일자리를 창출하고, 청년, 어르신, 경력단절여성 장애인 등을 위한 맞춤형 일자리도 1만여 개를 마련할 예정이다.

구직의 어려움을 겪는 청년들을 위해서 신입사원 450명 및 인턴사원 1,000명을 채용하고, 60세 이상 어르신들은 '임대주택 돌봄사원' 일자리 2,000개를 제공한다. 특히 인구의 4분의 1을 차지하는 50 · 60대 신중년층을 위해 '예비창업학교'를 새롭게 운영하고 전세임대주택 실태조사를 위한 새로운 일자리 60여 개를 발굴하여 시범 추진한다.

민간일자리 생태계 개선 역시 계속된다. 적정임금제 적용대상 지구 확대, 입찰제도 개선을 통한 건설사 정규직 채용 유도, 건설근로자용 편의시설 설치 등을 통해 근로자 친화적 건설문화를 조성하고 근로환경 개선을 지속적으로 추진한다.

① 시간선택제 등 유연근로제 확산을 통한 일자리 나눔을 실현하는 것은 경영혁신형 일자리 사업유형이다.

② 입주청소, 하자서비스 등 비핵심 업무의 외부 위탁을 늘리는 것은 간접 고용을 창출하는 것이다.

③ 임대주택 유휴공간을 리모델링하여 창업, 문화 공간 등의 생활공간으로 제공하는 것은 공간지원형 일자리 사업유형이다.

④ 일정 자격 요건을 갖춘 청년과 노인 계층에 대한 자금지원 방안이 포함된 종합계획이다.

⑤ 일자리 종합계획에는 일자리 창출뿐 아니라 업무환경 개선 활동도 포함된다.

[04 ~ 05] 다음은 행복주택 신청에 대한 공고문이다. 이어지는 질문에 답하시오.

〈행복주택 4분기 입주자 모집 안내〉

※ 신청자격별 세부 자격요건은 입주자 모집 공고문을 반드시 확인하시기 바랍니다.

신청자격에 따라 임대조건이 달리 적용되오니 입주자 모집 공고문의 해당 신청자격별 세부기준을 확인하신 후 신청하시기 바랍니다(관계법령 개정 시 변경가능).

① 대학생 계층
 – 대학생 : 대학에 재학 중이거나 다음 학기에 입 · 복학 예정인 자
 – 취업준비생 : 대학 또는 고등학교를 졸업(또는 중퇴)한 지 2년 이내인 자

② 청년 계층
 – 청년 : 만 19세 이상 만 39세 이하인 자
 – 사회초년생 : 소득이 있는 업무에 종사한 기간이 총 5년 이내이며, 아래의 하나에 해당하는 자
  1) 소득이 있는 업무에 종사하는 자
  2) 퇴직한 후 1년이 지나지 않은 사람으로서 구직급여 수급자격을 인정받은 자
  3) 예술인

③ 신혼부부 · 한부모가족 계층(「공공주택 특별법 시행규칙」 별표5 개정 예정)
 – 신혼부부 : 혼인 중이며 혼인기간이 7년 이내인 자
 – 예비신혼부부 : 입주 전까지 혼인사실을 증명할 수 있는 자
 – 한부모가족 : 6세 이하 자녀를 둔 한부모가족

④ 고령자 : 무주택기간이 계속하여 1년 이상인 해당 지역에 거주하는 만 65세 이상의 자

⑤ 주거급여수급자 : 무주택기간이 계속하여 1년 이상인 해당 지역에 거주하는 주거급여수급자

⑥ 산업단지근로자 : 해당 산업단지 입주 또는 입주 예정인 기업 및 교육 · 연구기관에 재직 중인 자

〈창업지원주택(광주첨단 H－1블록만 해당)〉

① 「1인 창조기업 육성에 관한 법률」 제2조에 해당하는 사람으로 해당 중소벤처기업부에서 1인 창조기업으로 인정하는 자

② 해당 지방자치단체장이 지역전략사업 등의 육성을 위하여 필요하다고 인정한 창업자 및 예비창업자로 해당 지자체에서 공급대상자로 추천받은 자

ㅁ 모집단지

– 주택형별, 모집호수, 세부 입주자격 등 자세한 사항은 12월 26일(예정) ○○공사 홈페이지에 게시되는 해당 단지 입주자모집 공고문을 참고하시기 바랍니다.

※ 아래 모집단지 및 입주월은 각 단지별 사업여건 등에 따라 변동될 수 있습니다.

관할본부	지구명	블록	세대수	입주월(예정)
14단지			3,719	
서울	의정부고산	S2-1	500	2020. 05
	양주고읍	A-13	508	2020. 06
경기	화성발안(산업단지형)	A1	608	2019. 09
	화성향남2	A20	99	2019. 09
충북	청주산남2-1	1	66	2020. 02
대전충남	대전도안2	1	238	2019. 11
전북	정읍첨단(산업단지형)	A1-3	600	2019. 11
광주전남	광주효천	A-3	264	2020. 03
	광주첨단(창업지원)	H-1	100	2020. 02
	광주첨단	H-2	100	2020. 02
	광주첨단	H-3	200	2020. 02
	여수관문	A-1	200	2020. 07
대구경북	대구비산	1	40	2019. 12
경남	의령동동	5	196	2020. 02

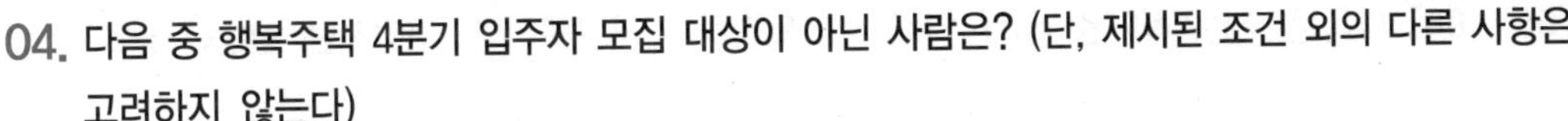

04. 다음 중 행복주택 4분기 입주자 모집 대상이 아닌 사람은? (단, 제시된 조건 외의 다른 사항은 고려하지 않는다)

① 군복무를 마치고 다음 학기에 복학 예정인 만 24세의 대학생 A 씨
② 소득이 있는 업무에 만 20세 때부터 3년, 만 26세부터 3년 종사한 B 씨
③ 아직 결혼식을 올리지 않았지만, 이틀 전 혼인신고서를 접수 완료한 C 씨 부부
④ 한부모가족의 형태로 혼자서 만 4세의 아이를 키우고 있는 D 씨
⑤ 2년 연속 무주택자로 지냈으며, 의정부고산 S2-1블록에 거주하는 주거급여수급자 E 씨

05. 제시된 공고문에 대한 설명으로 적절하지 않은 것은?

① 주택형별, 모집호수, 세부 입주자격 등의 사항은 추후 게시되는 입주자모집 공고문에서 확인할 수 있다.
② 모집단지는 총 14단지로, 서울, 경기, 충북, 대전충남, 전북, 광주전남, 대구경북, 경남의 관할본부로 구성되어 있다.
③ 경기 관할본부의 모집단지는 총 700세대수를 초과한다.
④ 광주효천의 입주 예정 시기는 의정부고산의 입주 예정 시기보다 빠르다.
⑤ 「1인 창조기업 육성에 관한 법률」 제2조에 해당하며 해당 중소벤처기업부에서 1인 창조기업으로 인정하는 A 씨는 광주첨단 H-2 블록에서 창업지원주택을 신청할 수 있다.

[06 ~ 08] 다음은 기존주택 전세임대 입주자를 모집하는 공고문이다. 이어지는 질문에 답하시오.

〈기존주택 전세임대주택이란?〉

기초생활수급자(생계, 의료급여수급자), 보호대상 한부모가족 등 저소득계층의 주거안정을 위하여 전세임대주택의 입주대상자로 선정된 자가 지원한도액 범위 내에서 전세 주택을 결정하면 ○○공사가 해당 주택 소유자와 전세계약을 체결하고 이를 입주대상자에게 재임대하는 주택입니다.

■ 본 모집공고문의 모집대상 주택을 무주택세대구성원에게 1세대 1주택 기준으로 공급하며, △△주택도시공사 및 □□도시공사 기존주택 전세임대 입주자 모집공고와 중복 신청하는 경우 전부 무효처리합니다.

〈무주택 세대구성원이란?〉

아래의 세대구성원에 해당하는 사람 전원이 주택을 소유하고 있지 않은 세대의 구성원을 말하며, 배우자가 세대 분리된 경우 배우자 및 배우자가 속한 등본의 무주택 세대구성원까지 포함합니다(「주택공급에 관한 규칙」 제2조 제4호).

※ 세대구성원(자격검증대상)

세대구성원(자격검증대상)	비고
신청자	
신청자의 배우자	신청자와 세대 분리되어 있는 배우자도 세대구성원에 포함
• 신청자의 직계존속 • 신청자의 배우자의 직계존속	신청자 또는 신청자의 배우자와 세대별 주민등록표상에 함께 등재되어 있는 사람에 한함.
• 신청자의 직계비속 • 신청자의 직계비속의 배우자	
• 신청자의 배우자의 직계비속	신청자와 세대별 주민등록표상에 함께 등재되어 있는 사람에 한함.

※ 아래에 해당하는 사람은 자격검증대상(세대구성원)에 포함합니다.

외국인 배우자	가족관계등록부에 등재된 외국인 배우자(외국인 등록을 한 경우에 한함)
외국인 직계존·비속	가족관계등록부에 등재되고 외국인 등록(또는 국내거소신고)을 한 사람으로서, 신청자 또는 분리배우자의 세대별 주민등록표등본에 기재되어 있거나 외국인 등록증상의 체류지(거소)가 신청자 또는 분리배우자의 세대별 주민등록표상 주소와 동일한 사람
태아	세대구성원의 태아

■ 「민법」상 미성년자(만 19세 미만)는 공급 신청할 수 없습니다. 단, 아래의 어느 하나에 해당하는 경우에는 미성년자도 공급 신청이 가능합니다(임대차계약 체결 시 법정대리인 동의 또는 대리 필요).

- 자녀가 있는 미성년 세대주
- 직계존속의 사망, 실종선고, 행방불명 등으로 형제자매를 부양해야 하는 미성년 세대주
- 부 또는 모가 외국인인 한부모가족으로서 미성년 자녀(내국인) 세대주

06. 다음 중 제시된 공고문에 대한 설명으로 가장 적절하지 않은 것은?

① 기존주택 전세임대주택이란 입주대상자로 선정된 자가 지원한도액 범위 내에서 전세 주택을 결정하면, 해당 주택을 ○○공사가 매입해 이를 입주대상자에게 재임대하는 주택이다.

② 세대구성원의 태아도 자격검증대상, 즉 세대구성원에 포함한다.

③ 특수한 경우를 제외한 만 19세 미만의 미성년자는 공급 신청을 할 수 없다.

④ 신청자와 세대 분리되어 있는 배우자도 세대구성원에 포함한다.

⑤ 신청자의 직계비속 중 신청자와 세대별 주민등록표상에 함께 등재되어 있지 않은 사람은 세대구성원에 포함하지 않는다.

07. 제시된 공고문에 따를 때, 다음 중 자격검증대상에 해당하지 않는 사람은?

① 신청자

② 신청자와 세대 분리되어 있는 신청자의 배우자

③ 신청자와 세대별 주민등록표상에 함께 등재되어 있는 신청자의 아버지

④ 신청자와 세대별 주민등록표상에 함께 등재되어 있는 신청자의 며느리

⑤ 신청자와 세대별 주민등록표상에 함께 등재되어 있는 신청자의 누나

08. 제시된 공고문을 바탕으로 할 때, 〈보기〉에서 적절한 설명을 모두 고른 것은?

보기

ㄱ. 가족관계등록부에 등재되어 있지만, 외국인 등록을 하지 않은 외국인 배우자는 자격검증대상에 포함되지 않는다.

ㄴ. 부모님의 벌이가 마땅치 않아 홀로 동생을 부양해야 하는 만 17세의 세대주는 공급 신청을 할 수 있다.

ㄷ. 신청자의 배우자가 주택을 소유하고 있어도 신청자가 무주택자라면 무주택 세대구성원에 해당한다.

ㄹ. 외국인 등록증상의 체류지가 신청자의 세대별 주민등록표상 주소와 동일한 외국인 A 씨의 부모는 자격검증대상에 포함된다.

ㅁ. 아버지가 외국인인 한부모가족의 만 18세 내국인 자녀 세대주는 공급 신청을 할 수 있다.

① ㄱ, ㄴ, ㄹ　② ㄱ, ㄹ, ㅁ　③ ㄴ, ㄷ, ㄹ

④ ㄴ, ㄷ, ㅁ　⑤ ㄷ, ㄹ, ㅁ

[09 ~ 10] 다음 글을 읽고 이어지는 질문에 답하시오.

(가) 정부와 공공기관은 수요공급의 조절이 어렵고 가격변동이 크게 발생하는 농산물의 가격 안정을 위하여 다양한 수급 안정 사업을 실시하고 있다. 하지만 정책처의 사업 분석에 의하면 유통비용이 과다하게 발생되고, 채소류의 가격이 크게 변동하는 등의 문제점이 여전히 해소되고 있지 못한 상태이다. 문제점을 구체적으로 살펴보면 다음과 같다.

(나) 먼저 무의 경우 20kg당 연평균 도매가격이 2014년 9,692원에서 2016년 17,420원으로 80% 가량 상승한 것으로 나타났으며, 배추의 경우 1kg당 연평균 가격이 2014년 479원에서 2016년 1,086원으로 2배 이상 상승했다. 이처럼 채소류의 가격 상승은 농산물의 안정적인 수급을 방해한다. 뿐만 아니라 농산물의 가격 변동 폭 또한 확대되고 있는 추세이다. 배추의 연도별 월 기준 최고, 최저 가격의 차이는 2014년 1kg당 467원에서 2016년 1,522원으로 커졌다.

(다) 이와 더불어 농산물의 소비자가격 중 유통비용이 차지하는 비율을 감소시킬 필요가 있다. 2015년을 기준으로 농산물이 도매시장을 경유하는 경우 45.8%가 유통비용으로 소요된 반면, 농가에서 유통센터로 직접 공급하는 경우에는 41.5%가 유통비용으로 소요되었다. 직접 경로는 기존 도매시장 방식에 비해 간접비와 이윤이 낮기 때문에 유통 비용 감소에 도움이 되며, 그에 따라 농가가 수취하는 부분도 증가하여 농가 수취 개선에 큰 도움이 될 수 있다.

(라) 농산물 수급 안정 정책의 성과 개선을 위하여 정부와 공공기관은 위와 같은 문제점에 유의하여 정책을 수립해야 한다. 효과적인 정책 방안은 다음과 같다. 첫째, 채소류 농산물 가격 변동 폭을 감소시키기 위해 계약 재배를 확대하고, 자조금을 활용하여 자율적 수급 조정 기능을 강화시키는 정책을 마련하는 것이 중요하다. 둘째, 농산물 유통비용의 감소를 위해서 농가에서 직접 유통센터로 공급하는 신유통 경로를 적극 활용하여 유통 경로를 단축할 필요가 있다.

(마) 한편 WTO 협상 등의 국제 조약에 따라 농산물 수출 물류비 지원금이 감소될 예정이므로 이를 대체할 수 있는 간접적인 정책 지원 방식을 마련할 필요가 있다. 또한 수출 진흥 사업에서 수출 실적이 계획에 비해 저조하게 나타난 사례가 일부 있었으며, 수입비축 사업에서는 실제 필요 예산 대비 과소, 과다하게 계산된 경우가 발견되었으므로 구체적인 실태 조사를 통한 예산 조정이 요구된다.

09. 각 문단의 중심 내용으로 적절하지 않은 것은?

① (가) – 가격 인상을 위한 농산물 정책의 부작용
② (나) – 농산물 가격의 상승과 변동 폭 확대 추세
③ (다) – 농산물 유통 과정 개선을 통한 유통비용 절감 방안
④ (라) – 농산물 수급 안정을 위한 정책 제안
⑤ (마) – 효율적인 정책 지원 및 예산 조정의 필요성

10. 제시된 글을 바탕으로 다음의 ㉠과 ㉡을 해석한 내용으로 적절하지 않은 것은?

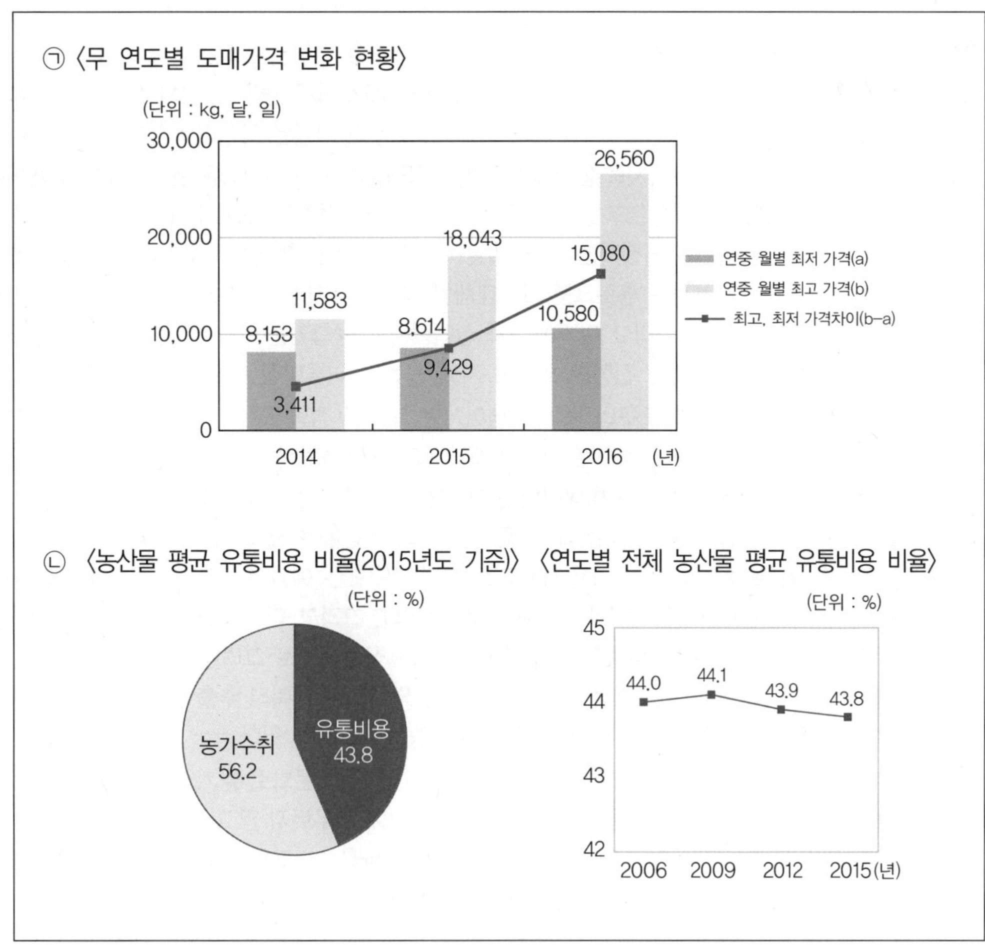

① ㉠의 자료를 참고했을 때, 무의 수급이 불안정함을 알 수 있다.

② ㉠을 보면 무의 도매가격 최고 가격과 최저 가격의 차이가 매년 꾸준히 벌어지고 있다.

③ 도매시장을 경유하는 농산물의 유통비용 비율은 ㉡의 전체 농산물 평균 유통비용 비율보다 더 크다는 점을 알 수 있다.

④ ㉡의 농가수취 비율은 직접 경로를 통하는 경우 그 비율이 늘어날 수 있으며, 그 이유는 유통 경로가 단축되어 유통비용이 낮아지기 때문이다.

⑤ ㉡의 자료를 보면 우리나라의 농산물 유통비용 비율이 조사 기간 중 계속해서 낮아지고 있다는 점에서, 신유통 경로가 점차 활성화된다는 사실을 알 수 있다.

[11 ~ 12] 다음 글을 읽고 이어지는 질문에 답하시오.

(가) 초연결사회(Hyper-connected Society)에서는 네트워크로 연결된 조직과 사회에서 다양한 방법의 융합을 통해 인간과 인간의 상호 소통이 다차원적으로 확장된다. 즉, 4차 산업혁명 시대에서는 기술 융합이 사회 융합으로 연결되는 것이다. 소통의 어원은 라틴어의 '나누다'를 의미하는 'Communicare'로 '뜻이 서로 통해 오해가 없음' 또는 '막히지 아니하여 잘 통함'을 의미한다. 앞으로 다가올 미래사회는 (　　　㉠　　　) 사회가 될 것이다. 초기에는 단순히 물체 위주의 홀로그램 기술이 구현되겠지만, 기술 발달과 더불어 주변 환경까지 포함한 완전한(Holos) 정보(Gramma)를 제공하는 홀로그램으로 대체될 것으로 기대된다. 홀로그램은 더 나은 소통 방법을 제공할 것이다. 그리고 여기에 4차 산업혁명의 융합기술이 더해지면 공간의 차원을 넘어 '공감'을 이끌어 내는 진정한 의미의 사회 융합이 이루어질 것으로 예상된다.

(나) 기존 데이터베이스 관리 도구의 능력을 넘어서는 대량의 정형 또는 비정형의 데이터로부터 가치를 추출하고 결과를 분석하는 기술인 빅데이터 또한 4차 산업혁명 시기를 이끄는 기술 중 하나다. 문화예술 관점에서 빅데이터는 한 예술가의 작품을 새로운 방식으로 해석하고 시각화하는 데 이용될 수 있다. 예컨대, 어떤 예술가의 일생을 통해 그가 처한 환경, 시대적 배경, 저작물 등 활용할 수 있는 모든 데이터로 그가 추구했던 예술성 또는 예술적 가치를 추출하고 작품에 대한 새로운 해석과 재현을 하는 것이다. 그리고 더 나아가 홀로그램을 이용한 시각화 작업을 통해 보다 생동감 있고 입체감 있는 작품세계로 그려내는 것이다. 다른 4차 산업 핵심 기술에 비해 홀로그램 기술과 연관성은 약하지만 데이터 추출과 분석된 결과를 시각화하는 작업을 통해 직관적인 공간정보로 제공하는 의미가 있다.

(다) 스마트폰 및 인터넷 발달로 기존 TV 방송 문화가 1인 방송 문화로 옮겨 가고 있는 시점에서 홀로그램 기술은 1인 미디어 콘텐츠가 2차원 화면 안에 머무르지 않고 밖으로 뛰쳐나와 시청자의 3차원 공간상에서 입체적으로 표시될 수 있어 향후 그 활용 가능성이 매우 기대된다. 사물인터넷(Internet of Things)은 각종 사물에 센서와 통신 기능을 내장하여 인터넷에 연결하는 기술, 즉 무선 통신을 통해 각종 사물을 상호 연결하는 기술을 의미한다. 사물인터넷 기술을 활용하면 특정 사물에 청각, 미각, 후각, 촉각, 시각 등의 정보를 획득할 수 있는 능력을 부여하고 이를 통해 주변 환경의 변화를 측정할 수 있는데, 특히 시각은 홀로그래피 기술과 연관시킬 수 있다. 홀로그램을 현장에서 바로 획득하고 사물인터넷을 통해 원격으로 전송할 수 있다면 미래형 통신기술인 텔레프레즌스(가상 화상회의 시스템)를 구현할 수 있다. 이처럼 홀로그램을 획득할 수 있는 사물인터넷 단말이 인터넷에 연결되는 원격 통신기능을 갖춘 드론이나 비행체 등에 장착된다면 영화 〈아바타〉에서 볼 수 있었던 홀로그램 지도도 만들어질 수 있다. 또한, 문화예술 측면에서 본다면 건축물이나 문화재, 더 나아가 거대 역사 도시를 입체적으로 재현할 수 있다.

(라) 몇 해 전부터 4차 산업혁명이 화두다. 4차 산업혁명의 핵심 기술로는 사물인터넷(IoT), 인공지능(AI), 빅데이터(Big Data), 초연결(Hyper Connectivity) 기술 등이 거론된다. 이러한 4차 산업혁명의 핵심기술들과 홀로그램을 접목한다면 이전에는 상상으로만 가능했던 기술들을 실현할 수 있다. 홀로그램 기술이라 하면 흔히들 영화 스타워즈를 떠올린다. 무엇보다도 우리

들이 익숙한 2차원 평면 디스플레이가 아닌 3차원 공간상에 콘텐츠가 표시되기 때문이다. 홀로그래피(Holography)는 물체로부터 반사되거나 투과되어 나오는 빛의 위상변화, 즉 물체의 전방위 상을 기록하는 사진술을 의미한다. 반면 홀로그램은 '완전한'이라는 의미의 'Holos'와 '정보, 메시지'라는 의미의 'Gramma'의 합성어로, 빛의 위상변화 정보가 저장된 매체를 의미한다. 우리가 흔히 알고 있는 포토그래피(Photography)와 필름에 비유된다. 궁극적으로는 자연스러운 입체감을 보여 줌으로써 현장감과 몰입감을 제공할 수 있다. 하지만 영화에서 보여 주는 수준의 홀로그램 서비스는 아직 먼 미래의 일이다. 그만큼 홀로그램 기술은 상용화 과정에서 높은 기술적 장벽을 가지고 있기 때문이다. 그 사이를 메꿔 주는 기술이 유사 홀로그램 또는 플로팅 홀로그램(Floating Hologram) 기술이다.

(마) 인공지능 기술 역시 홀로그램 기술에 접목되어 활용될 수 있는데, 이는 크게 두 가지로 분류될 수 있다. 하나는 인공지능 기술을 활용하여 인간이 지닌 지적 능력의 일부 또는 전체를 인공적으로 구현한 것으로, 홀로그램으로 완성된 특정 인물이나 캐릭터에 여러 가지 관련된 데이터를 학습시켜 실제 그 인물이나 캐릭터가 가질 수 있는 말, 행동, 사고 등의 기능을 불어 넣을 수 있다. 애완동물을 예로 들자면 애완동물에 여러 방대한 정보를 학습시켜 실제 자기가 거주하는 공간에서 홀로그램 애완동물이 같이 뛰어놀게 하는 것이다. 이와 같은 기능을 실제와 매우 가깝게 구현할 수 있다면 고령화 사회에 맞는 실버산업에도 활용될 수 있다. 또 다른 하나는, 인공지능 기술이 홀로그램 콘텐츠를 가공하는 과정에서 사용될 수 있다는 점이다. 이를 통해 기존에는 불가능했던 홀로그램 복원 기술이 가능하게 됨으로써 보다 완성도가 높고 폭 넓은 홀로그램 콘텐츠의 재현이 가능하게 된다.

11. 윗글의 (가) ~ (마) 단락을 논리적 순서대로 바르게 배열한 것은?

① (가)－(다)－(마)－(나)－(라)
② (가)－(나)－(마)－(다)－(라)
③ (라)－(나)－(다)－(마)－(가)
④ (라)－(다)－(마)－(나)－(가)
⑤ (라)－(마)－(다)－(나)－(가)

12. 다음 중 ㉠에 들어갈 내용으로 가장 적절하지 않은 것은?

① 인공지능 기술을 활용한 다양한 서비스가 제공되는
② 다차원의 정보가 3차원 공간에서 공유되는
③ 모든 종류의 감각 정보를 재현할 수 있는
④ 데이터 추출과 분석 과정에서 새로운 가치가 창출되는
⑤ 기술적 융합을 넘어 진정한 상호 소통을 추구하는

[13 ~ 14] 다음 자료를 보고 이어지는 질문에 답하시오(단, 자료 내에서 자산 항목을 제외한 모든 사항은 항상 변동 없이 시행한다고 가정한다).

〈중소기업 취업 청년 전월세 보증금 대출〉

ㅁ 대출 대상

- 아래의 요건을 모두 충족하는 자
  1. (계약) 주택 임대차 계약을 체결하고 임차 보증금의 5% 이상을 지불한 자
  2. (세대주) 대출 접수일 현재 「민법」상 성년(만 19세가 되는 해의 1월 1일을 맞이한 미성년자 포함)인 만 34세 이하 세대주 및 세대주 예정자(병역 의무를 이행한 경우 병역 복무 기간에 비례하여 자격 기간을 연장하며, 최대 만 39세까지 연장 가능)로서, 생애 1회만 이용 가능
  3. (무주택) 세대주를 포함한 세대원 전원이 무주택인 자
  4. (중복대출 금지) 주택도시기금 대출, 은행재원 전세자금 대출 및 주택담보 대출 미이용자
  5. (소득) 최초 가입 시에만 심사하며, 연소득 5천만 원(외벌이 가구 또는 단독 세대주인 경우 3천 5백만 원) 이하인 자
  6. (자산) 대출 신청인 및 배우자의 합산 순자산 가액이 통계청에서 발표하는 최근년도 가계금융 복지 조사의 '소득 5분위별 자산 및 부채 현황' 중 소득 3분위 전체 가구 평균값 이하(십만원 단위에서 반올림)인 자 : 2022년도 기준 3.25억 원
  7. (신용도) 아래 요건을 모두 충족하는 자
     - 신청인이 한국신용정보원 "신용정보관리규약"에서 정하는 신용정보 및 해체 정보가 남아 있는 경우 대출 불가능
     - 그 외, 부부에 대하여 대출 취급 기관 내규로 대출을 제한하고 있는 경우 대출 불가능
  8. (공공임대주택) 대출 접수일 현재 공공임대주택에 입주하고 있는 경우 불가
     - 대출 신청 물건지가 해당 목적물일 경우 또는 대출 신청인 및 배우자가 퇴거하는 경우 대출 가능
  9. (중소기업) 아래 중 하나에 해당하는 경우
     ① 중소기업 취업자 : 대출 접수일 기준 중소 · 중견 기업 재직자(단, 소속 기업이 대기업, 사행성 업종, 공기업 등에 해당하거나 대출 신청인이 공무원인 경우 대출 제외)
     ② 청년 창업자 : 중소기업진흥공단의 '청년 전용 창업 자금', 기술보증기금의 '청년 창업 기업 우대 프로그램', 신용보증기금의 '유망 창업 기업 성장 지원 프로그램', '혁신 스타트업 성장 지원 프로그램' 지원을 받고 있는 자

□ 신청 시기

- 임대차 계약서상 잔금 지급일과 주민등록등본상 전입일 중 빠른 날로부터 3개월 이내까지 신청
- 계약 갱신의 경우에는 계약 갱신일(월세에서 전세로 전환 계약한 경우에는 전환일)로부터 3개월 이내에 신청

□ 대상 주택

- 아래의 요건을 모두 충족하는 주택
  1. 임차 전용 면적 : 임차 전용 면적 $85m^2$ 이하 주택(주거용 오피스텔은 $85m^2$ 이하 포함)
  2. 임차 보증금 : 2억 원 이하

□ 대출 한도 : 최대 1억 원 이내

□ 대출 기간 : 최초 2년(4회 연장, 최장 10년 이용 가능)

□ 대출 금리 : 1.2%(단, 1회 연장까지 동일 금리를 유지하나, 1회 연장 시 대출 조건 미충족자로 확인되거나 1회 연장 포함 대출 기간 4년이 종료된 2회 연장부터 2.3% 적용)

□ 대출금 지급 방식 : 임대인 계좌에 입금함을 원칙으로 하되, 임대인에게 이미 임차 보증금을 지급한 사실이 확인될 경우에는 임차인 계좌로 입금 가능

□ 준비 서류

- 본인 확인 : 주민등록증, 운전면허증, 여권 중 택 1
- 대상자 확인 : 주민등록등본(단, 단독 세대주 또는 배우자 분리 세대는 가족관계증명원을 추가 제출하며, 결혼 예정자의 경우 예식장 계약서 또는 청첩장 추가 제출), 만 35세 이상의 병역의무 이행자의 경우 병적증명서 제출(단, 병적증명서상 군복무를 마친 사람에 체크되어 있고, 병역 사항에 예비역으로 기재되어 있어야 함)
- 재직 및 사업 영위 확인 : 건강보험자격득실 확인서
- 주택 관련 : 확정일자부 임대차(전세)계약서 사본, 임차주택 건물 등기사항전부증명서, 임차 주택 보증금 5% 이상 납입 영수증
- 중소기업 재직 확인
  1. 중소기업 재직자의 경우 재직회사 사업자등록증, 주업종코드 확인서, 고용보험자격이력내역서 (발급이 불가한 경우 건강보험자격득실 확인서로 대체 가능)
     단, 1년 미만 재직 시 회사 직인이 있는 급여명세표, 갑종근로소득원천징수영수증(최근 1년), 급여통장(급여입금내역), 은행 직인이 있는 통장거래내역을 추가 제출
  2. 청년 창업자의 경우 관련 보증 또는 대출을 지원받은 내역서

13. 다음 중 제출해야 할 서류를 모두 바르게 제출한 신청자는? (단, 오늘 날짜는 2022년 4월 23일이며, 건강보험자격득실 확인서와 주택 관련 서류는 이미 제출했다고 가정한다)

	신청자명	내용
①	김○○	신청자 정보 : 만 25세, 2021. 04. 30. 중소기업 입사, 단독 세대주
		제출한 서류 : 여권, 주민등록등본, 가족관계증명원, 재직회사 사업자등록증, 주업종코드 확인서, 고용보험자격이력내역서
②	박△△	신청자 정보 : 만 34세, 2021. 01. 01. 창업
		제출한 서류 : 여권, 주민등록등본, 창업 자금 대출 내역서
③	이☆☆	신청자 정보 : 만 36세, 2017. 01. 06. 중소기업 입사, 병역의무 이행자
		제출한 서류 : 운전면허증, 주민등록등본, 재직회사 사업자등록증, 주업종코드 확인서, 고용보험자격이력내역서
④	정□□	신청자 정보 : 만 30세, 2020. 08. 03. 중소기업 입사, 2022. 09. 24. 결혼 예정
		제출한 서류 : 운전면허증, 주민등록등본, 예식장 계약서
⑤	최◇◇	신청자 정보 : 만 19세, 2021. 03. 23. 중견기업 입사, 배우자 분리 세대
		제출한 서류 : 주민등록증, 주민등록등본, 재직회사 사업자등록증, 주업종코드 확인서

14. 다음 중 Q&A 게시판에 올라온 질문의 답변으로 적절하지 않은 것은?

Q&A 게시판
Q. 전세자금 대출 기간 2년이 끝나가서 연장하려고 합니다. 다른 기준은 모두 충족되는데, 현재 중소기업을 퇴사하여 직장을 다니지 않고 있습니다. 연장이 가능할까요?
A. ① 연장이 가능합니다. 다만 연장 시 금리는 중소기업 재직 기준을 충족하지 못하기 때문에 2.3%로 적용됩니다.
Q. 임대인에게 올해 10월 25일에 잔금을 지급하기로 했고, 같은 달 31일에 전입신고를 할 예정입니다. 대출 신청은 언제까지 가능할까요?
A. ② 잔금 지급일과 전입일 중 빠른 날로부터 3개월 이내까지 신청이 가능합니다. 귀하의 경우 잔금 지급일이 더 빠르므로 잔금 지급일 기준으로 계산하시면 됩니다.
Q. 남편과 함께 중소기업에 재직 중인 33살 동갑내기 신혼부부입니다. 자산을 따져보니 남편 1억 9천만 원, 제가 1억 4천만 원인데, 신청이 가능할까요?
A. ③ 작성하신 정보만으로 판단했을 때, 연령과 중소기업 조건은 충족하지만 2022년을 기준으로 자산 요건을 충족하지 못해 신청이 불가합니다.
Q. 가입 기간 동안 납부한 이자 내역을 확인하고 싶습니다. 해당 상품을 2회 연장하여 6년 동안 이용했습니다. 대출 금액은 8,000만 원으로, 가입 내내 조건 변동은 없었습니다. 6년간 납부한 이자는 총 얼마인가요?
A. ④ 귀하께서 납부하신 이자는 총 376만 원입니다.
Q. 현재 만 35살 중소기업 재직자이며, 2년간 현역으로 복무했습니다. 신청이 가능할까요? 가능하다면 연장도 가능할까요?
A. ⑤ 연령과 중소기업 기준 외 다른 기준도 모두 만족하시면 신청이 가능합니다. 예비역으로 체크되어 있는 병적증명서를 추가로 제출하셔서 복무 기간 2년을 인정받으시면 됩니다. 2년 후에도 조건이 충족되면 연장이 가능하나, 상황에 따라 금리가 변할 수 있습니다.

[15 ~ 16] 다음 글을 읽고 이어지는 질문에 답하시오.

태양빛은 크게 가시광선, 자외선, 적외선으로 이루어져 있다. 이 중 자외선은 체내에서 비타민 D를 합성하고 살균작용을 하는 등 이로운 역할을 하지만 동시에 피부와 눈을 상하게 하기도 한다.

우리는 흔히 자외선을 UV(Ultra Violet)라고 부르는데, UV는 파장에 따라 UVA(자외선 A), UVB(자외선 B), UVC(자외선 C)로 나뉜다. 이 중 자외선 C는 지표면에 도달하기 전 오존층에서 대부분 흡수되기 때문에 인체에 거의 영향을 미치지 않는다. 따라서 문제가 되는 것은 자외선 A와 B이다. 이들은 파장만 다른 것이 아니라 인체에 미치는 영향에서도 매우 다른 특징을 지니고 있다.

자외선 A는 파장이 길어 표피는 물론 진피 깊숙이 침투해 피부를 검게 만들고 피부의 콜라겐과 엘라스틴을 변형시켜 노화를 촉진한다. 또한 유리나 커튼으로는 차단되지 않으며 구름이 낀 흐린 날에도 지상에 도달하기 때문에 계절에 상관없이 피부에 만성적인 영향을 준다. 자외선 A는 지구에 도달하는 자외선의 대부분을 차지하여 '생활 자외선'이라고 불리기도 한다.

이에 비해 자외선 B는 파장이 짧아 피부 깊숙이 침투하지 못하고 피부 표면의 표피와 그 내부의 진피 상부에만 도달하게 된다. 자외선 B는 피부에 닿는 전체 자외선의 5%에 불과할 정도로 양이 적으며, 유리창에서도 90% 이상 차단되기 때문에 실내에 있을 경우에는 거의 영향을 미치지 못한다. (㉠) 자외선 A보다 에너지가 30 ~ 40배가량 크기 때문에 여름철 오랜 시간 햇볕을 쬐면 피부가 붉게 타고 심할 경우 화상을 입을 수도 있다.

피부를 자외선으로부터 보호하기 위해서는 자외선 차단제가 필수다. 자외선 차단제에 적혀 있는 SPF(자외선차단지수)는 자외선 B의 차단 효과를 표시하는 단위이며, PA는 자외선 A의 차단 효과를 의미한다. PA 옆에는 '+' 기호가 1 ~ 4개 적혀 있는데, 이것이 많을수록 차단효과가 더 뛰어난 제품임을 의미한다. 식품의약품안전청에 따르면 산책, 출·퇴근 등 간단한 야외활동의 경우 SPF20/PA+ 이상의 제품이 좋고, 장시간 자외선에 노출될 경우에는 SPF30 이상/PA++ 이상의 제품, 자외선이 매우 강한 지역에서는 SPF50 이상/PA+++ 제품을 선택하는 것이 좋다고 한다.

자외선 차단제는 외출 30분 전에 노출되는 피부에 골고루 피막을 입히듯 두껍고 꼼꼼하게 바르는 것이 효과적이다. 손, 의류 접촉, 땀 등으로 소실될 수 있으므로 2 ~ 3시간마다 덧바르는 것을 권하고, 6개월 미만 유아는 자외선 차단제를 사용하지 말고 긴소매 옷을 입는 것이 좋다.

(㉡) 피서지에서는 피부뿐만 아니라 선글라스나 캡모자 등으로 눈을 보호하는 것도 매우 중요하다. 자외선으로부터 눈을 보호하기 위해서는 우선 자외선이 강한 시간에는 외출을 자제하는 것이 좋다. 부득이하게 외출이 필요한 경우에는 챙이 넓은 모자, 자외선차단 기능이 있는 선글라스 등으로 자외선으로부터 눈을 보호해야 한다.

자외선지수가 가장 높은 정오부터 오후 3시까지는 되도록 외부 활동을 삼가는 것이 좋다. 뜨거운 뙤약볕 아래 장시간 노출된 후 눈부심, 충혈, 통증, 눈물흘림 등의 증상이 지속될 경우에는 빨리 가까운 병원을 찾아 전문의에게 진단을 받는 것이 여름철 눈 건강을 지키는 지름길이다.

(㉢) 앞서도 언급했듯, 자외선은 우리 몸에서 이로운 역할도 하기 때문에 적게 노출되어도 문제가 된다. 자외선 B는 피부에서 비타민 D를 합성하여 뼈를 튼튼하게 해 주고 고혈압환자에게는 혈압을 낮추는 효과도 있다고 알려져 있다.

15. 제시된 글을 통해 알 수 있는 내용으로 옳은 것은?

① PA++라고 표기된 자외선 차단제는 PA+라고 표기된 것에 비해 자외선 B를 차단하는 효과가 뛰어나다.

② 피부를 가시광선에 일정 시간 노출시키는 것은 비타민 D를 합성하는 데 도움을 준다.

③ 자외선 A는 자외선 B보다 파장이 길고 에너지가 강하기 때문에 진피 깊숙이 침투해 노화를 유발한다.

④ 오존층이 파괴된다면 UVC가 인체에 미치는 영향은 커질 것이다.

⑤ 피부를 자외선으로부터 보호하기 위해선 연령에 상관없이 자외선 차단제를 사용하는 것이 필요하다.

16. 제시된 글의 빈칸 ㉠~㉢에 들어갈 접속어를 모두 바르게 고른 것은?

	㉠	㉡	㉢
①	그러나	한편	하지만
②	그러나	그래서	그래서
③	그러나	왜냐하면	하지만
④	왜냐하면	따라서	그러나
⑤	왜냐하면	한편	그래서

17. 다음과 같은 글을 작성하여 사내 게시판에 올리려고 한다. 게시글의 제목으로 적절한 것은?

○○금융원에 따르면 저축은행의 20X8년 말 기준 총대출액은 65조 원으로 전년 59조 원 대비 10% 증가했다. 연체율은 3.7%로 전년 동기에 비해 0.6%p 감소하여 대출금 회수에도 큰 문제가 없어 보인다. 하지만 유독 개인사업자들의 대출 연체율은 증가한 것으로 나타났다.

저축은행의 개인사업자 대출액은 전체 대출의 20%인 13조 원으로 전년 말 대비 0.7조 원 감소하였으나 연체율은 4.3%로 0.3%p 증가하였다. 개인사업자 대출 중 도·소매업, 숙박·음식점업 등 경기에 민감한 업종 여신 비중이 76.4%이며 주로 부동산담보 형태로 취급하였다. 이러한 상황은 코로나19 확산 등에 따른 개인사업자의 매출 감소 및 전반적인 경기 침체로 인해 개인사업자 대출의 추가적인 부실 발생 가능성이 있다. 1개월 미만 신규 연체율이 20X9년 2월 들어 증가하였으며 대부분의 차주가 경기민감 업종에 종사하고 있다.

〈저축은행 개인사업자 대출 현황〉

(단위 : 조 원, %, %p)

구분	20X7년 말(A)	20X8년 말(B)	증감(B－A)
개인사업자 대출액	13.7	13.0	△0.7
총대출액	59.1	65.0	5.9
개인사업자 대출 비중	23.2	20.0	△3.2
개인사업자 연체율	4.0	4.3	0.3

또한 최근 동남·전라권의 개인사업자 연체율이 각 8.6%, 10.0%로 전국 평균을 상회하고 있으며 동 지역의 20X9년 2월 말 경기민감 업종 폐업률이 전년 말 대비 증가하는 등 향후 연체 심화 가능성이 있다. 부동산 담보대출 중 LTV 70% 초과 비중 및 후순위 대출 비중도 다소 높고 해당 지역의 평균 낙찰가율을 고려하면 원금 손실 가능성도 존재한다. 따라서 개인사업자 대출 취급 비중이 높고 동 대출의 연체율이 높은 저축은행은 경기 침체 장기화에 대비하여 건전성 관리를 강화할 필요가 있다.

〈저축은행 지역별 개인사업자 대출 연체율 현황〉

(단위 : %, %p)

구분	20X8년 12월 말(A)	20X9년 2월 말(B)	증감(B－A)
수도권	3.9	4.5	0.6
동남권	7.9	8.6	0.7
전라권	8.3	10.0	1.7
충청권	4.4	8.6	4.2
전국 평균	4.3	5.0	0.7

① 경기 침체에 따른 저축은행의 대출액 감소
② 저축은행 개인사업자 대출 비중
③ 개인사업자 상환능력 저하 요인
④ 저축은행 개인사업자 대출 연체율 현황
⑤ 경기 침체 장기화에 대한 대처방안

18. ABC 회사의 종업원 수는 70명이며, 이 중 20명이 청년 종업원이다. 현재 ABC 회사는 70억 원의 자금이 추가로 필요하며, 특별대출 제도를 최대한 활용하여 필요한 자금을 확보하고자 한다. 특별대출을 받기 위해, 추가로 고용해야 하는 최소 인원과 받을 수 있는 특별대출 금리(%) 및 연 이자 절감액으로 옳은 것은? (단, 모든 시중 은행의 금리는 4.6%이며, 연 이자 절감액은 1년 단리로 계산한다)

〈청년고용창출 우수기업 특별대출 개요(대출 한도 · 금리 현황)〉

대출 한도(단위 : 백만 원)		대출 금리(단위 : %)	
청년고용창출 우수기업	일반기업	청년고용창출 우수기업 (특별대출 금리)	일반기업
6,000	5,500	(A)	4.6

※ 청년고용창출 우수기업 : 청년 고용률이 60% 이상인 기업

※ 청년 고용률＝청년 종업원 수÷전체 종업원 수

〈특별대출 금리(A%) 적용 시 이자 절감액 예시〉
청년고용창출 우수기업이 20억 원 특별대출 시 연 천만 원의 이자 절감 가능

	추가고용 최소 인원(명)	특별대출 금리(%)	연 이자 절감액(백만 원)
①	55	4.1	30
②	55	4.1	35
③	58	4.3	35
④	60	4.1	30
⑤	60	4.3	35

[19 ~ 20] 다음 자료를 보고 이어지는 질문에 답하시오.

〈2015 ~ 2024년 한국 농업 및 낙농업 연평균 물 사용량〉

(단위 : 억 m^3/년)

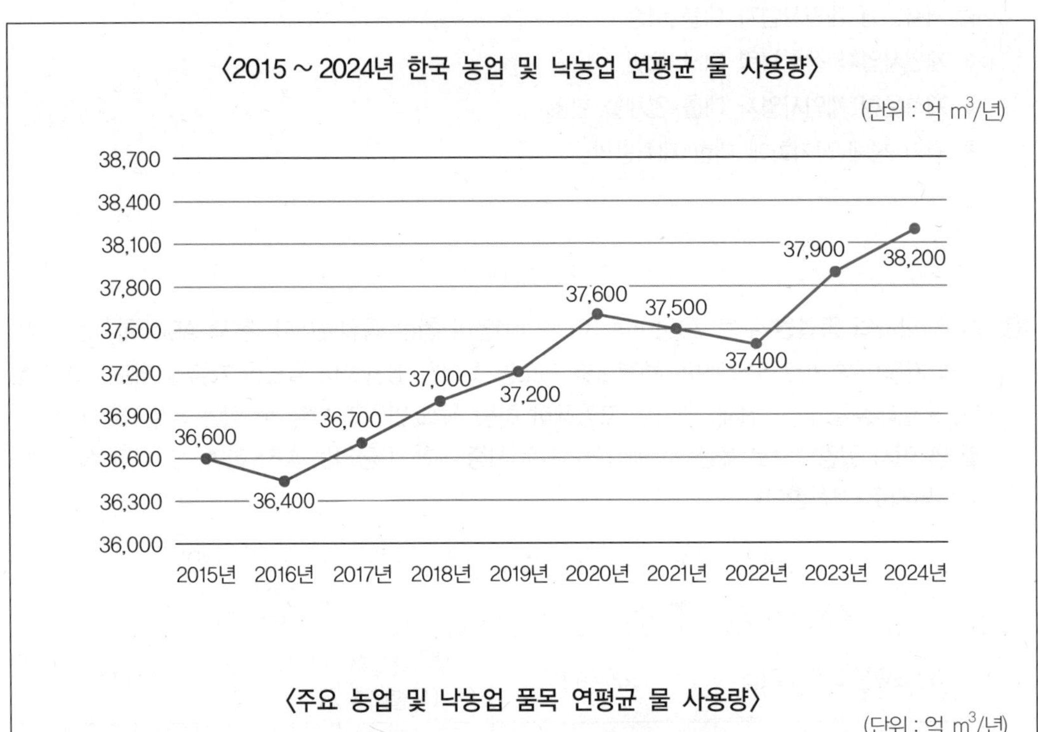

〈주요 농업 및 낙농업 품목 연평균 물 사용량〉

(단위 : 억 m^3/년)

품목	물 사용량	품목	물 사용량
쌀	2,895	닭고기	3,918
밀	1,334	달걀	3,340
옥수수	909	우유	990
소고기	12,497	치즈	4,914
돼지고기	4,856		

19. 다음은 제시된 자료를 바탕으로 작성한 보고서의 일부다. 밑줄 친 ㉠~㉣ 중 옳은 내용은 몇 개인가?

> 농업 및 낙농업 연평균 물 사용량은 당해 연도 동안 사용된 농업 및 낙농업의 연평균 농업 용수량을 의미한다. 연평균 물 사용량이 적다는 것은 해당 지역에서 어떤 낙농업 제품에 대한 생산량이 적다는 것을 의미한다. ㉠ 우리나라의 농업 및 낙농업 연평균 물 사용량은 2016년부터 2024년까지 지속적으로 증가하였다. 또 ㉡ 2022 ~ 2024년의 추세가 유지될 때 앞으로 물 사용량은 지속적으로 감소할 전망이다.
>
> 한편 〈주요 농업 및 낙농업 품목에 대한 평균 물 사용량〉 자료를 통해 농업 및 낙농업 제품 생산에 필요한 용수량을 대략적으로 알 수 있다. ㉢ 예를 들어 옥수수 생산에는 가장 적은 물이 요구되는 반면, 소고기 생산에는 가장 많은 물이 필요하다. 표에는 제시되지 않았지만 가장 많은 물을 필요로 하는 작물은 커피다. 커피는 대략 연간 19,028억 m^3의 물이 필요하다. ㉣ 이것은 주요 농업 및 낙농업 평균 물 사용량의 상위 3개 품목을 합친 것보다도 많은 양의 물을 필요로 하는 것이다.

① 0개 ② 1개 ③ 2개
④ 3개 ⑤ 4개

20. 상사의 지시에 따라 2025년도 우리나라 농업 및 낙농업 연평균 물 사용량을 추산하여 보고서에 추가하려고 한다. 빈칸에 들어갈 수치는? (단, 소수점 아래 셋째 자리에서 반올림한다)

> 우리나라의 2025년도 농업 및 낙농업 연평균 물 사용량에 대한 추정치는 직전 3개 연도의 증감률(%)을 각각 산출하여 그 평균값으로 계산하였다. 즉, 2022년 대비 2023년의 물 사용량 증감률과 2023년 대비 2024년 물 사용량 증감률을 각각 산출한 후 그 둘의 평균 증감률을 2025년 농업 및 낙농업 연평균 물 사용량 추정치로 하였다. 따라서 2025년 농업 및 낙농업 연평균 물 사용량은 2024년 대비 (   )% 증가할 전망이다.

① 1.09 ② 1.07 ③ 1.03
④ 1.00 ⑤ 0.98

21. AA 기업의 비철금속 수입업무를 담당하는 박 사원은 지난 5개월간 국제가격 동향과 환율변동 추이를 살펴보고 있다. 다음 중 박 사원이 잘못 파악한 내용은? (단, 모든 계산은 소수점 아래 첫째 자리에서 반올림한다)

〈비철금속 국제가격 동향〉

(단위 : $/t)

구분	202X년 4월	202X년 5월	202X년 6월	202X년 7월	202X년 8월
알루미늄	2,246	2,291	2,240	2,099	2,046
전기 동	6,839	6,822	6,955	6,248	6,040
납	2,357	2,364	2,441	2,213	2,065
아연	3,191	3,058	3,092	2,659	2,511
주석	21,340	20,900	20,663	19,700	19,278
니켈	13,935	14,356	15,111	13,772	13,433

〈달러 환율변동 추이〉

(단위 : 원)

구분	202X년 4월	202X년 5월	202X년 6월	202X년 7월	202X년 8월
1$	1,069	1,077	1,096	1,124	1,121

① 202X년 6월 기준 니켈의 1t당 가격은 전월보다 5% 이상 상승하였다.
② 조사기간 동안 같은 무게의 납과 전기 동을 수입할 경우, 전기 동의 수입가는 납의 약 3배이다.
③ 202X년 5월 알루미늄 1t당 수입가격은 202X년 4월과 비교해 6만 원 이상 차이가 난다.
④ 202X년 5, 7월 중에 주석 50t을 수입했다면, 5월에 더 큰 비용절감 효과를 얻었을 것이다.
⑤ 202X년 7, 8월 두 달간 아연을 30t씩 수입했다면 총 수입액은 155,100달러이다.

22. 다음은 20X7년 설비투자 집행률에 대한 자료이다. 이에 대한 해석으로 옳지 않은 것은? (단, 집행률은 소수점 아래 둘째 자리에서 반올림한다)

〈20X7년 설비투자 집행률〉

(단위 : 조 원, %)

구분		계획(A)	실적(B)	집행률($\frac{B}{A}\times100$)
전체	합계	181.8	189.8	
	대기업	133.5	150.5	
	중견기업	23.6	18.0	
	중소기업	24.7	21.3	
제조업	합계	89.9	106.0	
	대기업	67.2	86.4	
	중견기업	13.1	10.8	
	중소기업	9.6	8.8	
비제조업	합계	91.9	83.8	
	대기업	66.3	64.1	
	중견기업	10.5	7.2	
	중소기업	15.1	12.5	

① 제조업 중 중소기업의 집행률은 91.7%이다.

② 제조업, 비제조업 모두 대기업의 집행률이 가장 높고, 중견기업의 집행률이 가장 낮다.

③ 제조업, 비제조업 모두 대기업, 중견기업, 중소기업의 집행률은 각각 70%를 웃돈다.

④ 제조업 중 중견기업은 20X7년 설비투자 계획에 비해 실적이 적었다.

⑤ 기업 단위로 비교할 때, 비제조업에 비해 제조업의 집행률이 모두 높았다.

23. 김 주임은 현재 소유하고 있는 자동차에 대한 자동차 보험을 새로 가입하기 위해 보험료를 확인하고 있다. 다음 보험료와 보장범위 자료를 참고하여 남편과 상의한 내용대로 보험 담보를 변경할 때, 추가되는 보험료는 얼마인가?

보험료 확인

보험료를 클릭 시 각 담보를 변경하여 설정할 수 있습니다.

대인배상 I	⑦	가입(자동차손해배상보장법 한도)	49,220원
대인배상 II	⑦	무한	66,530원 >
대물배상	⑦	3억 원	137,370원 >
자기신체사고/ 자동차상해	⑦	자동차상해 사망/후유장애 3억 원, 부상 5천만 원	22,240원 >
무보험차상해	⑦	2억 원	2,790원 >
자기차량손해	⑦	손해액의 20% 자기부담금 20만 원 ~50만 원	77,470원 >
긴급출동특약	⑦	하이카서비스 60km(잠금장치해제 포함)	29,410원 >
기타특약 등		실비케어 외 4개	3,590원 >
물적사고할증기준금		200만 원	>

남편 : 피보험자에 포함되는 건 당신과 나구나. 불의의 사고에 대비하기 위해서는 높은 보장을 선택하는 게 좋을 것 같아. 요새 무보험자동차가 많다고 하니 무보험자동차로 발생할 사고에 대비하기 위한 항목의 보장 금액을 높이는 것이 어떨까?

김 주임 : 그래, 그렇게 하는 것이 좋겠어. 우리 차의 사고로 인해서 우리가 상해를 입은 경우에 대한 보장 금액도 높이자. 이왕 높이는 거 사망 시 보장 금액도 높이는 것이 좋겠지?

남편 : 그래, 그리고 우리 둘 다 운전을 시작한 지 얼마 되지 않았으니 우리 차로 다른 차를 박거나 했을 때 보장되는 금액도 2억 원 더 늘리는 게 좋겠어.

〈대물배상 보험료와 보장범위〉

• 대물배상
- 보상책임 : 피보험자동차의 사고로 인하여 타인의 자동차나 물건에 손해를 끼친 경우 법률상 손해배상책임을 짐으로써 입은 손해를 보상
- 보상내용 : 한 사고당 선택한 보험 가입 금액 한도를 보상하며, 반드시 2천만 원 이상은 가입해야 하는 의무보험 외제차량을 포함한 고가 차량의 증가로 충분한 보험 가입 금액의 설정이 필요

보장범위	10억 원	5억 원	3억 원	2억 원	1억 원	7천만 원	5천만 원
보험료	141,090원	138,240원	137,370원	134,520원	132,050원	126,470원	124,490원

〈자동차상해 보험료와 보장범위〉

• 자동차상해
- 보상책임 : 피보험자동차의 사고로 인하여 피보험자(본인 및 가족-부모, 배우자, 자녀)가 동승 중 죽거나 상해를 입은 경우 보상
- 보상내용
  ▲사망 : 보험가입금액 한도 보상
  ▲후유장애 : 보험가입금액 한도 내에서 위자료 및 상실 수익액 추가 지급
  ▲부상 : 보험가입금액 한도 내에서 실제로 지출한 치료비 보상

보장범위 (사망/상해)	5억 원/ 1억 원	5억 원/ 5천만 원	5억 원/ 3천만 원	3억 원/ 1억 원	3억 원/ 5천만 원	3억 원/ 3천만 원	2억 원/ 1억 원	2억 원/ 5천만 원	1억 원/ 1억 원
보험료	27,820원	26,310원	24,630원	27,690원	22,240원	22,240원	25,990원	22,780원	24,470원

〈무보험차상해 보험료와 보장범위〉

• 무보험차상해
- 보상책임 : 피보험자(본인 및 가족-배우자, 부모, 자녀)가 무보험자동차로 인한 사고로 죽거나 다쳤을 때 그 손해에 대하여 배상의무자가 있을 경우 보상
- 보상내용
  ▲피보험자 1인당 선택한 보험 가입 금액 한도 보상
  ▲대인배상 I, 대인배상 II, 대물 배상, 자기신체 사고나 자동차상해 담보에 모두 가입하는 경우 가입 가능

보장범위	미가입	2억 원	5억 원
보험료	0원	2,790원	2,890원

① 5,040원 ② 5,540원 ③ 6,050원
④ 6,350원 ⑤ 6,550원

[24 ~ 25] 다음 ○○공사의 20X1년 회계결산표를 바탕으로 이어지는 질문에 답하시오.

〈20X1년 회계결산〉

(단위 : 억 원)

자산				부채 및 자본			
구분	20X1년 말 (A)	20X0년 말 (B)	증감 (A-B)	구분	20X1년 말 (C)	20X0년 말 (D)	증감 (C-D)
자산계	131,990	130,776	1,214	부채·자본계	131,990	132,424	-434
유동자산	2,397	1,198	1,199	부채	46,455	51,201	-4,746
당좌자산	1,813	584	㉠	유동부채	9,075	10,400	-1,325
재고자산	584	614	-30	비유동부채	37,380	40,801	㉡
비유동자산	129,593	129,578	15	자본	85,535	81,223	4,312
투자자산	757	807	-50	자본금	206,769	196,592	10,177
유형자산	127,622	127,560	㉢	기타포괄 손익누계액	28,313	28,313	0
무형자산	1,089	1,096	-7				
기타비유 동자산	125	115	10	결손금	-149,547	-143,682	㉣

수익				비용			
구분	20X1년 말 (E)	20X0년 말 (F)	증감 (E-F)	구분	20X1년 말 (G)	20X0년 말 (H)	증감 (G-H)
수익계	20,550	21,549	㉤	비용계	26,415	26,938	-523
영업수익	20,046	19,865	181	영업비용	25,370	25,187	183
영업외수익	504	1,684	-1,180	영업외비용	1,045	1,751	-706
이자수익	24	64	-40	이자비용	578	623	-45
자산수증 이익	136	1,240	-1,104	잡손실 등	467	1,128	-661
당이익 등	344	380	-36	당기순이익 (손실)	-5,865	-5,389	-476

24. 다음 중 위 자료의 ㉠～㉤에 들어갈 수치로 옳지 않은 것은?

① ㉠ : 1,229
② ㉡ : −3,421
③ ㉢ : 62
④ ㉣ : −5,855
⑤ ㉤ : −999

25. 20X1년 회계결산을 보고 김 과장과 황 대리가 다음과 같은 대화를 나누었을 때, 대화의 (가)～(다)에 들어갈 수치가 바르게 연결된 것은? (단, 소수점 아래 둘째 자리에서 반올림한다)

> 김 과장 : 황 대리, 20X1년 회계결산에서 인상적인 부분이 있었나요?
> 황 대리 : 네. 영업외수익 부분이 눈에 띄었습니다. 20X1년 말 기준으로 전체 영업외수익이 전년 대비 (가)% 감소했더라고요. 그중에서도 자산수증이익이 (나)% 감소한 것이 전체 영업외수익 감소에 큰 영향을 준 것 같습니다. 이 밖에도 전체 영업외비용이 전년 대비 (다)% 감소한 것 역시 주목해 볼 사항이라고 생각합니다.

	(가)	(나)	(다)
①	68.1	89.0	39.3
②	68.1	92.0	40.3
③	70.1	89.0	39.3
④	70.1	89.0	40.3
⑤	70.1	89.0	41.0

26. 다음 표를 그래프로 작성할 때, 가장 적절한 것은?

〈65세 이상 인구 의료 진료비 현황〉

구분	20X1년	20X2년	20X3년	20X4년	20X5년	20X6년
65세 이상 인구 (천 명)	5,468	5,740	6,005	6,223	6,445	6,806
65세 이상 진료비 (억 원)	164,494	180,852	199,687	222,361	252,692	283,247

①
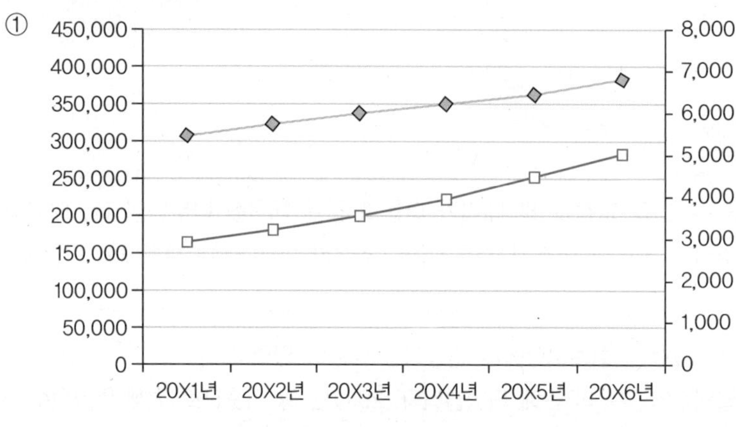

②
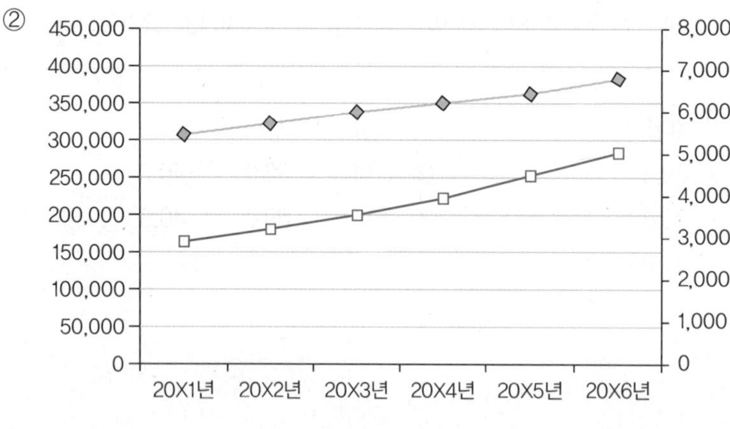

③
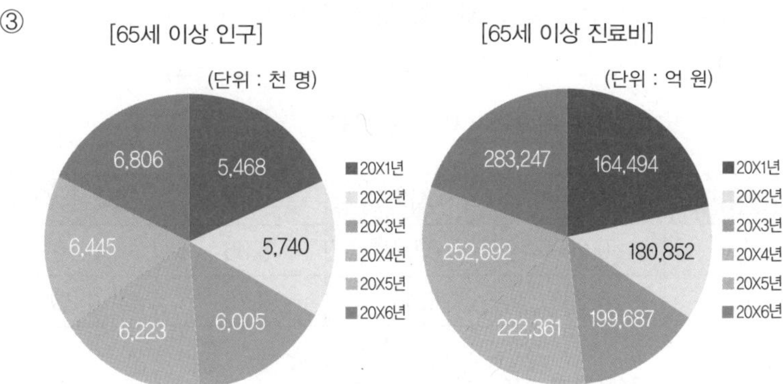
[65세 이상 인구]
(단위 : 천 명)
6,806
5,468
6,445
5,740
6,223
6,005
[65세 이상 진료비]
(단위 : 억 원)
283,247
164,494
252,692
180,852
222,361
199,687
20X1년
20X2년
20X3년
20X4년
20X5년
20X6년

④
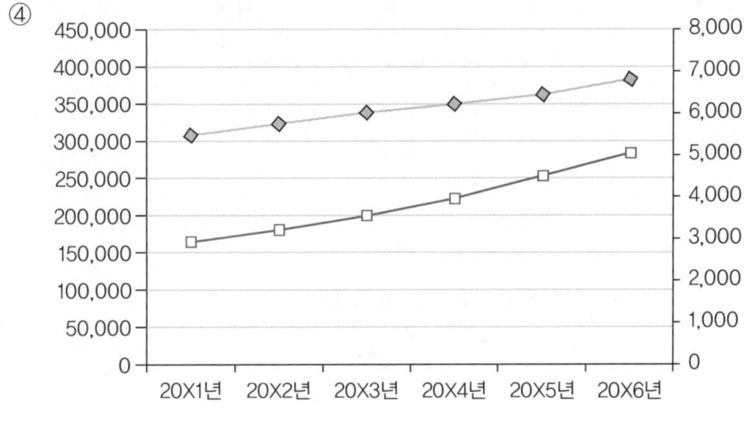
450,000
400,000
350,000
300,000
250,000
200,000
150,000
100,000
50,000
0
8,000
7,000
6,000
5,000
4,000
3,000
2,000
1,000
0
20X1년
20X2년
20X3년
20X4년
20X5년
20X6년
65세 이상 진료비(좌측, 억 원)
65세 이상 인구(우측, 천 명)

⑤
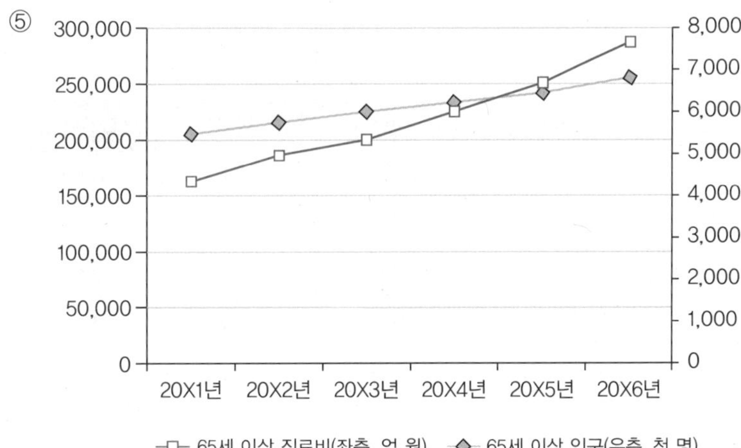
300,000
250,000
200,000
150,000
100,000
50,000
0
8,000
7,000
6,000
5,000
4,000
3,000
2,000
1,000
0
20X1년
20X2년
20X3년
20X4년
20X5년
20X6년
65세 이상 진료비(좌측, 억 원)
65세 이상 인구(우측, 천 명)

[27 ~ 28] 다음 주택 가격지수 변동률을 나타낸 자료를 보고 이어지는 질문에 답하시오.

〈지역별 매매가격지수 변동률〉

(단위 : %)

구분	전국	수도권	지방	서울	5대 광역시
20X4년 11월	0.13	0.25	0.02	0.36	0.10
20X5년 11월	0.15	0.23	0.08	0.35	0.23

〈주택유형별 매매가격지수 변동률〉

(단위 : %)

구분	전국	수도권	지방	서울	5대 광역시
주택종합	0.13	0.25	0.02	0.36	0.10
아파트	0.07	0.25	−0.11	0.43	0.04
연립주택	0.14	0.22	−0.05	0.27	0.00
단독주택	0.27	0.28	0.26	0.36	0.32

〈지역별 전세가격지수 변동률〉

(단위 : %)

구분	전국	수도권	지방	서울	5대 광역시
20X4년 11월	0.05	0.13	−0.03	0.21	0.05
20X5년 11월	0.15	0.20	0.10	0.22	0.16

〈주택유형별 전세가격지수 변동률〉

(단위 : %)

구분	전국	수도권	지방	서울	5대 광역시
주택종합	0.05	0.13	−0.03	0.21	0.05
아파트	0.04	0.13	−0.06	0.24	0.08
연립주택	0.09	0.15	−0.04	0.19	0.00
단독주택	0.04	0.09	0.02	0.15	−0.01

27. 다음 중 주택유형별 매매가격지수 변동률과 전세가격지수 변동률이 큰 순서로 나열할 때, 순위가 같은 지역은 어디인가?

① 전국　② 수도권　③ 지방
④ 서울　⑤ 5대 광역시

28. 다음 중 20X4년 11월 ~ 20X5년 11월의 지역별 매매가격지수 변동률과 전세가격지수의 변동률 증감 추이가 같지 않은 지역으로 짝지어진 것은?

① 수도권－서울 ② 수도권－지방 ③ 수도권－5대 광역시
④ 서울－5대 광역시 ⑤ 지방－5대 광역시

29. 다음은 20XX년 A 시 (가) ~ (다) 지역의 아파트 실거래 가격지수를 나타낸 자료이다. 이에 대한 설명으로 옳은 것은?

〈20XX년 A 시 (가) ~ (다) 지역의 아파트 실거래 가격지수〉

월 \ 지역	(가)	(나)	(다)
1	100.0	100.0	100.0
2	101.1	101.6	99.9
3	101.9	103.2	100.0
4	102.6	104.5	99.8
5	103.0	105.5	99.6
6	103.8	106.1	100.6
7	104.0	106.6	100.4
8	105.1	108.3	101.3
9	106.3	110.7	101.9
10	110.0	116.9	102.4
11	113.7	123.2	103.0
12	114.8	126.3	102.6

※ N월 아파트 실거래 가격지수 = $\frac{\text{해당 지역의 N월 아파트 실거래 가격}}{\text{해당 지역의 1월 아파트 실거래 가격}} \times 100$

① (가) ~ (다) 지역 중 아파트 가격이 매월 지속적으로 증가한 지역은 1곳이다.
② 20XX년 한 해 동안 (나) 지역의 아파트 가격이 가장 많이 올랐다.
③ (나) 지역의 11월 아파트 실거래 가격은 3월에 비하여 20% 상승하였다.
④ (나) 지역의 1월 아파트 실거래 가격이 1억 원이면 7월 아파트 실거래 가격은 1억 6천 6백만 원이다.
⑤ (가)와 (나) 지역의 전월 대비 아파트 실거래 가격지수의 증가분 격차가 가장 큰 달은 11월이다.

30. 다음은 20XX년 우리나라의 경지 면적, 논 면적, 밭 면적 상위 5개 시·군에 대한 자료이다. 이에 대한 설명으로 ㉠~㉣ 중 옳은 것을 모두 고르면?

〈경지 면적, 논 면적, 밭 면적 상위 5개 시·군〉

(단위 : ha)

구분	순위	시·군	면적
경지 면적	1	해남군	35,369
	2	제주시	31,585
	3	서귀포시	31,271
	4	김제시	28,501
	5	서산시	27,285
논 면적	1	김제시	23,415
	2	해남군	23,042
	3	서산시	21,730
	4	당진시	21,726
	5	익산시	19,067
밭 면적	1	제주시	31,577
	2	서귀포시	31,246
	3	안동시	13,231
	4	해남군	12,327
	5	상주시	11,047

※ 1) 경지 면적=논 면적+밭 면적
2) 순위는 면적이 큰 시·군부터 순서대로 부여함.

보기

㉠ 해남군의 논 면적은 해남군 밭 면적의 2배 이상이다.
㉡ 서귀포시의 논 면적은 제주시 논 면적보다 크다.
㉢ 서산시의 밭 면적은 김제시 밭 면적보다 크다.
㉣ 상주시의 논 면적은 익산시 논 면적의 90% 이하이다.

① ㉠, ㉡ ② ㉡, ㉢ ③ ㉡, ㉣
④ ㉠, ㉢, ㉣ ⑤ ㉡, ㉢, ㉣

[31 ~ 32] 다음은 철도 운행 관련 사고 발생 시 ○○공사 대응 매뉴얼이다. 이를 보고 이어지는 질문에 답하시오.

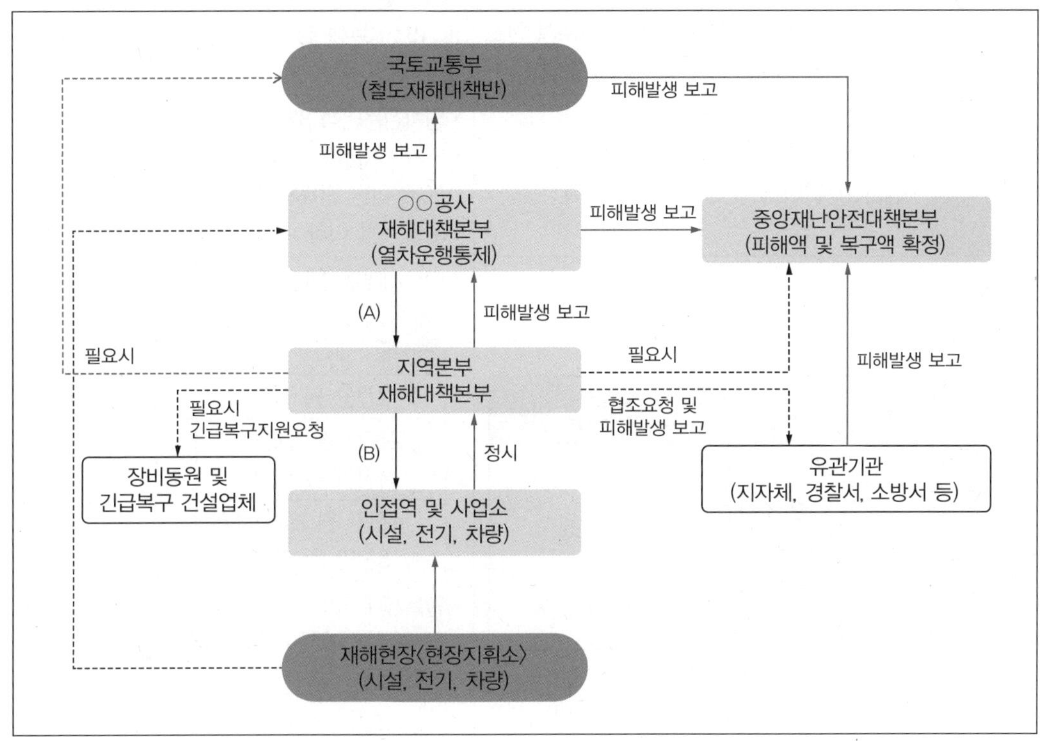

31. 다음 중 위 자료의 (A)와 (B)에 공통으로 들어갈 알맞은 말은?

① 즉시 ② 필요시 ③ 비상시
④ 결재권자 부재 시 ⑤ 지침 하달 시

32. 위의 매뉴얼에 대한 설명으로 적절하지 않은 것은?

① 중앙재난안전대책본부는 재해와 관련된 모든 사항을 알게 된다.
② 건설업체에 긴급복구 및 장비동원을 요청하는 기관은 국토교통부가 아니다.
③ 재해 현장에서 사고 발견자는 상황에 따라 운행을 통제할 권한이 있다.
④ 중앙재난안전대책본부는 동일 사항이라도 다양한 루트로 보고를 받게 된다.
⑤ 재해 발생에 관한 보고 체계상 최종 기관은 중앙재난안전대책본부이다.

[33 ~ 34] 다음은 청년전용 버팀목 전세대출 개선안의 내용이다. 이어지는 질문에 답하시오.

<table>
<tr><th>구분</th><th>현행</th><th>개선</th></tr>
<tr><td>지원대상</td><td>만 19 ~ 25세 미만 청년 단독세대주로서 연소득 5천만 원 이하인 무주택자(예비 포함)</td><td>만 19 ~ 34세 청년 세대주로서 연소득 5천만 원 이하인 무주택자(예비 포함)</td></tr>
<tr><td>대상주택</td><td>• 임차전용면적 60m^2 이하
• 임차보증금이 5천만 원 이하인 주택</td><td>• 임차전용면적 85m^2 이하
• 임차보증금이 7천만 원 이하인 주택 (단, 만 25세 미만 단독세대주는 60m^2 이하, 보증금 5천만 원 이하 주택)</td></tr>
<tr><td>대출금리
(%)</td><td>
<table>
<tr><th>보증금
연소득</th><th>5천만 원 이하</th></tr>
<tr><td>2천만 원 이하</td><td>1.8</td></tr>
<tr><td>2천만 원 초과 ~
4천만 원 이하</td><td>2.5</td></tr>
<tr><td>4천만 원 초과 ~
5천만 원 이하</td><td>2.7</td></tr>
</table>
※ 단, 일반버팀목 대출자 중 만 35세 미만, 연소득 2천만 원 이하 청년이 전용면적 60m^2 이하, 보증금 5천만 원 이하 주택 임차시 0.5%p 우대금리 적용(2.3% → 1.6%)
</td><td>
• 단독세대주 청년
<table>
<tr><th>보증금
연소득</th><th>5천만 원 이하</th></tr>
<tr><td>2천만 원 이하</td><td>1.2</td></tr>
<tr><td>2천만 원 초과 ~
4천만 원 이하</td><td>1.5</td></tr>
<tr><td>4천만 원 초과 ~
5천만 원 이하</td><td>1.8</td></tr>
</table>
• 단독세대주가 아닌 청년
<table>
<tr><th>보증금
연소득</th><th>5천만 원 이하</th></tr>
<tr><td>2천만 원 이하</td><td>1.8</td></tr>
<tr><td>2천만 원 초과 ~
4천만 원 이하</td><td>2.1</td></tr>
<tr><td>4천만 원 초과 ~
5천만 원 이하</td><td>2.4</td></tr>
</table>
</td></tr>
<tr><td>대출한도</td><td>3.5천만 원 한도(임차보증금의 80% 이내)</td><td>5천만 원 한도(임차보증금의 80% 이내)
(단, 25세 미만 단독세대주는 3.5천만 원)</td></tr>
</table>

33. 제시된 개선안을 보고 이에 대해 잘못 파악한 사람을 모두 고른 것은? (단, 모두 연소득 5천만 원 이하의 무주택자이다)

> ㉠ 성빈(만 28세, 단독세대주) : 나는 기존 제도에 따르면 청년전용 버팀목 전세대출 대상이 되지 않았지만 개선안에 따르면 일정 조건을 충족하는 경우 청년전용 버팀목 전세대출을 받는 것이 가능해졌어.
> ㉡ 광호(만 22세, 단독세대주) : 나는 개선안 덕분에 기존에 비해 전용면적이 더 넓고 보증금이 높은 주택에 대한 청년전용 버팀목 전세대출을 받는 것이 가능해졌어.
> ㉢ 지수(만 24세, 단독세대주 아님) : 나는 기존 제도에서는 청년전용 버팀목 전세대출 대상이 되지 않았지만 개선안 덕분에 청년전용 버팀목 전세대출을 받는 것이 가능해졌어.
> ㉣ 이정(만 24세, 단독세대주) : 현재 임차보증금이 5천만 원짜리인 주택에 살고 있는데 개선안으로 인해 대출 한도가 늘어서 추가적인 대출이 가능하겠어.
> ㉤ 무영(만 24세, 단독세대주) : 개선안으로 인해 나한테 적용될 수 있는 청년전용 버팀목 전세대출의 최대 금리는 2.4%겠구나.

① ㉠, ㉡ ② ㉡, ㉣ ③ ㉡, ㉤
④ ㉡, ㉣, ㉤ ⑤ ㉢, ㉣, ㉤

34. 다음 상황에서 갑 ~ 병이 내야 할 월이자가 적은 순서대로 바르게 나열한 것은? (단, 대출금리는 1년 단위로 적용되고 월이자는 총이자를 12로 나누어 계산하며 언급되지 않은 다른 지원 조건은 충족했다고 가정한다)

> • 임차전용면적 55m^2, 임차보증금 5천만 원인 주택에 대해 연소득이 4천5백만 원인 갑(만 24세, 단독세대주)이 임차보증금의 80%를 대출받는 경우, 개선안에 따른 월이자
> • 임차전용면적 40m^2, 임차보증금 4천만 원인 주택에 대해 연소득이 3천5백만 원인 을(만 23세, 단독세대주)이 임차보증금의 80%를 대출받는 경우, 현행안에 따른 월이자
> • 임차전용면적 70m^2, 임차보증금 5천만 원인 주택에 대해 연소득이 3천만 원인 병(만 26세, 단독세대주가 아닌 경우)이 임차보증금의 80%를 대출받는 경우, 개선안에 따른 월이자

① 갑, 을, 병 ② 갑, 병, 을 ③ 을, 병, 갑
④ 병, 갑, 을 ⑤ 병, 을, 갑

35. 다음 글은 ○○공사에서 추진 중인 '스마트도시'에 관한 기사이다. 밑줄 친 ㉠과 ㉡은 스마트도시 건설을 위한 긍정적인 요인이며, 〈보기〉의 의견들은 부정적인 요인이다. SWOT기법을 이용하여 사업의 환경 분석을 할 경우 다음 중 S, W, O, T로 분류될 수 있는 것을 순서대로 바르게 나열한 것은?

> ○○공사 사장이 도시계획 전문가들과 함께 스마트도시사업의 방향성을 논의했다.
>
> 박 사장은 31일 서울 논현동 ○○공사 서울지역본부에서 학계, 지자체, 민간, 공공부문 전문가들과 함께 '스마트도시 추진방향 설정을 위한 전문가 토론회'를 열었다. 박 사장은 스마트도시사업의 국내외 추진현황을 점검하고 사업의 지향점을 정립하는 동시에 새 정부의 스마트도시 확산공약 실행을 위한 ○○공사의 구체적 역할을 논의하기 위해 토론회를 마련했다. ㉠ 정부는 올해 스마트도시 산업육성을 위해 '스마트도시법'을 개정했고 9월에는 스마트도시를 홍보하는 대규모 국제행사인 '제1회 글로벌 스마트시티위크'를 열기로 하는 등 스마트도시를 전략산업으로 육성하고 있다. 이번 토론회에서는 ○○공사의 '스마트도시 추진방향'과 ㉡'해외 스마트도시 추진현황(쿠웨이트 사례 등)' 주제발표에 이어 학계, 지자체, 공공, 민간 등 각계 전문가 18명이 종합토론을 벌였다. 종합토론에서는 스마트도시의 개념과 단기목표 등 스마트도시 사업의 지향점, 수출확대를 위한 경쟁력 강화방안, 국내외 확산을 위한 프로모션 전략 등 다양한 의견들이 제시됐다.
>
> ○○공사 관계자는 "스마트도시 추진방향설정 등을 주제로 각계의 다양한 의견이 제시됐다"라며 "여러 도시문제를 해결할 수 있는 스마트도시의 실증단지 구현방안이 나오는 등 뜻깊은 자리가 됐다"라고 말했다.
>
> 박 사장은 최근 스마트도시사업을 중점적으로 추진하기 위해 기존의 '도시환경본부'를 '스마트도시본부'로 변경하고 '스마트도시추진단'을 '스마트도시개발처'로 확대하는 조직개편을 실시하기도 했다.

보기

> ⓐ 스마트도시 산업 육성에 따른 지속가능한 비즈니스 모델 구축방안 연구 미흡
> ⓑ 통합 서비스 및 운영관리를 위한 각 분야별 협력 부서간의 협력 체제 미비
> ⓒ 지역주민 참여형 스마트도시 모델 도입 방안의 필요성 대두
> ⓓ 천재지변 등의 상황 발생 시, 핵심 제어시설 파손만으로 도시 전체 대규모 혼란 발생 우려

① ㉡, ⓐ, ㉠, ⓒ ② ㉡, ⓑ, ㉠, ⓓ ③ ㉡, ⓒ, ㉠, ⓐ
④ ㉠, ⓐ, ㉡, ⓓ ⑤ ㉠, ⓑ, ㉡, ⓓ

[36 ~ 37] 다음은 △△공사의 기록물관리규정 중 일부이다. 이어지는 질문에 답하시오.

제15조(기록물의 보존) ① 처리부서로부터 인수한 기록물은 기록물의 형태, 처리부서, 보존기간 및 생산연도 등으로 구분하여 보존서고에 배치하여야 한다.

② 기록관의 장은 기록물의 안전한 보존을 위하여 서고별로 관리책임자를 지정하여야 하며, 기록물의 정수점검, 상태점검 실시, 항온항습 환경 구축 등을 위하여 필요한 조치를 취할 수 있다.

제16조(보존기간) ① 기록물의 보존기간은 영구, 준영구, 30년, 10년, 5년, 3년, 1년의 7종으로 구분하며, 보존기간별 책정 기준은 [별표 2]와 같다.

② 기록물의 보존기간은 기록물분류기준표에 정한 보존기간을 기준으로 처리부서의 장이 기록물의 정리 시에 기록물질단위로 정한다. 다만, 특별히 보존할 필요가 있다고 인정되는 기록물에는 기록관장이 보존기간을 직접 정할 수 있다.

③ 보존기간의 기산일은 해당 기록물의 처리가 완결된 날이 속하는 다음 연도의 1월 1일로 한다. 다만, 여러 해에 걸쳐서 진행되는 경우에는 해당 과제가 종결된 날이 속하는 다음 연도의 1월 1일부터 보존기간을 기산한다.

제17조(기록물의 평가 및 폐기) ① 기록관에서의 기록물의 평가 및 폐기는 「공공기록물법」 제27조 제1항, 동법 시행령 제43조, 동법 시행규칙 제35조의 규정에 따라 시행하되, 기록물평가심의회의 구성 및 운영에 관하여는 본 운영규정 제4장 「기록물평가심의회」로 정한다.

② 처리부서에서는 모든 문서를 일체 폐기할 수 없으며, 폐기 대상 문서는 기록관으로 이관하여 폐기하여야 한다.

③ 처리부서의 장은 보존기간이 경과한 기록물에 대하여 별지 제4호 서식의 기록물평가심의서를 작성하고 담당자의 의견을 기재하여 기록물관리부서의 장에게 제출하여야 하며, 전문요원은 자체 심사 후 기록물평가심의회의 심의를 거쳐 보존기간 재책정, 폐기 또는 보류로 구분하여야 한다.

④ 폐기보류로 구분된 기록물은 5년마다 보존가치를 재평가하여야 한다.

[별표 2] 기록물의 보존기간별 책정 기준(제16조 관련)

보존기간	대상기록물
영구	1. 공사의 핵심적인 업무수행을 증명하거나 설명하는 기록물 중 영구 보존이 필요한 기록물 2. 공사 및 소속 임직원, 퇴직자 등의 지위, 신분, 재산, 권리, 의무를 증명하는 기록물 중 영구보존이 필요한 기록물 3. 공사의 역사경험을 증명할 수 있는 기록물 중 영구보존이 필요한 기록물 4. 공사의 수행 업무 중 국민의 건강증진, 환경보호 등과 관련한 기록물 중 영구보존이 필요한 기록물 5. 공사에 중대한 영향을 미치는 주요한 정책, 제도의 결정이나 변경과 관련된 기록물 중 영구보존이 필요한 기록물 6. 인문 · 사회 · 자연 과학의 중요한 연구성과와 문화예술분야의 성과물로 국민이나 기관 및 단체, 조직에 중대한 영향을 미치는 사항 중 영구보존이 필요한 기록물

영구	7. 공사의 조직구조 및 기능의 변화, 권한 및 책무의 변화, 사장 등 주요 직위자의 임면 등과 관련된 기록물 중 영구보존이 필요한 기록물 8. 일정 규모 이상의 국토의 형질이나 자연환경에 영향을 미치는 사업 · 공사 등과 관련된 기록물 중 영구보존이 필요한 기록물 9. 조사 · 연구서 또는 검토서 중 영구보존이 필요한 기록물 10. 회의록 중 영구보존이 필요한 기록물 11. 시청각기록물 중 영구보존이 필요한 기록물 12. 공사의 연도별 업무계획과 이에 대한 추진과정, 결과 및 심사분석 관련 기록물, 외부 기관의 공사에 대한 평가에 관한 기록물 13. 공사 및 주요 직위자의 지시사항과 관련된 기록물 중 영구보존이 필요한 기록물 14. 정책자료집, 백서, 그 밖에 공사의 연혁과 변천사를 규명하는 데 유용한 중요 기록물 15. 공사 사장, 주요 직위자 관련 기록물 및 외국의 공사 관련 기록물 16. 공사 사장 및 주요직위자의 공식적인 연설문, 기고문, 인터뷰 자료 및 공사의 공식적인 브리핑 자료 17. 공사 소관 업무분야의 통계 · 결산 · 전망 등 대외 발표 혹은 대외 보고를 위하여 작성한 기록물 18. 사장이 정하는 사항에 관한 기록물 19. 다른 법령, 내규에 따라 영구 보존하도록 규정된 기록물
준영구	1. 공사 및 소속 임직원, 퇴직자의 신분, 재산, 권리, 의무를 증빙하는 기록물 중 관리대상 자체가 사망, 폐지, 그 밖의 사유로 소멸되기 때문에 영구보존할 필요성이 없는 기록물 2. 비치기록물로서 30년 이상 장기보존이 필요하나, 일정 기간이 경과하면 관리대상 자체가 사망, 폐지, 그 밖의 사유로 소멸되기 때문에 영구보존의 필요성이 없는 기록물 3. 관계 법령에 따라 30년 이상의 기간 동안 민 · 형사상 책임 또는 시효가 지속되거나, 증명자료로서의 가치가 지속되는 사항에 관한 기록물
30년	1. 영구 · 준영구적으로 보존할 필요는 없으나 공사의 설치목적을 구현하기 위한 주요업무와 관련된 기록물 2. 공사의 사장, 본부장 등의 결재를 필요로 하는 일반적인 사항에 관한 기록물 3. 관계 법령에 따라 10년 이상 30년 미만의 기간 동안 민 · 형사상 또는 행정상의 책임 또는 시효가 지속되거나, 증명자료로서의 가치가 지속되는 사항에 관한 기록물 4. 다른 법령에 따라 10년 이상 30년 미만의 기간 동안 보존하도록 규정한 기록물 5. 그 밖에 10년 이상의 기간 동안 보존할 필요가 있다고 인정되는 기록물

36. 제시된 규정에 대한 설명으로 적절한 것은?

① 모든 기록물의 보존기간은 기록관장이 결정하되, 필요시 처리부서장에게 의견을 구한다.
② 담당 부서장이 필요없다고 판단하는 문서는 문서분쇄기 등을 활용하여 파쇄하여 정리한다.
③ 폐기보류로 구분된 기록물은 5년이 지날 때마다 그 보존가치를 다시금 평가해야 한다.
④ 보존기간이 경과된 문서에 대해 기록물관리부서의 장이 기록물평가심의서를 작성해야 한다.
⑤ 상반기에 완료된 사업 관련 문서는 정리하여 7월부터 보존기간을 책정하고 기록물 관리 부서로 이관한다.

37. 제시된 규정을 참고할 때, 기록물에 따른 보존기간을 바르게 연결한 것은?

① 전임 사장의 퇴임사－준영구
② 담당 본부장의 결재 서류－준영구
③ 외부기관의 공사에 대한 평가－30년
④ 공사의 조직구조 및 기능의 변화에 관한 기록물－영구
⑤ 공사의 정책자료집 및 백서－30년

[38 ~ 40] 다음의 제시 상황과 자료를 보고 이어지는 질문에 답하시오.

○○공사 직원 G는 본사 내 기념관 건설을 위한 건설사를 선정하려 한다.

〈건설사 평가기준〉

업체 \ 기준	공사단가	예상기간	계약금	평판	업체규모
A 건설사	200억 원	13개월	20억 원	★★★☆☆	대형
B 건설사	180억 원	12개월	18억 원	★★★★☆	중형
C 건설사	150억 원	13개월	15억 원	★★☆☆☆	소형
D 건설사	160억 원	15개월	10억 원	★★★★★	대형
E 건설사	170억 원	13개월	15억 원	★★★☆☆	중형

〈순위－점수 환산표〉

순위	1위	2위	3위	4위	5위
점수	5점	4점	3점	2점	1점

- 5개 기준(공사단가, 예상기간, 계약금, 평판, 업체규모)에 대하여 각 기준별로 5개 업체를 비교하여 순위를 매긴 후 〈순위－점수 환산표〉에 따라 점수를 부여한다.
- 순위는 1위부터 매기며, 공사단가가 저렴할수록, 예상기간이 짧을수록, 계약금이 적을수록, 평판은 ★의 개수가 많을수록, 업체규모가 클수록 높은 순위를 부여한다.
- 2개 이상 업체의 순위가 같을 경우 그다음 순위의 업체는 순위가 동일한 업체의 수만큼 밀려난다.
  ※ 예를 들어 A, B, C 모두 1위인 경우, 그다음 순위인 D는 4위가 된다.
- 직원 G는 각 기준에 의한 환산점수의 합인 합산점수가 가장 높은 업체를 선택한다. 단, 합산점수가 동일한 경우 공사단가가 더 저렴한 업체를 선택한다.

38. 다음 중 직원 G가 선택할 업체로 가장 적절한 것은?

① A 건설사 ② B 건설사 ③ C 건설사
④ D 건설사 ⑤ E 건설사

39. 최초의 기준에 다음 변경사항을 적용할 경우 직원 G가 선택할 업체로 가장 적절한 것은?

- 안전이 가장 중요하다는 의견에 따라 업체 평판의 환산점수에 3을 곱한 값을 새로운 환산점수로 변경하였다.
- 빠른 완공이 중요하다는 의견에 따라 예상기간의 환산점수에 2를 곱한 값을 새로운 환산점수로 변경하였다.

① A 건설사 ② B 건설사 ③ C 건설사
④ D 건설사 ⑤ E 건설사

40. 최초의 기준에 다음 변경사항을 적용할 경우 직원 G가 선택할 업체로 가장 적절한 것은?

- 공사단가와 계약금을 환산점수 기준에서 제외하고, 계약금비율을 새로운 기준으로 삼는다.
  ※ 계약금비율＝(계약금/공사단가)×100(%)
  ※ 계약금비율이 낮을수록 높은 순위를 부여한다.
- 업체규모에 대한 순위를 매기지 않고, 대형일 시 4점, 중형일 시 2점, 소형일 시 0점의 환산점수를 부여한다.

① A 건설사 ② B 건설사 ③ C 건설사
④ D 건설사 ⑤ E 건설사

기출예상문제

문항수 : 40 문항

문항시간 : 60 분

▸ 정답과 해설 11쪽

[01 ~ 02] 다음은 ○○공사의 차량관리규칙의 일부이다. 이어지는 질문에 답하시오.

제8조(차량의 수리) 차량의 정기점검 · 수리는 각 차량소속기관별로 자동차종합정비사업장 또는 소형자동차정비사업장에서 수리를 해야 하며 계약을 할 수 없을 때와 경미한 수리는 관리부서장이 지정하는 자동차부분정비사업장에서 수리를 할 수 있다.

제9조(차량운행) 차량운행관리부서에서는 차량운행을 다음 각호와 같이 한다.

1. 이사장 · 감사 전용차를 제외한 전 차량은 집중관리부서의 배차승인 결정에 따라 운행하여야 한다.
2. 공휴일 및 일과 시간 후의 차량운행은 금지한다. 다만 공무로 운행할 필요가 있을 때는 사용자가 일과시간 내에 차량관리부서에 허가를 득하여 사용하여야 하며 허가를 득하지 않고 사용 시 발생하는 제반사고 및 경비에 대하여는 사용자가 책임을 져야 한다.

제10조(주차관리) 차량의 주차는 훼손 또는 도난방지를 위하여 청사 내 지정 주차장에 하여야 하며 업무수행상 부득이한 경우, 기관장이 별도로 지정하는 주차장에 주차할 수 있다.

제11조(유류지급) 유류지급은 예산의 범위 내에서 지급한다. 다만 타 기관 및 공사 관련협회 등에 차량을 지원하는 경우에는 유류를 지급하지 아니한다.

제12조(배차 신청 및 승인) ① 차량을 사용하고자 하는 부서는 다음 각 호의 사항을 명시하여 차량관리부서에 배차 신청을 하여야 한다.

1. 사용차량 / 사용일시
2. 용무 / 행선지(경유지 포함)
3. 운전자 / 탑승인원

② 집중관리부서는 제1항의 규정에 의하여 차량배차 요청사항에 대해 사용신청 순위 및 업무의 경중과 완급, 공동 사용 가능 여부를 검토하여 승인하여야 한다.

③ 승합차량 배차 시 탑승인원 및 운반 물품 등 차량이용 목적에 부합하여야 한다.

④ 각 소속기관 및 부설기관, 전담관리부서는 배차 신청 및 차량운행일지를 본 규칙에서 정한 양식에 준하여 변경하여 기록할 수 있다.

제13조(차량운행일지 기록) 차량 운전자는 일일운행기록을 차량 반납 이전에 차량운행일지에 기록 · 유지하여야 한다.

제14조(근무시간 후 차량관리) ① 근무시간 후에는 운전자는 차량을 지정 주차장에 입고한 후 차량 열쇠를 당직실 및 소속기관의 경우 운영관리자가 별도 지정하는 곳에 보관한다.

② 당직책임자는 차량별 열쇠의 보관 상태를 확인하고 당직 중 차량운행허가 등 선량한 차량관리 의무를 다하여야 한다.

제15조(차량 대여) 타 기관 및 관련협회가 공사차량을 사용하고자 할 때는 차량 사용일 7일 전까지 배차 신청을 하여야 하며, 본 규칙을 준수해야 한다.

01. 다음 중 위의 차량관리규칙을 바르게 이해한 것은?

① 차량배차 신청이 있을 경우 집중관리부서는 사용신청 순위 및 업무의 경중과 완급, 공동 사용여부 순으로 검토하여 승인하여야 한다.

② 일과시간 후 차량운행은 금지됨을 원칙으로 하나, 사용 시 발생하는 제반사고 및 경비에 대해 사용자가 책임을 진다고 하면 예외적으로 차량관리부서로부터 허가를 받을 수 있다.

③ 차량의 주차는 도난방지를 위해 청사 내 지정 주차장에 하는 것을 원칙으로 하되, 이사장 · 감사 전용차는 집중관리부서가 승인한 주차장을 이용할 수 있다.

④ 차량 사용을 원하는 부서는 사용차량, 용무, 행선지(경유지 포함), 운전자, 탑승인원 등을 차량운행일지에 기록하여 차량관리부서에 배차 신청한다.

⑤ 만약 유류지급분이 주어진 예산의 범위를 초과한다면 초과분은 지급되지 않을 것이다.

02. ○○공사 홍보실에서 근무하는 이 사원은 업무상 차량배차 신청을 할 일이 많아 배차실 박 대리를 찾아가 다음과 같은 질문을 하였다. 박 대리의 답변으로 옳은 것은?

Q. 박 대리님, 배차 신청 시 사용 내역을 명시해야 한다고 알고 있는데요, 탑승인원까지는 명시할 필요 없겠죠?
A. ① 사용차량과 사용일시 중 하나, 용무와 행선지 중 하나, 운전자와 탑승인원 중 하나씩만 명시하면 돼요.
Q. 저는 업무상 타 기관에 차량을 지원해 줘야 할 일이 좀 있는데요, 그런 경우엔 어떻게 해야 하나요?
A. ② 차량 사용 7일 전까지 배차 신청을 하고 운전자는 차량 반납하기 이전에 일일운행기록도 차량운행일지에 기록해야 해요. 유류는 우리가 지급하지 않는다는 것도 알려 줘요.
Q. 근무시간 이후 부설기관 차량 사용이 완료되면 차량을 다음 날 아침에 가져오면 되는 건가요?
A. ③ 일단 차량을 주차장에 입고시키고 차량운행일지에 일일운행기록도 기록해야 돼요. 열쇠는 운영관리자가 별도로 지정하는 곳에 보관하면 돼요.
Q. 차량 사용 용도가 특수한 경우 차량운행일지 양식이 좀 안 맞는 경우도 가끔 있던데요, 그럴 땐 어떻게 하지요?
A. ④ 차량수리나 차량운행, 주차관리 등 차량의 전반적인 관리는 우리 공사의 차량관리규칙을 원칙으로 해요. 따라서 조정 또는 변경을 원한다면 먼저 승인을 받아야 해요.
Q. 내방객 일정이 유동적이라서 차량을 주차장 이외의 장소에 잠시 주차해야 할 상황이 생겨도 반드시 지정 주차장에만 주차해야 하는 건가요?
A. ⑤ 청사 내 지정 주차장이 원칙이긴 한데 기관장 지정 장소에 주차할 만한 사정이 있다면 그곳도 가능해요. 그리고 언젠가 수리를 받을 예정이라면 자동차부분정비사업장에 일단 주차하는 것도 가능해요.

[03 ~ 04] 다음 기사문을 읽고 이어지는 질문에 답하시오.

주거환경이 취약한 사람들에게 202X년 올해 여름은 유난히 길었다. 특히 (사)□□연대(이하 연대, 이사장 남○○)는 관리 중인 △△공사 매입 임대주택들 중 노후주택 총 44가구가 올해 장맛비로 인해 피해가 더욱 심했던 것으로 나타나, 지난 8월 중순부터 이로 인한 피해 복구작업을 진행하고 있다고 21일 밝혔다.

연대의 집계자료에 따르면 비 피해주택 44가구 중 현재까지 △△공사 14건, 연대 21건, 총 35가구에 대한 복구지원을 완료했으며 나머지 9가구는 복구지원 중이다. 비 피해 민원현황을 유형별로 살펴보면 누수 25건, 침수 12건, 곰팡이 4건, 기타 3건으로 그 원인이 매우 다양하다.

복구지원 역시 각 유형별 맞춤으로 진행된 가운데 대표적으로, 외벽크랙으로 인한 누수의 경우 외벽 방수공사를 진행했다. 윗집에서 누수가 발생해 아래층에 피해를 주는 경우 △△공사에서 윗집에 대한 누수공사를 진행한 후 아래층에 대한 보수공사가 이뤄졌으며, 정화조에서 물이 넘쳐 집 안으로 들어와 침수가 된 경우 정화조 공사를 통해 문제를 해결했다. 집 수리 외에도 지자체와의 연계를 통한 주거상향 지원사례도 있다. 연대 입주민 김길동(가명, 50세) 씨는 이번 장마로 집안에 누수 및 곰팡이가 발생하는 비 피해를 입은 가운데 기존에 앓던 질병과 더불어 피부질환까지 얻어 도움을 요청하기도 했다.

연대는 곧바로 주택을 방문해 문제상황을 파악한 후 구청과 동주민센터를 통한 주거사다리사업을 연계해, 해당 입주민이 지상층으로 이주할 수 있도록 조치하였다. 또한 이주 당일 □□연대 인천지사(지사장 강○○) 회원들과 함께 입주청소 봉사활동이 진행되어, □□재단과의 연계를 통한 이사비와 보증금을 지원했다.

한편, 비 피해로 인해 천장누수가 생겨 싱크대 전체가 무너져 내린 입주민도 있다. 천장에 물이 고여 싱크대 상부장이 무너져 내리기 시작해 매우 위험한 상황이었다. 연대는 상황의 위급성을 고려해 곧바로 △△공사에 도움을 요청, 천장 누수 공사와 싱크대 교체작업을 진행했다. 이는 연대에서 민원을 받은 후 입주민에게 더 큰 문제가 생기기 전 △△공사로부터 복구지원을 긴급하게 받은 사례이다.

연대에서는 남은 9가구에 대한 비 피해복구 지원을 계속할 예정이며, 내년도 장마기간 중 동일한 피해가 발생하지 않도록 주택에 대한 지속적인 관리와 함께 입주민들과의 소통 및 커뮤니티 활동을 통해 (㉠)

03. 제시된 기사문을 읽은 뒤의 반응으로 가장 적절하지 않은 것은?

① 비 피해 민원현황 중에는 누수로 인한 피해가 가장 많은 걸로 보니 외벽 방수공사를 미리 해 두는 것이 좋겠어.

② 만약 비로 인해 윗집의 누수가 아래층에게 피해를 줬다면, 윗집의 누수공사가 아랫집의 보수공사보다 선행되어야 해.

③ 누수 및 곰팡이로 피부질환까지 얻은 사례가 있으니 장마철이 되면 여러모로 조심할 필요가 있어 보여.

④ 주거사다리사업이란 천장 누수 공사와 싱크대 교체작업 등을 목적으로 하는 사업이구나.

⑤ □□연대가 지속적으로 관리활동을 하겠구나.

04. 제시된 기사문의 ㉠에 들어갈 문장으로 가장 적절한 것은?

① 비 피해 예방 활동에 입주민 스스로가 적극 참여할 수 있도록 장려할 계획이다.

② △△공사의 복구지원 시스템을 더욱 더 체계적으로 보완할 계획이다.

③ 지하층 거주민이 없도록 전 가구 이주 조치를 완료할 계획이다.

④ 노후주택에 대한 △△공사의 예방책 마련을 촉구할 계획이다.

⑤ 재개발 주택 단지의 범위를 확장할 계획이다.

[05 ~ 07] 다음 글을 읽고 이어지는 질문에 답하시오.

우리는 야만인들의 식인 풍습의 기원에 대해 알아보고 그에 대한 긍정적인 고찰해 볼 필요가 있다. 식인 풍습의 기원에는 주술적 또는 종교적인 이유들이 존재할 것이다. 실제로 어떤 부족은 조상의 신체의 일부분이나 적의 시체나 살점들을 먹음으로써 죽은 자의 덕이나 힘을 획득하고자 한다. 이 의식은 대부분 매우 비밀스럽게 거행되며, 그들이 먹고자 하는 것을 다른 음식물과 섞거나 빻아 가루로 만들어 약간의 유기물을 더해 먹는다. 가끔 공개적으로 식인 풍습이 진행되더라도 그것은 부족에 큰 해를 끼친 사람의 시신을 물질적으로 파괴함으로써 육체적 부활의 가능성을 없애고 영혼과 육체의 연결을 끊기 위해서 진행되었다. 이러한 이유를 제대로 알아보지 않고 단지 이원론적인 확신에 의해서 식인 풍습이 문제가 있다고 보는 것은 정당하지 못하다. (ⓐ) 우리가 식인종들이 죽음의 신성함을 무시한다며 그들을 비난하는 행위는 사실 해부학 실습을 용인하는 현대 사람들을 향한 비난과도 같다고 볼 수 있다. 만약 다른 사회에서 온 학자가 우리의 문화를 관찰하고 조사하게 된다면, 우리의 풍습 또한 그들에게 비문명적이라고 인식될 수 있다는 것을 알아야 한다.

(ⓑ) 우리는 식인 풍습의 기원과 관련하여 재판과 형벌에 대한 관점의 차이를 생각해 볼 수 있다. 식인 풍습을 실행하는 사회에서는 어떤 위협적인 힘을 지니고 있는 사람의 능력을 가져와 자신의 부족에 유리하도록 변모시키는 방법이 식인을 통해 이루어지며 그들을 자기네 육체 속으로 빨아들이는 것이 형벌이라고 믿는다. (ⓒ) 현재 우리가 살고 있는 사회에서는 앙트로페미(Anthropemie ; 특정인을 축출 또는 배제해 버리는 일)라는 방안을 채택한다. 즉, 동일한 문제에 직면했을 때 두 사회가 서로 정반대의 해결방안을 선택했던 것이다. 우리는 끔찍한 존재들을 일정 기간 또는 영원히 격리하고 고립시킴으로써 그들을 사회로부터 추방한다. 또한 이러한 존재들을 위해 특정 목적을 가지고 고안된 시설을 개발하기도 한다. 이와 같은 양상은 우리가 야만인이라고 부르는 식인 부족의 사회에 있어서는 극심한 공포를 일으킬 것이다. 단지 그들이 우리와 대칭적인 관습들을 지니고 있다는 이유만으로 그들을 야만적이라고 간주하듯이 우리도 그들에게는 야만적으로 보이게 될 것이다.

05. 다음 중 제시된 글을 작성한 필자의 의도로 적절한 것은?

① 식인 풍습 재조명
② 야만적 식인 풍습과 문명사회의 형벌 대비
③ 문명과 야만의 판단 기준 설정
④ 문명과 야만의 개념 비판
⑤ 재판과 형벌에 관한 새로운 관점 제시

06. 제시된 글을 읽고 추론할 수 있는 내용으로 적절하지 않은 것은?

① 식인종의 식인 풍습은 무서운 힘을 흡수하려는 목적을 갖고 있다.

② 특수한 존재를 먹어버리는 행위나 사회적으로 추방하는 행위는 둘 다 형벌의 목적을 띠기도 한다.

③ 의식적인 식인 풍습은 육체와 영혼을 분리하지 않는 일원론적 사고에 따른 것이다.

④ 식인 풍습을 비판하는 행위와 식인 풍습을 행하는 행위는 동일한 철학적 기반을 갖고 있다.

⑤ 하나의 기준으로 특정 문화의 옳고 그름을 판단할 수 없다.

07. 다음 중 ⓐ ~ ⓒ에 들어갈 접속어를 올바르게 연결한 것은?

	ⓐ	ⓑ	ⓒ
①	뿐만 아니라	한편	반면
②	뿐만 아니라	또한	그러므로
③	뿐만 아니라	한편	그러므로
④	그러나	반면	이러한
⑤	그러나	한편	그런데

[08 ~ 09] 다음은 선진 해외 도시 탐방 결과 보고서에 덧붙인 글이다. 이어지는 질문에 답하시오.

오늘날 대부분의 도시에서는 데이터가 기업과 공공기관, 비영리기관, 개인 데이터베이스에 분산되어 있으며 표준화가 잘 이루어지지 않고 있다. 그러나 도시의 트렌드를 파악하고 대응하기 위해서는 교통 흐름, 인간의 움직임, 개인 거래, 에너지 사용량의 변화, 보안 활동 등 주요 요소에 대한 여러 계층의 데이터를 집합시킬 필요가 있다.

자동화될 공공 서비스, 유연한 교통 흐름, 스마트한 보안, 최적화된 도시계획을 가능하게 하는 기하급수적 기술을 이용하기 위해서는 정보의 흐름을 실시간으로 분석하는 것이 필수적이다. 그리고 이미 전 세계의 첨단 도시들은 스마트 주차에서 폐기물 관리까지 여러 분야에서 다양한 표준을 결합하여 실행 가능한 방법을 도출해 내는 중앙집중식 데이터 플랫폼을 구축하고 있다.

대표적인 예가 중국의 난징이다. 난징시는 1,000대의 택시와 7,000대의 버스, 100만 대 이상의 승용차에 센서를 부착하여 물리적 네트워크와 가상 네트워크를 통해 데이터를 매일 수집하고 있다. 수집된 데이터는 난징 정보센터에 전송되고 전문가들은 교통정보를 분석하여 통근자들의 스마트폰에 새로운 교통 경로를 전송한다. 이러한 실시간 데이터는 자본 집약적인 도로와 대중교통 재건설의 필요성을 낮추고 기존 자산의 가치를 극대화하여 수백만 명의 시간을 절약하고 생산성을 높여준다.

센서의 보급과 도시 사물인터넷의 증가는 교통 흐름 통제를 넘어 전체 인프라 시스템을 실시간으로 관찰할 수 있게 한다. 이탈리아의 □□철도기업은 모든 열차에 센서를 설치하여 각 열차의 상태를 실시간으로 관찰하고 바로 업데이트할 수 있도록 유도하고 있다. 또한 센서에 시스템 이상 반응이 감지되면 고장이 발생하기 전에 문제를 해결할 수 있다. 열차 고장으로 인한 교통 혼란은 과거의 일이 되었다. 로스앤젤레스는 5,000킬로미터에 이르는 거리에 센서를 탑재한 새로운 LED 등을 설치했다. 가로등이 오작동하거나 밝기가 낮아지면 즉시 고칠 수 있어 큰 결함이 발생되기 전에 문제를 해결할 수 있다.

전자상거래 분야의 거대 기업인 △△의 본사가 있는 항저우시는 현재 지구상에서 가장 빠른 데이터 반응 도시를 구축하기 위한 시티브레인 프로젝트를 시작했다. 도시 전역에 설치된 카메라와 센서를 통해 중앙집중식 인공지능 허브는 도로 상태에서 날씨, 교통사고와 시민 건강에 관한 응급사항에 이르는 모든 데이터를 처리한다. 항저우시의 시티브레인은 800만 명의 인구를 관찰하고 1,000개가 넘는 신호등을 동시에 조정하고 관리한다. 앰뷸런스가 충돌하지 않도록 경로를 안내하고 신호를 조정하며 사고율에 따라 교통경찰을 배치한다. 시범운영 결과 시티브레인 시스템은 이미 앰뷸런스 출동 시간과 통근 시간을 절반으로 줄이는 유의미한 결과를 냈다.

센서와 인공지능의 결합은 도로 감시와 교통 흐름, 교통사고 이외에도 군중을 모니터하고 인간의 움직임을 분석할 수 있다. 중국의 센스타임과 같은 회사들은 현재 자동차 번호판과 사람의 얼굴을 식별할 수 있을 뿐만 아니라 군중의 움직임과 수배 중인 범죄자를 찾아낼 수 있는 소프트웨어를 운영하고 있다.

08. 제시된 글이 설명하고 있는 사례를 이해한 내용으로 적절한 것은?

① 5G 통신 네트워크를 통한 그린시티 구축에 성공한 도시를 소개하고 있다.
② 현대 도시의 트렌드 변화를 소개하고 있다.
③ 센서를 통해 사물인터넷을 성공적으로 구현한 스마트도시 사례를 소개하고 있다.
④ 실시간 데이터와 자본 집약적인 도로가 결합되었을 때 변화하는 도시의 사례를 소개하고 있다.
⑤ 인공지능을 통해 범죄를 예방할 수 있다는 사례를 주제로 내세우고 있다.

09. 제시된 글과 〈보기〉의 연관성으로 적절한 것은?

보기

급속한 도시화로 많은 문제들이 생겨나면서 더 이상 전통적인 방식으로는 대응이 어려운 상황이다. 거기에 코로나19와 같은 감염병과 기후변화로 인한 각종 자연재해까지 더해져 더욱 심각한 도시의 위기가 초래되고 있다.

이런 가운데 재난에 대한 회복력 강화와 지속가능한 성장, 기후변화 대응을 위해 떠오르고 있는 것이 바로 인공지능과 빅데이터다. 과학적 방법론을 적용한 빅데이터의 활용은 어반 사이언스(Urban Sciences)와 어반 인포메틱스(Urban Informatics)에 활용되어 다양한 도시 문제들을 해결하는 데 앞장서고 있다.

도시과학은 현대 도시가 직면하고 있는 복잡하고 다양한 문제를 다학제적인 접근을 통해 연구하는 분야이며, 어반 인포메틱스는 수학이나 암호학, 빅데이터 등을 활용해 도시 문제를 개선하는 학문 분야다. 실제로 뉴욕시에선 200만 건이 넘는 시민들의 경험 공유 데이터를 통해 리포팅 패턴을 연구해서 주민들의 우려와 문제를 해결하는 데 사용했다. 최근에는 와이파이나 GPS 위치 추적기 등 지리적 위치 시스템을 통해 많은 정보를 추적할 수 있기 때문에, 이를 이용한 자연재해의 영향력도 예측할 것으로 보고 있다.

이처럼 새로운 기술 변화와 함께 과거에는 불가능했던 여러 정보들을 토대로 도시 관리와 도시 정책 수립이 가능해지고 있다.

① 빅데이터가 도시 문제의 해결 방안으로 부상하고 있음을 부연하고 있다.
② 도시가 발전하기 위해 도시공학의 학문적 뒷받침이 필요함을 지적하려고 한다.
③ 빅데이터의 활용으로 지능화되는 새로운 도시의 사례를 소개하려고 한다.
④ GPS를 이용한 다학제적 접근을 통해 미래의 자연재해를 막을 수 있음을 설명하려 한다.
⑤ 빅데이터를 활용한 도시 문제 해결의 한계점을 제시하며 새로운 주제로 전환하고 있다.

[10 ~ 11] 다음 자료를 보고 이어지는 질문에 답하시오.

〈한계차주 주거지원을 위한 주택(아파트) 매입 공고〉

㈜△△부동산투자회사에서 주택담보대출 원리금 상환에 어려움을 겪는 한계차주의 주거지원을 위하여 다음과 같이 주택(아파트)을 매입합니다.

> 한계차주 주거지원을 위한 매입임대주택은 주택도시기금이 출자하여 설립한 ㈜△△부동산투자회사가 한계차주 소유의 아파트를 매입하여 매도자인 한계차주에게 5년간 임대하는 주택으로, 한계차주는 임대기간 종료 후 재매입우선권을 행사하여 주택을 재취득할 수 있습니다.

• 아래 요건을 모두 충족하는 주택
 ① 전용면적 85m^2 이하, 공시가격 5억 원 이하
 ② 해당 주택이 속한 단지규모가 150세대 이상
 ③ 20XX년 1월 이후 사용 승인
 ④ 특별시, 광역시 및 인구 10만 이상 시·군 지역 소재 아파트

• 다음 요건을 모두 충족한 자(한계차주)
 ① 매입공고일 3개월 이전부터 매입신청대상 주택을 소유
 ② 매입공고일 3개월 이전부터 기존주택에 주민등록이 등재되어 있을 것
 ③ 매입공고일 3개월 이전부터 기존주택을 담보로 하는 금융권 대출이 있을 것
 ④ 매입공고일 현재 해당 세대의 월평균소득이 전년도 도시근로자 가구당 월평균소득의 120% 이하일 것

• 주택요건 및 신청자격 등에 대한 서류심사 후 적격인 경우에 한해 아래 기준에 따른 우선순위에 따라 매입예정 호수의 2배수를 현장실태조사 및 감정평가 대상으로 선정함.

기준(%)	내용	적용방법
매도희망 가격비율	매도희망가격 ÷한국감정원 시세×100	• 비율 90% 미만은 90% 적용, 100% 초과는 100% 적용 • 매도희망가격비율이 낮은 순으로 우선순위 부여
채무비율	담보대출 총합 ÷한국감정원 시세×100	• 매도희망가격 비율이 동점일 경우 적용하는 보조기준 • 채무비율이 높은 순으로 우선순위 부여

10. 다음 중 제시된 주택매입 공고에서 대상자 제한 사항이 아닌 것은?

① 일정 규모 이하의 주택을 소유하여야 한다.
② 해당 주택이 속한 단지와 지역의 규모가 일정 수준 이상이어야 한다.
③ 일정 기간 이상 해당 주택을 소유하고, 주민등록상 거주지로 등록되어 있어야 한다.
④ 금융권 대출 금액이 일정 수준 이상이어야 한다.
⑤ 일정 규모 이하의 세대 소득이 있어야 한다.

11. 제시된 공고를 보고 매입을 신청한 A, B, C 3명의 주택과 대출 현황이 다음과 같을 때, 대상 주택 선정의 우선순위를 올바르게 나열한 것은?

신청인	한국감정원 감정가	매도희망가격	담보대출 총합
A	2억 원	2.2억 원	1.9억 원
B	2.4억 원	2.2억 원	2.4억 원
C	3억 원	3억 원	2.7억 원

	1순위	2순위	3순위
①	A	B	C
②	A	C	B
③	B	A	C
④	B	C	A
⑤	C	A	B

12. 다음 보도자료의 내용과 일치하지 않는 것은?

동탄사업본부는 화성동탄1 신도시 및 동탄일반산업단지 내 상업용지, 근린생활시설, 지원시설, 주차장, 사회복지시설, 자동차시설용지 등 최적의 입지조건을 갖춘 다양한 용도의 토지, 총 58필지 54천m^2를 경쟁입찰 또는 추첨방식으로 공급한다고 밝혔다.

〈공급대상 토지현황〉

사업지구	용도	필지 수	면적(m^2)	신청예약금(입찰보증금)	공급방법
화성동탄1	일반상업용지	5	683 ~ 6,487	입찰금액의(공급예정 가격 아님) 5% 이상에 해당하는 금액	경쟁입찰
	근린상업용지	2	900.1 ~ 900.9		
	근린생활시설용지	25	402 ~ 744		
	주차장용지	4	1,364 ~ 2,381		
	사회복지시설용지	1	900.0	3천만 원	추첨(관할지자체 추천자 대상)
동탄일반 산업단지	지원시설용지	20	752 ~ 1,549	입찰금액의 5% 이상에 해당하는 금액	경쟁입찰
	자동차시설용지	1	1,990.0		

• 지구성숙 단계에 접어든 화성동탄1 신도시

이번 토지는 동탄1 신도시에서 사실상 마지막으로 공급되는 토지로, 4만여 세대의 배후 주거지역 입주가 대부분 완료되고 이미 상권이 형성되어 있는 등 뛰어난 입지여건을 갖추고 있다.

- 일반상업용지(5필지, 공급면적 683.4 ~ 6,487.8m^2, 건폐율 80%, 용적률 500%)는 아파트 및 오피스텔 인근에 위치해 있고, 3.3m^2당 공급단가는 1,123 ~ 1,326만 원이며, 높은 건폐율 · 용적률로 활용도가 높다.
- 근린상업용지(2필지, 공급면적 900.1 ~ 900.9m^2, 건폐율 70%, 용적률 400%)는 동탄1 신도시 내 가장 상권이 활성화된 센트럴파크 인근에 위치해 있고, 3.3m^2당 공급단가는 1,517 ~ 1,564만 원이며, 유동인구가 많은 상업지역 중 노른자위로 손꼽힌다.
- 근린생활시설용지(25필지, 공급면적 402.6 ~ 744.1m^2, 건폐율 60%, 용적률 300%) 중 10필지는 3.3m^2당 평균 공급단가가 대폭 할인되어 939만 원이며, 5년 무이자 할부로 공급되는 15필지는 3.3m^2당 평균 공급단가가 996만 원으로 일시에 납부할 경우 최대 12.4%의 할인혜택이 있다.
- 주차장용지(4필지, 공급면적 1,364.1 ~ 2,381.2m^2, 건폐율 90%, 용적률 400 ~ 1,000%)는 최근 주차장용도뿐만 아니라 근린생활시설을 설치하여 안정적 수익창출이 가능하여 기존 상가용지를 대체할 대안으로 인기를 끌고 있다. 동탄1 신도시의 주차장용지는 3.3m^2당 평균 511만 원에 공급된다.

– 사회복지시설용지(1필지, 공급면적 900m^2, 건폐율 50%, 용적률 250%)는 사회복지시설, 노인복지시설, 근로복지시설 등의 운영이 가능하며, 3.3m^{2}당 658만 원의 저렴한 가격에 분양할 예정으로 관할 지자체장의 추천을 받은 사회복지법인은 1순위로 공급신청이 가능하다.

① 용적률이 가장 낮은 용지는 사회복지시설용지이다.

② 3.3m^{2}당 평균 공급단가는 근린상업용지가 일반상업용지보다 더 높다.

③ 화성동탄1 신도시의 주변에는 이미 상권이 형성되어 있다.

④ 모든 용지가 경쟁입찰에 의해 분양되는 것은 아니다.

⑤ 일반상업용지는 약 61.23(만 원)/3.3(m^2)의 입찰보증금이 필요하다.

[13 ~ 14] 다음은 토지분야 데이터 분석 공모전에 대한 자료이다. 이어지는 질문에 답하시오.

〈개요〉

• (공모주제) 국민이 원하는 토지정보 서비스
  – 토지 분야 데이터 분석으로 국민들이 토지정보에 대한 궁금증을 해소할 수 있는 토지정보 서비스 아이디어 및 데이터 분석결과 제시
  – 토지 분야 데이터와 다른 분야의 데이터를 함께 분석하여 새로운 서비스를 도출하거나 토지관리 현안을 해결할 수 있는 분석과제
  – 토지 분야 데이터 분석을 통해 주택 분야 신규 비즈니스(사업) 모델을 제시하는 자유 분석과제
  ※ 위에 제시된 공모주제 설명을 참고하여 토지와 관련된 어느 주제나 가능함.

• (활용자료) 공공데이터 포털(data.go.kr) 등 주택 분야 데이터를 제공하는 정보시스템*을 활용하여 분석대상 데이터 확보, 활용
  * 공공데이터 포털, 토지정보포털, 국토정보시스템, 국가주택정보시스템, 토지주택정보시스템, 국가통계포털 등

• (응모자격) 공공 빅데이터에 관심 있는 국민 누구나 참여 가능하며 '일반국민'과 '데이터 관련 분석 전문가' 전형으로 나누어 응모
  – (일반국민) 학생, 일반국민 등 개인 또는 팀 형태로 참가
  – (전문가) 데이터, 시스템 관련 중소기업 · 스타트업 형태로 참가

• (접수기간) 20X9. 9. 19.(목)까지

• (접수방법) 이메일을 통한 개별접수(이메일주소 : △△@lh.or.kr)
  ※ 접수기간까지 도착분에 한함.

• (제출서류) 과제 수행계획서 및 개인정보 수집 · 활용 동의서
• (주요일정) 분석 참가신청(~ 9. 19.) → 과제수행 및 결과보고서 제출(~ 10. 15.)
→ 빅데이터 콘테스트 행사(10월 말) ※ 일정은 내부 상황에 따라 변동 가능
• (분석내용) 과제 제안, 데이터 처리, 결과해석 및 시사점 도출
– 데이터 수집 · 정제, 분석모형 개발 및 적용, 결과해석 등
– 과제를 통해 개발된 분석모형의 현업 적용방안 및 시사점 도출
※ 타분야 공공데이터와 융합 활용하여 새로운 가치를 발굴한 과제 우대

〈결과물 제출〉

• (제출기한) 20X9. 10. 15.(화) 18 : 00까지
• (제출방법) 이메일을 통한 개인 제출 ※ 향후 별도 공지 예정
• (제출내용) 분석보고서 및 발표자료
– (보고서) 한글문서(hwp) 또는 pdf 변환파일 제출
– (발표자료) 파워포인트(ppt, pptx) 또는 pdf 변환파일 제출
※ 상기 제출물 중 어느 하나라도 제출하지 않은 경우 심사대상에서 제외

13. 위 자료에 대한 내용으로 가장 적절하지 않은 것은?

① 학생이나 일반 국민도 개인 또는 팀 형태로 참가 가능하다.
② 과제 수행계획서는 9월 19일까지, 최종 결과물은 10월 15일까지 제출이다.
③ 최종 결과물은 △△@lh.or.kr로 제출해야 한다.
④ 분석내용에는 과제 제안, 데이터 처리 등이 포함된다.
⑤ 보고서는 한글문서 또는 pdf 변환파일로 제출해야 한다.

1회 기출예상
2회 기출예상
3회 기출예상
4회 기출예상
5회 기출예상
6회 기출예상
인성검사
면접가이드

14. 다음은 최종 결과물의 평가 방법에 대한 자료이다. 평가 결과 원점수가 다음과 같을 때, 세 팀 중 총점이 가장 높은 팀과 낮은 팀이 순서대로 올바르게 나열된 것은?

- 1차 심사 결과, 발표평가 대상과제로 선정된 팀에 한하여 2차 발표평가를 진행하여 최종 수상작 선정
- (1차 심사) 분석결과물 제출과제 대상 서면심사

심사지표	창의성	실현가능성	적합성	파급성	완성도
배점(점)	25	25	20	10	20

- (2차 심사) 1차 심사결과, 상위팀 대상으로 발표평가
  - 2차 심사점수는 2배의 가중치를 부여한다.
  - 1차 심사점수(40%)와 2차 심사점수(60%) 합산

심사지표	심사내용	반영 비율
1차 심사점수	1차 심사점수 환산	40%
2차 심사점수(발표평가)	현장평가단 평가점수(30%)	60%
	심사위원 평가점수(70%)	

(단위 : 점)

구분	1차 심사 (100)					2차 심사 (100)	
	창의성(25)	실현가능성(25)	적합성(20)	파급성(10)	완성도(20)	현장평가단(50)	심사위원(50)
A	20	15	16	6	17	36	42
B	18	20	18	8	18	35	40
C	22	16	18	9	16	40	38

① A, B　　② A, C　　③ B, A
④ B, C　　⑤ C, A

[15 ~ 16] 다음은 우리나라의 2019년 주거지원 계획을 나타낸 자료이다. 이어지는 질문에 답하시오.

ㅁ 무주택 서민가구 지원을 위해 공공임대주택 공급(준공), 주거급여 지급, 금융지원(구입·전월세 자금) 등 총 114만 가구 지원

- 공공임대는 건설 7만 호, 매입·전세임대 5.5만 호 등 12.5만 호 공급

  ※ 당초 계획 대비 전세임대 1만 호 공급 확대 ※ (2016)8만, (2017)10.2만, (2018)12.4만

  – 행복주택은 올해 3.8만 호 사업승인(누적 기준 총 10.2만 호)을 완료하고, 당초 공급목표인 14만 호에 대한 입지를 연내 모두 확정

  ※ 2018년 말 기준 11만 호 입지 확정, 2019년 추가로 3만 호 입지 확정 추진

  ※ 2020년까지 행복주택 전체 공급물량을 당초 14만 호 → 15만 호로 확대

- 저소득 자가·임차가구(중위소득의 43% 이하)의 주거비 지원을 위한 주거급여를 최대 81만 가구에 지원

  – 주거급여 지급한도인 기준 임대료를 상향 조정(2015년 대비 2.4% 인상, 월평균 지원액 10.8만 원 → 11.3만 원)하여 주거급여 지원 강화

- 최대 20.5만 호에 저리의 구입(8.5만 호)·전월세(12만 호) 자금을 지원

〈연도별 주거지원 계획〉

(단위 : 만 가구)

구분		2016년	2017년	2018년	2019년
공공임대 준공		8.0	10.2	12.4	12.5
주거급여 수급		72.1	70.6	80.0	81.0
기금 대출	구입자금	10.0	10.0	8.5	8.5
	전월세자금	11.9	13.6	11.0	12.0
총계		102	104.4	111.9	114.0

ㅁ 중산층 주거안정을 위한 기업형 임대주택(뉴스테이) 부지확보 물량을 당초 계획(5만 호)보다 0.5만 호 확대하여 총 5.5만 호 부지 확보

※ 2020년에는 뉴스테이 물량(부지확보)을 1.5만 호 확대 → 2019 ~ 2020년간 부지확보 물량을 2만 호 확대하여 총물량을 13만 호 → 15만 호로 확대

- 영업인가 2.5만 호, 입주자 모집 1.2만 호 공급 추진

(단위 : 만 호)

구분		2018년	2019년	2020년	합계
사업지 확보	기존	2.4	5	5.6	13
	변경	2.4	5.5	7.1	15
공급 (영업인가)	기존	1.4	2.5	4.1	8
	변경	1.4	2.5	4.6	8.5
입주자 모집		0.6	1.2	2.2	4

15. 다음 중 제시된 주거지원 계획에 대한 설명으로 적절하지 않은 것은?

① 서민 · 중산층의 주거안정을 위해 임대주택 공급 확대를 지속 추진
② 공공임대를 확대하되 재정 부담을 줄이면서 임대주택을 확충할 수 있도록 민간참여 확대
③ 저소득층에서 신혼부부, 노년층 위주로 지원 대상 이전 확대
④ 공급물량 확대와 더불어 공급방식 다양화 동시 추진
⑤ 공급자의 영업 활성화 유도를 통한 주거복지 지원체계 정비

16. 다음 중 제시된 자료를 근거로 작성할 수 있는 그래프로 적절하지 않은 것은?

① 〈연도별 공공임대 준공 가구 증가율〉

(단위 : %)

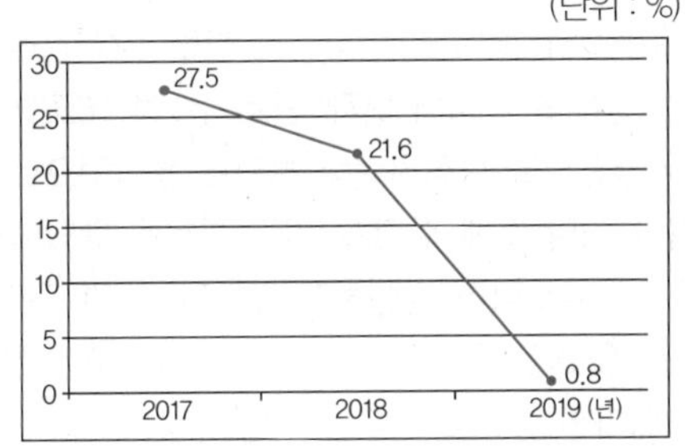

② 〈연도별 주거급여 수급 가구 증감〉

(단위 : 만 가구)

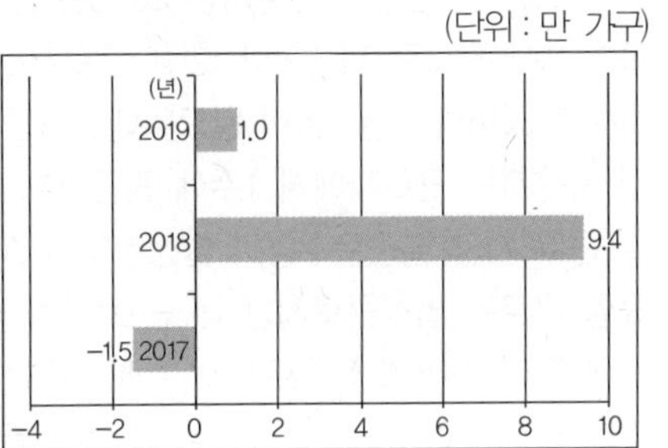

③ 〈연도별 기금 대출 가구 변동 추이〉

(단위 : 만 가구)

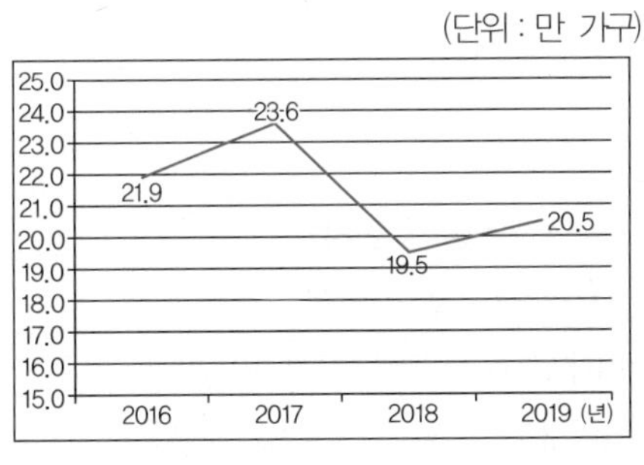

④ 〈연도별 사업지 확보+공급 가구 증감(변경 기준)〉

(단위 : 만 가구)

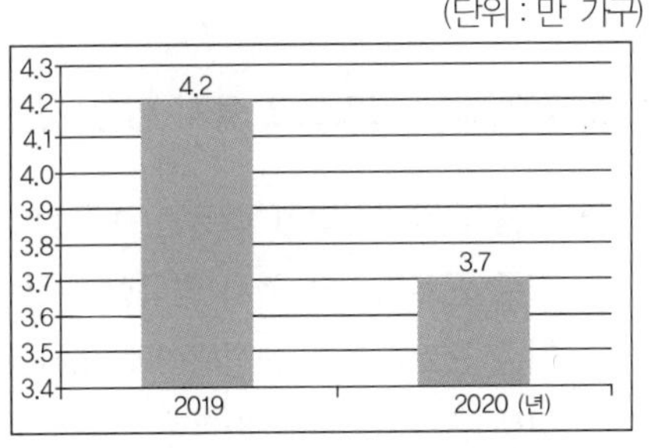

⑤ 〈2018 ~ 2020년 전체 입주자 모집 공급분의 연도별 구성비〉

(단위 : %)

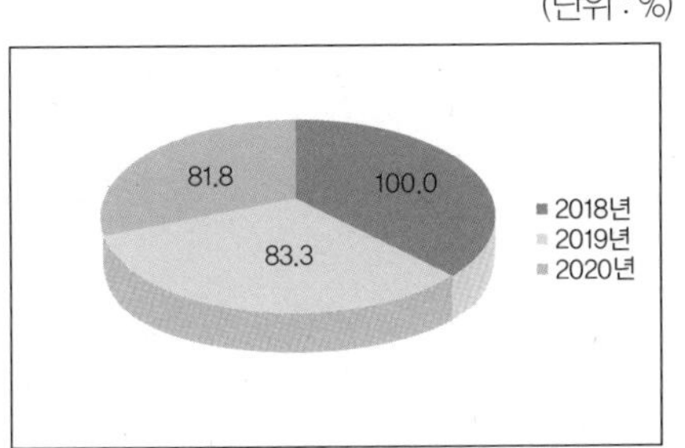

[17 ~ 18] 다음 글을 읽고 이어지는 질문에 답하시오.

근로기준법은 헌법에 따라서 근로조건의 기준을 정함으로써 근로자의 기본적 생활을 보장하고 향상시키며 균형 있는 국민 경제의 발전을 도모하기 위해 제정한 법이다. 이러한 근로기준법은 그동안 많은 개정이 이루어졌는데, 2000년대 초 우리나라는 주 5일 근무 제도를 시행하여 법정근로시간을 주 40시간으로 정했다. 일반적으로 하루에 8시간씩 근무하는 것을 기준으로 하되, 법정근로시간을 넘는 노동시간은 연장근로라 하여, 당사자 간의 협의가 있는 경우 주당 12시간을 한도로 근로시간을 연장할 수 있게 했다. 즉, 명목상으로는 주 52시간 근무를 법적으로 정의한 셈이다.

다만, 실상은 이와 달랐다. 기존 근로기준법 행정해석은 주당 근로시간은 월요일부터 금요일까지의 근로시간을 의미하는 것이므로 주중의 연장근로와 휴일근로를 구분하여, 휴일근무는 연장근로에 포함하지 않았다. 다시 말해 일반적으로 휴일로 인식되는 토요일과 일요일은 근로일이 아니기 때문에, 토 · 일요일 각각 8시간씩 총 16시간의 근무를 허용할 수 있는 것이다.

주 52시간 근무제로 알려진 2018년 근로기준법 개정은 휴일근로를 포함하여 주당 최대 연장근로를 12시간으로 제한한다. 현행 근로시간은 그대로 40시간이지만 연장근로 한도 12시간을 적용하는 방식이다. 예를 들어 일요일에 8시간 근무하는 경우를 가정해 보자. 근로기준법 16조에 따르면 사용자는 근로자에게 1주에 평균 1회 이상의 유급휴일을 보장하여야 하므로 통상적으로 일요일 근무 시 휴일근로수당이 발생한다. 이때 근로자가 해당 주에 주 32시간만 근로를 했었다면 일요일 근로는 법정근로시간 내 근로에 해당하여 연장근무수당이 발생하지 않는다. 반면 근로자가 해당 주에 이미 법정근로시간인 40시간을 채웠다면, 일요일 근로는 연장근로에 해당하는 것이고, 이미 법정근로시간과 연장근로시간 모두를 채운 상태라면 일요일 근무는 위법에 해당하는 것이다.

17. 윗글에 대한 설명으로 옳지 않은 것은?

① 현행 근로기준법에 따르면 '1주'란 휴일을 포함한 7일을 말한다.
② 기존 근로기준법 역시 명목상으로는 주당 52시간 근무를 정의했다.
③ 기존 근로기준법 행정해석에 의하면 1주의 최대 노동시간은 68시간이었다.
④ 현행 근로기준법에 따르면 1주에 일할 수 있는 최대 근로시간은 52시간을 넘을 수 없다.
⑤ 현행 근로기준법에 의하면 휴일 근로 시 연장근로수당과 휴일근로수당을 함께 받을 수 없다.

18. 다음 중 주 52시간 근무제를 위반하는 상황은? (단, 선택지의 근무시간은 휴게시간을 제외한 순수 근무시간이다)

① 월 ~ 토 8시간씩 일하고 일요일에도 출근하여 3시간 근무하는 경우

② 월 ~ 금 8시간 30분씩 일하고, 토요일에도 출근하여 9시간 30분 근무하는 경우

③ 월 ~ 금 중 직원이 원하는 4일만 출근하면서 하루에 11시간 30분씩 일하는 경우

④ 월 ~ 수 동안 9시간 30분씩 일하고 목, 금요일에는 11시간 30분씩 근무하는 경우

⑤ 월 ~ 토 8시간 30분씩 일하고 일요일에도 출근하여 9시간 30분 근무한 후 다음 주 월요일을 대체휴일로 하는 경우

19. 16m^2 평형의 대학생 대상분과 청년 대상분의 월세보증금이 모두 1.5억 원이라고 하였을 때, 두 대상분의 공급주택 전월세전환율은 각각 얼마인가? (단, 전월세전환율은 전세보증금에서 월세보증금을 뺀 금액에 대한 1년치 월세금액을 나타내는 백분율을 의미한다)

지구(호수)	평형(m^2)	계층	공급호수			임대조건(천 원)	
			합계	우선	일반	전세보증금	임대료/월
남양주 별내 A1-2 (1,220)	16	대학생	263	30	131	239,300	109
		청년		102		253,400	116
		주거급여수급자	122	61	61	211,200	96
		고령자 (주거약자용)	39	19	20	267,500	122
	26	대학생	371	29	185	367,200	168
		청년		157		388,800	178
		고령자	17	8	9	410,400	188
		고령자 (주거약자용)	38	19	19		
	36	신혼부부	341	170	171	524,400	240
		고령자 (주거약자용)	29	15	14	552,000	253

① 약 1.76%, 약 1.72% ② 약 1.59%, 약 1.46% ③ 약 1.46%, 약 1.35%

④ 약 1.38%, 약 1.32% ⑤ 약 1.29%, 약 1.22%

[20 ~ 21] 다음은 신혼부부 매입 임대주택 자격에 관한 안내문이다. 이어지는 질문에 답하시오.

〈신혼부부 매입 임대주택 자격요건〉

공급 유형	신청자격	입주순위		자산기준 (단위 : 만 원)	
				총자산	자동차
신혼부부 I	• 무주택세대 구성원인 신혼부부* • 소득 70%(맞벌이 90%) 이하 • 국민임대 자산기준 충족	1순위	• 유자녀 (예비)신혼부부 • 6세 이하 자녀를 둔 한부모	28,800	2,486
		2순위	무자녀 (예비)신혼부부		
		3순위	6세 이하 자녀를 둔 혼인가구		
신혼부부 II	• 무주택세대 구성원인 신혼부부* • 소득 100%(맞벌이 120%) 이하 • 행복주택 신혼부부 자산기준 충족	1순위	• 유자녀 (예비)신혼부부 • 6세 이하 자녀를 둔 한부모	28,800	2,468
		2순위	무자녀 (예비)신혼부부		
		3순위	6세 이하 자녀를 둔 혼인가구		

* 혼인 7년 이내, 예비 신혼부부, 6세 이하 자녀를 둔 한부모가족, 6세 이하 자녀를 둔 혼인가구

〈신혼부부 유형 비교〉

	신혼부부 I	신혼부부 II
소득기준 (도시근로자 월평균 소득)	70%(부부합산 90%)	100%(부부합산 120%)
지원단가	평균 1.6억 원(서울 1.9억 원)	평균 3억 원(서울 4.36억 원)
주택유형	다가구주택 등	다가구주택+아파트 · 오피스텔
임대료	시세 30 ~ 40%	시세 60 ~ 70%

20. 다음 중 제시된 안내문에 대한 설명으로 가장 적절하지 않은 것은?

① 신혼부부 매입 임대주택은 신혼부부 I, 신혼부부 II 유형으로 분류해 진행된다.

② 한부모가족은 신혼부부에 포함되지 않아 신혼부부 매입 임대주택의 혜택을 받을 수 없다.

③ 6세 이하 자녀를 둔 혼인가구는 자녀가 없는 예비 신혼부부보다 순위가 낮다.

④ 자동차를 보유한 신혼부부도 자산으로서의 가액에 따라 신혼부부 매입 임대주택의 대상이 될 수 있다.

⑤ 신혼부부 II 유형이 신혼부부 I 유형보다 소득이 더 높은 편에 속한다.

21. 제시된 안내문을 바탕으로 할 때, 1순위로 선정되는 신혼부부는? (단, 언급되지 않은 조건은 고려하지 않는다)

① 만 8세의 자녀가 있으며, 혼인한 지 5년이 된 무주택세대 구성원 A 부부

② 현재 자녀가 없으며, 혼인한 지 6년이 된 무주택세대 구성원 B 부부

③ 만 4세의 자녀가 있으며, 혼인한 지 8년이 된 무주택세대 구성원 C 부부

④ 만 3세의 자녀가 있으며 무주택세대 구성원인 한부모가족 D 씨

⑤ 현재 자녀가 없으며, 혼인한 지 9년이 된 무주택세대 구성원인 E 부부

22. 다음 자료를 올바르게 해석한 것을 〈보기〉에서 모두 고르면?

〈주택건설 인허가 수 대비 공공임대주택건설 인허가 비율〉

(단위 : %)

구분	20X3년	20X4년	20X5년	20X6년	20X7년	20X8년	20X9년
주택건설 인허가 수 대비 공공임대주택건설 인허가 비율	24.1	15.3	12.5	17.2	15.7	11.8	10.6

〈공급주체별 신규 공공임대주택 인허가 수〉

(단위 : 호)

구분	20X3년	20X4년	20X5년	20X6년	20X7년	20X8년	20X9년
계	93,278	84,065	73,619	75,778	80,629	90,144	76,690
지방자치단체	27,066	20,657	14,047	10,327	8,802	11,650	9,377
○○공사	64,278	57,868	38,216	46,626	52,446	65,577	64,178
민간	1,934	5,540	21,356	18,825	19,381	12,917	3,135

보기

(가) 20X8년의 전체 주택건설 인허가 수는 20X9년보다 많지 않다.

(나) 지방자치단체의 신규 공공임대주택 인허가 수는 20X3 ~ 20X7년 기간 동안 지속적으로 감소하였다.

(다) ○○공사의 신규 공공임대주택 인허가 수는 계속 감소하다가 20X6년부터 증가하고 있으나, 20X9년에 전년 대비 약 2.13% 감소하였다.

(라) 20X5년까지 민간부문의 신규 공공임대주택 인허가 수는 지자체와 ○○공사의 인허가 수가 감소할 때 가파른 증가세를 보였으나, 20X9년에는 전체의 5% 미만의 인허가 수를 보이고 있다.

① (나), (라) ② (다), (라) ③ (가), (나), (다)
④ (나), (다), (라) ⑤ (가), (나), (다), (라)

23. 다음은 공동주택의 공동 사용료 세대별 부담액 산정방법을 정리한 도표이다. '넓은 집에 살수록 부담액이 많아지는' 항목을 모두 고른 것은?

항목		세대별 부담액 산정방법
1. 세대 전기료	전기료	관리주체가 전기요금을 임차인 등으로부터 징수하여 △△공사에 납부하는 공동주택에 한하여, 월간 세대별 사용량을 △△공사의 전기공급약관에 따라 산정한다. ※ 관리주체는 "종합계약 또는 단일계약" 중에서 임차인 등에게 유리한 공급방식을 선택하여 △△공사와 계약한다.
	TV 수신료	△△공사에서 전기료 고지서에 통합하여 고지하는 TV 수신료는 전기료와 구분하여 산정한다.
2. 지능형 홈네트워크 설비유지비		월간 실제 소요된 비용(적립비용을 포함한다)을 주택계약면적에 따라 균등하게 배분하여 산정한다. 다만, 용역 시에는 월간 용역 대금을 주택계약면적에 따라 배분하여 산정한다.
3. 세대 가스료		월간 세대별 사용량을 해당 가스공급자와 체결한 계약서 또는 공급규정 등에 따라 산정한다. ※ 관리주체가 세대 가스료를 부과하는 경우에 한한다.
4. 지역난방	난방비	지역난방 방식인 경우 열량계 및 유량계 등의 계량에 따라 실제 사용량으로 산정한다. ※ 난방비=지역난방 열요금−급탕비
	급탕비	세대별 사용량(m^3당)에 $1m^3$당 단가를 곱하여 산정한다.
5. 정화조오물 수수료		용역대금을 12개월로 분할하여 세대별 거주 공간에 따라 산정한다.
6. 생활폐기물 수수료		생활폐기물 수거업자와 계약한 세대별 수수료로 산정한다.

① 세대 가스료, 난방비
② 세대 전기료, 생활폐기물 수수료
③ 지능형 홈네트워크 설비유지비, 난방비
④ 세대 가스료, 정화조오물 수수료
⑤ 지능형 홈네트워크 설비유지비, 정화조오물 수수료

24. 다음 □□공단의 「임직원행동강령」의 일부 내용을 참고할 때, 소속기관장에게 신고해야 하는 사항에 해당되지 않는 것은?

> **제17조(사적 이해관계의 신고 등)** ① 임직원은 다음 각호의 어느 하나에 해당하는 경우에는 소속기관의 장에게 해당 사실을 별지 제1호 서식에 따라 서면으로 신고하여야 한다. 다만, 임직원이 소속기관의 장이 정하는 단순 민원업무를 수행하는 경우에는 그러하지 아니하다.
>
> 1. 임직원 자신이 직무관련자인 경우
> 2. 임직원의 4촌 이내 친족(「민법」 제767조에 따른 친족을 말한다)이 직무관련자인 경우
> 3. 임직원 자신이 2년 이내에 재직하였던 법인 · 단체 또는 그 법인 · 단체의 대리인이 직무관련자인 경우
> 4. 임직원 자신 또는 그 가족(「민법」 제779조에 따른 가족을 말한다. 이하 같다)이 임직원 또는 사외이사로 재직하고 있는 법인 · 단체가 직무관련자인 경우
> 5. 임직원 자신 또는 그 가족이 직무관련자를 대리하거나 직무관련자에게 고문 · 자문 등을 제공하거나 해당 대리 · 고문 · 자문 등의 업무를 하는 법인 · 단체에 소속되어 있는 경우
> 6. 임직원 자신 또는 그 가족이 다음 각목에 해당하는 비율 이상의 주식 · 지분, 자본금 등을 소유하고 있는 법인 · 단체(이하 "특수관계사업자"라 한다)가 직무관련자인 경우
>   가. 임직원 자신 또는 그의 가족이 소유하는 주식 총수가 발행주식 총수의 100분의 30 이상인 사업자
>   나. 임직원 자신 또는 그의 가족이 소유하는 지분 총수가 출자지분 총수의 100분의 30 이상인 사업자
>   다. 임직원 자신 또는 그의 가족이 소유하는 자본금 합산금액이 자본금 총액의 100분의 50 이상인 사업자
> 7. 100만 원 이상의 금전거래가 있는 자가 직무관련자인 경우
> 8. 공단 퇴직임직원으로서 퇴직 전 5년간 같은 부서에서 근무하였던 자가 직무관련자인 경우
> 9. 학연, 지연, 종교, 직연 또는 채용동기 등 지속적인 친분 관계가 있어 공정한 직무수행이 어렵다고 판단되는 자가 직무관련자인 경우
> 10. 최근 2년 이내에 인 · 허가, 계약의 체결, 정책 · 사업의 결정 또는 집행 등 직무수행으로 직접적인 이익을 주었던 자 중 지속적인 친분 관계가 형성되어 공정한 직무수행이 어렵다고 판단되는 자가 직무관련자인 경우
> 11. 그 밖에 소속기관의 장이 직무수행이 어려운 관계에 있다고 정한 자가 직무관련자인 경우

① 배우자가 고문을 맡고 있는 H사가 직무관련자인 경우

② 배우자가 20%, 두 자녀가 각각 10%에 해당하는 자본금 총액 비율을 보유한 A사가 직무관련자인 경우

③ 작년에 근무했던 T사가 직무관련자인 경우

④ 5년간 함께 근무하다 2년 전 퇴직한 직장 상사가 현재 근무 중인 S사가 직무관련자인 경우

⑤ 작년에 정당하게 계약이 체결되어 우호적인 친분 관계가 유지되어 오고 있는 K사가 직무관련자인 경우

25. 다음 행복주택의 소득 및 자산 요건을 바탕으로 할 때, 행복주택에 신청할 수 있는 사람은? (단, 제시된 조건 이외의 사항은 고려하지 않는다)

공급유형	소득	자산
대학생	본인 및 부모소득 합계가 전년도 도시근로자 가구당 월평균소득의 100% 이하	본인 자산요건 이하(총자산 7,400만 원, 자동차 미보유)
청년	해당세대 소득 합계가 전년도 도시근로자 가구당 월평균소득의 100%(본인 80%) 이하	해당세대(본인이 세대주가 아닌 경우 본인) 자산요건 이하(총자산 21,800만 원, 자동차 2,545만 원)
신혼부부	해당세대 소득 합계가 전년도 도시근로자 가구당 월평균소득의 100% 이하	해당세대 자산요건 이하(총자산 24,400만 원, 자동차 2,545만 원)
고령자	해당세대 소득 합계가 전년도 도시근로자 가구당 월평균소득의 100% 이하	해당세대 자산요건 이하(총자산 24,400만 원, 자동차 2,545만 원)
주거급여수급자	-	-
산업단지근로자 · 창업지원주택신청자	해당세대 소득 합계가 전년도 도시근로자 가구당 월평균소득의 100% 이하	해당세대 자산요건 이하(총자산 24,400만 원, 자동차 2,545만 원)

① 본인 및 부모소득 합계가 전년도 도시근로자 가구당 월평균소득의 80%이며, 2,500만 원 가치의 자동차를 보유한 대학생 A

② 세대주인 본인의 소득이 전년도 도시근로자 가구당 월평균소득의 90%인 청년 B

③ 두 사람의 소득 합계가 전년도 도시근로자 가구당 월평균소득의 100%이며, 남편의 자산이 15,000만 원, 아내의 자산이 15,000만 원인 신혼부부 C

④ 해당세대 소득 합계가 전년도 도시근로자 가구당 월평균소득의 110%인 고령자 D

⑤ 해당세대 자산이 20,000만 원이며, 1,800만 원 가치의 자동차를 보유 중인 산업단지근로자 E

[26 ~ 27] 다음 자료를 보고 이어지는 질문에 답하시오.

'재건축 개발이익 환수제'란 개발사업이나 기타 다른 요인으로 인하여 토지로부터 발생되는 개발이익을 환수하여 이를 적정하게 배분함으로써 토지에 대한 투기를 방지하고 토지의 효율적인 이용을 촉진하기 위한 제도이다. 여기에 해당되는 단지는 재건축할 때 임대아파트를 지어야 한다. 시행안에 따르면 제도 시행일 이전 사업승인을 받았으면 재건축으로 늘어나는 면적 중 10%, 사업승인을 받지 못했으면 25%를 지어야 한다. 수도권 과밀억제권역에 위치한 재건축 단지에 적용된다. 개발이익 환수금액은 다음과 같은 기준을 적용한다.

- 재건축부담금=[종료시점 주택가액-(개시시점 주택가액+정상주택가격 상승분 총액+개발비용)]×부과율
  - 종료시점 : 재건축사업 준공인가일
  - 개시시점 : 추진위원회 설립승인일
    ※ 개시시점부터 종료시점까지의 기간이 10년을 초과하는 경우에는 종료시점부터 역산하여 10년이 되는 날을 개시시점으로 함.
  - 정상주택가격 상승분 : 정기예금이자율과 평균주택가격상승률 중 높은 비율을 곱하여 산출
  - 개발비용 : 공사비, 설계감리비, 조합운영비 등
  - 부과율 및 부담금 산식

조합원 1인당 평균이익	부과율 및 부담금 산식
3천만 원 초과 ~ 5천만 원 이하	3천만 원 초과금액의 10%×조합원 수
5천만 원 초과 ~ 7천만 원 이하	200만 원×조합원 수 +5천만 원 초과금액의 20%×조합원 수
7천만 원 초과 ~ 9천만 원 이하	600만 원×조합원 수 +7천만 원을 초과하는 금액의 30%×조합원 수
9천만 원 초과 ~ 1억 1천만 원 이하	1,200만 원×조합원 수 +9천만 원을 초과하는 금액의 40%×조합원 수
1억 1천만 원 초과	2,000만 원×조합원 수 +1억 1천만 원을 초과하는 금액의 50%×조합원 수

- 부과지역 : 전국
- 납부의무자 : 조합(조합이 해산된 경우 부과 종료시점 당시의 조합원)
- 부과시점 : 준공시점부터 4월 이내
- 부담금 부과대상 : 「도시 및 주거환경정비법」에 의한 주택재건축사업

26. **제시된 자료에 대한 내용으로 적절하지 않은 것은?**

① 재건축 기간 중 발생한 정상적인 주택가격 상승분은 환수 대상에 포함되지 않는다.

② 재건축 개발이익 환수제는 토지에 대한 투기를 방지하고 토지의 효율적인 이용을 목적으로 시행되는 제도이다.

③ 부과율은 집값 상승분의 최대 50%를 부담하는 형태로 추가 징수하는 방식이다.

④ 조합원 1인당 평균이익이 동일할 때, 조합원 수와 상관없이 1인당 환수금 부담액이 달라지지 않는다.

⑤ 조합원 1인당 평균이익이 8천만 원일 경우 1인당 총 1,000만 원의 부담금이 발생한다.

27. **다음과 같은 사례에서 발생되는 재건축 개발이익 환수금에 대한 설명으로 올바른 것은?**

- 종료시점 주택가격 : 6,000억 원
- 개시시점 주택가격 : 2,000억 원
- 정상주택가격 상승분 : 300억 원
- 개발비용 : 2,500억 원
- 조합원 수 : 500명

※ 제시된 사항 이외의 변수는 없는 것으로 가정함.

※ 조합원 1인당 평균이익 : [종료시점 주택가격－(개시시점 주택가격＋정상주택가격 상승분＋개발비용)]÷조합원 수

① 조합원 1인당 평균이익은 3억 원이다.

② 개발이익 환수제를 실시할 경우와 그렇지 않을 경우의 조합원 1인당 이익금 차이는 9천만 원이 넘는다.

③ 개발이익 환수제에 따른 조합의 부담금은 총 450억 원이다.

④ 조합원 1인당 평균이익은 정상주택가격 상승분을 적용하지 않는다.

⑤ 조합원 1인당 부담금은 9천만 원이다.

[28 ~ 29] 다음의 제시 상황과 글을 읽고 이어지는 질문에 답하시오.

○○공사 신입사원 B는 아래의 고객 대상 건축과정 설명서를 참고하여 업무를 수행하고 있다.

〈부지매입에서 준공까지 건축절차 일반〉

1. 부지매입 : 해당 부지에 어떤 종류의 건축물을 건축할 수 있는지, 어느 정도 규모와 구조의 건축물을 지을 수 있는지를 고려해야 한다. 따라서 건축주가 지형, 지목, 도로 인접 여부, 용도지역 및 공법상 제한사항 등을 확인해야 한다.
2. 건축설계 : 건축주는 안전, 기능, 품질 향상을 위해 최적의 건축계획안을 통해 건축사를 선정한 후 설계를 진행해야 한다.
3. 건축허가
   - 건축허가란 건축주가 건축설계를 의뢰한 후 건축사가 설계를 완료하고 각종 서류와 설계도면을 구비하여 허가권자(시, 군, 구)에 허가를 신청하는 행위이다. 건축할 대지의 범위와 그 대지의 소유권 관계서류, 현장조사서 등을 기본설계서에 첨부하여 각 시, 군, 구 건축과에 제출하면 건축과에서는 관련 규정을 따져 유관부서와 검토하고 적합 시 허가처리를 한다.
   - 준공 시 허가조건의 이행여부를 확인하므로 건축허가증 교부 시 건축허가조건을 꼭 확인해야 한다.
   - 신축건물의 경우 연면적 100m^{2}를 초과하는 경우 건축허가를 반드시 받아야 하며, 건축허가를 득한 지 1년이 지나서도 공사착공신고서를 제출하지 않으면 건축허가가 취소된다. 단, 사정이 있을 경우 허가 후 1년 이내 착공연기서 제출 시 최대 1년 연기가 가능하다.
4. 착공신고 및 공사감리
   - 착공신고는 시, 군, 구청에서 건축허가를 득한 후 공사를 시작하겠다고 알리는 과정이다. 설계가 완료된 후 감리자와의 계약체결, 시공사와의 계약체결 후 착공신고를 접수한다. 허가권자는 해당 사항 등을 검토하여 착공신고필증을 교부한다.
   - 착공신고에 필요한 서류로는 착공신고서, 설계계약서, 감리계약서, 시공사 관련 서류가 있다. 시공사 관련 서류에는 시공사 면허 및 사업자에 관련된 서류(인감증명, 인감신고, 건설업면허증 등), 공사계약서, 공사예정공정표, 공사관리자 현장대리인계, 폐기물 배출자 신고필증, 안전관리계획서, 품질관리계획서가 있다. 착공신고는 대개 건축주에게 위임을 받아 설계를 진행한 건축사사무소에서 대리한다.
5. 착공 : 착공신고필증을 득한 후 착공을 진행한다. 착공의 큰 단계로는 현황조사 – 대지 및 기반조사 – 가설공사 – 토공사 – 기초공사 – 골조공사가 있다.
6. 사용승인신청 : 사용승인이란 건축물의 공사 완료 시 건축물의 사용을 위해 인허가청에서 사용승인서를 받는 행위이다. 사용승인을 신청하기 위해서는 공사감리자를 지정한 건축주가 감리자에게 감리완료보고서를 사용승인신청서에 첨부하도록 조치해야 한다. 공사감리자를 지정하지 않은 소규모 건축물은 담당공무원이 현장을 점검하여 합격된 건축물에 한해 사용승인서를 교부한다.

28. B는 고객에게 더 보기 쉬운 자료를 제공하기 위해 설명서를 도식화하여 방문고객에게 나눠 주기로 했다. 다음 작성된 도식에서 옳은 내용은?

부지매입	건축설계	건축허가
• ① 건축사가 지형, 지목, 도로 인접 여부, 용도지역 및 공법상 제한사항 등을 확인	• 최적의 건축계획안을 통해 건축사를 선정 • 선정된 건축사와 설계를 진행	• 기본설계서에 대지 관계 서류, 현장조사서 등을 첨부하여 제출 • ② 건축허가증 교부 시 건축허가조건 확인(시공 시 허가조건의 이행 여부를 확인) • ③ 연면적 $100m^2$를 초과하는 모든 건물은 반드시 건축허가 필요 • 건축허가 취득 후 1년 내에 공사 착공신고서 제출
착공신고 및 공사감리	**착공**	**사용승인신청**
• ④ 감리자, 시공사와의 계약 체결 전 착공신고 접수 • 착공신고 시 필요 서류 – 착공신고서 – 설계계약서 – 감리계약서 – 시공사 관련 서류 • 착공신고는 설계를 진행한 건축사사무소에서 대리	• 현황조사 • 대지 및 기반조사 • 가설공사 • 토공사 • 기초공사 • 골조공사	• 건축주가 공사감리자에게 감리완료보고서를 사용승인신청서에 첨부하도록 조치 • ⑤ 감리자 미지정 시 현장 점검 후 기준에 부합하는 건축물에 대해서 사용승인서를 교부하는 경우 있음.

29. 다음 중 건축과정 설명서의 내용을 제대로 이해하지 못한 고객은?

① 가희 : 2020년 1월 1일에 건축허가를 받고, 12월 30일에 착공연기서를 제출해서 7개월간 공사 착공신공서 제출기한을 연장했어.

② 나연 : 건축허가필증을 교부받은 후 착공신고를 했어. 그 후에 이 사무소가 소개한 시공사와 계약을 체결했는데 아주 좋은 곳인 것 같아.

③ 다을 : 우리 건물은 작아서 따로 공사감리자를 지정하지 않았어. 그래서 사용승인신청서에 감리완료보고서가 첨부되지 않았지.

④ 라원 : 착공신고를 하러 언제 구청까지 가나 했는데, 건축사사무소에서 나온 사람이 대신 해 주겠다고 해서 편하더군.

⑤ 마준 : 우리가 새로 짓는 건물이 연면적 $100m^2$를 초과해서 건축허가를 받아야 해. 그러기 위해 설계도면과 건축할 대지의 소유권 관계서류, 현장조사서 등의 서류를 준비했어.

[30 ~ 31] 다음 자료를 보고 이어지는 질문에 답하시오.

〈20X0 ~ 20X9년 인적재난 발생 현황〉

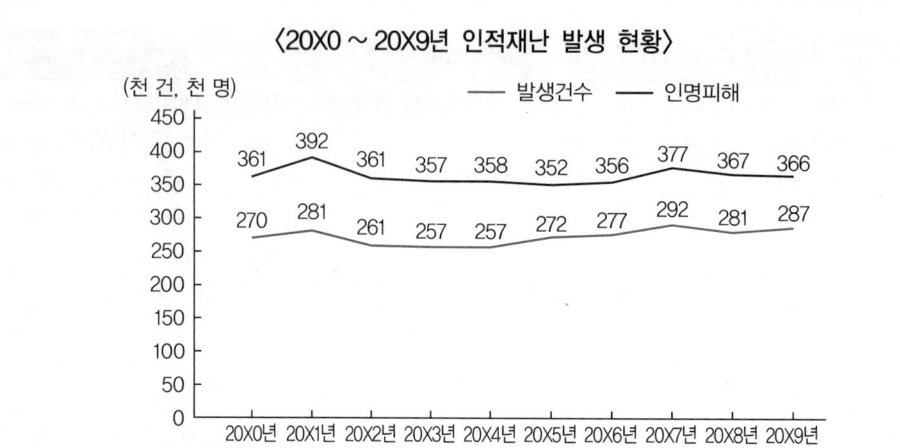

〈20X9년 주요 유형별 인적재난 발생 현황〉

(단위 : 건, 명)

구분	발생건수	인명피해	사망
교통사고	221,711	346,620	5,229
화재	43,875	1,862	263
등산	4,243	3,802	90
물놀이, 익사 등	2,393	1,322	489
해양	1,750	219	38
추락	2,699	2,383	189
농기계	918	925	90
자전거	4,188	3,865	36
전기(감전)	581	581	46
열차	277	275	124
환경오염	4,216	4,093	115
전체	286,851	365,947	6,709

30. 다음 중 제시된 자료에 대한 설명으로 옳지 않은 것은?

① 인적재난 발생건수는 20X3년에서 20X4년까지 최저 수준을 기록하였다.

② 20X7년 인적재난 발생건수는 전년 대비 약 7% 증가하였다.

③ 20X7년 인적재난 인명피해는 전년 대비 약 5.9% 증가하였다.

④ 20X9년 인적재난으로 인한 전체 사망자 중 사망자가 가장 많은 유형의 비율은 두 번째로 많은 유형보다 70%p 이상 많다.

⑤ 20X9년 화재 발생건수는 전체 인적재난 발생건수의 15% 이상을 차지한다.

31. 20X9년 전체 인적재난 중 교통사고의 발생 비율과 인명피해 비율은? (단, 소수점 아래 둘째 자리에서 반올림한다)

	발생 비율	인명피해 비율		발생 비율	인명피해 비율
①	77.3%	94.7%	②	77.3%	95.7%
③	75.3%	98.7%	④	75.3%	97.7%
⑤	73.3%	91.7%			

[32 ~ 33] 다음 자료를 보고 이어지는 질문에 답하시오.

〈자료 1〉 성 · 연령별 주택 소유자 현황(2023년 기준)

(단위 : 천 명)

구분	전체 인구(내국인)					주택 소유자				
	전체	남자	구성비	여자	구성비	전체	남자	구성비	여자	구성비
전체	49,856	24,882	49.9%	24,974	50.1%	13,311	7,510	56.4%	5,803	43.6%
30세 미만	16,295	8,508	17.1%	7,786	15.6%	253	140	1.1%	113	0.8%
30 ~ 39세	7,268	3,720	7.5%	3,548	7.1%	1,831	1,080	8.1%	751	5.6%
40 ~ 49세	8,401	4,245	8.5%	4,156	8.3%	3,291	1,805	13.6%	1,486	11.2%
50 ~ 59세	8,107	4,072	8.2%	4,035	8.1%	3,440	1,876	14.1%	1,564	11.7%
60 ~ 69세	5,190	2,519	5.1%	2,671	5.4%	2,383	1,344	10.1%	1,039	7.8%
70 ~ 79세	3,155	1,370	2.7%	1,785	3.6%	1,376	774	5.8%	602	4.5%
80세 이상	1,441	448	0.9%	992	2.0%	416	219	1.6%	197	1.5%

〈자료 2〉 거주지역별 주택 소유자 현황(2023년 기준)

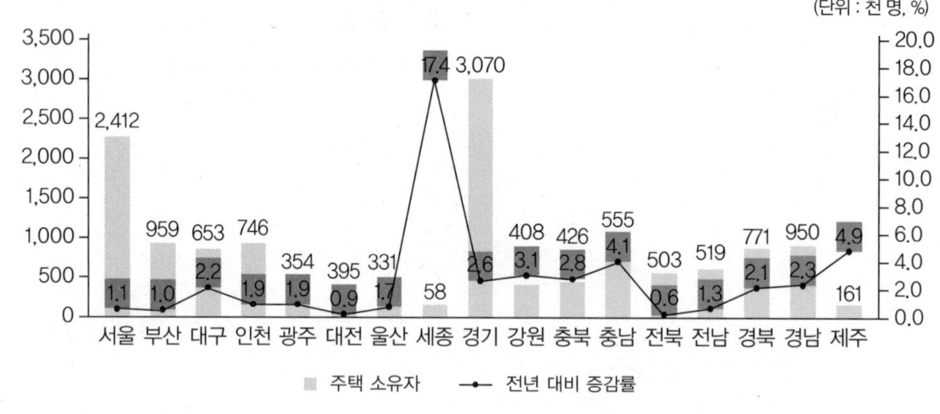

32. 제시된 자료에 대한 설명으로 옳지 않은 것은?

① 2023년 전체 인구 구성비는 여자가 남자보다 0.2%p 더 높지만, 주택 소유자 구성비는 남자가 여자보다 12.8%p 더 높다.

② 2023년 주택을 소유한 남자 중 50대가 가장 많고, 그다음은 40대, 60대 순이다.

③ 2023년 주택 소유자 중 거주지역이 서울인 사람의 비율은 20% 미만이다.

④ 2023년 전체 인구 중 40대 여자는 10% 미만이다.

⑤ 2022년에는 충북이 충남보다 주택 소유자 수가 많았다.

33. 2023년 기준 거주지역별 주택 소유자의 전년 대비 증감률이 두 번째로 높은 지역과 가장 낮은 지역의 주택 소유자 차이는 몇 명인가?

① 168,521명
② 163,000명
③ 342,000명
④ 346,520명
⑤ 354,000명

[34 ~ 35] 다음 표를 보고 이어지는 질문에 답하시오.

〈20XX년 6월 27일 종목별 채권대차거래 현황〉

(단위 : 억 원)

종목명	전일잔량	금일거래	금일상환	금일잔량
04-3	9,330	0	0	9,330
04-6	27,730	419	[Ⅰ]	27,507
05-4	35,592	822	0	36,414
06-5	8,200	0	0	8,200
08-5	17,360	0	0	17,360
10-3	20,900	0	0	20,900
11-7	11,680	480	750	11,410
12-2	18,160	3,200	500	20,860
12-3	19,400	200	1,600	18,000
12-4	11,870	600	1,000	11,470
12-6	30,610	2,700	1,300	32,010
13-1	26,370	2,500	800	28,070
13-2	33,870	2,250	1,200	34,920
13-3	11,080	900	300	11,680
기타	68,042	1,350	3,530	65,862
합계	350,194	15,421	[Ⅱ]	353,993

34. 다음 중 [Ⅰ], [Ⅱ]에 각각 들어갈 숫자로 옳은 것은?

	[Ⅰ]	[Ⅱ]		[Ⅰ]	[Ⅱ]
①	0	10,980	②	196	11,176
③	223	11,203	④	642	11,622
⑤	517	12,315			

35. 전일잔량에 비해 금일잔량이 가장 크게 증가한 종목은?

① 12-2
② 12-6
③ 13-1
④ 13-2
⑤ 13-3

36. 다음은 최근 5년간 국가기술자격 취득자 및 국가기술자격 기술사 등급 취득자 통계 추이를 나타내고 있다. 이에 대한 설명으로 옳지 않은 것은?

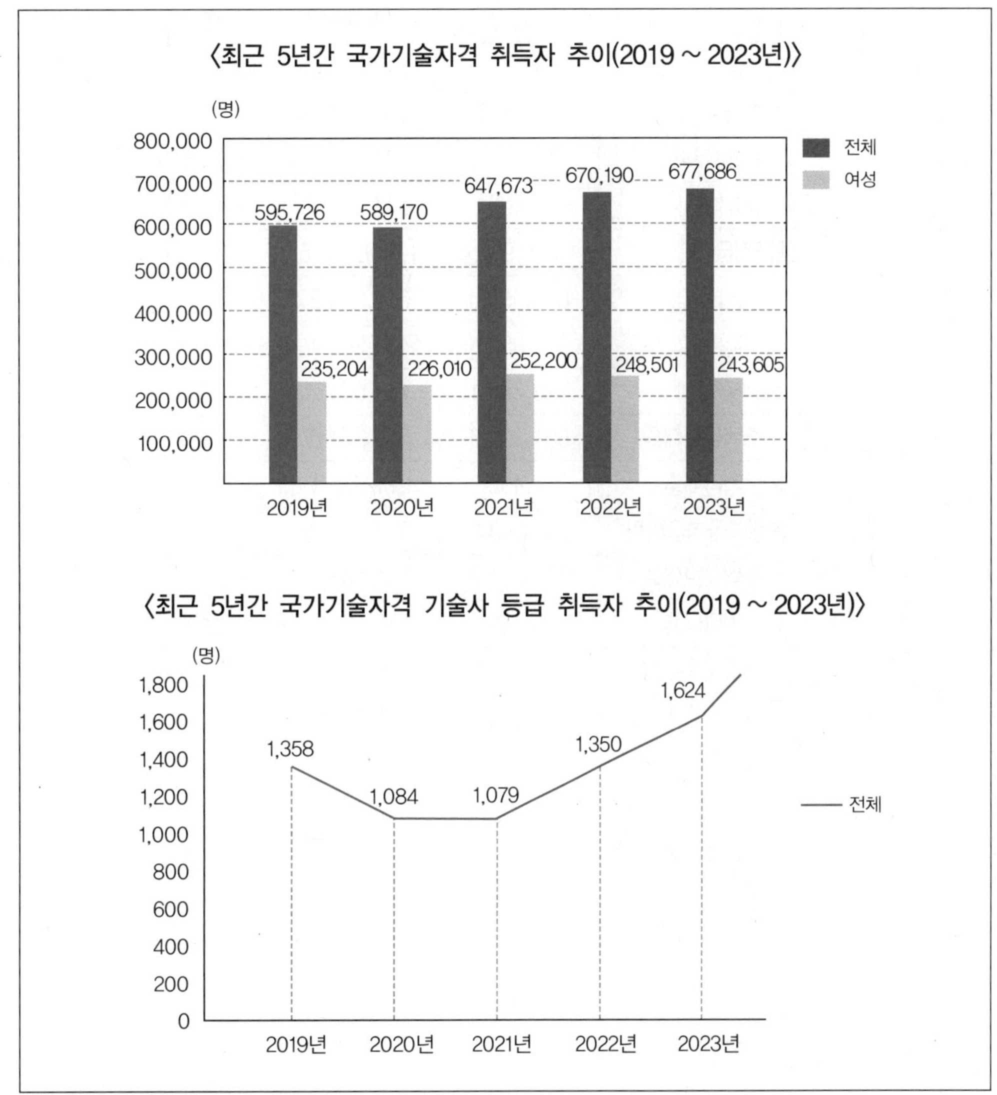

① 5년간 전체 국가기술자격 취득자 수는 2020년 소폭 감소한 이후 점차적으로 증가하고 있다.

② 여성 국가기술자격 취득자 수는 2021년 이후 2년 연속 감소 추세에 있다.

③ 최근 5년간 국가기술자격 기술사 등급 취득자의 경우 2021 ~ 2022년 증가율과 2022 ~ 2023년의 증가율이 동일하다.

④ 최근 5년간 국가기술자격 취득자 수의 경우 2021 ~ 2023년 사이 남성 취득자 수의 증가율이 전체 취득자 수의 증가율보다 더 높다.

⑤ 최근 5년간 국가기술자격 기술사 등급 취득자 수는 2019년 이후 감소하다 2022년에 거의 2019년 수준으로 회복하였다.

37. 다음은 20X0년 분기별 가계신용에 관한 자료이다. 이에 대한 설명으로 옳지 않은 것은?

(단위 : 십억 원)

구분	1분기	2분기	3분기	4분기
가계신용	1,539,900.4	1,556,726.5	1,572,540.9	1,600,132.2
가계대출	1,451,722.5	1,468,022.6	1,481,449.1	1,504,436.3
주택담보대출	812,261.6	820,709.9	830,259.0	842,878.0
기타대출	639,460.9	647,312.7	651,190.1	661,558.3
예금취급기관	1,035,954.4	1,049,758.6	1,066,472.0	1,083,982.0
주택담보대출	608,003.8	614,818.2	625,423.3	633,745.4
기타대출	427,950.6	434,940.4	441,048.7	450,236.6
예금은행	718,745.1	732,050.7	750,704.1	767,718.7
주택담보대출	501,292.6	510,274.6	523,288.6	533,966.4
기타대출	217,452.5	221,776.1	227,415.5	233,752.3
비은행예금취급기관	317,209.3	317,707.9	315,767.9	316,263.2
주택담보대출	106,711.2	104,543.6	102,134.7	99,778.9
기타대출	210,498.1	213,164.3	213,633.2	216,484.3
상호저축은행	23,790.1	24,575.0	25,288.3	26,045.5
신용협동조합	36,023.7	36,134.4	35,844.3	35,661.8
상호금융	187,729.0	188,914.3	188,136.5	188,520.0
새마을금고	68,240.5	66,687.0	65,164.1	64,637.5
우체국 등	1,426.0	1,397.2	1,334.8	1,398.4
기타금융기관 등	415,768.1	418,264.0	414,977.1	420,454.3
주택담보대출	204,257.8	205,891.7	204,835.7	209,132.6
기타대출	211,510.3	212,372.3	210,141.4	211,321.7
보험회사	118,633.2	119,077.3	118,293.1	119,086.3
연금기금	14,765.0	14,715.9	14,648.8	14,806.8
여신전문회사	64,396.0	65,146.7	65,510.5	66,163.9
공적금융기관	39,065.7	40,416.9	40,891.1	41,634.2
기타금융중개회사	166,145.0	166,679.9	163,061.2	166,678.1
기타	12,763.1	12,227.3	12,572.4	12,085.0
판매신용	88,177.9	88,703.9	91,091.7	95,695.9
여신전문회사	87,334.2	87,834.7	90,256.1	94,860.2
판매회사	843.7	869.2	835.6	835.7

① 20X0년 2 ~ 4분기의 전분기 대비 가계대출 증감 방향은 '비은행예금취급기관 중 상호금융'과 '기타금융기관 등 중 주택담보대출'이 같다.

② 판매신용은 매분기 가계신용의 5% 이상을 차지한다.

③ 20X0년 1분기 대비 4분기 예금은행의 주택담보대출 증가율은 예금은행의 기타대출 증가율보다 크다.

④ 가계대출 중 기타대출 금액은 매분기 여신전문회사의 가계대출 금액의 10배 미만이었다.

⑤ 20X0년 1분기 기타금융기관의 기타대출 금액은 비은행예금취급기관의 기타대출 금액보다 높았지만 4분기에서는 그 반대이다.

38. 다음 개정된 부동산 세금에 대한 설명 자료를 참고할 때, 이에 대한 해석이 잘못된 것은?

1 양도소득세법 주요 개정내용

ㅁ 양도소득세제상 주택 수 계산 시 분양권 포함(20X2.1.1.이후 취득분부터)

ㅇ 1세대 1주택자, 조정대상지역 내 다주택자 등 양도소득세제상 주택 수를 계산할 때 분양권을 포함하여 주택 수 계산

ㅁ 1세대 1주택(고가주택)에 대한 장기보유특별공제율 적용 요건에 거주기간 추가(20X2.1.1. 이후, 양도분부터)

ㅇ 보유기간 연 8% 공제율을 「보유기간 4%+거주기간 4%」로 조정

기간(년)		3년 ~	4년 ~	5년 ~	6년 ~	7년 ~	8년 ~	9년 ~	10년 이상
현행(%)	보유	24	32	40	48	56	64	72	80
개정(%)	보유	12	16	20	24	28	32	36	40
	거주	12(8*)	16	20	24	28	32	36	40
	합계	24(20*)	32	40	48	56	64	72	80

* 보유기간이 3년 이상(12%)이고 거주기간이 2 ~ 3년(8%)인 경우 20% 적용

ㅁ 2년 미만 보유 주택(조합원입주권 · 분양권 포함)에 대한 양도소득세율 인상(20X2.6.1.이후 양도분부터)

○ (단기) 미만 : 40% → 70%, 1 ~ 2년 : 기본세율 → 60%

구분		현행				개정	
		주택 외 부동산	주택 · 입주권	분양권		주택 · 입주권	분양권
				조정	非조정		
보유기간	1년 미만	50%	40%	50%	50%	70%	70%
	2년 미만	40%	기본세율		40%	60%	60%
	2년 이상	기본세율	기본세율		기본세율	기본세율	

ㅁ 조정대상지역 내 다주택자에 대한 세율 인상(20X2.6.1.이후 양도분부터)

○ [현행] 기본세율+10%p(2주택) 또는 20%p(3주택 이상)

[개정] 기본세율+120%p(2주택) 또는 30%p(3주택 이상)

2 종합부동산세법 주요 개정내용

ㅁ 개인 · 법인 주택분 세율 인상(20X2년 귀속분부터)

○ 개인 주택분 세율 인상 및 법인 주택분 고율의 단일세율 적용

과세표준	2주택 이하			3주택 이상, 조정대상지역 2주택		
	현행	개정		현행	개정	
		개인	법인		개인	법인
3억 원 이하	0.5%	0.6%	3%	0.6%	1.2%	6%
3 ~ 6억 원	0.7%	0.8%		0.6%	1.6%	
6 ~ 12억 원	1.0%	1.2%		1.3%	2.2%	
12 ~ 50억 원	1.4%	1.6%		1.8%	3.6%	
50 ~ 37억 원	2.0%	2.2%		2.5%	5.0%	
94억 원 초과	2.7%	3.0%		3.2%	6.0%	

□ 세부담 상한 인상(20X2년 귀속분부터)

○ 법인 주택분 세부담 상한 적용 폐지 및 개인 조정대상지역 2주택자 세부담 상한 200% → 300% 인상

구분	현행 (개인 · 법인 동일)	개정	
		개인	법인
일반 1 · 2 주택	150%	100%	폐지
조정대상지역 2주택	200%	300%	
3주택 이상	300%	300%	

□ 법인 주택분 과세 강화(20X2년 귀속분부터)

○ 법인 보유 주택에 대해 종합부동산에 공제액(6억 원) 폐지

○ 법인의 조정대상지역 내 신규등록 임대주택 종합부동산에 과세

※ 20X1.5.18. 이후 임대사업 등록 신청분부터

□ 1세대 1주택자 세액공제 확대(20X2년 귀속분부터)

○ 고령자 공제율 인상 및 장기보유 공제와 합산한 공제한도 금액

고령자 공제			장기보유 공제(현행 유지)		공제한도
연령	공제율		보유기간	공제율	
	현행	개정			
60 ~ 65세	10%	20%	5 ~ 10년	20%	70% → 80%
65 ~ 70세	20%	30%	10 ~ 15년	40%	
70세 이상	30%	40%	15년 이상	50%	

① 2년 미만 보유 주택 및 조정대상지역 내 다주택자에 대해 인상된 양도소득세율은 20X2년 6월 1일 이후 양도분부터 적용된다.

② 법인 보유 주택에 대해 종합부동산에 공제액이 폐지되고 법인의 조정지역 내 신규등록 임대주택 종합부동산에 과세가 되는 것으로 볼 때, 법인 주택분 과세가 강화됨을 알 수 있다.

③ 비조정대상지역에 있는 2년 이상 보유한 분양권을 20X2년 8월에 양도하는 경우, 양도소득세율은 조정대상지역 또는 비조정대상지역 여부에 관계없이 기본세율을 적용한다.

④ 1세대 1주택에 대한 장기보유특별공제율 적용에 거주기간 요건을 추가함에 따라, 기존에 보유만으로 세금을 부과하던 것을 실제거주기간을 포함함으로써 거주기간이 짧을 경우 양도소득세가 증가할 것이다.

⑤ 전체적으로 1세대 다주택자의 경우, 양도소득세 및 종합부동산세 모두 1세대 1주택자에 비해 높은 세율이 적용되는 방향으로 법이 개정되어, 1세대 다주택자들로 하여금 적극적 매도를 유도하는 것으로 볼 수 있다.

[39 ~ 40] 다음은 ○○공사의 2023년 신입사원 채용공고이다. 이어지는 질문에 답하시오.

〈○○공사 신입사원 채용공고〉

1. 모집부문

구분	일반모집							지역전문	합계
	사무	기술							
		전기	ICT	토목	건축	기계	화학		
인원(명)	31	61	16	6	8	3	2	19	146

2. 채용조건

4(나)직급 5등급 채용 [대졸수준] / 3개월 수습 후 정규임용

구분	주요내용
학력 · 전공	• 사무 : 학력 및 전공 제한 없음 • 전기 / ICT / 토목 / 건축 / 기계 – 해당 분야 전공자 또는 해당 분야 기사 이상* 자격증 보유자 * 단, 전기 분야는 산업기사 이상
외국어	• 대상 : 영어 등 8개 외국어 • 자격기준 : 700점 이상(TOEIC 기준) ※ 외국어 성적 환산기준 : 붙임 3 참조 • 유효성적 : 2021.11.18.이후 응시하고 접수 마감일(2023.10.14.)까지 발표한 국내 정기시험 성적만 인정 ※ 고급자격증 보유자는 외국어 성적 면제 ※ 해외학위자도 외국어 유효성적을 보유해야 지원 가능
연령	• 제한없음 (단, 공사 정년에 도달한 자는 지원 불가)
병역	• 병역법 제76조에서 정한 병역의무 불이행 사실이 없는 자
기타	• 지역전문 지원 시 해당권역 내 소재 학교(대학까지의 최종학력 기준, 대학원 이상 제외) 졸업(예정) · 중퇴한 자 또는 재학 · 휴학중인 자만 지원 가능 • 지원서 접수마감일 현재 자사 4직급 직원으로 재직 중이지 않은 자 • 당사 인사관리규정 제11조 신규채용자의 ㉠ 결격사유가 없는 자 • 2023년 12월 이후 즉시 근무 가능한 자

3. 전형절차

구분	전형단계	평가기준	배점	선발배수	동점자 처리기준
1차	서류전형	외국어 성적	100	사무 100배수 전기 20배수 기타 30배수	① 자격증 ② 어학
		자격증가점	사무20, 기술40		
		자기소개서	적 · 부		
2차	직무능력검사 인성검사	직무능력검사 점수 인성검사 결과	100 적 · 부	사무 · 전기 3배수 기타 5배수	전원합격
3차	직무면접	직무면접 점수 2차 직무능력검사 점수	100 50	사무 · 전기 1.5배수 기타 2배수	① 국가유공자 ② 장애인 ③ 직무면접 ④ 직무능력검사
4차	종합면접	종합면접 점수	100	모집무관 1배수	① 국가유공자 ② 장애인 ③ 3차전형 ④ 2차전형 ⑤ 1차전형
최종	신체검사 신원조사		적 · 부		

4. 채용 시 우대제도

구분	우대내용
고급자격증 보유자	• 1차전형 면제, 2차전형 5% 가점
비수도권 및 본사이전지역 인재	• 비수도권 : 1차전형 2% 가점 • 이전지역 : 1차전형 3% 가점
취업지원대상자(국가보훈)	• 1차전형 면제, 이후 단계별 5%/10% 가점
장애인	• 1차전형 면제, 이후 단계별 10% 가점
기초생활수급자	• 1차전형 면제
양성평등	• 1차전형 합격자의 20% 선발
자사 체험형 청년인턴	• 1차전형 5% / 10% 가점
자사 시간선택제 근로자	• 1차전형 10% 가점 (현재 재직자에 한함)
정규직 전환 대상직무 * 기간제 근로자 * 사용전점검, 활선안전관리	• 1차전형 면제, 2차전형 10% 가점
정규직 전환 비대상직무 기간제 근로자	• 1차전형 5% / 10% 가점 – 대상 : 2019. 7. 20. 이후 계약종료(예정) 기간제 근로자

※ 1차전형 면제자도 다른 지원자들과 동일하게 지원서 및 자기소개서를 작성하여야 함.
※ 1차전형 면제 등 모든 우대 혜택은 외국어 성적 등 기본 지원자격 요건 구비 조건 (단, 고급자격증 보유자는 외국어 성적 면제)
※ 우대내용이 중복되는 경우 최상위 1개만 인정
※ 국가유공자 가점은 모집인원 4명 이상인 분야에 한정되며, 각 단계별 점수가 만점의 40% 미만인 경우 가점 제외됨.
※ 정규직 전환 대상직무 기간제 근로자 : 2022. 4. 12.로부터 3년 이내 지원 횟수제한 없음.
※ 정규직 전환 비대상직무 기간제 근로자 : 계약종료일로부터 3년 이내 1회 한해 우대
- ○○공사에서 근무한 자로, 근무기간이 6개월 이상인 자에 한함.
- 6개월 이상 ~ 1년 미만 근무자 : 5%, 1년 이상 근무자 : 10%
(근무기간 계산은 지원서 접수마감일 기준)

39. ○○공사의 신입사원 채용공고에 대한 설명으로 옳지 않은 것은?

① ○○공사의 정규직 전환 대상직무의 기간제 근로자가 전년도 ○○공사에서 채용 우대를 받은 경우라도 이번 채용에서 또 우대받을 수 있다.
② 복수의 우대사항이 존재하는 경우라도 해당되는 항목의 가점을 모두 합산하여 받을 수는 없다.
③ 출신 지역 덕분에 면접단계에서 다른 지원자들보다 혜택을 누리는 지원자가 존재할 수 있다.
④ 지원 기준 외국어 성적을 보유하지 못한 지원자라도 서류전형을 통과할 수 있다.
⑤ 국가유공자 가점은 분야별 모집인원에 따라 달라지며 각 단계별 점수에 따라 가점을 받지 못할 수도 있다.

40. 다음은 위 채용공고 중 ㉠에 관한 내용이다. ○○공사의 신규채용자 결격사유에 해당하지 않는 것은?

신규채용자의 결격사유(당사 인사관리규정 제11조)
1. 피성년후견인 또는 피한정후견인
2. 파산(破産)선고를 받고 복권되지 아니한 자
3. 금고(禁錮) 이상의 실형을 선고받고 그 집행이 종료되거나 집행을 받지 아니하기로 확정된 후 5년이 지나지 아니한 자
4. 금고(禁錮) 이상의 형을 선고받고 그 집행유예기간이 끝난 날로부터 2년이 지나지 아니한 자

5. 금고(禁錮) 이상의 형의 선고유예를 받은 경우에 그 선고유예 기간 중에 있는 자
6. 징계(懲戒)에 의하여 해임의 처분을 받은 때로부터 5년이 지나지 아니한 자
7. 법원의 판결 또는 법률에 의하여 자격이 상실 또는 정지된 자
8. 공무원 또는 공공기관의 운영에 관한 법률에서 정한 공공기관의 임직원으로 재직 중 직무와 관련하여 「형법」 제355조(횡령, 배임) 및 제356조(업무상의 횡령과 배임)에 규정된 죄를 범한 자로서 300만 원 이상의 벌금형을 선고받고 그 형이 확정된 후 2년이 지나지 아니한 자
9. 「병역법」 제76조에서 정한 병역의무 불이행자
10. 입사제출서류에 허위사실이 발견된 자
11. 신체검사 결과 불합격으로 판정된 자
12. 「부패방지 및 국민권익위원회의 설치와 운영에 관한 법률」 제 82조에 따른 비위면직자 등의 취업제한적용을 받는 자
13. 공공기관에 부정하게 채용된 사실이 적발되어 채용이 취소된 날로부터 5년이 지나지 아니한 자
14. 「성폭력범죄의 처벌 등에 관한 특례법」 제2조에 규정된 죄를 범한 자로서 100만 원 이상의 벌금형을 선고받고 그 형이 확정된 후 3년이 지나지 아니한 자
15. 미성년자에 대하여 다음 각 목의 어느 하나에 해당하는 죄를 저질러 파면·해임되거나 형 또는 치료감호를 선고받아 그 형 또는 치료감호가 확정된 자(집행유예를 선고받은 후 그 집행유예기간이 경과한 자를 포함한다)
    가. 「성폭력범죄의 처벌 등에 관한 특례법」 제2조에 따른 성폭력 범죄
    나. 「아동·청소년의 성보호에 관한 법률」 제2조 제2호에 따른 아동·청소년 대상 성범죄

① 미성년자 대상으로 성추행을 저질러 집행유예 1년을 선고받고 1년이 경과한 경우
② 과거 B 시에서 공무원으로 재직하던 중 예산을 횡령해 벌금 500만 원을 선고받고 형이 확정된 후 1년이 지난 경우
③ 이전 직장인 ☆☆공단에서 채용과 관련해 부정청탁이 밝혀져 채용이 취소되고 2년간 직장을 구하지 못했던 경우
④ 고등학교 재학 중 학교폭력 사건과 관련하여 전학처분을 받았던 경우
⑤ 지원 시 기재한 외국어 성적보다 더 높은 점수의 외국어 성적표를 제출한 경우

직무능력

3회 기출예상문제

문항수 : 40 문항

문항시간 : 60 분

▸ 정답과 해설 20쪽

01. 다음은 '실수요 중심의 시장형성을 통한 주택시장의 안정적 관리방안'에 대한 정책 대응방향을 소개하는 글이다. 다음 글에서 유추할 수 있는 사항이 아닌 것은?

□ 주택시장 정상화 및 서민 · 중산층의 주거안정을 일관되게 추진

• 실수요자 중심의 거래를 활성화하고 서민 · 중산층 내 집 마련과 공공임대 확대 등 주거비 부담 경감을 위한 정책적 노력을 강화

– 특히, 서민 · 중산층 주거안정을 위해 공공임대를 역대 정부 중 최대 수준으로 공급하고, 뉴스테이 · 행복주택 공급, 주거급여 확대 등 추진

□ 저금리 등으로 인한 과도한 투자수요가 주택시장에 유입되는 것을 차단

• 일부 지역 및 유형의 청약시장에 국지적 과열현상이 나타나고 있는 점을 감안하여, 선별적 · 단계적인 지역 맞춤형 처방을 강구

• 실수요자의 내 집 마련 기회를 확대하고, 금융지원도 차질 없이 지속

□ 주택시장의 수급 불균형을 예방하고, 일부 국지적 과열 현상이 발생한 지역은 선제 관리하여 주택경기의 지속적인 안정을 도모

• 「8.25 가계부채 관리방안」을 체계적으로 추진하여 공급과잉이 우려되는 지역에서 적정 수준의 주택공급을 유도

• 일부 과열현상의 확산을 방지하여 장래 주택경기 조정 과정에서 가계와 경제 전반에 부담이 되지 않도록 관리

□ 청약시장 불법행위 근절하여 실수요자에 대한 지원 · 보호를 강화하고, 정비사업의 투명성을 높여 분쟁과 사회적 비용을 절감

① 주택시장 정상화 등의 기존 정책을 일관되게 추진할 것이다.

② 실수요자 중심의 주택시장이 형성되도록 유도할 것이다.

③ 주택시장의 안정적인 관리가 유지되도록 방안을 강구할 것이다.

④ 세제개편을 통해 공정하고 공평한 거래가 이루어지도록 지원할 것이다.

⑤ 주택시장의 투명성을 제고하는 정책이 추진될 것이다.

02. 신입사원 A 씨가 다음 자료를 바탕으로 〈보기〉에 대한 감면 내용을 산정하려고 할 때, 그 내용으로 옳은 것은?

• 신규 열공급 개시 서비스 보증
□□공사 재건축 사유로 열수급계약서상에 명시된 열공급 개시 예정일에 열공급을 개시하지 못할 경우 열공급 규정의 정해진 기간에 따라 △△공사와 계약한 기본요금의 100분의 30을 위약금으로 부담하겠습니다.

• 열공급 정지시간 준수 보증
□□공사의 재건축 사정으로 인해 열공급을 중단하거나 사용을 제한한 경우에는 해당 기간에 대해 △△공사와 계약한 기본요금을 감면하겠습니다.

구분		감면 내용
온수	[11 ~ 3월] 당일 20시부터 익일 08시 이전	기본요금 1일분 / 1시간
	[11 ~ 3월] 당일 08시부터 익일 20시 이전	기본요금 1일분 / 3시간
	이외 기간	기본요금 1일분 / 12시간
	중온수 냉방사용자 5 ~ 9월 09 ~ 18시 사이	기본요금 1일분 / 6시간
냉수	고이용율 냉수 사용자	기본요금 1일분 / 6시간
	고이용율 이외 냉수 사용자	기본요금 1일분 / 6시간

보기

지역난방이 공급되는 아파트에서 거주하는 이○○ 씨는 12월 5일 23 : 00부터 다음날 14 : 00까지 난방(열공급)이 공급되지 않아 관리사무소에 연락을 해 보니, 이번 중단은 □□공사가 주관하는 재건축 공사 때문이라는 것을 알 수 있었다.

① 기본요금 10일분 감면
② 기본요금 11일분 감면
③ 기본요금 12일분 감면
④ 기본요금 13일분 감면
⑤ 기본요금 14일분 감면

[03 ~ 04] 다음 기사문을 읽고 이어지는 질문에 답하시오.

국내 유일의 주택도시 전문기관인 ○○공사는 임대주택 스마트뉴딜, 그린리모델링사업, 제로에너지 도시 조성 등을 통해 건물부문에서 그린뉴딜 사업의 핵심적 역할을 해 나갈 계획이다. 건축물이 전체 에너지소비 중 20% 이상을 차지하고 있는 만큼 정부의 그린뉴딜 사업에 있어 건물부문이 큰 몫을 차지하고 있다. ○○공사의 역할이 막중한 셈이다.

○○공사는 건물부문의 그린뉴딜을 다양한 방식으로 실현해 나갈 계획이다. 우선 기존주택의 경우 '패시브' 전략과 '액티브' 전략으로 나눠 그린뉴딜 전략을 추진한다. 패시브 전략으로는 단열, 창호, 출입구 등을 기밀하게 막아 에너지 유출을 줄이는 일을 비롯해 열을 뺏기지 않으면서 신선한 공기를 유입시킬 수 있도록 환기시스템을 바꾸는 일 등을 추진한다. 액티브 전략으로는 태양광, 열, 옥상태양광, 베란다 태양광 등을 설치하는 방안이 있다. 단지 주변에 이용할 수 있는 물이 있으면 직접 지하 수열을 활용할 수 있고, 비축시설과 연계해 수소, 수열을 활용할 수도 있다.

처음부터 저에너지 주택 · 도시를 만드는 방안도 추진한다. 에너지 친화적인 건물을 짓고, 차량 이용을 최소화하는 도시를 구상하고 있다. 마을 공용 차량 이용을 활성화하고, 보행 중심으로 도시를 계획하면 사람들은 자연스럽게 에너지를 절감할 수 있게 된다. 또한 에너지 · 물 · 폐기물 순환 등이 가능한 단지와 도시를 만들고, 에너지교육, 에너지절약 습관을 체험할 수 있도록 입주자 선정 기준을 마련하면 에너지 공동체 도시도 충분히 가능하다.

이를 위해 3기 신도시에 선도적으로 에너지 친화적 요소를 도입하는 한편 10 ~ 20만 m^2 규모의 작은 도시 하나를 에너지 특화형으로 만들 계획이다. 세계적으로 유명한 영국의 '베드제드'를 롤모델로 한국에도 제도에너지 도시를 조성하는 것이다. 이를 위해 계획을 수립하고, 지자체 공모를 시행할 예정이다. 영국의 런던 남부에 위치한 도시 '베드제드(BedZED)'는 도시 전체가 친환경 모델로 만들어졌다. 베드제드는 '베딩턴 제로 에너지 개발'이란 뜻으로 탄소 제도를 꿈꾸는 영국이 석유, 석탄 등 화석 에너지를 사용하지 않고 개발한 친환경 도시다. 또 오물 처리장 부지를 매입해 100가구 규모의 친환경 주거단지를 조성하기도 했다. ○○공사 관계자는 "기존 건물은 리모델링, 재건축을 통해 패시브 하우스로 바꾸고, 신축은 시작부터 에너지절감형으로 만들어야 한다"며 "이렇게 하면 전체적으로 에너지 사용량이 줄어들게 될 것이고 이것이 바로 그린뉴딜이라 할 수 있다"고 말했다.

○○공사는 특히 에너지생산모델, 에너지 친화적 건축을 통해 민간 산업을 육성하고, 저에너지 민간 건축물을 유도함으로써 우리 사회에 그린라이프를 안착시키는 것을 목표로 하고 있다. 한 해에 공급하는 15만 6,000가구의 건물을 에너지 친화적, 저에너지 건축물로 전환하면 새로운 기술이 필요하고, 관련 산업을 육성할 수 있다. 이를 통해 에너지 기술의 단가가 낮추면 민간 부문의 에너지 친화적 제품 · 기술 사용 확대로 이어지고, 이러한 선순환 구조 속에서 에너지 기술 · 역량 축적을 통해 한국형 그린뉴딜 수출도 가능해지게 된다.

관계자는 "○○공사는 연간 15만 가구 이상을 공급하기 때문에 많은 테스트베드가 있다"며 "○○공사가 기술 데이터를 모으고, 적용하고, 민간과 R&D를 같이하면 새로운 한국형 그린뉴딜이 완성될 수 있을 것"이라고 말했다. 이와 같은 지구단위 제로에너지 사업은 이미 지난해부터 본격적으로 추진되고 있다. 지난해 6월 정부가 발표한 '제로에너지건축 보급확산 방안'에는 제로 에너지 건축물(ZEB, Zero-Energy Building) 단계적 의무화를 위한 세부 로드맵 등이 포함됐다.

03. 다음 중 기사문에 대한 설명으로 가장 적절하지 않은 것은?

① 국내 전체 에너지 소비 중 20% 이상을 차지하는 것은 건축물에서의 에너지 소비이다.

② 패시브 전략은 단열, 창호, 출입구 등을 막아 에너지의 유출과 손실을 줄이는 전략을 의미한다.

③ 에너지 기술의 단가를 낮추면 민간 부문의 에너지 친화적 제품 및 기술의 사용이 확대되며, 이 과정을 통해 에너지 기술과 역량이 축적될 수 있다.

④ 올해 정부는 제로에너지 건축물 단계적 의무화를 위한 세부 로드맵을 포함한 제로에너지건축 보급확산 방안을 발표하였다.

⑤ 건축물 유형, 용적률 등을 고려하면 건물의 에너지 자립률을 현실적으로 설정할 수 있다.

04. 다음 중 기사에 대한 반응으로 가장 적절한 것은?

① A 씨 : 우리나라에 있는 주택도시 전문기관 중 ○○공사가 가장 친환경적인 사업을 진행하고 있다는 거네.

② B 씨 : 새로운 주택이나 도시를 조성할 경우, '패시브' 전략과 '액티브' 전략을 활용하는 방안이 가장 적절하고 효율적이야.

③ C 씨 : 베드제드는 영국의 런던 남부에 위치한 도시의 가장 대표적인 친환경 건물 이름인가 보네.

④ D 씨 : 선도적으로 에너지 친화적 요소를 도입하는 것은 가능하지만, 작은 도시를 에너지 특화형으로 만드는 것은 지금으로서 불가능한 사업 계획인 것 같아서 아쉬운걸.

⑤ E 씨 : 에너지 공동체 도시를 만들기 위해서 입주자 선정 기준을 새롭게 마련하는 것도 도움이 되겠어.

[05 ~ 06] 다음은 〈대학 타운형 도시재생 아이디어 공모전〉의 안내문이다. 이어지는 질문에 대한 답을 고르시오.

■ 공모 내용

- 공모명 : 「'대학 타운형 도시재생 뉴딜사업' 연계를 위한 대학생 도시재생 아이디어 공모전」
- 주최 : ○○공사
- 후원 : 국토교통부
- 공모주제 : 대학교 주변 쇠퇴지역을 대상으로 도시재생 뉴딜사업 방향을 반영한 창의적이고 실현 가능한 재생 방안

  ※ 대상지는 대학교 부지 경계선으로부터 500m 이내 지역 중 쇠퇴지역에서 자율적으로 선정
- 응모자격 : 전국 2년제 이상 대학 및 대학원 재학생 또는 휴학생

  ※ 개인 또는 팀(최대 3명) 단위로 지원 가능, 1인당 1개 작품만 응모 가능
- 제출작품 : 1차 제안서(A1 패널 1장 및 A4 10매 이내 아이디어 설명서)*, 2차 PPT 발표(8분 분량, 파워포인트만 사용)

  * (패널) 원본(ai, psd 등) 및 PDF 파일+출력본, (아이디어 설명서) 한글(hwp) 파일+출력본
- 접수방법 : 웹하드 업로드 및 우편(또는 택배) 제출
- 심사결과 발표 : 홈페이지를 통한 공고 및 개별 통지

■ 공모 일정

공고	접수	1·2차 심사	결과발표	시상식
5. 24.	8. 20. ~ 8. 22.	8. 27. ~ 9. 14.	9. 20.	10월 중

※상기 일정은 변경될 수 있으며, 일정이 변경되는 경우 ○○공사 홈페이지에 게시

■ 유의사항

- 출품된 작품은 타 공모전 입상작 및 모방작이 아닌 순수한 창작품이어야 합니다. 타인의 작품을 표절하거나 표절로 인정되는 작품은 수상할 수 없으며, 수상 후에도 수상을 취소할 수 있습니다.
- 제출된 모든 작품에 대하여는 출판 등 공표에 따른 권리를 ○○공사가 무료로 사용할 수 있습니다.
- 수상작과 아이디어의 저작권은 ○○공사에 귀속되며, ○○공사는 수상작을 자유롭게 활용(제작, 복제, 배포 등)할 수 있고, 수상작의 전체나 일부를 변경하여 이용할 수 있습니다. 또한, 당선된 작품의 아이디어를 활용하여 ○○공사 도시재생사업에 적용할 수 있습니다.
- 저작권, 표절 시비 등 모든 법적 책임은 응모자에게 있습니다.
- 제출한 아이디어는 반환되지 않으며, 입상하지 않은 응모작은 공모전 종료일로부터 3개월 이내 폐기합니다.
- 공모요강에 준하지 않는 출품작은 심사에서 제외합니다.

05. **제시된 안내문을 읽은 뒤의 반응으로 가장 적절하지 않은 것은? (단, 언급되지 않은 조건에 대해서는 고려하지 않는다)**

① 나는 ○○대학교 주변 쇠퇴지역을 대상으로 도시재생 뉴딜사업을 반영해 어떤 식으로 재생할 수 있을지를 이번 공모의 주제로 삼으려고 해.

② 만약 수상했을 때, 저작권 시비가 걸린다고 하더라도 아이디어의 저작권은 ○○공사로 귀속되니 나는 상관이 없어.

③ 내 아이디어가 채택되지 않아도 돌려주지 않고 폐기해 버리는군.

④ 심사결과는 홈페이지를 통해 공고되니 잊지 말고 기억해 둬야겠어.

⑤ 공고 이후로 약 세 달 정도의 접수 기간이 주어지니 너무 늦어지지 않게 계획을 짜야겠는걸.

06. **제시된 안내문을 참고할 때, A ~ E 중 심사에서 제외되지 않을 사람은? (단, 언급되지 않은 조건에 대해서는 고려하지 않는다)**

① 같은 과 학생 4명과 팀을 이루어 아이디어를 제출한 4년제 대학생 A

② 서울시에 위치한 2년제 대학을 작년에 졸업한 취업준비생 B

③ 대학교 부지 경계선으로부터 1,000m 떨어진 쇠퇴지역을 대상지로 삼은 2년제 대학생 C

④ 8월 21일에 1차 심사를 위해 제안서 제출한 4년제 휴학생 D

⑤ PPT 자료를 만들 때 파워포인트만을 사용해서 만든 2년제 대학원생 E

07. 다음 중 밑줄 친 ㉠에 대한 정보로 옳지 않은 것은?

> ○○공사는 30일 △△난방공사와 ㉠ <u>쿠웨이트 압둘라 스마트시티 지역냉방사업 협력을 위한 업무 협약</u>을 체결하였다고 밝혔다. 사업협력 분야는 쿠웨이트 압둘라 스마트 시티 등 지역냉방사업 분야에서의 정보교환, 경험 및 기술제공, 국내 기업과 기자재의 쿠웨이트 진출 지원 등이다.
>
> 중동지역은 무더운 날씨로 인해 전체 에너지 생산량의 대부분을 에어컨 등의 냉방용품을 가동하는 용도로 사용하고 있는데, 개별냉방 대신 지역냉방 도입 시 전체 에너지 사용량의 약 30%를 절감할 수 있는 것으로 알려져 있다.
>
> 국내외 첨단에너지사업 선도기관인 △△난방공사와 국내외 신도시 개발 전문기관인 ○○공사는 협업을 통해 쿠웨이트에 동반 진출함으로써 압둘라 스마트시티의 지역냉방 조기 도입 및 활성화에 기여하고, 국내 일자리 창출과 관련기업의 쿠웨이트 진출기회 제공 등 다양한 사회적 가치를 실현할 것으로 기대된다. 양 기관은 쿠웨이트뿐 아니라 중동지역에 지역냉방 기술을 적극 홍보하고 지속가능한 발전에 적극 앞장설 계획이다.
>
> 압둘라 신도시는 쿠웨이트 수도인 쿠웨이트시에서 서쪽으로 약 30km 떨어져 있다. 쿠웨이트가 추진하는 9개 신도시 중 입지가 가장 뛰어나다. 면적은 64.4km^{2}로 경기도 분당 신도시 3배 규모이며 2만 5,000 ~ 4만 세대가 입주한다. 상업지역 이외엔 미국 서부 '비버리 힐즈' 같은 최고급 주택단지도 지을 계획이다. 석유 일변도 산업구조에서 벗어나 금융 · 무역 · 관광 허브로 도약하려는 쿠웨이트가 밀어붙이는 전략 신도시다.
>
> △△난방공사 사장은 "압둘라 스마트시티 개발 사업에 공사가 보유한 우수한 지역냉방 기술력을 제공하고 ○○공사와 협력해 압둘라 신도시 지역냉방사업을 성공적으로 추진해 해외 지역냉방사업을 확대해 나가겠다. 아울러 이번 협약을 계기로 양 기관은 해외 사업의 상호 협력을 강화해 일자리 창출 등 공공기관의 사회적 가치 실현을 위해 노력하겠다."고 밝혔다.

① 해외 지역냉방사업을 확대하기 위한 것이다.
② 국내 관련 기업의 일자리 창출에 기여할 것이다.
③ 중동지역에 지역냉방 기술을 홍보하기 위한 것이다.
④ 압둘라 스마트시티에 지역냉방 기술력을 제공하기 위한 것이다.
⑤ 개별냉방의 효율성을 증대시켜 지속가능한 발전을 추진하기 위한 것이다.

08. ○○공사의 상생결제시스템에 대한 이해로 옳지 않은 것은?

〈○○공사 상생결제시스템〉

공사는 지난해 협력중소기업의 결제환경 개선을 위한 하도급 대금 지급 보장 관련 상생결제시스템을 적극 도입, 구축하였습니다. 이후 공사는 공기업으로서 공정거래 상생 문화 조성 등 사회적 책임 이행을 위하여, 다음과 같이 동 시스템을 확대 운영하고자 하오니 계약 입찰 참여 기업 등 관련 기업들의 많은 협조 부탁드립니다.

– 중략 –

• 상생결제시스템 주요 개념
2차 이하의 중소기업에 대한 대금지급을 보장하고 결제일 이전에 대기업 수준의 낮은 금융비용으로 결제 대금을 현금화할 수 있도록 하는 결제시스템

• 세부추진안
(적용기준확대) 추정금액 50억 원 이상의 하도급이 있는 계약의 건으로 적용대상 기준 확대

구분	기존	변경
금액 기준	추정금액 100억 원 이상	추정금액 50억 원 이상
계약 종류	하도급이 있는 공사 계약의 건	하도급이 있는 전 계약

※ 시행기준일 : 20X5. 1. 1.(계약체결일) 기준

– 상생결제시스템(또는 하도급지킴이)을 활용한 거래 기업에 대하여 공사 동반성장 고유목적 사업 참여 시 가점 부여
– 사업 지원기업의 산정 및 평가 시 가점 부여
※ 단, 공사의 계약 체결 후 동 시스템 이용을 위하여 당사 협약은행과 사전약정을 맺으셔야 하며, 기타 문의 사항은 경영관리처 동반성장부 또는 재무처 계약부로 연락 바랍니다.

① 상생결제시스템은 2차 이하의 중소기업에 대한 대금지급을 보장하기 위한 제도이다.
② 하도급이 있는 전 계약의 금액이 40억 원에 달하는 A사는 상생결제시스템 이용 대상이 아니다.
③ 상생결제시스템을 이용하기 위해 B사는 공사의 협약은행과 사전약정을 맺었다.
④ C사는 공사의 동반성장 고유목적 사업에 가점을 얻기 위해 상생결제시스템을 이용할 예정이다.
⑤ 20X4년에 70억 원의 계약을 체결한 D사는 대금 결제 시 변경된 상생결제시스템의 적용을 받을 수 있다.

09. 다음 글의 내용을 통해 알 수 있는 필자의 견해로 적절하지 않은 것은?

우리나라는 저소득층의 수요에 기반해서 주택의 매입계획을 세우는 것으로 원칙이 정해져 있으나 현재 매입임대주택에 대한 수요에 기반하여 공급 물량을 배분하기 위해 필요한 종합계획이 부재하다. 매년 시도별 총량 공급계획 정도만 국토교통부에서 취합하는 수준에 그치고 있을 뿐 시도별 공급계획에 대한 조정은 거의 이루어지지 않고 있다. 전국에서 매입임대주택을 공급하는 □□공사의 경우 공급물량 배분이 수도권과 같은 광역 권역별로 설정되어 있고 매입단가가 비싸, 재정 부담이 큰 서울에서의 공급 확대에 대한 구체적인 가이드라인과 유인책이 없는 상황이다.

특히 제도가 작동하는 최소 공간단위인 기초지방자치단체별로 매입임대주택의 수요를 분석해서 공급물량을 배분하는 계획은 이루어지고 있지 않다. 매입임대주택의 공급계획은 영구임대주택, 전세임대주택과 같은 다른 유형의 저렴임대주택에 대한 공급현황도 고려해서 이루어져야 하지만 종합계획의 부재로 이 또한 이루어지지 못하고 있다. 가장 최근 자료 기준으로 보았을 때, 서울의 저렴임대주택은 영구임대주택 45,806호, 매입임대주택 18,606호, 전세임대주택 32,410호로 총 96,822호가 공급되었다. 이는 장기공공임대주택 전체 재고(211,800호)의 45.7% 수준으로, 서울에 공급된 장기공공임대주택 10호 중 4.6호만이 수급자 등 최저소득 계층이 입주할 수 있는 주택이라는 것을 의미한다. 현재 매입임대주택은 자치구별 매입물량에 따라 배분물량을 결정하기 때문에 매입이 적은 자치구에서는 매입임대주택에 입주할 기회가 적어지게 된다. 단순한 자치구별 수급가구 비율보다는 이미 저렴공공임대주택에 거주하고 있는 수급가구와 한부모 가족은 제외하고 저렴 공공임대주택에 대한 수요를 산정하는 것이 필요하다. 서울의 저렴임대주택이 필요한 곳에 공급되고 있는가를 판단하기 위해 구별 주택 대비 저렴임대주택 재고 비율, 공공임대주택에 1순위로 입주할 수 있는 수급가구의 민간임대주택 거주 비율을 살펴본 결과, 전체 주택 대비 저렴임대주택 재고 비율은 구별로 차이가 크다. 서울의 전체 주택 대비 저렴임대주택 재고 비율은 2.7%인데, 강서구(9.6%), 노원구(7.7%), 강북구(6.0%), 강남구(4.2%) 순으로 높으며, 중구(0.8%), 성동구(0.9%), 송파구(0.9%), 영등포구(1.0%), 용산구(1.0%)는 1% 이하이다. 저렴임대주택 재고의 지역 편중은 저렴임대주택의 절반 가까이를 차지하는 영구임대주택이 특정 구에 집중 공급된 상황에서 매입 및 전세임대주택 공급 시 영구임대주택 재고 비율을 고려하지 않았기 때문이다. 강서구의 경우 영구임대주택이 가장 많이 공급된 상황에서 매입임대주택도 두 번째로 많이 공급되었으며 반대로 중구와 종로구는 영구임대주택이 전혀 공급되지 않은 상황에서 매입 및 전세임대주택도 공급이 적어 저렴임대주택 재고 비율이 1% 미만에 그치고 있다.

① 매입임대주택의 공급계획은 다른 저렴임대주택에 대한 공급현황을 고려하는 등 종합적인 계획에 의해 이루어져야 한다.

② 기초지방자치단체별로 매입임대주택의 수요분석에 기반하여 공급 물량을 배분하기 위한 계획이 있어야 한다.

③ 서울에 공급된 장기공공임대주택 중 최저소득 계층이 입주할 수 있는 주택은 절반도 되지 않는다.

④ 매입임대주택은 단순한 자치구별 수급가구 비율보다는 가구의 특성을 고려하여 수요를 산정하여야 한다.

⑤ 저렴임대주택 재고의 지역 편중은 매입임대주택 재고비율을 고려하지 않고 영구임대주택을 공급하기 때문이다.

10. **다음 글의 빈칸 A, B에 들어갈 내용이 순서대로 바르게 나열된 것은?**

> 최근 대기업들 사이에서 일과 삶의 균형을 중시하는 분위기가 확산되고 있다. 그 예로 L 통신회사는 즐거운 직장팀을 신설해 오후 10시 이후 업무와 관련한 메세지 보내기, 쉬는 날 업무 지시하기 등을 '절대 하면 안 되는 일'로 지정, 이를 어기는 직원에게는 인사상 불이익을 주고 있고, H 백화점은 업계 최초로 PC오프제를 도입해 본사는 오후 6시, 점포는 오후 8시 30분에 자동으로 PC 전원이 꺼지게 함으로써 정시 퇴근을 유도하고 있다. 많은 젊은이들이 이용하는 G 뷰티 스토어는 (A)을/를 도입해 오전 8시부터 10시 사이 30분 단위로 출근 시간을 자유롭게 정할 수 있도록 하고 있으며, 정시 퇴근 제도도 강화해 '저녁이 있는 삶'을 적극 권장하고 있다. K 기업은 입사 후 5년마다 3주간의 휴가를 부여하는 '리프레시 휴가' 제도를 운영 중인데, 회사가 7일의 휴가를 제공하고, 연차 사용 독려 차원에서 연차 8일을 함께 사용하게 해 총 3주간의 장기휴가를 주는 것이다.
>
> 기업은 당장의 성과에만 집착할 것이 아니라 장기적인 안목을 가지고 (B)을/를 핵심으로 한 조직문화 혁신을 지속해야 할 것이다. 그래야 이러한 문화가 한때 부는 바람에 그치지 않고, 대한민국 기업의 발전과 그 기업에 속한 한 사람 한 사람의 행복을 견인하는 역할을 할 수 있을 것이다.

① 업무시간 최소화, 일과 삶의 균형
② 정시 퇴근 제도, 업무시간 최소화
③ 유연근무제, 일과 삶의 균형
④ 업무시간 최소화, 퇴근시간 준수
⑤ 유연근무제, 퇴근시간 준수

[11 ~ 12] 다음 글을 읽고 이어지는 질문에 답하시오.

2014년 ○○의 △△ 인수 발표 이후 가상현실(VR)과 3D 기술에 대한 사용자와 시장의 기대가 본격적으로 증가하며 'VR'이라는 용어가 조금씩 사람들의 입에 오르내리기 시작했다. VR 기술은 아직 완전히 대중화되지는 못했지만 엔터테인먼트 부문은 물론 유통, 제조, 디자인 및 설계, 의료, 안전교육 등 다양한 산업 분야에서 충분히 가능성을 인정받고 자리잡기 시작했다.

실내 공간 부문은 어떨까. 3D 공간데이터 플랫폼 '어반베이스'는 실내 공간, 그중에서도 사람들이 살고 있는 혹은 살고 싶은 주거공간을 VR과 AR을 통해 꾸미고 즐길 수 있도록 관련 서비스를 제공하고 있다. '어반베이스(Urbanbase)'라는 홈디자이닝 VR 서비스를 개발하기 전, 주목했던 사회적인 현상은 크게 두 가지가 있었는데 하나는 '공간에 대한 대중의 인식과 요구의 변화'이고 다른 하나는 '실내 공간정보의 비대칭성'이었다.

사람들은 왜 집이라는 공간에 큰 애착을 갖기 시작했을까? 가장 큰 이유로는 소득 증가에 따른 라이프스타일의 변화로 볼 수 있다. 국민소득이 3만 달러가 되는 시대에는 개성화, 다양화, 차별화가 두드러지기 마련이다. 사람들은 자신의 공간을 아이덴티티를 표현하는 하나의 수단으로 생각하기 때문에 옷이나 액세서리로 몸을 치장하듯 집도 자신의 취향에 맞게 가꾸기 시작했다. 향후 5년 이내 20조 원 가까이 성장할 것으로 예상되는 홈디자이닝 시장 규모가 이를 증명해 준다.

1인 가구 및 소형 가구의 증가 또한 집에 대한 인식을 바꾸는 데 한 몫 했다. 싱글족에게 집은 휴식의 공간이자 취미나 여가를 즐길 수 있는 공간이기 때문에 그들에게는 집을 꾸미고자 하는 욕구가 누구보다 크다. 이들은 전체적인 컨셉 아래 가구나 생활용품, 작은 소품까지 하나하나 골라 배치하는 반전문가 수준의 셀프 인테리어를 선보인다. 건축이나 인테리어가 특정 계층이나 전문가들의 전유물이 아니라 대중 속으로 파고든 것이다.

주거공간과 VR 기술을 결합하게 된 배경으로는 '실내 공간정보의 비대칭성' 또한 들 수 있다. 실내 공간 정보는 제한적이고 소비자가 직접 방문을 해야만 경험을 할 수 있기 때문에 '공급자와 소비자 간의 정보가 비대칭적'이라는 문제가 항상 제기되어 왔다. 그러나 실내공간을 3차원으로 재현한다면 입체 도면을 통해 현장의 사실성을 높이는 동시에 부동산 시장의 골칫거리인 '허위 매물'을 미리 검증할 수 있다.

시장이 커지면서 업계는 소비자 편익을 더 강화하기 위해 정교화된 서비스에 대해 고민하기 시작했다. 그 접점에 VR이라는 기술에 대한 요구가 있었을 것이다. 사람들이 자신만의 공간을 창조하는 데 VR을 활용한다면 마치 게임하듯이 홈디자이닝을 즐길 수 있고, 효율적인 의사결정을 내리는 데 도움이 될 것이다.

11. **다음 글을 통해 알 수 있는 내용으로 적절하지 않은 것은?**

① 실내 공간데이터는 가상현실, 증강현실 등의 기술과 융합하면 경쟁력 있는 부가가치를 창출할 잠재력이 있다.

② VR 기술을 이용하여 실재 경험하지 않고도 재난상황에 대한 안전교육 등을 진행할 수 있다.

③ 어반베이스는 2D 공간 도면이 3D로 변환되어 사람들이 아이덴티티를 표현하는 하나의 수단으로 생각하는 홈디자이닝에 활용되는 기술을 의미한다.

④ VR 기술은 가구, 가전, 생활소품, 건자재 등의 산업 분야에서 유용하게 활용될 수 있다.

⑤ 어반베이스는 궁극적으로 '공간에 대한 대중의 인식과 요구의 변화'에 부응하고 '실내 공간정보의 비대칭성'을 해결하여 증강현실과 가상현실의 발전을 목표로 한다.

12. **다음 중 일상생활에 VR 기술이 활용된 사례로 볼 수 없는 것은?**

① 화재상황 시 대피경로를 미리 체험해 볼 수 있다.

② 영화관 좌석 선택 시 미리 체험해 보고 원하는 자리를 선택할 수 있다.

③ 감지기와 보안시설 설치 시 최적의 위치를 미리 시뮬레이션해 볼 수 있다.

④ 어디서든 원하는 시간에 가전제품의 전원을 켜고 끌 수 있다.

⑤ 입주 전에 가상으로 미리 가구배치를 해 볼 수 있다.

[13 ~ 14] 다음 글을 읽고 이어지는 질문에 답하시오.

(가) '수출 · 기술 강소기업 육성자금 대출'은 글로벌 기술경쟁력을 가진 중소 · 중견기업 육성을 위한 상품입니다. K 은행은 '수출 · 기술 강소 500개 기업'을 선정하여 해외기술인증규격 획득자금, 특허, 유망기술 보유 기업의 기술개발 및 상품화 자금 등 경상적인 영업활동에 필요한 운전자금 및 시설자금을 지원합니다. 특히 영업점장 전결권 확대, 금리 감면 등의 우대조건이 부여되어 있어 글로벌 강소기업 육성 지원에 큰 도움이 되고 있습니다.

(나) '산업단지별 분양자금 대출'은 민간분양 산업단지 입주기업을 지원하는 상품입니다. 특정 업종에 밀집되어 있는 지역 산업단지 특성에 맞는 특례를 제공할 예정이며, 해외 청산 투자자금 환율 우대, 기업부동산 자문서비스 등을 제공하여 해외투자 기업이 국내 복귀 시 필요한 자금 및 서비스를 지원하는 해외U턴 기업대출도 개발할 예정입니다.

(다) '창업섬김대출'은 전년도에 실시한 '창업지원사업'의 계속 사업으로 보증기관과 협력하여 소상공인, 기술 혁신형 벤처기업, 전문 인력 및 경력자 창업으로 분류하여 지원하는 상품입니다. 대출금리 우대 등 금융비용 절감 혜택은 물론, 창업컨설팅 등 특화 서비스를 지원하고 있으며 상품의 공급 규모는 총 1조 원입니다.

(라) '청년전용창업대출'은 정부의 청년창업지원사업에 적극 동참하고 사회적으로 심각한 청년실업 문제를 해결하기 위해 K 은행, 중소기업진흥공단, 신용보증재단이 연계하여 개발한 상품입니다. 성원에 힘입어 총 약 800억 원의 대출펀드를 조기에 소진하였고, '청년드림대출'은 은행권 청년창업재단설립에 동참하여 창업초기 기업, 벤처 · 우수기술 기업 등에 대한 보증 및 직간접 투자를 통해 일자리 창출에 기여하고 있습니다. '새싹기업대출'은 문화콘텐츠, 신성장동력 부문에서의 기술력 우수 창업기업에 대한 여신우선지원으로 미래성장 기반을 확보하였으며, '시니어전용창업대출'은 40 ~ 50대를 위한 창업 전용 상품으로 전 연령층의 활발한 창업활동 붐업(Boom-up)을 유도하는 등 다양한 상품을 개발하였습니다. 이 밖에도 재창업 희망 중소기업을 위한 '재창업지원대출' 등 다양하고 폭넓은 창업지원상품을 개발하고 있습니다.

13. 오 대리는 다음과 같은 주제로 중소기업 지원상품 소개에 대한 간단한 안내문을 위의 (가)~(라)와 같이 작성하였다. 각 주제의 순서에 맞게 단락을 적절히 재배열한 것은?

〈중소기업 지원상품 소개〉

Ⅰ 중소기업 일자리 창출 등 사회적 이슈 해결 위한 상품 개발
Ⅱ 창업기업 지원 상품 개발
Ⅲ 설비투자 활성화를 위한 상품 개발
Ⅳ 글로벌 경쟁력 갖춘 기업을 위한 상품 개발

① (가)-(다)-(나)-(라)　② (라)-(나)-(다)-(가)　③ (라)-(다)-(가)-(나)
④ (라)-(다)-(나)-(가)　⑤ (다)-(라)-(나)-(가)

14. 다음 중 K 은행에서 이미 개발하여 대출 업무를 수행하였거나 수행 중에 있는 대출의 종류가 아닌 것은?

① 청년드림대출　② 창업섬김대출
③ 수출 · 기술 강소기업 육성자금 대출　④ 산업단지별 분양자금 대출
⑤ 새싹기업대출

[15 ~ 16] 다음 글을 읽고 이어지는 질문에 답하시오.

노스 앤 토마스는 역사적으로 인간의 재화획득은 직접생산이나 약탈이었다고 말한다. 다시 말해 인간의 재화획득이나 부의 축적은 자신의 노동투입으로 인한 생산이나 가격을 지불하는 거래와 약탈 또는 사기에 의한 것으로 나눌 수 있다. 그렇기 때문에 사회제도의 발전은 직접노동투입이나 거래를 통해 늘어난 교환의 기회로 재화를 획득하거나 약탈, 사기에 의한 재화획득을 방지하고 약탈, 사기로부터 보호하는 과정이라 할 수 있을 것이다.

국가 성립 이전인 원시 공동체사회의 경우, 자급자족 경제로서 개인 간의 교환은 한정된 일부 개인만이 가능했으나 농업 기술이 발달하면서 잉여 농산물의 혜택을 누리는 집단들은 교역을 통해 상호 효용을 증대시켰을 것이다. 그러나 교통과 통신이 발달하지 못했기 때문에 교역의 지역적 범위는 아주 좁았을 것이고 주로 비공식적 제도에 의존하였다고 볼 수 있다. 또한 자원의 약탈을 막기 위해 생산적인 부분에서는 상당히 제약이 있었을 것이고 정보기술이나 측정기술의 미발달로 거래비용이 과다한 경제체제였을 것이다.

15. 제시된 글을 읽고 추론한 내용으로 가장 적절하지 않은 것은?

① 국가 성립 이후에는 교역의 지역적 범위가 넓어졌다.
② 사회제도의 발전은 약탈, 사기로부터 보호하는 과정이다.
③ 원시 공동체사회에서는 개인 간의 교환은 한정된 개인만이 가능했다.
④ 정보기술과 측정기술의 발달로 거래 비용이 줄어들었을 것이다.
⑤ 국가의 개입이 있을수록 경제발전이 이루어지게 된다.

16. 문맥상 제시된 글과 다음 〈보기〉의 글 사이에 올 수 없는 문장은?

보기

> 근대를 기점으로 이러한 비효율적인 제도를 잘 극복한 국가는 선진국으로, 그렇지 못한 국가는 정체하는 국가로 나뉘게 되었다. 시민혁명과 국민국가 형성 시기인 근대 이후에는 국민주권론, 법의 지배 사상이 발전하게 되면서 권력이 분산되거나 약화되어 국가권력에 의한 자의적인 재산권 몰수는 규제되기 시작하고 재산권 보호가 발달되면서 산업혁명 이후 유례없는 경제성장을 실현하기 위한 제도적 기초가 형성되었다.

① 고대국가 성립시기 이후 왕권강화로 인해 개인의 재산권이 존중되지 못하였다.

② 통치권자의 절대 권력이 경제발전에 불리한 환경을 조성하는 면을 자주 볼 수 있었다.

③ 힘과 무력이 지배하던 시대에는 국가 내에 단 한 명에게 권력을 몰아주는 사회시스템이 경제적 측면에서 효과적으로 작용하였다.

④ 국가체제가 완성되면서 국가권력에 의한 재산권 불안정이 경제발전을 저해하는 중요한 요소로 부각되었다.

⑤ 정복 전쟁이나 왕실 재정의 수요 과다로 인해 과도한 조세에 따른 개인의 재산권 침해가 빈번하게 발생하였다.

17. 100점 만점에 특정 점수 이상을 얻어야 합격하는 자격증 시험에 응시한 30명 중 합격자는 10명이다. 합격한 사람의 평균 점수는 불합격한 사람의 평균 점수의 2배보다 33점이 낮고, 불합격한 사람의 평균 점수는 응시자 전체의 평균 점수보다 9점이 낮다고 한다. 합격자 중 만점자가 3명이 배출되었을 때, 가능한 합격 기준 점수는 최대 몇 점이겠는가?

① 78점　　② 79점　　③ 80점

④ 81점　　⑤ 82점

18. ○○공사 홍보팀에서 지역사랑 나눔 캠페인을 준비하고 있다. 캠페인 참여 고객들에게 나누어 줄 선물로 1세트당 핫팩 4개, 기념볼펜 1개, 배지 2개씩을 포장해서 총 125개 세트를 준비해 놓을 예정이다. 홍보팀의 총예산은 490,000원이고, 핫팩은 한 상자에 16개씩 들어 있다고 할 때, 홍보팀에서 구매하려는 핫팩은 한 상자에 얼마인가? (단, 핫팩은 상자로만 구매 가능하며 예산은 낭비 없이 전부 사용되었다)

〈가격표〉

구분	가격(개당)
기념볼펜	800원
배지	600원

① 7,000원 ② 7,200원 ③ 7,500원 ④ 7,800원 ⑤ 8,000원

19. 다음 '토지 평가에 관한 지침'에 따를 때, 〈보기〉의 수수료 총액의 평균은 얼마인가?

〈토지 평가에 관한 지침〉

$$평가\ 수수료 = 평가\ 평균\ 수수료^{*} \times \frac{10}{100}$$

* 평가 평균 수수료는 당해 사업의 평가 비용을 감정평가업자 수로 나눈 평균 수수료를 의미

1) 기본 수수료 : 500만 원
2) 검토 수수료 : 할인이 반영된 평가 수수료
3) 수수료 할인
   - 평가 평균 수수료가 5,000만 원 이상 : 평가 수수료의 10% 할인
   - 평가 평균 수수료가 1억 원 이상 : 평가 수수료의 20% 할인
4) 수수료 총액 = 기본 수수료 + 검토 수수료

보기

㉠ 토지 평가에 참여한 감정평가업자 5명, 당해 사업의 평가 비용 4억 원
㉡ 토지 평가에 참여한 감정평가업자 8명, 당해 사업의 평가 비용 7억 2천만 원
㉢ 토지 평가에 참여한 감정평가업자 15명, 당해 사업의 평가 비용 18억 원

① 1,300만 원 ② 1,330만 원 ③ 1,370만 원 ④ 1,400만 원 ⑤ 1,440만 원

[20 ~ 21] 다음 자료를 보고 이어지는 질문에 답하시오.

〈△△기업의 매출액 추이와 동 산업 전체시장 매출액 추이〉

구분	20X4년	20X5년	20X6년	20X7년	20X8년	20X9년
△△기업의 매출액(억 원)	4,400	5,400	7,200	8,000	9,500	( )
전체시장 매출액(조 원)	5.5	6.5	7.0	8.5	10.0	( )

20. 20X9년 전체시장 매출액이 전년 대비 12% 증가하고, △△기업의 시장점유율(매출액 기준)이 전년과 동일하다고 가정할 때 20X9년 △△기업의 매출액은 얼마인가?

① 1조 640억 원 ② 1조 1,040억 원 ③ 1조 1,400억 원
④ 1조 1,460억 원 ⑤ 1조 6,400억 원

21. 20X4 ~ 20X8년 중 △△기업의 시장점유율(매출액 기준)이 가장 높은 해와 가장 낮은 해는? (단, 소수점 아래 둘째 자리에서 반올림한다)

① 20X6년, 20X5년 ② 20X6년, 20X4년 ③ 20X8년, 20X7년
④ 20X8년, 20X6년 ⑤ 20X8년, 20X5년

22. 다음 A ~ E 마을 주민의 재산상황 자료에 대한 설명으로 옳은 것을 〈보기〉에서 모두 고르면?

〈A ~ E 마을 주민의 재산상황〉

(단위 : 가구, 명, ha, 마리)

마을	가구 수	주민 수	재산 유형					
			경지		젖소		돼지	
			면적	가구당 면적	개체 수	가구당 개체 수	개체 수	가구당 개체 수
A	244	1,243	(　　)	6.61	90	0.37	410	1.68
B	130	572	1,183	9.10	20	0.15	185	1.42
C	58	248	(　　)	1.95	20	0.34	108	1.86
D	23	111	(　　)	2.61	12	0.52	46	2.00
E	16	60	(　　)	2.75	8	0.50	20	1.25
전체	471	2,234	(　　)	6.40	150	0.32	769	1.63

※ 소수점 아래 셋째 자리에서 반올림한 값임.

※ 경지면적=가구 수×가구당 면적

보기

㉠ B 마을의 경지면적은 D 마을과 E 마을 경지면적의 합보다 크다.

㉡ 가구당 주민 수가 가장 많은 마을은 가구당 돼지 수도 가장 많다.

㉢ A 마을의 젖소 수가 80% 감소한다면, A ~ E 마을 전체 젖소 수는 A ~ E 마을 전체 돼지 수의 10% 이하가 된다.

㉣ 젖소 1마리당 경지면적과 돼지 1마리당 경지면적은 모두 D 마을이 E 마을보다 좁다.

① ㉠, ㉡　　② ㉠, ㉢　　③ ㉠, ㉣

④ ㉡, ㉢　　⑤ ㉢, ㉣

23. 다음은 탄소포인트제 가입자 A ~ D의 에너지 사용량 감축률 현황을 나타낸 자료이다. 아래의 지급 기준에 따라 가입자 A ~ D가 탄소포인트를 지급받을 때 가장 많이 지급받는 가입자와 가장 적게 지급받는 가입자는?

〈가입자 A ~ D의 에너지 사용량 감축률 현황〉

(단위 : %)

에너지 사용유형 \ 가입자	A	B	C	D
전기	-6.7	9	8.3	6.3
수도	11	-2.5	5.7	9.1
가스	14.6	17.1	9.1	4.9

〈탄소포인트 지급 기준〉

(단위 : 포인트)

에너지 사용유형 \ 에너지 사용량 감축률	5% 미만	5% 이상 ~ 10% 미만	10% 이상
전기	0	5,000	10,000
수도	0	1,250	2,500
가스	0	2,500	5,000

※ 아래의 두 가지 조건을 만족할 경우 지급받는 탄소포인트의 10%를 추가로 받는다.
1) 모든 유형의 에너지 사용량 감축률의 합이 20%p를 넘는 경우
2) 모든 유형의 에너지 사용량 감축률이 음수를 기록하지 않은 경우

※ 가입자가 지급받는 탄소포인트 = 전기 탄소포인트 + 수도 탄소포인트 + 가스 탄소포인트
예) 가입자 D가 지급받는 탄소포인트 : 5,000 + 2,500 + 2,500 = 10,000

	가장 많이 지급받는 가입자	가장 적게 지급받는 가입자
①	B	A
②	B	C
③	B	D
④	C	A
⑤	C	D

24. 다음 자료에 대한 설명으로 적절하지 않은 것은?

〈영농 형태별 농가소득 현황〉

(단위 : 천 원)

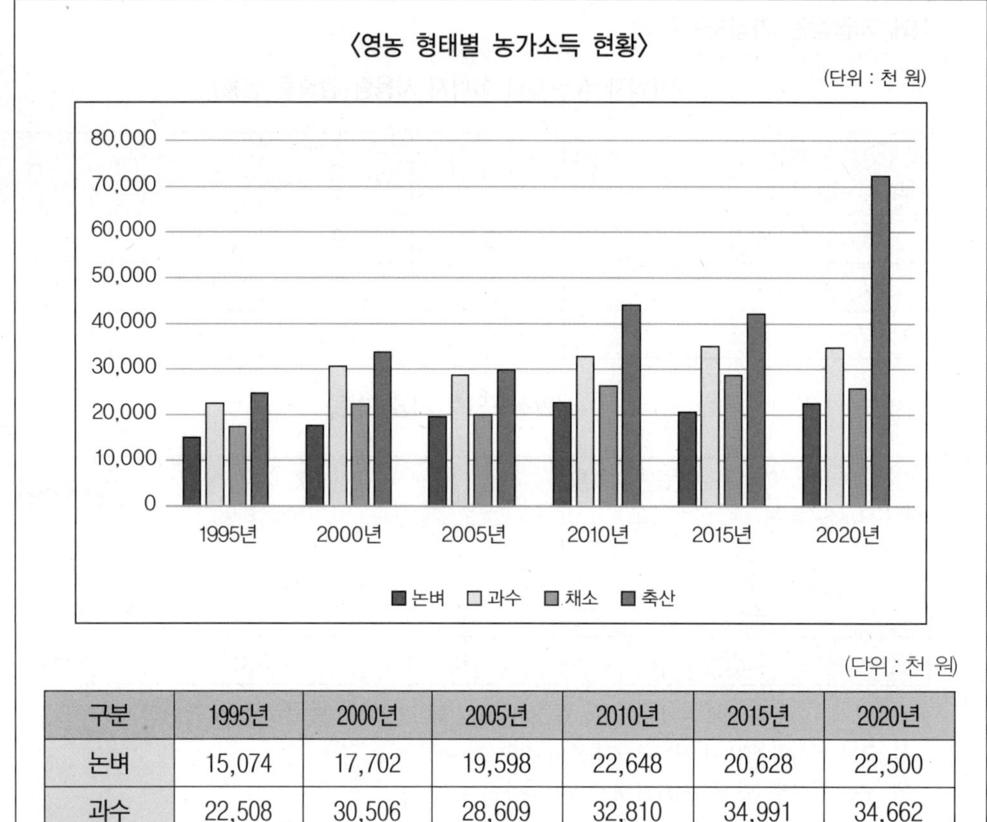

(단위 : 천 원)

구분	1995년	2000년	2005년	2010년	2015년	2020년
논벼	15,074	17,702	19,598	22,648	20,628	22,500
과수	22,508	30,506	28,609	32,810	34,991	34,662
채소	17,305	22,411	19,950	26,314	28,625	25,718
축산	24,628	33,683	29,816	44,061	42,179	72,338

① 조사 시점마다 논벼농가는 과수, 채소, 축산농가에 비해 항상 소득이 낮았다.

② 조사 기간 내 과수농가와 채소농가의 소득 변화 추이는 동일하다.

③ 네 형태의 농가 소득을 모두 합한 값이 두 번째로 큰 해는 2015년이다.

④ 2020년의 논벼농가 소득은 전체 농가의 15% 미만을 차지한다.

⑤ 모든 항목이 직전 조사 해보다 증가한 해의 축산농가 소득은 40% 이상 증가했다.

25. 다음은 동일한 상품군을 판매하는 백화점과 TV홈쇼핑의 상품군별 20XX년 판매수수료율에 대한 자료이다. 이에 대한 〈보고서〉의 설명 중 항상 옳은 것은?

〈백화점 판매수수료율 순위〉

(단위 : %)

판매수수료율 상위 5개			판매수수료율 하위 5개		
순위	상품군	판매수수료율	순위	상품군	판매수수료율
1	셔츠	33.9	1	디지털기기	11.0
2	레저용품	32.0	2	대형가전	14.4
3	잡화	31.8	3	소형가전	18.6
4	여성정장	31.7	4	문구	18.7
5	모피	31.1	5	신선식품	20.8

〈TV홈쇼핑 판매수수료율 순위〉

(단위 : %)

판매수수료율 상위 5개			판매수수료율 하위 5개		
순위	상품군	판매수수료율	순위	상품군	판매수수료율
1	셔츠	42.0	1	여행패키지	8.4
2	여성정장	39.7	2	디지털기기	21.9
3	진	37.8	3	유아용품	28.1
4	남성정장	37.4	4	건강용품	28.2
5	화장품	36.8	5	보석	28.7

보고서

백화점과 TV홈쇼핑의 전체 상품군별 판매수수료율을 조사한 결과, 백화점, TV홈쇼핑 모두 셔츠 상품군의 판매수수료율이 전체 상품군 중 가장 높았다. 그리고 ㉠ 백화점, TV홈쇼핑 모두 상위 5개 상품군의 판매수수료율이 30%를 넘어섰다. ㉡ 잡화 상품군과 모피 상품군의 판매수수료율은 TV홈쇼핑이 백화점보다 더 낮았으며, ㉢ 반대로 TV홈쇼핑의 남녀정장 상품군의 평균 판매수수료율은 38% 이상으로 백화점보다 높았다. ㉣ 여행패키지 상품군의 판매수수료율은 백화점이 TV홈쇼핑의 2배 이상이었다.

① ㉠, ㉡　　② ㉠, ㉣　　③ ㉡, ㉢

④ ㉠, ㉡, ㉢　　⑤ ㉠, ㉢, ㉣

[26 ~ 27] 다음은 K 지역의 거주자들을 대상으로 설문조사를 한 자료이다. 이어지는 질문에 답하시오.

〈거주지 변경의향〉

(단위 : %)

구분		향후 10년 이내 거주지 변경의향	
		있다	없다
전체	소계	22.1	77.9
연령별	13 ~ 19세	79.9	20.1
	20 ~ 29세	78.3	21.7
	30 ~ 39세	41.3	58.7
	40 ~ 49세	22.5	77.5
	50 ~ 59세	17.1	82.9
	60 ~ 69세	9.2	90.8
	70세 이상	1.7	98.3
교육 정도별	초졸 이하	6.9	93.1
	중졸	8.7	91.3
	고졸	26.9	73.1
	대졸 이상	30.8	69.2

〈거주지 변경의향 이유(중복응답)〉

(단위 : %)

구분		향후 10년 이내 거주지 변경의향 이유						
		교육환경	직장사업 여건	교통	문화시설 · 생활편의 시설	치안	토지집값 상승	기타
전체	소계	24.3	75.2	20.0	53.7	1.4	15.6	9.9
연령별	13 ~ 19세	12.9	74.8	25.2	87.1	–	–	–
	20 ~ 29세	19.0	85.6	6.5	76.8	–	1.9	10.2
	30 ~ 39세	40.9	89.0	15.7	34.5	–	11.6	8.4
	40 ~ 49세	29.9	80.6	14.5	48.0	–	23.1	3.8
	50 ~ 59세	16.8	54.8	40.4	44.4	2.5	26.3	14.8
	60 ~ 69세	12.4	49.4	42.2	35.6	12.4	31.9	16.0
	70세 이상	–	–	17.4	71.3	–	53.9	57.3
교육 정도별	초졸 이하	–	44.9	51.8	45.5	7.1	27.0	23.7
	중졸	12.1	76.0	45.0	29.6	–	25.3	11.9
	고졸	19.2	73.9	18.8	63.4	1.7	13.7	9.2
	대졸 이상	37.0	82.4	13.4	43.6	–	15.4	8.1

26. 위의 자료에 대한 이해로 적절하지 않은 것은?

① 거주지 변경의향은 10대와 20대에서 가장 강한 것으로 나타났다.

② 교육수준이 높을수록 거주지 변경의향이 있는 인원수가 감소하는 항목은 교통과 기타이다.

③ 20 ~ 69세 연령층에서는 거주지 변경의향의 이유로 직장사업 여건을 가장 많이 선택하였다.

④ 모든 교육수준 계층에서 거주지 변경의향이 없는 사람이 있는 사람보다 더 많다.

⑤ 50대와 60대 조사 인원이 같다고 가정할 때, 전체 조사 인원 중 50대가 차지하는 비율은 약 9.4%이다.

27. 설문조사에 응답한 전체 인원이 10,000명이고, 초졸 이하부터 대졸 이상까지 교육수준별로 참여 인원의 비율이 각각 7%, 3%, 52%, 38%일 때, 향후 10년 이내 거주지 변경의향 이유로 교육환경을 선택한 사람은 몇 명인가? (단, 소수점 아래 첫째 자리에서 반올림한다)

① 523명　　② 585명　　③ 614명　　④ 660명　　⑤ 705명

[28 ~ 30] 다음은 지역별 주택가격 및 전월세 가격의 현황이다. 이어지는 질문에 답하시오.

(단위 : 천 원)

지역	매매가격		전세가격		월세가격	
	평균가격	단위면적당(m^2) 가격	보증금 평균가격	단위면적당(m^2) 가격	보증금 평균가격	월세 평균가격
전국	254,000	2,800	167,000	2,000	47,000	560
수도권	346,000	4,000	228,000	2,800	68,000	690
지방	171,000	1,800	112,000	1,300	27,000	440
서울	488,000	5,700	303,000	3,700	104,000	810
부산	216,000	2,500	142,000	1,700	39,000	470
대구	237,000	2,500	161,000	1,800	23,000	660
인천	201,000	2,500	139,000	1,800	24,000	550
광주	173,000	2,000	132,000	1,500	36,000	490
대전	216,000	2,200	145,000	1,600	37,000	550
울산	239,000	2,500	155,000	1,700	42,000	540
세종	226,000	2,500	105,000	1,200	13,000	410
경기	277,000	3,200	195,000	2,300	53,000	640
강원	131,000	1,300	84,000	900	14,000	410
충북	136,000	1,400	90,000	1,000	17,000	390
충남	131,000	1,200	83,000	900	20,000	390
전북	118,000	1,200	84,000	900	26,000	320
전남	97,000	960	65,000	700	17,000	280
경북	125,000	1,100	77,000	800	11,000	400
경남	173,000	1,800	109,000	1,200	44,000	360
제주	238,000	1,900	148,000	1,300	14,000	720

※ 전월세 전환율(%)={월세 평균가격×12(개월)÷(전세 보증금 평균가격−월세 보증금 평균가격)}×100

28. 제시된 자료에 대한 설명으로 올바르지 않은 것은?

① 광주, 경기, 전북은 매매가격 대비 전세 보증금의 비율이 70% 이상이다.
② 모든 가격 지표에서 수도권은 전국 평균보다 높고 지방은 전국 평균보다 낮다.
③ 단위면적당 전세가격이 백만 원 이하인 지역은 5곳이다.
④ 두 지역을 비교할 때 전세 보증금 평균가격이 더 높은 곳은 월세 보증금 평균가격도 더 높다.
⑤ 월세 보증금 대비 전세 보증금의 배율은 대전이 울산보다 높다.

29. 전월세 전환율은 충남 지역이 약 7.43%로 가장 높다. 충남 지역의 전월세 전환율이 6%대로 하락하기 위해 바뀌어야 할 수치로 알맞은 것은?

① 전세 보증금 평균가격 → 84,000천 원
② 월세 보증금 평균가격 → 22,000천 원
③ 월세 평균가격 → 420천 원
④ 월세 보증금 평균가격 → 16,000천 원
⑤ 전세 보증금 평균가격 → 82,000천 원

30. A 가구의 전세 보증금이 B 가구의 월세 보증금보다 10% 높다고 할 때, A 가구와 B 가구의 전월세 전환율의 비는 5 : 4라고 한다. A 가구의 전세 보증금은 얼마인가?

(단위 : 만 원)

구분	전세 보증금	월세 보증금	월세
A 가구	(　　)	25,000	50
B 가구	42,000		60

① 32,000만 원　② 33,000만 원　③ 34,000만 원
④ 34,500만 원　⑤ 35,000만 원

31. 다음은 ○○공사의 직무교육 중 '법률상식'과 관련된 내용의 일부이다. 이에 대한 〈대화〉를 보고 옳지 않은 발언을 한 사원을 모두 고른 것은?

> 법률의 소급적용은 진정소급과 부진정소급으로 나누는 것이 보통이다. 진정소급은 법률 시행 전에 완결된 사실에 대하여 새로 제정된 법률을 적용하는 경우를 말하고, 부진정소급은 신법의 시행 전부터 계속되고 있는 사실 내지 법률관계에 대하여 신법을 적용하는 경우를 말한다. 법률의 소급적용이 원칙적으로 금지되는 것은 진정소급의 경우이고, 부진정소급은 허용된다.
>
> 법률의 진정소급 적용이 예외적으로 허용되는 경우는 다음의 4가지로 제한된다.
>
> i) 소급입법을 예상할 수 있는 경우
> ii) 법적 상태가 불확실하고 혼란스러웠거나 하여 보호할만한 신뢰의 이익이 적은 경우
> iii) 소급입법에 대한 당사자의 손실이 없거나 경미한 경우
> iv) 신뢰보호의 요청에 우선하는 심히 중대한 공익상의 사유가 소급입법을 정당화하는 경우

대화

> 김 사원 : A 법률 시행 전에 이미 완성된 사실에 대하여 A 법률을 적용하는 것은 원칙적으로 허용된다.
>
> 박 사원 : B 법률 시행 전에 법률관계가 발생하였으나 법률관계의 완성은 B 법률 시행 후인 행위에 대하여 B 법률을 적용하는 것은 원칙적으로 금지된다.
>
> 최 사원 : C 법률이 곧 소급입법되리라는 사실을 누구나 알 수 있었더라도, C 법률 시행 전에 완성된 법률행위에 C 법률을 적용하는 것은 어떠한 경우에도 허용되지 않는다.
>
> 정 사원 : D 법률의 소급적용으로 당사자의 손실이 발생하더라도 D 법률의 부진정소급에 해당하는 상황이라면 D 법률을 적용하는 것은 가능하다.

① 김 사원, 박 사원
② 김 사원, 최 사원
③ 김 사원, 박 사원, 최 사원
④ 박 사원, 정 사원
⑤ 박 사원, 최 사원, 정 사원

32. A가 이번 주에 해야 할 일의 목록이 다음과 같고 기한이 촉박한 순서대로 처리할 때, A가 세 번째로 처리할 업무와 네 번째로 처리할 업무는 무엇인가? (단, 오늘은 11일 월요일이며 모든 업무는 마감 하루 전까지 완료한다)

- 16일부터 1박 2일로 진행되는 워크숍 진행에 필요한 물품을 조사하여 워크숍 전날 있을 사전 회의까지 제출할 것
- 17일에 홈페이지에 공지할 신입사원 최종 합격자 명단을 정리할 것
- 목요일 퇴근 후에 있을 팀 회식 장소를 예약할 것
- 매주 금요일에 있는 정기 팀 회의에서 제안할 신규 프로젝트 관련 자료를 수집할 것
- 직전 분기 결과 보고서를 수요일 퇴근 전까지 제출할 것

① 팀 회식 장소 예약, 워크숍 진행에 필요한 물품 조사
② 신규 프로젝트 관련 자료 수집, 신입사원 최종 합격자 명단 정리
③ 신규 프로젝트 관련 자료 수집, 워크숍 진행에 필요한 물품 조사
④ 팀 회식 장소 예약, 신입사원 최종 합격자 명단 정리
⑤ 결과 보고서 작성, 신규 프로젝트 관련 자료 수집

33. 8월에 휴가를 내어 배를 타고 3박 4일간 울릉도 여행을 하려고 한다. 다음 〈조건〉을 충족할 때, 올바른 설명은 무엇인가?

조건

- 8월은 목, 금, 토요일이 다섯 번씩 있다.
- 울릉도까지 가는 배편은 매주 월, 수, 금요일에 있으며, 육지로 나오는 배편은 매주 화, 목, 토, 일요일에 있다.
- 매주 화요일은 중요한 회의 때문에 휴가를 낼 수 없다.
- 둘째 주와 넷째 주 금요일에는 병원 진료가 있어 휴가를 떠날 수 없다.
- 늦어도 8월 말일까지는 휴가에서 돌아오려 한다.

① 11일 또는 12일 중 하루는 울릉도에 있게 된다.
② 가능한 일정은 모두 3가지이다.
③ 17일과 18일은 울릉도에 있을 수 있는 날이다.
④ 14일에 배를 탈 수 없다면 8월에는 계획한 울릉도 여행을 할 수 없다.
⑤ 휴가 일정에 따라 울릉도로 들어갈 수 있는 마지막 날은 28일이다.

[34 ~ 35] 다음 글을 읽고 이어지는 질문에 답하시오.

〈공공임대사업에 대한 임대조건 및 공급대상〉

공공임대사업	임대조건	공급대상
5년 임대주택	보증금+임대료(시세의 80%)	무주택세대 구성원
10년 임대주택	보증금+임대료(시세의 80%)	무주택세대 구성원
분납임대주택	분납금+임대료(시세의 90%)	주택소유 무관
영구임대주택	보증금+임대료(시세의 30%)	무주택세대주
국민임대주택	보증금+임대료(시세의 60%)	무주택세대주
장기전세주택	보증금(시세의 80%)	무주택세대주

〈영구임대주택 대상 조건〉

- 기초생활수급자
- 유공자 또는 그 유족
- 일본군 위안부
- 보호대상 한부모 가족
- 북한이탈주민
- 장애인등록증이 교부된 자
- 청약저축 가입자

34. 다음 중 신청하고자 하는 주택 유형을 잘못 선택한 사람은?

① 국민임대주택을 신청한 A 씨는 현재 소유 중인 주택이 없으며 거주지에 세대주로 등록돼 있다.

② 분납임대주택을 신청한 B 씨는 무주택자이며 현 거주지의 세대주가 아니다.

③ 영구임대주택을 신청한 C 씨는 본인 명의로 소유하고 있는 주택이 없으나 청약저축에 가입한 세대주이다.

④ 분납임대주택을 신청한 D 씨는 소유한 주택의 세대 구성원이다.

⑤ 영구임대주택을 신청한 E 씨는 소유한 주택에 거주하고 있는 국가유공자이다.

35. 다음 중 월별 납부액이 가장 적은 사람은 누구인가? (단, 보증금은 임대기간(월)으로 나누어 분납하고, 임대료는 매월 내는 월세로 가정한다)

	신청자	공공임대사업	보증금 시세	임대료 시세	임대기간
①	갑	5년 임대주택	4억 원	5만 원	5년
②	을	영구임대주택	2억 원	10만 원	50년
③	병	국민임대주택	4,500만 원	25만 원	10년
④	정	장기전세주택	4억 6,000만 원	–	20년
⑤	무	10년 임대주택	5,000만 원	30만 원	10년

36. 앤디, 밴, 크리스, 데이빗, 에릭은 모두 외국인으로서 W 은행에 계좌를 개설하려 한다. 다섯 명 모두 은행이 필요로 하는 구비 서류를 제출하였다고 주장하고 이 중 네 명은 진실을 말한다고 가정할 때, 서류를 제출한 순서대로 올바르게 나열한 것은?

- 앤디 : 내가 제일 늦게 제출한 것 같네.
- 밴 : 나는 데이빗이 서류를 제출한 다음에 바로 제출했어.
- 크리스 : 아마 내가 가장 먼저 서류를 제출했을걸.
- 데이빗 : 나는 앤디와 밴보다 서류를 늦게 제출했네.
- 에릭 : 내가 크리스보다는 늦게 제출했지만 밴보다는 먼저 제출했을걸.

① 크리스－에릭－밴－앤디－데이빗
② 크리스－데이빗－에릭－밴－앤디
③ 크리스－에릭－데이빗－밴－앤디
④ 에릭－크리스－밴－데이빗－앤디
⑤ 에릭－크리스－데이빗－밴－앤디

37. ○○기업에 근무하는 K 과장은 올해 법인세를 계산하려고 한다. 다음 자료와 〈상황〉을 근거로 판단할 때, 법인세는 모두 얼마인가?

〈법인세 세율〉

법인종류 \ 소득종류	사업연도 소득	세율	누진공제
영리법인	2억 이하	10%	–
	2억 초과 200억 이하	20%	2,000만 원
	200억 초과 3,000억 이하	22%	42,000만 원
	3,000억 초과	25%	942,000만 원
비영리법인	2억 이하	5%	–
	2억 초과 200억 이하	10%	1,000만 원
	200억 초과 3,000억 이하	20%	19,000만 원
	3,000억 초과	25%	842,000만 원

※ 법인세를 계산할 때는 누진공제를 고려해야 한다. 예를 들어 A 영리법인의 사업연도 소득이 3억 원이라면 '30,000×0.2－2,000'으로 법인세는 4,000만 원이다.

〈감면 내용〉

기업규모	사업장소재지	감면업종	감면비율
소기업	수도권 내	제조업	20%
		도매 · 소매업, 의료업	10%
	수도권 외	제조업	30%
		도매 · 소매업, 의료업	10%
중기업	수도권 내	지식기반산업	10%
	수도권 외	제조업	15%
		도매 · 소매업, 의료업	5%

※ 감면은 〈법인세 세율〉에 따라 계산된 법인세를 기준으로 진행한다. 만약 A 영리법인이 수도권 내 제조업을 하는 소기업이라면 최종적인 법인세는 '4,000－(4,000×0.2)'로 3,200만 원이다.

상황

○○기업(비영리법인)은 수도권 내 ◇◇분야 제조업 2위에 해당하는 중기업이다. 올해 사업소득은 500억 원이다.

① 883,850만 원 ② 942,200만 원 ③ 981,000만 원
④ 991,000만 원 ⑤ 991,300만 원

[38 ~ 40] 다음은 F사의 A/S 요금 및 산정기준이다. 이어지는 질문에 답하시오.

〈서비스 요금 산정기준〉

1. 부품비 : 수리 시 부품 교체를 할 경우 소요되는 부품가격(부가세 10% 포함)
2. 수리비 : 유료 수리 시 부품비를 제외한 기술료(수리 시 소요시간, 난이도 등을 감안하여 산정한 수리비 기준에 의거함)
3. 출장비 : 출장수리를 요구하는 경우 적용(평일 기준 18,000원, 평일 18시 이후나 휴일(주말 / 공휴일 / 대체휴무일)에는 22,000원 청구)

〈보증기간 산정기준〉

1. 제품의 보증기간
   - 제품 보증기간이라 함은 제조사 또는 제품 판매자가 소비자에게 정상적인 상태에서 자연 발생한 품질, 성능, 기능 하자에 대하여 무료수리를 해 주겠다고 약속한 기간
   - 제품의 보증기간은 구입일자를 기준으로 산정하며, 구입일자의 확인은 제품보증서(구입영수증 포함)에 의함(단, 보증서가 없는 경우 동 제품의 생산 당시 회사가 발행한 보증서 내용으로 보증 조건을 결정, 생산연월에 3개월 감안(유통기간 반영)하여 구입일자를 적용, 보증기간을 산정함)
   - 다음은 기준 보증기간의 반으로 단축 적용한 사례
     - 영업용도나 영업장에서 사용할 경우(단, 영업용 제품은 제외)
       ㊞ 비디오(비디오 SHOP), 세탁기(세탁소) 등
     - 차량, 선박 등에 탑재하는 등 정상적인 사용 환경이 아닌 곳에서 사용할 경우
     - 제품사용 빈도가 극히 많은 공공장소에 설치 사용할 경우 ㊞ 공장, 기숙사 등
     - 기타 생산 활동 등 가정용 이외의 용도로 사용될 경우 ㊞ 공장, 기숙사 등
   - 중고품(전파상 구입, 모조품)에는 보증기간은 적용되지 않으며 피해보상의 책임도 지지 않음.
   - 당사와 별도 계약에 한하여 납품되는 제품의 보증은 그 계약 내용을 기준으로 함.
2. 품목별 보증기간

구분	보증기간	관련제품	참고
일반제품	1년	전 제품 공통 (복사기는 6개월 또는 1년 적용)	복사기는 인쇄매수에 따라 보증기간 단축될 수 있음.
계절성 제품	2년	에어컨, 선풍기, 온풍기, 로터리 / 팬히터	

〈유무상 수리기준〉

1. 무상수리
   - 품질보증 기간 이내에 정상적인 사용상태에서 발생한 성능 · 기능상의 고장인 경우
   - CS프로(엔지니어)가 수리한 후 12개월 이내에 동일한 부품이 재고장인 경우

2. 유상수리

보증기간 경과 / 사용설명 및 분해하지 않고 간단한 조정 시 / 홈쇼핑, 인터넷 등에서 제품 구입 후 설치를 추가 요청하는 경우 / 전기 용량을 틀리게 사용하여 고장이 발생한 경우 / 서비스센터 CS프로(엔지니어)가 아닌 사람이 수리하여 고장이 발생한 경우 / 외부 충격이나 떨어뜨림 등에 의한 고장, 손상 발생 시 / 천재지변(낙뢰, 화재, 지진, 풍수해, 해일 등)으로 인한 고장의 경우 /소모성 부품의 수명이 다한 경우(배터리, 형광등, 헤드, 필터류, 램프류, 토너, 잉크 등)

38. 사원 H는 고객 서비스 센터 전화 민원 담당자이다. 다음 중 위 기준에 부합하지 않게 답변한 것은?

Q. TV를 산 지 1년 남짓 된 것 같은데 보증서를 잃어버렸습니다. 무상수리를 받을 수 있나요?
A. ① TV는 무상수리 기간이 구입 후 1년입니다. 보증서가 없으시더라도 저희가 생산일자를 확인하여 구입일자를 대략적으로 산정하여 보증 여부를 판단해 드릴 수 있습니다.
Q. 6개월 전 냉장고를 중고로 구입했는데 모터에서 이상한 소리가 납니다. 보증기간이 어떻게 되나요?
A. ② 중고품은 보증기간이 정상제품의 $\frac{1}{2}$입니다. 포함되어 있는 보증서를 확인해 주세요.
Q. 사무실 복사기를 사용한 지 15개월밖에 안 됐는데 벌써 인쇄물 품질이 이상해졌어요. 무상으로 수리 받을 수 있나요?
A. ③ 복사기는 인쇄매수에 따라 보증기간이 단축될 수 있으나 기본적으로 6개월 ~ 1년까지로 보증기간을 규정하고 있습니다.
Q. 우리 직원들 숙소에 하나 놔 주려고 작년 이맘때 산 가정용 오디오가 좀 이상해서 수리를 하려고 합니다. 무상수리를 받는 것이 가능한가요?
A. ④ 언제 구입하셨는지 확인해 주세요. 단체 숙소에서 사용한 오디오는 6개월 동안 무상수리가 가능합니다.
Q. 지난달에 선풍기를 구입하였는데 살짝 떨어뜨렸더니 모터가 이상해졌어요. 수리비용을 부담해야 할까요?
A. ⑤ 선풍기와 같은 계절성 제품은 보증기간이 2년이지만 고객 과실로 인하여 발생한 손실이기 때문에 수리비용을 부담해 주셔야 합니다.

39. 다음 중 무상수리가 가능한 경우에 해당하는 것은?

① 지난달 발생한 지진으로 흔들린 이후 이상한 소리가 나고 있는 세탁기
② 철물점 사장이 점검하여 간단한 수리를 해 주었으나 동일한 문제가 발생한 냉장고
③ 8개월 전 지정 서비스센터에서 수리 후 동일한 부품에서 고장이 발생한 에어컨
④ 인터넷으로 구매한 제품의 설치만 요청하는 경우
⑤ 전기 용량 오사용으로 인한 작동 정지인 경우

40. 다음 (가) ~ (라) 중 F사의 산정기준을 바르게 이해한 것을 모두 고르면?

(가) 보증서가 없으면 무상수리를 받을 수 없다.
(나) 제품 보증기간 이내에는 무료로 수리를 받을 수 있다.
(다) 출장비는 출장 시간에 따라 다르게 부과될 수 있다.
(라) 같은 제품이어도 활용 용도에 따라 보증 기간이 다르다.
(마) CS프로(엔지니어)가 수리한 후 다시 고장난 경우 무상수리가 가능하다.

① (가), (라)　② (나), (다)　③ (나), (마)
④ (다), (라)　⑤ (라), (마)

4회 기출예상문제

문항수 : 40 문항

문항시간 : 60 분

▸ 정답과 해설 28쪽

01. ○○공사 경영관리처는 다음과 같은 지침에 따라 업무를 처리한다. 이때 우대기준을 적용할 수 없는 것은?

〈재개발 구역 주변지역기업 우대기준 운영 방침〉

제1조(목적) 이 지침은 「재개발구역주변지역 지원에 관한 법률」(이하 '법'이라 함) 및 같은 법 시행령(이하 '시행령'이라 함)에 따라 ○○공사 등(이하 공사 5사라 함)이 관련법 제17조의2에 의거하여 "대통령령으로 정하는 공사 · 물품 · 용익 등의 계약"을 체결하는 경우 재개발 구역 주변지역 기업을 우대하는 기준에 관한 업무처리 지침을 정함을 목적으로 한다.

제2조(적용범위) 공사 5사는 발전소 주변지역 기업 우대기준 적용 시 관련 법령이나 규정에서 특별히 정한 것을 제외하고는 이 지침이 정한 바에 따른다.

제3조(공시의무) 공사 5사는 시행령 제34조 제2항에 의거하여 본 지침을 각 사의 인터넷 홈페이지에 게시하여야 한다.

제4조(우대기준 대상) 법 제17조의2 및 동법 시행령 제34조에 의거 우대기준 적용 대상 계약은 다음과 같다.

① 공사계약 : 추정가격 30억 원 미만(「건설산업기본법」에 따른 전문공사, 「시설공사법」에 따른 시설공사, 「조경건축공사법」에 따른 조경건축공사, 「소방시설공사업법」에 따른 소방시설공사는 추정가격 3억 원 미만)

② 물품 · 제조 · 구매계약 : 추정가격 1억 원 미만

③ 용역계약 : 추정가격 2억 원 미만(청소용역 등 단순노무용역계약은 추정가격 20억 원 미만)

① 기획처에서 물품 구매 요구서를 보내왔는데 구매요구 금액이 부가세를 포함하여 모두 8,800만 원이었다.

② 인사팀 김 사원은 신입사원 역량강화 연수 프로그램을 외주용역으로 발주하는데 계약 금액을 1억 원으로 결재 요청하였다.

③ ○○공사 본부에서는 재개발 구역 전체에 대한 청소용역을 발주하였는데 금액이 모두 5억 원 미만이었다.

④ 공사환경처에서는 「시설공사법」에 따른 사무실 내 시설 공사를 5억 원으로 입찰하여 결재를 올렸다.

⑤ 관리부에서 「소방시설공사업법」에 따른 발전소 내 소방시설 공사를 2억 8천만 원에 입찰하여 결재를 올렸다.

02. 다음 주택 시설의 진단 업무를 위한 법정 보고대상 및 이행부서에 대한 내용을 가장 적절하게 이해한 사람은?

구분	보고대상	보고기한	이행부서	보고기관	관련 법령
정밀안전점검, 정밀안전진단	최종 보고서	완료일 이후 30일 이내	진단수행 부서의 장	국토교통부	「시설물의 안전 및 유지관리에 관한 특별법」 제36조
수도시설 기술진단	기술진단 결과	기술진단 실시 후 60일 이내	진단수행 부서의 장	인가관청	-「수도법」 제74조 - 같은 법 시행규칙 제31조의2
	시설개선계획 수립 결과	시설개선계획 수립 후 60일 이내	진단총괄 부서의 장		
	시설개선계획 시행 결과	시설개선계획 시행 후 30일 이내	진단총괄 부서의 장		
에너지진단	에너지진단 결과 보고서	진단보고서 작성 완료 후 30일 이내	진단수행 부서의 장	한국 에너지공단	「에너지이용합리화법」 제32조
	이행실태 확인 및 기술지도 결과	매년 7월 31일	진단수행 부서의 장		
수차발전 설비진단	기술특성 시험 결과	해당 연도 이내	진단총괄 부서의 장	KPX	「전기사업법」 제18조

① A 대리 : 「전기사업법」 제18조에 따르면 기술특성 시험 결과는 국토교통부에 보고해야 해.

② B 대리 : 시설개선계획 시행 결과는 시설개선계획 수립 이후 60일 이내에 보고해야 하는군.

③ C 사원 : 기술진단 결과는 기술진단 실시 후 30일 내에 진단총괄 부서의 장에게 보고해야겠구나.

④ D 사원 : 에너지진단 이행실태 확인 및 기술지도 결과는 정기적으로 보고해야 하는구나.

⑤ E 사원 : 기술특성 시험 결과는 시험을 실시한 달 이내에만 보고하면 돼.

[03 ~ 05] 다음은 ○○공사에서 진행하는 사업의 동일순위 내 경합 시 입주자 선정방법이다. 이어지는 질문에 답하시오.

〈동일순위 내 경합 시 입주자 선정방법〉

- 동일순위 내에서 경쟁이 있을 때에는 아래의 배점 항목표에 의한 점수를 합산한 점수의 고득점자 순으로 입주자를 선정하며, 동일 점수인 경우 배점 항목표 제5항과 제6항의 가점 합계점수가 높은 순에 의해 선정(단, 제5항과 제6항의 가점 합계점수가 동일할 경우 사업대상지역의 전입일이 빠른 순서대로 입주자 선정)

※ 배점 항목표 (국토부 훈령「기존주택 매입임대주택 업무처리지침」별표2)

평가항목	평가요소	배점
1. 최근 3년간 국가 또는 지방자치단체가 운영하는 자활 사업 프로그램에 참여한 기간 또는 취업[1]·창업[2]을 통해 경제활동에 참여한 기간을 합산한 총기간(세대원이 참여한 기간 포함) 1) 취업 : 4대보험(국민연금, 건강보험, 고용보험, 산재보험)에 가입한 사업장의 사업주와「근로기준법」에 따른 근로계약을 체결하고 임금을 목적으로 근로를 제공하는 것을 말하며, 취업을 통해 경제활동에 참여한 기간은 국민연금관리공단, 국민건강보험공단, 근로복지공단 등을 통해 확인 2) 창업 : 세무서에서 사업자등록증을 발급받은 후 사업을 영위하고「소득세법」에 따라 매년 사업소득 신고를 하는 것을 말하며, 창업을 통해 경제활동에 참여한 기간은 세무서를 통해 확인	가. 24개월 이상 나. 12개월 이상 24개월 미만 다. 12개월 미만	3점 2점 1점
2. 입주자 선정 기준일 현재까지 신청인이 해당 사업대상지역인 시(특별시, 광역시 포함), 군에 연속 거주한 기간	가. 5년 이상 나. 3년 이상 5년 미만 다. 3년 미만	3점 2점 1점
3. 부양가족의 수(신청자 본인을 제외한 무주택세대구성원)	가. 3인 이상 나. 2인 다. 1인	3점 2점 1점
※ 별도 가점 ①「민법」상 미성년인 자녀가 있는 경우	가. 3명 이상 나. 2명 다. 1명	3점 2점 1점
② 65세 이상 직계존속을 부양하는 경우(신청인과 동일한 세대별 주민등록표상에 세대원으로 등재된 경우를 말하며, 배우자의 직계존속을 포함)		1점
③ 세대주를 포함한 가구구성원 중 중증장애인(「장애인 고용촉진 및 직업재활법 시행령」 제4조에 해당하는 경우에 한함)이 있는 경우		1점

4. 청약저축 또는 주택청약종합저축 납입 회차(인정 회차를 기준으로 함) ※ 신청인 명의의 통장만 인정	가. 24회 이상 나. 12회 이상 24회 미만 다. 6회 이상 12회 미만	3점 2점 1점
5. 현 거주지의 최저주거기준 미달 여부(「국민기초생활보장법」제32조 및 같은 법 시행령 제38조에 규정된 보장시설 거주자는 전용입식부엌, 전용수세식화장실을 모두 구비한 것으로 봄) ※ 입주자 모집 공고일 현재 3개월 이상(최근 1년간의 거주기간 합산 가능) 가목 또는 나목에 해당하는 곳에 거주한 경우에 인정한다.	가. 전용입식부엌, 전용수세식 화장실을 모두 구비하지 못한 주택에 거주하는 경우 나. 전용입식부엌, 전용수세식 화장실 중 어느 하나를 구비하지 못한 주택에 거주하는 경우	4점 2점
6. 소득 대비 임차료 비율 ※ 주거급여 수급자의 경우 임차료는 주거급여액 차감 후 금액을 의미하며, 부양의무자(「국민기초생활보장법」제2조 제5호에 해당하는 사람을 말함)와 체결한 임대차계약에 따른 임차료는 인정하지 않음.	가. 80% 이상 나. 65% 이상 80% 미만 다. 50% 이상 65% 미만 라. 30% 이상 50% 미만	5점 4점 3점 2점

03. 다음 중 위 자료를 토대로 할 때 별도의 가점을 받을 수 있는 사람은?

① 동일한 세대별 주민등록표상에 세대원으로 등재된 만 62세의 아버지를 부양하는 A 씨
② 만 25세의 외동아들과 함께 살고 있는 B 씨
③ 동일한 세대별 주민등록표상에 세대원으로 등재된 만 68세의 장모님을 부양하는 C 씨
④ 만 21세의 딸과 만 23세의 아들과 함께 살고 있는 D 씨
⑤ 입주자 선정 기준일 현재까지 사업대상지역인 특별시에 10년 연속 거주한 E 씨

04. 다음 중 위 자료에 대한 설명으로 가장 적절하지 않은 것은?

① 평가항목 중 부양가족의 수를 계산할 때는 신청자 본인을 제외해야 한다.
② 취업은 4대보험에 가입한 사업장의 사업주 또는 사업자등록증을 발급받은 사업주와 근로계약을 체결하고 임금을 목적으로 근로를 제공하는 것을 말한다.
③ 배우자의 명의로 청약저축을 납입한 경우, 납입 회차로 인정하지 않는다.
④ 보장시설 거주자는 전용입식부엌, 전용수세식화장실을 모두 구비한 것으로 본다.
⑤ 주거급여 수급자의 경우 임차료는 주거급여액 차감 후 금액을 의미한다.

05. 다음 중 가장 높은 점수를 받을 수 있는 신청자는? (단, 모든 날짜는 입주자 선정 기준일 현재로 하며, 언급되지 않은 조건은 고려하지 않는다)

① 김민수 씨는 2년 전 국가가 운영하는 자활 사업에 1년 6개월 동안 참여하였고, 사업대상지역인 ○○시에 2년 동안 거주하고 있다. 배우자와 2인 가족으로 살고 있으며, 본인 명의의 통장으로 총 24회의 청약저축을 납입하였다. 현 거주지에는 전용입식부엌이 구비되어 있으나, 전용수세식 화장실이 구비되지 못했고 소득 대비 임차료 비율은 60%이다.

② 유철호 씨는 1년 전 창업을 해 6개월 동안 경제활동에 참여하였고, 사업대상지역인 □□광역시에 10년째 거주하고 있다. 만 8세의 딸, 만 17세의 아들과 함께 3인 가족으로 살고 있으며, 본인 명의의 통장으로 총 6회의 청약저축을 납입하였다. 현 거주지에는 전용입식부엌과 전용수세식 화장실이 모두 구비되지 않았으며, 소득 대비 임차료 비율은 35%이다.

③ 이수진 씨는 3년 전 취업을 해 2년 6개월 동안 경제활동에 참여하였고, 사업대상지역인 ○○시에 5년째 거주하고 있다. 만 63세의 어머니, 만 66세의 아버지와 함께 3인 가족으로 살고 있으며, 본인 명의의 통장으로 총 15회의 청약저축을 납입하였다. 현 거주지에는 전용수세식 화장실이 구비되어 있으나, 전용입식부엌이 구비되지 못했고 소득 대비 임차료 비율은 80%이다.

④ 정수연 씨는 1년 전 지방자치단체가 운영하는 자활 사업 프로그램에 11개월 동안 참여하였고, 사업대상지역인 △△특별시에 10년 전에 2년 그리고 작년부터 거주하고 있다. 중증장애인 동생과 만 67세의 아버지와 함께 3인 가족으로 살고 있으며, 본인 명의의 통장으로 총 18회의 청약저축을 납입하였다. 현 거주지에는 전용입식부엌이 구비되어 있지만, 전용수세식 화장실이 구비되지 못했고 소득 대비 임차료 비율은 70%이다.

⑤ 박기태 씨는 3년 전 취업을 해 5개월 동안 경제활동에 참여하였고, 사업대상지역인 □□광역시에 2년째 거주하고 있다. 만 10세의 딸, 아내 그리고 만 66세의 장모님, 만 69세의 장인어른과 함께 5인 가족으로 살고 있으며, 본인 명의의 통장으로 총 8회의 청약저축을 납입하였다. 현 거주지에는 전용입식부엌과 전용수세식 화장실이 모두 구비되지 않았으며, 소득 대비 임차료 비율은 50%이다.

06. 다음 보도자료를 바르게 이해한 것은?

보도자료	제공일	20X9. 06. 24.(월)
든든한 국민생활 파트너 with LH	자료 제공 (연락처)	홍보실 최홍보 과장 (031-XXX-XXXX)
	자료 문의 (연락처)	감사실 김감사 차장 (031-XXX-XXXX)

한국토지주택공사, 지역 음악축제와 함께하는 청렴나눔활동으로 청렴문화 확산에 앞장서
- 지역사회 청렴생태계 조성을 위해 20X9 파크콘서트 현장에서 활동 전개 -

한국토지주택공사는 지난 22일(토) 성남시 분당구에 위치한 중앙공원 야외공연장에서 열린 20X9 파크콘서트 현장에서 '지역주민과 함께하는 청렴캠페인'을 실시했다고 24일(월) 밝혔다. 이번 캠페인은 국민권익위원회 주관 부패방지시책평가에서 7년 연속 1등급 기관으로 선정된 한국토지주택공사가 지역사회에 청렴문화를 전파하고 지역주민과 함께 청렴생태계를 조성하기 위한 취지로 시행했다. 한국토지주택공사는 지역사회 문화 진흥기여 및 사회적 책임 이행을 위한 기업메세나의 일환으로 성남문화재단이 주최하는 파크콘서트를 지난 20X2년부터 지속 후원 중이며, 동 행사는 성남시를 대표하는 지역 음악축제로 자리매김했다. 도심 속 공원에서 국내 대표 뮤지션들의 공연을 만끽할 수 있는 '20X9 파크콘서트'는 오는 7월 6일까지 매주 토요일에 열린다. 공사 관계자는 "우리 공사는 파크콘서트 행사의 지속 후원과 더불어 청렴문화를 지역사회 전체에 전파하고 확산시켜 나가는데 선도적인 역할을 수행하겠다."고 밝히며, "앞으로도 청렴이 기본이 되는 깨끗하고 공정한 사회구현을 위해 지역주민들과 지속적으로 협력하겠다."고 청렴실천 의지를 강력히 표명했다. 한국토지주택공사는 청렴생태계 조성을 위한 그간의 노력을 인정받아 지난 20일 발표된 기획재정부의 상임감사에 대한 직무수행실적 평가결과 "우수" 등급을 받은 바 있다.

① 보도자료에 대한 문의는 홍보실의 최홍보 과장을 통해 할 수 있다.

② 24일 열린 20X9 파크콘서트 현장에서 '지역주민과 함께하는 청렴캠페인'이 실시되었다.

③ 파크콘서트는 성남문화재단이 주최하며 보도자료가 나간 시점까지 한국토지주택공사가 7년째 지속 후원 중이다.

④ 20X9 파크콘서트는 보도자료가 나간 이후로 2번 더 열릴 예정이다.

⑤ 이번 행사는 한국토지주택공사가 지역사회에 청렴문화를 전파시키는 선도적인 역할을 수행했음을 자축하는 취지로 진행되었다.

[07 ~ 08] 다음 자료를 보고 이어지는 질문에 답하시오.

정부가 2040년까지 재생에너지 발전 비중을 30 ~ 35%로 확대하고 석탄·원전 비중은 크게 감축하는 내용을 담은 제3차 에너지기본계획을 확정했다.

정부는 4일 국무회의를 개최하고 제3차 에너지기본계획을 심의·확정했다고 밝혔다. 정부는 지난달 10일과 17일 각각 에너지위원회와 녹색성장위원회의 심의를 거친 바 있다.

제3차 에너지기본계획은 재생에너지 비중은 늘리고 석탄 및 원자력 발전 비중은 크게 줄이는 것이 골자다. 재생에너지는 2040년까지 발전 비중을 30 ~ 35%까지 확대한다. 향후 수립할 제9차 전력수급기본계획 등을 통해 발전 비중 목표를 구체화한다는 방침이다.

탈(脫)원전도 공식화했다. 노후원전의 수명은 연장하지 않고 새로운 원전을 건설하지 않는 방식으로 원전 비중을 줄여나간다는 방침이다. 지난 4월 열린 공청회에서 원전 및 석탄 발전의 비중 목표치가 빠졌다는 지적이 나왔지만 정부는 2040년 원전 및 석탄 발전 비중 목표치는 제시하지 않았다. 지난 2차 에너지기본계획에서는 2035년 재생에너지 비중을 11%, 원전 비중을 29%로 명시한 바 있다.

미세먼지 배출이 많은 석탄발전은 과감히 축소하고, 수소경제 활성화의 중심이 되는 수소를 주요 에너지원으로 정립한다. 천연가스는 발전용 에너지원으로 활용을 늘리고 수송, 냉방 등으로 수요처를 다변화하고 석유는 수송용 에너지 역할을 축소하고 석유화학 원료로의 활용을 확대할 예정이다.

제3차 에너지기본계획의 또 다른 핵심은 에너지 계획의 중심을 공급에서 수요로 전환하는 것이다. 정부는 산업, 건물, 수송 등 부문별 수요 관리를 강화하고 사물인터넷(IoT), 빅데이터 등 4차 산업혁명 기술을 활용해 수요관리 시장을 활성화할 방침이다. 아울러 에너지 가격체계를 합리화하고 비(非)전력 에너지를 활용해 2040년까지 에너지 소비효율을 38% 개선하고, 수요 18.6%를 감축하는 것이 목표다.

이 밖에 재생에너지, 연료전지 등 수요지 주변에 분산 전원 비중을 확대하고, 지역·지방자치단체의 역할과 책임을 강화하는 분산형·참여형 에너지시스템을 확대하겠다는 내용과 재생에너지, 수소 등 미래 에너지 산업을 육성하고 전통 에너지산업은 고(高)부가가치화하는 등 에너지산업의 글로벌 경쟁력을 강화하는 방안도 담겼다.

정부는 제3차 에너지기본계획을 효과적으로 이행하기 위해 범(凡)정부 차원의 이행·평가·환류 체계를 구축하고 운영할 계획이다. 또 제6차 에너지이용합리화 계획, 제9차 전력수급기본계획, 제4차 에너지기술개발계획 등 부문별 하부 계획을 통해 정책 과제를 구체화할 예정이다.

07. 제시된 글에 대한 이해로 옳지 않은 것은?

① 제3차 에너지기본계획에 따르면 지역 · 지방자치단체의 권한과 의무가 보다 강화될 것이다.

② 이번 에너지기본계획에는 이전에 비해 증가된 재생에너지 발전 비중과 감소된 석탄 및 원자력 발전 비중 목표치가 제시되어 있다.

③ 석탄발전의 비중은 과감히 축소하되 글로벌 경쟁력을 강화시키고 고(高)부가가치화하는 방향으로 나아갈 것이다.

④ 에너지 계획의 기준을 공급자보다는 수요자에 맞추어 관리를 강화할 것이라 제시되어 있다.

⑤ 이번 계획에는 탈(脫)원전을 위하여 원전 신규 건설을 하지 않을 것이라는 내용이 담겨 있다.

08. 다음 중 제시된 글의 논지와 가장 부합하지 않는 사례는?

① A 시는 임대주택, 경로당을 대상으로 2017년부터 미니태양광 보급을 추진하고 있다. 이를 통해 공기업, 지역사회, 지역 기업과 함께 사업을 진행하며 상생 모델을 제시했다는 평가를 받았다.

② B 시는 에너지 소비도시에서 에너지 자급도시로 나아가기 위해 시민 주도의 자발적 에너지 절약을 위한 주민 공동체인 ○○절전소 사업을 추진 중이다. 아파트 공용부문과 전용부문의 에너지 절감 활동을 추진하고 절전교육과 절전페스티벌 행사를 통해 주민의 참여를 유도하고 생활 속에서 절전을 생활화하고 있다.

③ C 시에서는 전문교육을 받은 에너지 전문가인 홈닥터가 직접 각 가정을 방문해 에너지 소비 패턴을 진단하고 에너지 절약방법을 제시해 전기요금 절감과 온실가스 감축 효과를 유도하고 있다.

④ D 시는 1년 이상 태양광 설치 예정지역에 거주하는 농업 · 축산인을 대상으로 설치비용을 저리 융자로 지원하되, 사업 이익이 지역사회 구성원에게 돌아갈 수 있도록 제한하였다.

⑤ E 시는 에너지 취약계층의 에너지 자립률 향상을 위해 고효율의 전기 난방장치를 보급하였다. 이에 따라 취약계층의 에너지 사용 부담을 줄이는 사회적 가치를 실현하는 성과를 이루었다.

09. 다음 글의 주제로 가장 적절한 것은?

> 많은 사람에게 IT는 더 이상 정보기술(Information Technology)이나 산업기술(Industrial Technology)이 아니라 지능기술(Intelligent Technology)을 의미하게 되었다. 알파고가 이세돌을 이기자 영화에서 보던 인공지능의 무한한 가능성이 현실화되고 있음을 실감했다. 이는 인공지능이 우리의 삶을 편리하게 바꿀 수 있다는 기대와 노동의 종말에 대한 우려를 동시에 안겨 주고 있다. 인공지능이 일자리를 없앨지 아니면 새로운 일자리를 더 늘릴지는 시간이 흘러 봐야 알 수 있을 것이다. 그러나 인공지능이 우리의 직무와 노동방식에 중요한 영향을 줄 것이라는 점은 확실하다. 인공지능이 근로방식에 어떤 영향을 주는지에 대한 연구가 시급하고 이에 대응하기 위해 고용서비스가 어떻게 변화해야 하는지에 대한 연구도 필요하다. 인공지능은 기존의 신기술과 달리 인간의 개입 없이 스스로 학습을 통해 진화한다. 이는 컴퓨터 성능의 비약적 발전과 이와 관련된 투자비용의 감소로 인해 더욱 발전할 것이다. 이런 상황에서 근로방식의 근본적 변화와 이에 따른 고용서비스의 대응도 그에 맞게 추진되어야 한다.

① 컴퓨터 투자비용 감소로 인한 고용서비스의 변화

② 알파고를 통해 확인한 인공지능의 무한한 가능성

③ 인공지능 시대의 지능기술 발전에 따른 노동방식의 변화

④ 변화하는 노동시장에서의 생존을 위해 업무 역량 계발의 필요성

⑤ 삶의 편리성 증대와 노동의 종말에 대한 우려 고찰

10. 다음 글을 통해 추론할 수 있는 것은?

현존하는 족보 가운데 가장 오래된 것은 성종 7년(1476)에 간행된 안동 권씨의 『성화보(成化譜)』이다. 이 족보의 간행에는 달성 서씨인 서거정이 깊이 관여하였는데, 그가 안동 권씨 권근의 외손자였기 때문이다. 조선 전기 족보의 가장 큰 특징을 바로 여기에서 찾을 수 있다. 『성화보』에는 모두 9,120명이 수록되어 있는데, 이 가운데 안동 권씨는 9.5퍼센트인 867명에 불과하였다. 배우자가 다른 성씨라 하더라도 절반 정도는 안동 권씨이어야 하는데 어떻게 이런 현상이 나타났을까?

그것은 당시의 친족 관계에 대한 생각이 이 족보에 고스란히 반영되었기 때문이다. 우선 『성화보』에서는 아들과 딸을 차별하지 않고 출생 순서대로 기재하였다. 이러한 관념이 확대되어 외손들도 모두 친손과 다름없이 기재되었다. 안동 권씨가 당대의 유력 성관이고 안동 권씨의 본손은 물론이고 인척 관계의 결연으로 이루어진 외손까지 상세히 기재하다 보니 조선 건국에서부터 당시까지 과거 급제자의 절반 정도가 『성화보』에 등장한다.

한편 『성화보』의 서문에서 서거정은 매우 주목할 만한 발언을 하고 있다. 즉, "우리나라는 자고로 종법이 없고 족보가 없어서 비록 거가대족(巨家大族)이라도 기록이 빈약하여 겨우 몇 대를 전할 뿐이므로 고조나 증조의 이름과 호(號)도 기억하지 못하는 이가 있다."라고 한 것이다. 『성화보』 역시 시조 쪽으로 갈수록 기록이 빈약한 편이다. 『성화보』 이후 여러 성관의 족보가 활발히 편찬되면서 양반들은 대개 족보를 보유하게 되었다. 하지만 가계의 내력을 정확하게 파악할 수 있는 자료가 충분하지 않아서 조상의 계보와 사회적 지위를 윤색하거나 은폐하기도 하였다. 대다수의 양반 가계가 족보를 편찬하면서 중인은 물론 평민들도 족보를 보유하고자 하였다.

① 안동 권씨의 족보를 간행한 서거정은 실제로 안동 권씨는 아니었지만 안동 권씨인 권근의 사위였기 때문에 『성화보』 제작에 깊이 관여하였다.

② 『성화보』 이후 양반 가계가 족보를 활발히 편찬하였던 것처럼 중인과 평민들도 조상의 계보와 사회적 지위를 은폐하기 위해 족보를 편찬했다.

③ 『성화보』는 부계 중심의 친족 사회를 보였던 조선 후기와 달리 외손들까지 반영하였기에 서거정의 조상을 시대를 거슬러 완벽하게 파악할 수 있다.

④ 『성화보』 간행 이후 선조의 이름과 호를 기억하기 위한 족보의 중요성이 인식되었으며, 서거정과 같이 외손 주도의 족보편찬이 빈번하게 발생하였을 것이다.

⑤ 태조부터 성종 때까지 과거급제자들 내에서 동일 성관끼리의 모임이 있었다면 안동 권씨 성관 모임은 대규모였을 것이다.

11. 다음 (가) ~ (다) 글 전체의 내용을 읽고 추론할 수 있는 핀테크 기술의 올바른 발전 방향으로 적절하지 않은 것은?

(가) 정보통신기술(ICT)기업들의 핀테크(Fin-Tech · 금융+IT기술) 공략에 맞서 은행들이 본격적인 반격에 나섰다. 이대로 가다가는 거대한 모바일 금융 시장을 ICT기업에 모두 빼앗길 수 있다는 위기의식이 커졌기 때문이다. 정부도 은행권의 핀테크 혁신을 독려하고 나섰다. 세계 최초의 '웨어러블 뱅킹' 등 새로운 핀테크 서비스가 속속 등장할 전망이다. N 은행은 내년 1월부터 스마트 워치를 이용해 계좌 잔액과 거래 내역을 조회하고 본인 인증을 할 수 있는 '웨어러블 뱅킹(Wearable Banking)'서비스를 실시한다. 이 서비스가 발전하면 계좌에서 돈이 들어오거나 빠져나갈 때, 신용카드 결제가 이뤄질 때 등 모바일 계좌의 변동 상황을 실시간으로 알 수 있다. 거래를 자주 하는 상대방에게 버튼 하나로 돈을 보낼 수 있는 '간편 이체' 서비스까지 조만간 도입된다. N 은행 관계자는 "스마트 워치를 이용한 간편 이체 서비스는 최근 핀테크의 중심으로 떠오른 △△앱보다 쉽고 편리한 서비스"라며 "이러한 각종 서비스를 이용할 수 있는 웨어러블 뱅킹은 N 은행이 세계 최초"라고 밝혔다. N 은행은 인터넷 전문은행의 전 단계인 '스마트 금융센터'도 내년 4월까지 구축키로 했다. 지역별, 연령별, 계층별로 세분화된 사이버 지점에서 고객별 전담직원이 ICT기술을 이용, 고객과 스마트폰 화면을 실시간으로 공유하면서 상품 가입이나 투자전략 등에 대해 대화를 나눈다. N 은행은 갈수록 줄어드는 오프라인 지점의 인력을 스마트 금융센터에 집중적으로 배치해 고객별 개인 상담을 하도록 할 계획이다. 이를 통해 장기적으로는 인터넷 전문은행으로 발전시킬 예정이다.

(나) 새로운 핀테크로 주목받는 웨어러블 뱅킹이 실제로 대중화되기 위해서는 뱅킹 플랫폼으로 안착되기에는 제약이 너무 많다는 시장의 부정적인 인식을 극복해야 한다. 일단 스마트워치가 뱅킹시스템으로 전이되기에는 보급률에 있어 열세다. 디지털기기 가격이 높고 실제 사용자수가 많지 않다는 점, 스마트폰과 함께 연동돼야 한다는 취약점이 있다. 또 다른 문제는 역시 보안성이다. 아직 기술 검증이 되지 않은 데다 위변조, 해킹 등 보안 취약점을 어떻게 극복하느냐가 숙제다. 비티웍스 등 국내 핀테크 기업이 개발한 스마트워치 기반 뱅킹 시스템은 기기 정보 기반 암호화 등 보안을 대폭 강화했다. 하지만 보안성 심의 등 여러 규제를 어떻게 돌파하느냐가 핵심 쟁점으로 부상할 전망이다.

(다) 젊은층에게 당연한 인터넷 · 스마트뱅킹이 노인들에게는 다른 나라 이야기이다. 노인이 많은 지역에서는 은행의 대면 서비스는 도시와 달리 가장 중요하다. 읍내에 볼일이 있을 때마다 N 은행 횡성군지부를 찾는다는 이분남(79 · 가명) 할머니는 "입출금이랑 세금을 내려고 자주 들러."라면서 "젊은 사람들은 안방에서 휴대전화로 다 한다는데 우리는 불편해서 못 해. 우리한테는 N 은행 직원들이 스마트뱅킹이야."라고 말했다. N 은행 직원들은 창구를 찾은 노인들의 스마트폰에 애플리케이션을 깔아 주고 스마트뱅킹 사용법을 자세히 알려 준다. 하지만 70대 이상은 거의 이용하지 않는다. 일단 스마트폰 화면의 글자가 잘 보이지 않아서다. 또 통장에 들어오고 나간 돈이 숫자로 찍히지 않으면 안심이 안 된다.

① 신체에 착용할 수 있는 첨단 기술의 디지털 기기와 연동된 뱅킹 프로그램을 통해 실시간으로 계좌 정보가 연동되는 간편한 금융 생활을 할 수 있게 될 것이다.

② 웨어러블 뱅킹의 경우 해킹, 위 · 변조에 대한 우려를 극복하고 대중화로 나아가기 위해 현재보다 많고 다양한 인증 절차를 통해 보안성을 높여 나갈 것이다.

③ 스마트 워치와 같은 디지털기기의 가격이 떨어지고 보급률이 올라가게 되면 본격적으로 웨어러블 뱅킹 시스템이 확대될 수 있을 것이다.

④ 고객별 전담직원이 ICT기술을 이용하여 고객과 실시간으로 대화를 나눌 수 있게 되어 고객 맞춤 서비스가 가능해질 것이다.

⑤ 젊은층이 많은 도시 고객들에게는 스마트 금융센터와 같은 온라인 서비스 기반이 확대되겠지만, 온라인 소외계층인 노인들을 위한 맞춤형 대면 서비스 역시 계속해서 존속할 것이다.

12. 다음 글의 밑줄 친 ㉠ ~ ㉤ 중 어법이나 의미상 오류가 없는 표현은?

> 1990년대 초 우리나라에 처음 선보였던 휴대폰은 크고 무거운 고가의 사치품이었다. 그 모습이 마치 벽돌처럼 생겼다고 해서 벽돌폰이라고도 불렀다. 당시의 휴대폰은 ㉠ 단순이 이동하면서 통화하는 기능밖에 없었다. 그럼에도 불구하고 소수의 사람만이 가질 수 있어 부의 상징처럼 여겼다. 이제는 대부분의 사람들이 휴대폰을 가지고 있다. 그리고 단순 통화 기능을 ㉡ 너머서 SNS를 활발하게 이용하고 있다. 이는 인터넷이 가능한 스마트폰이 대중화되면서 가능해졌다. 또한 휴대폰으로 인터넷을 이용하는 사람이 늘어나자 스마트폰 관련 시장도 점점 더 커지고 있다. 누구나 사용하니 어느 누구도 사용할 ㉢ 수밖에 없게 된 것이다. 이는 곧 상품이나 서비스의 품질보다는 얼마나 많은 사람이 사용하고 있느냐가 더 중요해졌다는 것을 뜻한다. 마케팅 분야에서는 이를 소비자가 현재 유행하고 있는 트렌드를 ㉣ 쫓아서 소비하는 '모방소비'라고 부른다. 기업에서는 모방소비를 소비자의 충동구매를 ㉤ 일으키는데 자주 활용하고 있다. 경제학에서는 이러한 효과를 어느 특정 상품에 대한 수요가 다른 사람들에게 영향을 주는 것이라고 정의하며, 사람들이 네트워크를 형성해 다른 사람의 수요에 영향을 준다고 설명한다.

① ㉠　　② ㉡　　③ ㉢

④ ㉣　　⑤ ㉤

13. 다음 글을 읽고 적절하게 추론한 내용을 〈보기〉에서 모두 고른 것은?

전통적으로 돼지와 돗자리를 귀하게 여겨온 남태평양의 바누아투에는 다른 나라에서 찾아볼 수 없는 전통 은행이 있다. 이 전통 은행은 돼지와 돗자리를 현대 화폐와 교환해 주는 역할을 한다. 예를 들어 학비나 병원비를 내기 위해 돼지를 은행에 가지고 가면 현대 화폐로 바꿔주기도 하고, 돗자리를 가지고 가서 전통 은행에 보관하거나 돼지로 바꿔 올 수도 있다. 전통 은행에서도 통장과 같은 증서를 발급해 주기 때문에 바누아투 사람들은 다른 지역의 전통 은행에 가서도 같은 업무를 볼 수 있다.

보기

㉠ 모든 경제 문제의 해결이 전통과 관습에 의해 이루어지고 있다.
㉡ 국가의 관습에 따라 다른 국가에서는 찾아보기 힘든, 그 국가만의 고유한 금융업무가 존재할 수 있다.
㉢ 바누아투의 전통 은행은 학비, 병원비 지출 관련 송금의 업무도 담당하고 있다.
㉣ 전통 은행은 물물 교환의 거래 비용을 감소시켜 주는 역할을 하고 있다.
㉤ 바누아투의 사회적 취약계층은 돼지와 돗자리를 생계보조비 대신 지급받을 것이다.
㉥ 전통 은행에서 돼지와 돗자리를 고정된 금액의 현대 화폐와 교환해 주는 것이라면 인플레이션이 발생했을 때 돼지와 돗자리의 가치가 하락할 것이다.

① ㉠, ㉡, ㉣　② ㉠, ㉢, ㉤　③ ㉡, ㉢, ㉣
④ ㉡, ㉣, ㉤　⑤ ㉡, ㉣, ㉥

[14 ~ 15] 다음 자료를 읽고 이어지는 질문에 답하시오.

□ 공급대상

무주택세대구성원으로서 소득 · 자산기준을 충족한 자

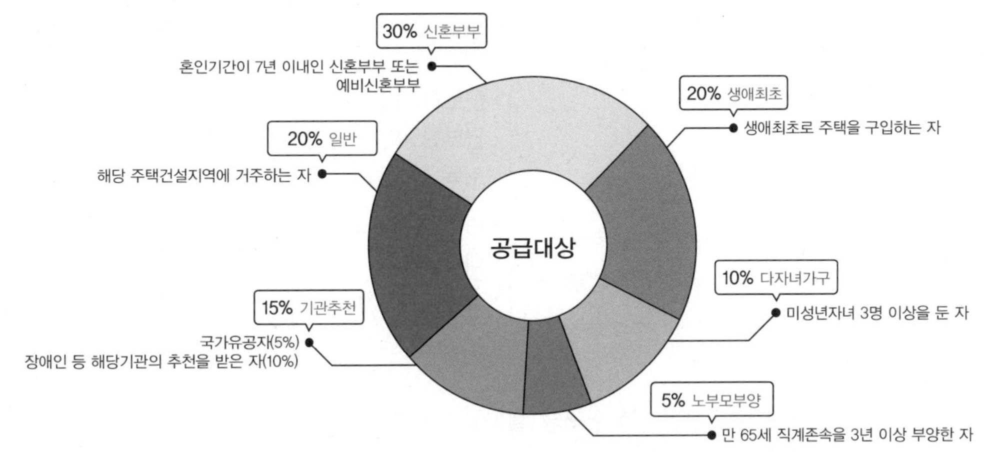

□ 공급대상별 청약 자격

공급유형	공급대상	입주자저축	기본 청약 자격
일반 공급	1순위	가입 12개월 경과, 12회 이상 납부 (수도권 외는 6개월 경과, 6회 이상) ※ 단, 투기과열지구 및 청약과열지역은 24개월 경과, 24회 이상 납부	해당 주택건설지역에 거주하는 무주택세대구성원 ※ (60m^2 이하 주택) 소득 및 자산기준을 만족하는 분 ※ 투기과열지구 및 청약과열지역은 세대주만 청약가능하며, 과거 5년 내 세대구성원의 당첨사실이 없어야 함.
	2순위	가입한 자	해당 주택건설지역에 거주하는 무주택세대구성원 ※ (60m^2 이하 주택) 소득 및 자산기준을 만족하는 분
특별 공급	기관추천	가입 6개월 경과, 6회 이상 납부 ※ 단, 국가유공자, 장애인, 철거민 등은 불필요	해당 기관에서 입주대상자로 확정하여 우리 공사로 통보한 분
	신혼부부	신혼부부	• (1순위) 혼인기간 7년 이내에 출산(임신)한 신혼부부, 6세 이하 한부모가족 • (2순위) 그 외 신혼부부, 예비신혼부부(입주 전까지 혼인사실 증명이 가능한 분) • 소득 · 자산기준을 만족하는 분

	생애최초	입주자저축 1순위자 중 선납금을 포함 600만 원 이상 납부한 분	• 최초로 주택을 구입하는 무주택세대구성원 ※ 투기과열지구 및 청약과열지역은 세대주만 청약가 능하며, 과거 5년 내 세대구성원의 당첨사실이 없어야 함. • 혼인 중이거나 자녀(등본 상 미혼자녀에 한함)가 있는 분 • 근로자 또는 자영업자 또는 과거 1년 내 소득세를 납부했으며, 5년 이상 소득세를 납부한 분 • 소득 · 자산기준을 만족하는 분
	다자녀 가구	가입 6개월 경과, 6회 이상 납부	• 미성년(태아 포함)인 자녀가 3명 이상인 무주택세대구성원 • 소득 · 자산기준을 만족하는 분

□ 소득기준

- 전년도 도시 근로자 가구원수별 가구당 월평균소득 기준 이하인 자
- 노부모부양, 다자녀가구, 신혼부부(맞벌이 부부에 한함)의 경우 월평균소득 120% 기준 적용
- 생애최초, 신혼부부(배우자 소득이 없는 경우), 일반공급(공공주택 중 전용면적 60m^2 이하)의 경우 월평균소득 100% 기준 적용
- 2020년도 적용 소득기준(단위 : 원)

공급유형	구분	3인 이하	4인	5인	6인
60m^2 이하 일반공급, 생애최초, 신혼부부 (배우자소득이 없는 경우)	도시근로자 가구당 월평균소득액의 100%	5,554,983	6,226,342	6,938,354	7,594,083
노부모부양, 다자녀, 신혼부부(배우자가 소득이 있는 경우) 근로소득 또는 사업소득을 말함	도시근로자 가구당 월평균소득액의 120%	6,665,980	7,471,610	8,326,025	9,112,900

□ 자산기준

- 보유 부동산(건물+토지), 자동차 가액이 기준금액 이하인 자
- 부동산 : 215,500천 원 이하(2020년도 적용 기준)
- 자동차 : 27,640천 원 이하(2020년도 적용 기준)

14. 제시된 자료에 대한 설명으로 적절하지 않은 것은?

① 무주택세대구성원을 대상으로 하는 제도이며 소득과 자산의 기준을 충족해야 한다.

② 공급대상 중 가장 비중이 높은 것은 신혼부부인데 이때 신혼부부는 혼인기간이 7년 이내인 신혼부부이며 예비신혼부부는 포함되지 않는다.

③ 공급유형은 일반공급과 특별공급으로 나뉘며 공급유형에 따라 공급대상이 달라진다.

④ 소득기준은 전년도 도시근로자 가구원수별 가구당 월평균소득 기준을 따르며 공급유형에 따라 달라진다.

⑤ 소득기준과 자산기준은 다르게 적용되는데, 자산기준은 보유 부동산과 자동차 가액이 기준이 된다.

15. 다음 중 청약 자격을 충족하지 못하는 사례를 모두 고른 것은? (단, 제시된 자격 기준 외의 모든 자격은 충족하는 것으로 본다)

㉠ A는 무주택세대주이며 3인 이하의 가족으로 월평균소득이 5,000,000원이다.

㉡ B와 C는 결혼한 지 5년 된 부부로 자녀는 없다. B만 소득이 있으며 월평균소득은 4,500,000원이다.

㉢ 입주자 저축 2순위인 D는 노부모를 부양하고 있으며 부양한 지는 5년 이상이 되었다. 3년 전에 부인이 청약과열지구에 당첨이 되었는데 가지 못하여 이번에 다시 신청하게 되었다.

㉣ E는 미성년 자녀가 2명이 있으며 혼인기간이 6년째가 되었다. 부부 모두 소득이 있으며 월평균소득은 9,000,000원이다.

㉤ F는 입주자 저축 1순위자로 최초로 주택을 구입하려는 무주택세대구성원이다. 배우자는 없지만 자녀가 한 명 있으며 과거 1년 내 소득세를 납부하였고 5년 이상 소득세를 납부하였다.

① ㉠, ㉡　　② ㉡, ㉢　　③ ㉢, ㉣

④ ㉣, ㉤　　⑤ ㉢, ㉣, ㉤

16. 다음 안내문에 대한 이해로 적절하지 않은 것은?

〈쾌적한 도시 · 행복한 주거를 위한 국민신고 포상제도 안내문〉

• 시행목적
  – ○○공사에서 관리하는 열수송관에 누수(漏水) 및 스팀이 발생된 경우, 조기에 발견하여 신속하게 복구함으로써 국민 불안 · 우려 해소 및 지역난방 사용자들께 안정적인 지역난방 공급을 하기 위하여 누수를 최초로 발견하여 신고한 국민께 포상금을 지급합니다.
• 신고범위
  – ○○공사 사용자 기계실 전단 차단밸브까지(재산한계점)
    ※ ○○공사 관할 열수송관 시설물에 한정
• 신고대상
  – 누수 및 스팀(도로 빗물받이, 맨홀 등에서 나오는 스팀 포함)
• 포상금 지급대상
  – 누수 및 스팀을 발견하고 그 사실을 최초로 신고한 자(중복신고 시, 최초로 신고한 국민에게만 포상금 지급)

[포상금 지급 제외대상]
▶ ○○공사 임직원 및 누수현장 관할 소속 공무원
▶ ○○공사에서 발주한 공사 또는 용역을 수행중인 자(계약상대자 등)
▶ 지역난방 열수송관 및 시설물을 손괴하고 신고한 자
▶ 각종 열수송관공사 중 발생한 누수 및 스팀

• 포상금 지급방법
  – 신고건 중 ○○공사 시설물에 의한 누수(스팀)임을 확인한 후, 온누리상품권(10만 원) 지급(해당지사 방문, 수령증 작성)
• 신고 접수방법
  – ○○공사 고객센터(1688－2488), 해당 지역 관할 사업소

① 열수송관에 발생한 누수 및 스팀을 조기에 발견하여 신속하게 복구함으로써 사용자의 불안을 해소하고 안정적인 지역난방을 공급하기 위해 시행하는 제도이다.

② ○○공사가 관할하는 열수송관 시설물에 한정한 사용자의 기계실 전단 차단밸브까지가 신고범위에 해당한다.

③ 중복신고는 가능하나 포상금은 최초로 신고한 국민에게만 지급된다.

④ 최초 신고자가 ○○공사에서 발주한 공사의 용역을 수행 중인 자라면 그는 ○○공사 임직원에는 해당하지 않으므로 포상금 지급 대상에 포함된다.

⑤ 각종 열수송관공사 중 발생한 누수 및 스팀은 포상금 지급대상에서 제외된다.

1회 기출예상
2회 기출예상
3회 기출예상
4회 기출예상
5회 기출예상
6회 기출예상
인성검사
면접가이드

17. 다음은 친환경 냉방 설비를 설치한 건물에 대한 보조금 지급 방식이다. 〈보기〉의 ㉠ ~ ㉣을 보조금이 큰 순서대로 나열한 것은?

구분	200usRT 이하	200usRT 초과 ~ 500usRT 이하	500usRT 초과
일반제품	10만 원/usRT	7.5만 원/usRT	5만 원/usRT
고효율제품	12만 원/usRT	9만 원/usRT	6만 원/usRT

※ 누적용량(usRT)별 지급액은 구간별 지급기준 적용
　㉾ 일반제품 300usRT 이용 : 200(usRT)×10(만 원/usRT)+100(usRT)×7.5(만 원/usRT)=2,750(만 원)
※ 친환경 냉방(냉수) 냉방열교환기는 환산기준 단위적용(1usRT=3,024kcal/h 또는 3.52kW)

보기

㉠ 600usRT를 이용한 일반제품
㉡ 400usRT를 이용한 고효율제품
㉢ 1,760kW를 이용한 고효율제품
㉣ 1,512Mcal/h를 이용한 일반제품

① ㉠ > ㉢ > ㉡ > ㉣
② ㉠ > ㉢ > ㉣ > ㉡
③ ㉢ > ㉠ > ㉡ > ㉣
④ ㉢ > ㉠ > ㉣ > ㉡
⑤ ㉢ > ㉡ > ㉠ > ㉣

18. A 사원은 지난 주 택시와 KTX를 이용하여 출장을 다녀왔으며, 자세한 내역은 〈보기〉와 같다. 이를 참고하였을 때 A 사원이 정산받을 교통비는 총 얼마인가?

보기

- A 사원은 택시와 KTX를 이용해 출장을 다녀왔다.
- A 사원이 이번 출장 중 택시를 타고 이동한 거리는 총 37km였으며, 택시 기본요금은 2km에 3,800원이고 이후 100m당 100원씩 오른다.
- 서울을 벗어난 지역에서는 택시요금이 20% 할증되며, A 사원이 승차한 택시는 서울에서 벗어나 마지막 10km 거리를 운행하였다.
- A 사원은 택시를 한 번만 승차하였다.
- A 사원이 이용한 KTX 왕복 요금은 18,700원이다.
- A 사원의 이번 출장 중 발생한 유료도로 통행료는 총 5,000원이었다.

① 59,500원
② 60,500원
③ 64,500원
④ 75,000원
⑤ 82,500원

19. 다음 자료를 참고하였을 때, 〈해외 출장계획〉에 따라 출장팀이 정산받을 출장비는 얼마인가?

〈직급별 1인당 여비지급 기준액〉

(단위 : 원)

구분	숙박비	일비	식비
부장 이상	60,000	30,000	35,000
과장 이하	50,000	20,000	30,000

〈교통비 정산 기준〉

구분	항공운임	자동차운임
부장 이상	200,000원	실비
과장 이하	200,000원	실비

1. 출장비＝숙박비＋일비＋식비＋교통비
2. 출장기간이 3박 4일이면 숙박비는 3박, 일비는 4일을 기준으로, 식비는 일을 기준으로 지급함.
3. 항공운임은 직급에 관계없이 왕복기준 인당 200,000원을 지급함.
4. 자동차운임(자가용) 실비 지급은 연료비와 실제 통행료(유료도로 이용료)를 지급한다.
   연료비＝여행거리(km)×유가÷연비

〈해외 출장계획〉

구분	내용
출장팀	부장 2인, 과장 2인, 사원 2인
출장기간	2박 3일
교통수단	항공편으로 왕복 1회 이동, SUV 차량 1대로 총 500km 이동, 자동차 연비는 10km/L, 유가는 1,500원/L

※ 이번 출장 중 발생한 유료도로 이용료는 총 15,000원이다.

① 1,920,000원　② 2,560,000원　③ 2,830,000원
④ 2,920,000원　⑤ 3,140,000원

20. 다음 자료를 참고할 때, 취약계층 여름나기를 위한 바우처 지원금액이 잘못된 것은? (단, 제시된 가구들은 모두 소득기준을 충족하고 있는 것으로 본다)

1. 에너지 바우처 신청대상 : 아래 소득기준과 가구원 특성기준을 모두 충족하는 가구

구분	내용
소득기준	「국민기초생활보장법」에 따른 생계급여 또는 의료급여 수급자
가구원 특성기준*	(노인) 주민등록기준 1955. 12. 31. 이전 출생자(2020년 기준) (영유아) 주민등록기준 2015. 01. 01. 이후 출생자(2020년 기준) (장애인) 「장애인복지법」에 따라 등록한 장애인 (임산부) 임신 중이거나 분만 후 6개월 미만인 여성 (중증질환자) 「국민건강보험법 시행령」에 따른 중증질환자 (희귀질환자) 「국민건강보험법 시행령」에 따른 희귀질환자 (중증난치질환자) 「국민건강보험법 시행령」에 따른 중증난치질환자

* 가구원의 경우 수급자(본인) 또는 세대원이 해당 기준에 부합될 때 가능하다.

2. 바우처 지원 제외 대상
   1) 보장시설 수급자 : 보장시설에서 생계급여를 지급받는 경우 제외 대상이나 생계급여를 지급받지 않는 일반 보호시설에 거주하고 있는 경우는 지원대상이 됨.
   2) 가구원 모두가 3개월 이상 장기 입원 중인 것이 확인된 수급자

3. 바우처 지원금액

구분	1등급(1인 가구)	2등급(2인 가구)	3등급(3인 가구)
하절기	5,000원	8,000원	11,500원
동절기	86,000원	120,000원	145,000원
계	91,000원	128,000원	156,500원

① 자동차 사고로 인해 3개월간 입원해 있는 「장애인복지법」에 따라 등록한 장애인 1인 가구가 동절기에 지급받은 금액 – 0원

② 1986년생 동갑 부부와 2017년생 자녀 3인 가구가 하절기에 지급받은 금액 – 11,500원

③ 생후 3개월 자녀를 키우고 있는 부부가 동절기에 지급받은 금액 – 145,000원

④ 생계급여를 지급받지 않는 일반 보호시설에 거주하고 있는 1947년생 1인 가구가 동절기에 지급받은 금액 – 0원

⑤ 「국민건강보험법 시행령」에 따른 희귀질환자가 포함된 2인 가구가 하절기와 동절기에 지급받은 금액 – 128,000원

21. 다음은 한국○○공사의 신입사원 교육과정 중 에너지 소비효율 등급표시제도에 대한 내용이다. 교육을 마친 직원들이 다음과 같이 의견을 나눴을 때, 교육내용과 부합하지 않는 말을 한 사람은?

에너지 소비효율 등급표시제도란 제품이 에너지를 얼마나 소비하는지 1등급부터 5등급까지 나누어 표시하는 의무적인 신고제도이다.

에너지 소비효율 등급은 제품 간의 비교를 통해 상대적으로 정해진다. 그래서 등급 기준은 품목마다 다르고, 같은 품목이라 하더라도 제품의 용량이나 크기에 따라 달라진다. 한국에너지공단의 자료에 따르면 42인치 텔레비전의 경우에 월간 소비 전력량이 1등급은 43.7kWh/월, 5등급은 105.9kWh/월로 그 차이가 매우 크다는 것을 알 수 있다.

에너지 소비효율 등급 기준은 소비 전력량 외에도 제품의 기술 개발 수준과 시장 점유율 등을 고려하여 정해진다. 그런데 시간이 지나 기술이 발전하거나 소비효율이 높은 제품들의 시장 점유율이 높아지면서 1등급 제품이 많아지게 되면 이전보다 강화된 등급 기준을 정하게 된다. 그래서 새로운 기준이 적용되는 시점부터 생산된 제품은 같은 모델이라 하더라도 그 이전에 생산된 제품과 등급이 다를 수 있다.

에너지 소비효율 등급을 표시하는 이유는 소비자로 하여금 에너지 소비효율이 높은 제품을 구입해 쓰도록 유도하기 위한 것이다. 그렇게 되면 생산자와 판매자도 에너지 소비효율이 높은 제품을 생산하고 판매하게 된다.

에너지 소비효율 등급을 표시한 라벨을 보면 등급 표시 아래에 월간 소비 전력량, 이산화탄소 배출량과 연간 에너지비용 등의 정보도 표시되어 있다. 특히 이산화탄소 배출량을 표시하는 것은 제품을 사용할 때 지구 환경을 해치는 이산화탄소의 배출량을 보여 줌으로써 에너지 소비에 대한 경각심을 일깨워 주기 위한 것이다.

① 일훈 : 이번 교육을 통해 에너지 소비효율 등급을 정하는 기준이 절대적인 소비 전력량이 아니라 품목별 특징에 따라 제품 간 비교를 통해 상대적으로 정해진다는 것을 알게 됐어.

② 이나 : 맞아. 이번 달에 부모님께서 김치냉장고를 구입하신다는데 덕분에 전기료가 상대적으로 적게 나오는 제품을 골라 드릴 수 있을 것 같아.

③ 삼호 : 김치냉장고의 기술 개발 수준이 일반 냉장고보다 더 높은 편이라는 전제하에 김치냉장고의 에너지 소비효율 등급이 일반 냉장고의 에너지 소비효율 등급보다 항상 더 높다는 것을 유념해야 해.

④ 사월 : 우리 이모께서는 작년에 산 우리 집 TV와 동일한 모델을 구입하실 예정인데 그 사이에 에너지 소비효율을 더 높이는 신기술이 다른 모델에 많이 적용되는 바람에 에너지 소비효율 등급이 낮아졌을 수 있을 것 같아.

⑤ 오선 : 에너지 소비효율 등급을 표기함으로써 소비자는 단순히 소비 전력량뿐만 아니라 이산화탄소 배출량과 같은 환경 보호를 위한 정보를 함께 접할 수 있어 환경 보호를 위한 소비를 하는 데 도움이 되는 것 같아.

22. 다음 자료에 대한 설명으로 적절하지 않은 것은?

자료 1

〈연도별 재건축 추진현황〉

(단위 : 천 호)

구분		20X1년	20X2년	20X3년	20X4년	20X5년
인가	합계	13.2	8.8	9.9	15.5	32.8
	수도권	9.7	2.0	2.9	8.7	10.9
	지방	3.5	6.8	7.0	6.8	21.9
준공	합계	5.1	11.6	7.1	16.7	16.2
	수도권	1.1	3.4	0.7	10.2	5.9
	지방	4.0	8.2	6.4	6.5	10.3

자료 2

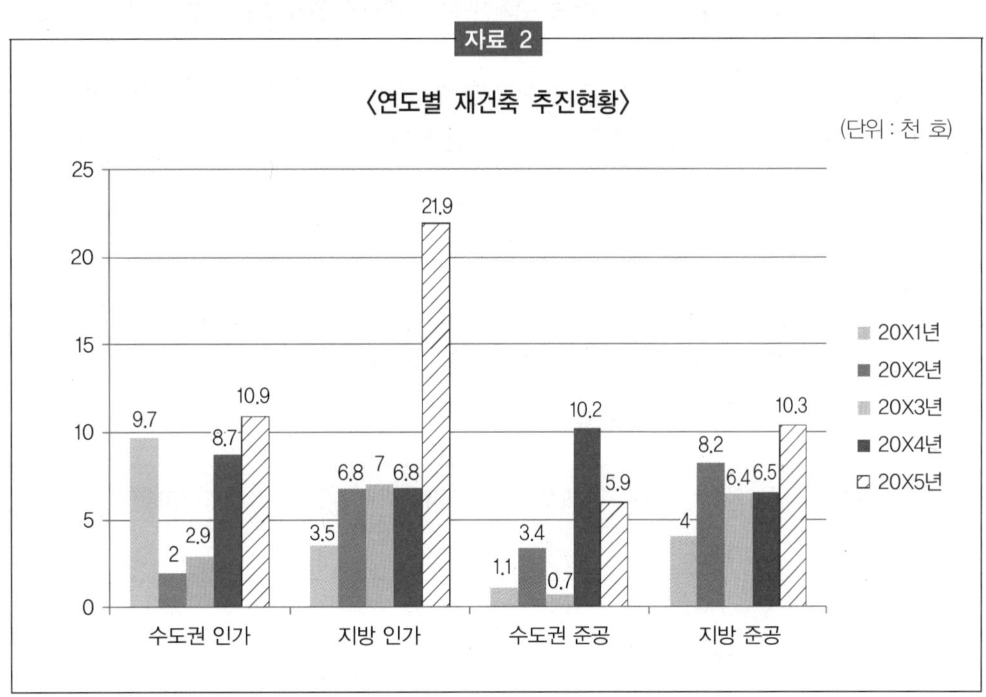

① 20X1 ~ 20X4년 기간 동안 전체 재건축 인가 호수의 평균은 준공 호수의 평균보다 크다.

② 재건축 인가 호수에서 전년 대비 변동폭이 두 번째로 큰 것은 20X2년 수도권이다.

③ 20X5년 지방의 재건축 준공 호수는 전년 대비 60% 이상 증가하였다.

④ 수도권이 지방보다 재건축 인가/준공 호수의 합이 더 큰 해는 2번 있다.

⑤ 합계를 제외하면 연도별 증감 추이가 동일한 비교 항목은 없다.

23. 다음은 A ~ E 아파트의 매매, 전세, 월세 가격을 나타낸 자료이다. 이에 대한 이해로 적절하지 않은 것은?

구분	매매 가격(천 원/m^2)	전세 가격(천 원/m^2)	월세 가격(천 원)
A 아파트	5,729	3,676	807
B 아파트	2,512	1,726	469
C 아파트	2,508	1,788	657
D 아파트	2,519	1,801	548
E 아파트	1,967	1,546	486

① A ~ E 아파트의 평균 매매 가격은 3,047천 원/m^2 이다.

② E 아파트의 40m^2 크기의 한 세대를 구매할 때 드는 비용보다 C 아파트에서 월세로 9년을 거주할 때의 비용이 더 적다.

③ B 아파트의 66m^2 크기의 한 세대를 구매한 이후 30년간 월세를 준다면 구매비용을 보전할 수 있다.

④ D 아파트의 165m^2 크기의 세대를 판매한다면 E 아파트의 210m^2 크기의 세대를 구매할 수 있다.

⑤ C 아파트의 전세 가격은 나머지 아파트의 월세 가격을 모두 더한 값보다 작다.

24. 다음은 연도별 서울시 주요 문화유적지 관람객 수에 대한 자료이다. 〈보고서〉의 내용을 근거로 A ~ D에 해당하는 문화유적지를 바르게 나열한 것은?

〈관람료별 문화유적지 관람객 수 추이〉

(단위 : 천 명)

문화유적지	관람료 \ 연도	2016년	2017년	2018년	2019년	2020년
A	유료	673	739	1,001	1,120	1,287
	무료	161	139	171	293	358
B	유료	779	851	716	749	615
	무료	688	459	381	434	368
C	유료	370	442	322	275	305
	무료	618	344	168	148	111
D	유료	1,704	2,029	2,657	2,837	3,309
	무료	848	988	1,161	992	1,212

※ 유료(무료) 관람객 수=외국인 유료(무료) 관람객 수+내국인 유료(무료) 관람객 수

〈외국인 유료 관람객 수 추이〉

(단위 : 천 명)

문화유적지 \ 연도	2016년	2017년	2018년	2019년	2020년
A	299	352	327	443	587
B	80	99	105	147	167
C	209	291	220	203	216
D	773	1,191	1,103	1,284	1,423

보고서

최근 문화유적지를 찾는 관람객이 늘어나면서 문화재청에서는 서울시 4개 주요 문화유적지(경복궁, 덕수궁, 종묘, 창덕궁)를 찾는 관람객 수를 매년 집계하고 있다. 그 결과, 2016년 대비 2020년 4개 주요 문화유적지의 전체 관람객 수는 약 30% 증가하였다.

이 중 경복궁과 창덕궁의 유료 관람객 수는 매년 무료 관람객 수의 2배 이상이었다. 유료 관람객을 내국인과 외국인으로 나누어 분석해 보면, 창덕궁의 내국인 유료 관람객 수는 매년 증가하였다.

이런 추세와 달리, 덕수궁과 종묘의 유료 관람객 수와 무료 관람객 수는 각각 2016년보다 2020년에 감소한 것으로 나타났다. 특히 종묘는 전체 관람객 수가 매년 감소하여 국내외 홍보가 필요한 것으로 분석되었다.

	A	B	C	D
①	창덕궁	덕수궁	종묘	경복궁
②	창덕궁	종묘	덕수궁	경복궁
③	경복궁	덕수궁	종묘	창덕궁
④	경복궁	종묘	덕수궁	창덕궁
⑤	경복궁	창덕궁	종묘	덕수궁

25. 다음은 자동차 냉매제의 저감량 평가 방법에 관한 자료이다. 이에 대한 설명으로 옳지 않은 것은?

〈저감량 평가 방법〉

• 10인승 이하의 승용 및 승합자동차

(1) Leakage Credit의 계산

$$M \cdot C \times \left\{1-\left(\frac{L \cdot S}{16.6}\right)\times\left(\frac{GWP}{1,430}\right)\right\}-H \cdot L \cdot D$$

(2) 참고

1) M · C : HFO-134a의 경우 7.0, 저온난화지수냉매의 경우 7.9

2) L · S : M · C가 8.3 미만인 경우 8.3(단, 전기 압축기 방식은 4.1로 한다)

3) GWP : 냉매의 지구온난화지수

4) L · T : 냉매 용량이 733g 이하인 경우 11.0으로 하고, 냉매 용량이 733g 초과인 경우 냉매 용량의 2%로 한다.

5) H · L · D : $1.1\times\left(\frac{L \cdot S - L \cdot T}{3.3}\right)$

단, 냉매의 지구온난화지수가 150보다 크거나, 계산값이 0보다 작은 경우 0으로 한다.

• 11인승 이상의 승합 및 화물자동차

(1) Leakage Credit의 계산

$$M \cdot C \times \left\{1-\left(\frac{L \cdot S}{20.7}\right)\times\left(\frac{GWP}{1,430}\right)\right\}-H \cdot L \cdot D$$

(2) 참고

1) M · C : HFO-134a의 경우 8.6, 저온난화지수냉매의 경우 9.9

2) L · S : M · C가 10.4 미만인 경우 10.4(단, 전기 압축기 방식은 5.2로 한다)

3) GWP : 냉매의 지구온난화지수

4) L · T : 냉매 용량이 733g 이하인 경우 11.0으로 하고, 냉매 용량이 733g 초과인 경우 냉매 용량의 2%로 한다.

5) H · L · D : $1.3\times\left(\frac{L \cdot S - L \cdot T}{3.3}\right)$

단, 냉매의 지구온난화지수가 150보다 크거나, 계산값이 0보다 작은 경우 0으로 한다.

구분	A 차	B 차	C 차	D 차
차량 구분	5인승	11인승	10인승	8인승
냉매의 종류	HFO-134a	저온난화지수냉매	저온난화지수냉매	HFO-134a
냉매 용량	600g	750g	650g	800g
전기 압축기	있음	없음	있음	없음
max credit(M · C)				
leak score(L · S)				
GWP			166	715
leak threshold(L · T)				
hileak dis(H · L · D)				

① B 차와 C 차의 M · C와 L · S는 다르다.
② A 차와 C 차의 H · L · D는 같다.
③ L · T가 가장 큰 것은 D 차이다.
④ D 차의 Leakage Credit은 5보다 크다.
⑤ A 차의 GWP는 150보다 크다.

[26 ~ 27] 다음은 우리나라의 성별, 연령별 인구 변화에 대한 자료이다. 이어지는 질문에 답하시오.

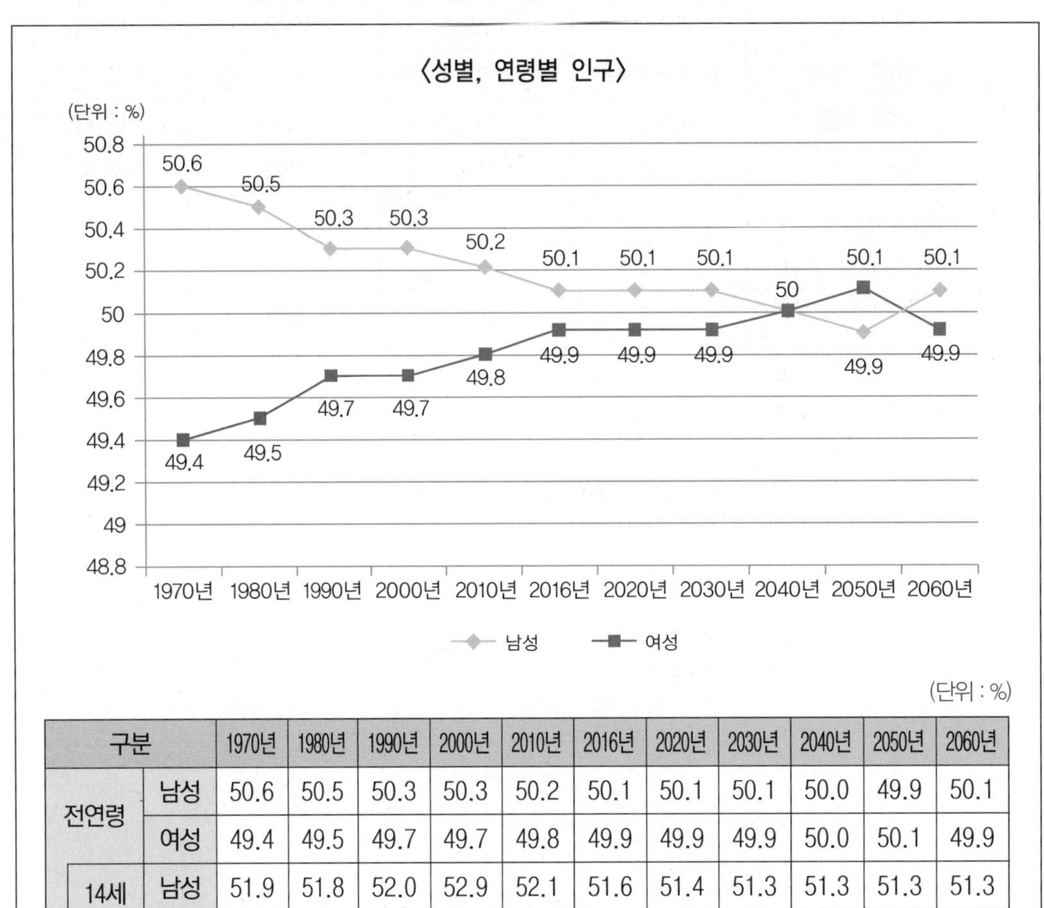

(단위 : %)

구분		1970년	1980년	1990년	2000년	2010년	2016년	2020년	2030년	2040년	2050년	2060년
전연령	남성	50.6	50.5	50.3	50.3	50.2	50.1	50.1	50.1	50.0	49.9	50.1
	여성	49.4	49.5	49.7	49.7	49.8	49.9	49.9	49.9	50.0	50.1	49.9
14세 이하	남성	51.9	51.8	52.0	52.9	52.1	51.6	51.4	51.3	51.3	51.3	51.3
	여성	48.1	48.2	48.0	47.1	47.9	48.4	48.6	48.7	48.7	48.7	48.7
15 ~ 64세	남성	50.1	50.5	50.6	50.8	51.2	51.3	51.4	51.7	52.0	52.2	51.8
	여성	49.9	49.5	49.4	49.2	48.8	48.7	48.6	48.3	48.0	47.8	48.2
65세 이상	남성	41.2	37.4	37.4	38.3	40.9	42.2	43.2	45.4	46.1	46.5	47.7
	여성	58.8	62.6	62.6	61.7	59.1	57.8	56.8	54.6	53.9	53.5	52.3

26. 다음 중 제시된 자료를 올바르게 설명한 것은?

① 1970년부터 2016년까지 매년 성별 인구 비율 격차가 감소하고 있다.

② 1970 ~ 2060년의 15 ~ 64세 여성 인구 비율은 매 기간 지속적으로 감소하고 있다.

③ 2020년 64세 이하 남성 수는 65세 이상 남성 수보다 5배 이상 많다.

④ 15 ~ 64세 인구의 남녀 비율 격차는 매 기간 지속적으로 커지고 있다.

⑤ 자료에 명시된 기간에 한하여, 남성의 비중이 여성의 비중보다 커진 것은 2050년이 최초이다.

27. 14세 이하와 15 ~ 64세에서 남녀 비율 차이가 가장 큰 해는 순서대로 각각 언제인가?

① 1990년, 2040년　② 2000년, 2050년　③ 2010년, 2060년

④ 2000년, 2040년　⑤ 2050년, 2050년

[28 ~ 29] 다음 자료를 보고 이어지는 질문에 답하시오.

〈지역별 전통시장 BSI 추이(2023년 12월 기준)〉

구분		2023년						2024년
		7월	8월	9월	10월	11월	12월	1월
서울	체감	42.3	49.3	75.4	71.1	73.6	45.8	-
	전망	71.5	54.2	110.9	103.9	103.5	89.4	83.1
경기	체감	39.7	51.8	77.7	78.6	84.8	58.6	-
	전망	67.4	62.5	116.1	109.8	104.0	87.1	89.7
충남	체감	48.1	61.5	87.2	83.3	89.1	51.3	-
	전망	74.4	78.2	105.1	114.1	103.8	83.3	92.3
전북	체감	44.4	55.6	90.5	69.0	80.2	67.5	-
	전망	76.2	73.8	102.4	101.6	104.0	91.3	94.4
제주	체감	53.3	62.0	80.4	70.7	71.7	67.4	-
	전망	83.7	68.5	113.0	96.7	94.6	107.6	105.4

※ BSI(business survey index) : 기업경기실사지수

※ 경기동향 조사의 BSI 지수 산출방법 :
{(매우 악화 응답빈도×0)+(다소 악화 응답빈도×50)+(동일 응답빈도×100)+(다소 호전 응답빈도×150)+(매우 호전 응답빈도×200)}÷(지역별 업종별 응답빈도 수)

1회 기출예상
2회 기출예상
3회 기출예상
4회 기출예상
5회 기출예상
6회 기출예상
인성검사
면접가이드

28. 다음의 자료를 참고할 때 지역별 전통시장의 BSI 추이에 대한 설명으로 옳지 않은 것은?

> 경기동향에 대한 기업가들의 판단 · 예측 · 계획의 변화 추이를 관찰하여 지수화한 지표 중 하나가 기업경기실사지수(BSI)이다. 주요 업종의 경기동향과 전망을 파악하여 기업의 경영계획 및 경기대응책 수립에 필요한 기초자료로 이용된다. 다른 경기 관련 자료와 달리 기업가의 주관적이고 심리적인 요소까지 조사가 가능하다.
>
> BSI에 대한 해석은 지수의 수치가 높아질수록 경기 전망치가 상승한 것으로 보고, 수치가 낮아질수록 경기 전망치가 하락한 것으로 본다. 또한, 일반적으로 지수가 100 이상이면 경기가 좋고, 100 미만이면 경기가 안 좋다고 판단하게 된다.

① 2023년 7 ~ 12월 동안 호황이 전망되었던 달이 가장 적은 지역은 제주이다.
② 모든 지역에서 체감 BSI는 2023년 7월에 가장 낮았다.
③ 2023년 7월부터의 전통시장 체감 BSI의 증감 추이가 제주와 다른 지역은 한 군데이다.
④ 충남 지역의 전월 대비 체감 BSI 증감률이 가장 작은 시기는 2023년 10월이다.
⑤ 2023년 7 ~ 12월 중 모든 지역의 전통시장 전망 BSI는 2023년 9월에 최고점을 기록했다.

29. A 시와 B 시의 전통시장 200개 업체를 대상으로 경기 전망을 묻는 설문조사를 실시한 결과가 다음과 같을 때, 각 지역의 경기를 전망하는 BSI를 바르게 계산한 것은?

〈지역별 전통시장 사업체 경기 전망 현황〉

지역	매우 악화	다소 악화	동일	다소 호전	매우 호전
A	25개 업체	60개 업체	50개 업체	45개 업체	20개 업체
B	20개 업체	45개 업체	50개 업체	60개 업체	25개 업체

	A	B
①	93.75	106.25
②	94.75	106.25
③	93.75	106.75
④	94.75	106.75
⑤	93.75	107.25

[30 ~ 31] 다음 자료를 보고 이어지는 질문에 답하시오.

〈논벼(쌀) 생산비〉

(단위 : 원, kg, %)

구분	20X4년	20X5년	전년 대비	
			증감	증감률
10a당 논벼 생산비	674,340	691,374	17,034	2.5
직접생산비	440,821	447,775	6,954	1.6
간접생산비	233,519	243,598	10,079	4.3
20kg당 쌀 생산비	24,025	25,322	1,297	5.4
10a당 쌀 생산량	539	527	−12	−2.2

〈연도별 논벼(쌀) 생산비 추이〉

(단위 : 천 원, kg)

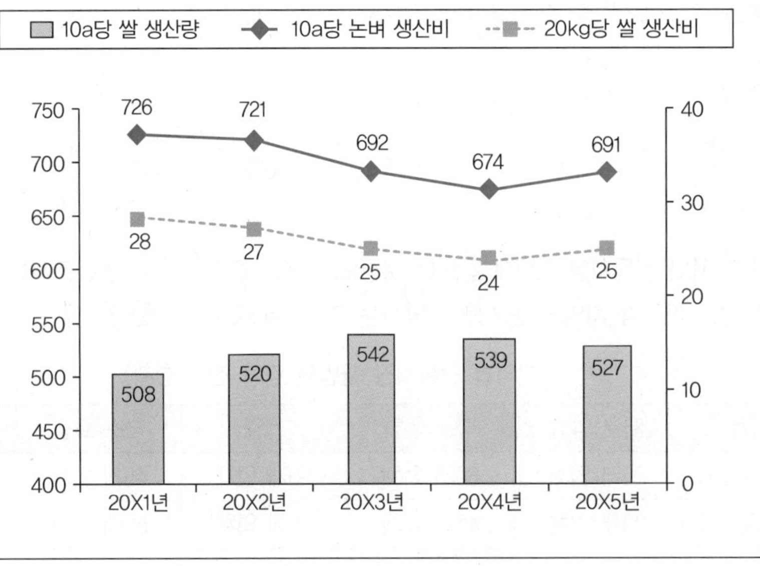

30. 제시된 자료에 대한 ㉠～㉤의 해석 중 적절하지 않은 것은?

- ㉠ 20X5년의 10a당 논벼 생산비는 69만 1,374원으로 전년 대비 2.5%(1만 7,034원) 증가하였으며, 이는 직접생산비의 노동비, 간접생산비의 토지용역비 등의 증가에 기인한 것으로 파악되었다.
  - 노동비 : (20X4) 161,636원 → (20X5) 167,910원(6,274원, 3.9%)
  - 토지용역비 : (20X4) 224,534원 → (20X5) 235,411원(10,877원, 4.8%)
- ㉡ 20X5년의 20kg당 쌀 생산비는 2만 5,322원으로 전년 대비 5.4%(1,297원) 증가하였으며, 이는 10a당 논벼 생산비 증가(2.5%) 및 10a당 쌀 생산량 감소(−2.2%)에 기인한 것으로 파악되었다.
  - 재배면적 감소 및 모내기 시기의 가뭄, 잦은 강수 등 기상의 영향
- 한편, ㉢ 10a당 논벼 생산비와 20kg당 쌀 생산비는 20X1년부터 20X5년까지 매년 점차 감소하는 추이를 나타내는 것으로 파악되었다. 그러나 ㉣ 10a당 쌀 생산량은 20X3년을 정점으로 조금씩 감소하여 대책이 필요한 것으로 보고되었다.
- 그러나 ㉤ 20X1년 대비 20X5년의 쌀 생산비와 생산량은 저비용과 고효율을 이루어 낸 성과를 보이고 있다.

① ㉠ ② ㉡ ③ ㉢ ④ ㉣ ⑤ ㉤

31. 논벼의 수익성을 다음 표와 같이 나타낼 때 (A), (B)에 들어갈 수치는 차례대로 각각 얼마인가?

(단위 : 원, %, %p)

구분	20X4년	20X5년	전년 대비	
			증감	증감률
총수입(a)	856,165	974,553	118,388	13.8
생산비(b)	674,340	691,374	17,034	2.5
경영비(c)	426,619	(A)	6,484	1.5
순수익(a−b)	181,825	283,179	101,354	55.7
순수익률*	21.2	29.1	7.9	
소득(a−c)	429,546	541,450	111,904	26.1
소득률*	(B)	55.6	5.4	

* 순수익률(%) $=\frac{\text{순수익}}{\text{총수입}}\times 100$, 소득률(%) $=\frac{\text{소득}}{\text{총수입}}\times 100$

① 433,103, 45.2 ② 433,103, 50.2 ③ 423,605, 45.2
④ 423,605, 50.2 ⑤ 433,103, 55.3

[32 ~ 33] 다음 자료를 보고 이어지는 질문에 답하시오.

〈종사자 지위별 여성 취업자 구성비〉

(단위 : %)

구분		2019년	2020년	2021년	2022년	2023년
취업자		100.0	100.0	100.0	100.0	100.0
비임금 근로자	자영업주	15.2	14.8	14.5	14.1	14.4
	무급가족종사자	10.1	9.8	9.1	8.7	8.4
임금 근로자	상용근로자	40.7	42	43.1	44.6	45.7
	임시근로자	27.5	27.4	27.6	27.5	26.5
	일용근로자	6.5	6.0	5.7	5.1	5.0

* 자영업주 : 자기 혼자 또는 무급가족종사자와 함께 자기 책임하에 독립적인 형태로 전문적인 업을 수행하거나 사업체를 운영하는 사람
* 무급가족종사자 : 자기에게 직접 수입이 오지 않더라도 동일가구 내 가족이 경영하는 사업체, 농장에서 무보수로 14시간 일한 자
* 상용근로자 : 고용계약기간이 1년 이상인 자 또는 고용계약기간을 정하지 않은 경우 소정의 채용절차에 의하여 입사한 사람으로 회사의 인사관리규정을 적용받는 자
* 임시근로자 : 고용계약기간이 1년 미만인 자 또는 일정한 사업완료(사업완료기간 1년 미만)의 필요에 의해 고용된 자
* 일용근로자 : 고용계약기간이 1개월 미만인 자 또는 매일매일 고용되어 근로의 대가로 일급 또는 일당제 급여를 받고 일하는 자

32. 위의 자료에 대한 설명으로 옳은 것은?

① 2020년과 2023년의 여성 비임금근로자 수가 같으므로 전체 취업자 수 역시 동일하다.

② 조사기간 동안 매년 여성 취업자의 33% 이상은 1년 미만 계약직 근로자이다.

③ 2019 ~ 2023년의 여성 비임금근로자 중 무급가족종사자의 비율은 항상 38% 이상이다.

④ 2019 ~ 2023년의 전체 여성 취업자 중 무급가족종사자의 비율과 자영업주의 비율은 매년 각각 하락하고 있다.

⑤ 임금근로자의 비율은 매년 비임금근로자 비율의 2.5배 이상을 차지한다.

33. 2023년 전체 취업자 중 여성의 비율이 40%라면, 다음 자료를 참고할 때 여성 근로자 중 고용계약 기간이 1개월 미만인 자 또는 매일매일 고용되어 근로의 대가로 일급 또는 일당제 급여를 받고 일하는 자의 수는 몇 명인가?

〈최근 5년간 취업자 수〉

(단위 : 천 명)

구분	2019년	2020년	2021년	2022년	2023년
취업자	25,299	25,867	26,178	26,409	26,725

① 505,980명 ② 517,940명 ③ 523,560명
④ 534,500명 ⑤ 546,100명

34. 다음은 A ~ D 지점 간의 금(金)거래 현황이다. 자료에 대한 설명으로 옳은 것은? (단, 소수점 아래 둘째 자리에서 반올림한다)

(단위 : 톤)

구분	A 지점		B 지점		C 지점		D 지점		전체	
	매입량	매출량	매입량	매출량	매입량	매출량	매입량	매출량	매입량	매출량
2019년	346	265	413	533	168	83	196	242	1,123	1,123
2020년	275	234	363	412	278	315	524	479	1,440	1,440
2021년	366	196	227	315	412	273	(A)	380	1,164	1,164
2022년	415	227	369	259	157	329	313	439	1,254	1,254
2023년	387	455	169	247	(B)	521	367	152	1,375	1,375

① A 지점과 B 지점의 매출량 증감 추세는 동일하다.
② C 지점의 매입량은 2020년에 전년 대비 약 65.5% 증가하였고, 그다음 해에는 전년 대비 약 58.5% 증가하였다.
③ 전체 매출량의 증감률이 가장 큰 해는 2020년이다.
④ 매입량과 매출량의 차이의 절댓값 추이는 B 지점과 D 지점이 동일하다.
⑤ 2023년에 매입량이 가장 많은 지점은 D 지점이다.

35. 다음은 환경친화적 토지공급체계 구축을 위한 제언이다. 글쓴이의 주장과 일치하지 않는 것은?

> 인구의 증가, 산업화 · 도시화의 진전에 따른 주택용지, 상 · 공업용지, 공공시설용지 등을 위한 토지공급의 대부분은 농지와 산지의 전용 및 간척 개발에 의해 이루어졌다. 한편으로는 토지이용의 효율성 제고라는 차원에서 농지 · 산지의 과다개발이 부추겨졌으며, 제도 · 정책의 잘못으로 농지 · 산지의 난개발이 야기되기도 했다. 그 결과 녹지가 줄어들고 수질오염, 대기오염이 심화되었다. 그리고 농지 · 산지의 전용 및 간척개발은 서로 대체 · 보완적인 관계를 맺으면서 중요한 비농업용 토지 공급원으로서의 기능을 수행하여야 한다. 대개 산지보다 농지가 중요시되어 농지보전을 위해 산지의 전용을 부추기는 경우도 생겨났고 농지확보를 위해 갯벌을 개발하기도 하였다.
>
> 그런데 최근에는 환경오염의 심화, 국민들의 녹지 수요 증대 등 여건변화에 따라 농지, 산지, 간척에 대한 인식이 전환되고 있다. 이러한 여건 변화에 대응하기 위해서는 발상의 전환이 필요하다. 과거 경제적 효율성 위주의 토지이용 및 공급체계를 탈피하여 이른바 '환경친화적 토지 이용 및 공급체계'의 구축이 요구된다. 그러나 토지공급원별 환경 측면에서의 객관적인 평가도 이루어지지 못하고 있으며, 이를 위한 기초자료조차 구축되어 있지 못하다. 따라서 환경친화적인 토지 이용 및 공급체계 구축을 위한 다양한 정책대안의 모색이 시급하다.
>
> 우선 환경친화적 토지 이용 및 공급체계 구축과 관련하여 토지수요량 측정, 환경친화적 개발개념의 도입과 실천 가능성, 토지공급원별 환경적 가치의 인식, 환경보전 비용부담주체, 농촌토지이용계획 수립문제, 지방자치단체의 역할 등을 선정하여 검토할 것을 제안한다. 그리고 정책 개선방안으로 수자원을 포함한 국토 자원 전체에 대한 종합적인 이용계획의 수립, 농지 · 산지의 계획적 전용의 제도화, 토지공급원별 환경평가의 실시, 토지에 대한 수요관리 대책의 강화, 토지이용관리에 대한 지방자치단체와 지역주민의 역할 제고, 오염자부담원칙의 정립 등을 제안한다.

① 최근 환경에 대한 인식의 변화가 토지 이용 및 공급체계의 변화에 대한 요구로 이어지고 있다.

② 지금까지 농지 및 산지의 전용 및 간척 개발은 산업화 · 도시화의 진전을 위한 토지공급에 도움이 되었다.

③ 토지 개발 시 환경 측면의 문제도 객관적인 자료를 토대로 고려하여야 한다.

④ 농지, 산지의 개발 시 경제적 효율성을 최우선적으로 고려해야 한다는 점을 간과해서는 안 된다.

⑤ 현재까지는 환경친화적인 토지 이용에 대한 제도적 기반이 부족한 실정이다.

36. 다음은 건축물의 에너지절약설계에 관한 기준의 일부를 발췌한 것이다. 에너지절약계획서 제출 예외대상 또는 에너지절약설계에 관한 기준의 적용예외 대상 건축물이 아닌 것은?

> **제3조(에너지절약계획서 제출 예외대상 등)** ① 영 제10조 제1항에 따라 에너지절약계획서를 첨부할 필요가 없는 건축물은 다음 각호와 같다.
>
> 1. 「건축법 시행령」에 따른 변전소, 도시가스배관시설, 정수장, 양수장 중 냉·난방 설비를 설치하지 아니하는 건축물
> 2. 「건축법 시행령」에 따른 운동시설, 위락시설, 관광 휴게시설 중 냉·난방 설비를 설치하지 아니하는 건축물
> 3. 「주택법」 제16조 제1항에 따라 사업계획 승인을 받아 건설하는 주택으로서 「주택건설기준 등에 관한 규정」 제64조 제3항에 따라 「에너지절약형 친환경주택의 건설기준」에 적합한 건축물
>
> **제4조(적용예외)** 다음 각호에 해당하는 경우 이 기준의 전체 또는 일부를 적용하지 않을 수 있다.
>
> 1. 지방건축위원회 또는 관련 전문 연구기관 등에서 심의를 거친 결과 새로운 기술이 적용되거나 연간 단위면적당 에너지소비총량에 근거하여 설계됨으로써 이 기준에서 정하는 수준 이상으로 에너지절약 성능이 있는 것으로 인정되는 건축물의 경우
> 2. 건축물의 기능·설계조건 또는 시공 여건상의 특수성 등으로 인하여 이 기준의 적용이 불합리한 것으로 지방건축위원회가 심의를 거쳐 인정하는 경우에는 이 기준의 해당 규정을 적용하지 아니할 수 있다. 다만, 지방건축위원회 심의 시에는 「건축물 에너지효율등급 인증에 관한 규칙」 제4조 제4항 각호의 어느 하나에 해당하는 건축물 에너지 관련 전문인력 1인 이상을 참여시켜 의견을 들어야 한다.
> 3. 건축물을 증축하거나 용도 변경, 건축물대장의 기재내용을 변경하는 경우에는 적용하지 아니할 수 있다. 다만, 별동으로 건축물을 증축하는 경우와 기존 건축물 연면적의 100분의 50 이상을 증축하면서 해당 증축 연면적이 2,000m^2 이상인 경우에는 그러하지 아니한다.
> 4. 허가 또는 신고대상의 같은 대지 내 주거 또는 비주거를 구분한 제3조 제2항 및 3항에 따른 연면적의 합계가 500m^2 이상이고 2,000m^2 미만인 건축물 중 개별 동의 연면적이 500m^2 미만인 경우
> 5. 열손실의 변동이 없는 증축, 용도 변경 및 건축물대장의 기재내용을 변경하는 경우에는 별지 제1호 서식 에너지절약 설계 검토서를 제출하지 아니할 수 있다.

① 에너지절약설계에 관한 기준에 명시되지 않았으나 지방건축위원회 또는 관련 전문 연구기관의 심의로 에너지절약 성능이 인정되는 건축물

② 증축, 용도 변경을 하였으나 열이 보존되는 수준에 변화가 없는 건축물

③ 연면적의 합계가 1,000m^2이며 각 동의 연면적이 500m^2 미만인 모든 건축물

④ 냉방 설비가 설치되지 않은 「건축법 시행령」에 따른 탁구장

⑤ 조건적인 특수성에 따라 기준에 적용되지 않으나 심의에 따라 인정된 건축물

[37 ~ 38] 다음 내용을 참고로 이어지는 질문에 답하시오.

〈의약품 허가·신고 현황 개요〉

(단위 : 품목)

<table>
<tr><th colspan="4">국내제조(2,639)</th><th colspan="4">수입(206)</th></tr>
<tr><td rowspan="5">완제품
(2,597)</td><td rowspan="3">전문
(2,126)</td><td rowspan="2">허가(1,822)</td><td>본부(236)</td><td rowspan="5">완제품
(164)</td><td rowspan="3">전문
(154)</td><td rowspan="2">허가(150)</td><td>본부(121)</td></tr>
<tr><td>지방청(1,586)</td><td>지방청(29)</td></tr>
<tr><td>신고(304)</td><td>지방청(304)</td><td>신고(4)</td><td>지방청(4)</td></tr>
<tr><td rowspan="2">일반
(471)</td><td>허가(35)</td><td>본부(35)</td><td rowspan="2">일반
(10)</td><td>허가(7)</td><td>본부(7)</td></tr>
<tr><td>신고(436)</td><td>지방청(436)</td><td>신고(3)</td><td>지방청(3)</td></tr>
<tr><td colspan="2" rowspan="2">원료(42)</td><td>허가(10)</td><td>본부(10)</td><td colspan="2" rowspan="2">원료(42)</td><td>허가(6)</td><td>본부(6)</td></tr>
<tr><td>신고(32)</td><td>지방청(32)</td><td>신고(36)</td><td>지방청(36)</td></tr>
</table>

※ 한약재는 제외한 수치임.

37. 다음 중 위의 자료를 올바르게 이해하지 못한 것은?

① 본부가 허가한 국내제조 완제품 일반의약품은 전문의약품의 15% 미만이다.
② 국내제조 완제품 일반의약품의 신고 품목 수는 허가 품목 수의 12배 이상이다.
③ 신고된 수입 원료의 약 17%가 허가되었다.
④ 국내제조 원료와 수입 원료의 허가와 신고 품목 수는 각각 다르다.
⑤ 본부에서는 국내제조 완제품 전문의약품 허가 업무를 가장 많이 수행하였다.

38. 제시된 자료를 근거로 작성한 현황표로 적절하지 않은 것은?

①

구분	본부	지방청	계
허가	415	1,615	2,030
신고	0	815	815

②

구분	전문의약품	일반의약품
허가	1,972	42
신고	308	439
계	2,280	481

③

구분	본부	지방청
전문의약품 허가/신고	357	1,923
일반의약품 허가/신고	42	439
계	399	2,362

④

구분	허가	신고
국내제조 완제품	1,867	772
수입 완제품	163	43
계	2,030	815

⑤

구분	허가	신고	계
완제품	2,014	747	2,761
원료	16	68	84

[39 ~ 40] 다음은 리모델링 자금 보증에 대한 설명이다. 이어지는 질문에 답하시오.

〈리모델링 자금 보증〉

1. 리모델링 자금 보증이란?

리모델링 주택 조합이 리모델링에 필요한 사업 자금을 조달하기 위해 금융 기관으로부터 대출받은 사업비 대출금의 원리금 상환을 책임지는 보증 상품

2. 개요

보증 대상	리모델링 행위 허가를 득한 리모델링 사업
보증 구분	조합원 이주비 보증, 조합원 부담금 보증, 조합 사업비 보증
보증 채권자	「은행법」에 의한 금융 기관, 산업은행, 기업은행, 농협, 수협 등
보증 채무자	보증 채권자로부터 리모델링 자금 대출을 받는 차주
보증 금액	이주비 대출 원금, 부담금 대출 원금, 사업비 대출 원금
보증 기간	대출 실행일로부터 대출 원금 상환 기일까지
기타	• 보증 금지 요건 – 보증 심사 결과 심사 평점표의 종합 평점이 70점 미만인 경우 – 전체 건립 세대 규모가 150세대 미만인 사업장인 경우 – 보증 신청 당시 조합 설립 인가, 행위 허가 등의 무효 또는 취소를 다투는 소송이 진행 중으로 사업에 차질이 예상되는 경우 – 위조 또는 변조된 서류를 제출하는 등 속임수에 의하여 보증을 받고자 하는 경우 – 기타 보증함이 적절하지 못하다고 판단되는 경우 • 사업비 대출 보증 시공자 요건 – 신용 평가 등급이 BBB–등급 이상 – 고객 상시 모니터링 결과 경보 등급에 해당하지 않는 경우 – 책임 준공 의무 부담

3. 유의 사항 안내

구분	보증 한도	주채무자(연대 보증인)
조합원 이주비 보증	조합원별 종전 자산 평가액의 60%	조합원(조합)
조합원 부담금 보증	조합원별 부담금의 60%	조합원(조합)
조합 사업비 보증	총사업비의 50%	조합

4. 보증료

• 보증료 산정식 : 보증료 = 보증금액 × 보증료율 × (보증 기간에 해당하는 일수 / 365)

• 심사 등급별 보증료율

상품명	이주비	부담금	사업비		
			1등급	2등급	3등급
보증료율(연)	0.35%	0.20%	0.45%	0.62%	0.92%

39. 조합원 A는 보증 회사로부터 이주비 보증을 받으려고 한다. 다음 중 옳지 않은 것은?

- A의 자격 심사 결과 심사 평점표의 종합 평점이 70점이었다.
- 건립 세대 규모는 165세대이다.
- A의 종전 자산 평가액은 10억 원이고 보증 기간은 60일이다.

① A의 종합 평점은 보증 자격 요건을 충족한다.
② A가 이주비 보증을 받기 위해서는 추가적으로 신용 평가 등급을 조회해 보아야 한다.
③ A가 이주비 보증을 받기 위해서는 사업에 차질을 줄 수 있는 소송의 진행 여부를 확인해야 한다.
④ A가 받을 수 있는 최대 보증료는 약 34만 5천 원이다.
⑤ A의 건립 세대 규모는 보증을 받기에 충분하다.

40. 다음 3개 조합이 보증을 받으려고 한다. 보증료가 높은 순서대로 바르게 나열한 것은? (단, 천의 자리에서 반올림한다)

구분	상품명	등급	보증금액	보증 기간
A	사업비	1	200억 원	200일
B	부담금	–	200억 원	365일
C	이주비	–	300억 원	150일

① A–C–B　② B–A–C　③ B–C–A
④ C–A–B　⑤ C–B–A

기출예상문제

문항수 : 40 문항
문항시간 : 60 분

▶ 정답과 해설 37쪽

01. 다음 글의 내용과 일치하지 않는 것은?

> 친환경 스마트 시티는 기존 도시의 건물들이 친환경 에너지를 생산해 내는 주체가 된다. 친환경 에너지 자립형 건물들은 온실가스의 발생 원인 중 하나인 화력발전소를 대체한다. 건물의 벽면 및 창문 등을 태양광 발전이 가능하도록 활용하도록 하는 것이 핵심이다. 지구촌 이상기온 현상은 여름에는 폭염을, 겨울에는 혹한을 동반한다. 냉방과 난방이 동시에 가능한 삼중열병합 연료전지 기술이나 밤과 낮, 계절에 상관없이 태양열에너지를 저장해 필요할 때 사용할 수 있는 에너지저장장치(ESS) 기술 개발 또한 앞으로 미래 도시 설계에서 중요한 축을 차지할 것으로 보인다.
>
> 자동차에서 내뿜는 이산화탄소 등 각종 온실가스는 전기차 · 수소차로 대체함으로써 감축시킬 수 있다. 수소전기차의 연료를 가정용 에너지로 전환하는 에너지저장기술(P2G)도 앞으로 더욱 발전시켜야 할 항목이다. 이에 우리 정부도 온실가스 감축을 위해 스마트 공장, 전기차 · 수소차 지원, 스마트 건축물 리모델링, 소규모 분산전원을 모아 전력을 거래하는 전력중개사업 등을 통해 온실가스 감소를 위한 정책을 적극 시행할 방침이다. 스마트 계량기 보급사업과 신재생통합관제시스템 구축 사업도 함께 진행될 계획이다.
>
> 도시 자체를 '폭염 저감형'으로 설계하는 것도 폭염 등 기상이변을 막을 수 있는 또 하나의 해법이다. 현대 도시는 구조상 열 배출이 어렵다. 도시 내부의 열을 식히기 위한 냉방장치로 인한 열은 도시 안에서 돌고 돌아 '열섬현상'이 발생한다. 악순환이 반복되고 있는 것이다. 조○○ 울산과학기술원(UNIST) 도시환경공학부 교수는 실제로 도시가 도시 외곽에 비해 더 높은 온도를 유지하는 '열섬현상'이 발생하고 있다는 것을 실제 울산 시내 44곳에 관측소를 설치해 알아냈다. 조 교수는 "열섬효과로 발생한 1.5도의 온도 차이는 도시 주요 도로 주변에 녹지를 확보해 개방하고 차로를 줄이고 보도를 넓히는 도로 개선 방법 및 바람길 확보 등의 도시 설계로 낮출 수 있다"라고 지난 1일 발표한 연구논문을 통해 밝혔다.
>
> 박○○ 광주전남연구원 책임연구위원도 지난 2일 광주전남연구원이 발간한 '광전 리더스 인포(Info)'에 실은 보고서를 통해 1968년부터 50년간 광주 · 전남지역의 폭염기간이 지속적으로 늘고 있음을 밝히고 폭염에 대비하기 위해서는 도시에 녹지 확대 및 바람길 조성 등 도시 자체를 폭염 저감형으로 만드는 노력이 필요하다고 강조했다.

① 스마트 시티의 건축물은 태양열을 에너지원으로 활용하며, 에너지 저장기술도 보유하게 된다.
② 스마트 시티의 건축물로 도시의 열섬현상을 완화시키는 것은 불가능에 가깝다.
③ 스마트 건축물 리모델링의 주요 목적 중 하나는 온실가스 감축이다.
④ 차로를 줄이고 인도를 넓히는 것은 도시의 온도를 낮춰 줄 수 있는 방법이 된다.
⑤ 스마트 시티의 건축물은 기상이변을 막는 데에도 도움이 된다.

02. 다음 글을 읽고 추론한 내용으로 가장 적절하지 않은 것은?

부동산을 양도하면 일반적으로 양도소득세가 부과되는데, 조세 정책적으로 양도소득세를 비과세하거나 감면하는 경우가 있으므로 비과세 및 감면요건을 알아 두고 그 요건에 맞추어 양도를 하면 절세를 할 수 있다.

특히, 1세대 2주택이라도 다음과 같은 경우에는 양도소득세가 과세되지 않는다. 첫 번째는 2년 이상 보유한 한 개의 주택(종전의 주택)을 가지고 있던 1세대가 그 집을 구입한 날로부터 1년 이상이 지난 후 새로운 주택 1개를 추가 구입하여 일시적으로 2주택이 된 경우로서, 새로운 주택을 구입한 날로부터 3년 내에 종전의 주택을 팔게 되면 비과세 대상이 된다. 또한 수도권 소재 기업(공공기관)의 지방 이전에 따라 종사자가 이전(연접) 지역으로 이사하는 경우에는 2년 이상 보유한 종전의 주택을 새로운 주택을 구입한 날로부터 5년 내에 팔게 되면 양도소득세가 과세되지 않는다.

두 번째는 상속을 받아 두 채의 주택을 갖게 된 경우로서, 1주택 보유자가 별도 세대원으로부터 1주택을 상속받아 1세대 2주택이 된 때에는 일반주택(상속개시 당시 상속인 세대가 소유한 주택)을 먼저 팔게 되면 상속받은 주택에 관계없이 국내에 1개의 주택을 소유한 것으로 보아 비과세 여부를 판단하게 된다. 그러나 상속받은 주택을 먼저 팔 때에는 양도소득세가 과세된다. 또한 무주택자가 상속을 받아 해당 주택에 거주하며 1세대 1주택을 충족시킨다면 비과세 대상에 해당한다.

① 3년 전 1개의 주택을 구입한 후 올해 1개의 주택을 추가로 구입하게 되어 기존에 소유하던 주택을 내년에 팔기로 한 것은 양도소득세 면제 요건의 '첫 번째'에 해당한다.

② 시골에 사시던 부모님이 돌아가시며 남긴 주택을 상속받아 시골로 이사를 가게 된 1주택 소유자가 기존 거주하던 주택을 팔게 된 것은 양도소득세 면제 요건의 '두 번째'에 해당한다.

③ 서울에서 근무하다 부산으로 발령이 나서 올해 초 부산에 새로운 주택을 구입하였고, 5년 전 구입하여 살고 있던 기존 주택은 3년 후 팔 계획이라면, 양도소득세 면제 요건의 '첫 번째'에 해당한다.

④ 돌아가신 부모님으로부터 주택을 상속받은 무주택자가 다음 달부터 해당 주택에 거주하기로 하였다면, 양도소득세 면제 요건의 '두 번째'에 해당한다.

⑤ 작년에 1개의 주택을 구입하였고, 다음 달에 추가로 1개의 주택을 더 구입할 예정이며, 이에 따라 작년에 구입한 주택은 내년 봄에 바로 팔 계획이라면, 양도소득세 면제 요건의 '첫 번째'에 해당한다.

03. 다음 글의 중심 내용으로 적절한 것은?

유럽 플라스틱 · 고무 생산자 협회인 유로 맵(Euro-map)은 한국의 2020년 플라스틱 소비량을 753만 9,000톤으로 예측했다. 1인당 연간 약 146kg의 플라스틱을 소비하는 셈으로, 조사 대상이 된 63개국 중 한국보다 플라스틱 소비량이 많은 나라는 벨기에와 대만뿐이다.

플라스틱 문제가 심각한 것이 알려지면서 정부가 팔을 걷어붙였다. 환경부는 지난해 말, 일회용품 사용을 줄이기 위한 중장기 로드맵을 발표했다. 로드맵에 따르면 2021년부터 카페나 식당 안에서 종이컵 사용이 금지된다. 테이크아웃을 할 때는 돈을 내야 한다. 2022년부터는 플라스틱 빨대도 사용 금지할 방침이다. 시민들의 의식도 바뀌고 있다. 플라스틱을 사용하지 않는 삶, 즉 제로웨이스트를 실천하는 사람들이 늘어나고 있는 것이다. 이들은 인터넷 카페, 오프라인 모임을 중심으로 활동하며 자신만의 실천 방식을 공유한다. 제로웨이스트 하면 가장 먼저 떠오르는 것은 텀블러다. 텀블러는 생활 속에서 가장 쉽게, 가장 가볍게 제로웨이스트를 실천할 수 있는 방법이다. 최근에는 텀블러를 뛰어넘어 칫솔, 포장재, 각종 보관용기, 그릇 등 다양한 분야에 제로웨이스트가 스며들고 있다.

화장품 업계도 마찬가지다. 제로웨이스트 화장품을 검색하면 플라스틱 용기를 쓰지 않거나 플라스틱 연마제가 들어있지 않은 화장품을 사용하는 사람들을 어렵지 않게 찾아볼 수 있다. 이들은 브랜드가 아닌 가치관을 기준으로 제품을 선택한다. 유명 제품이냐, 어떤 기능성 원료가 들었느냐가 아니라 성분과 보관용기를 꼼꼼히 살핀다. 이들은 화장품 세계에서 제로웨이스트를 실천하기가 생각보다 쉽지 않다고 말한다. 우선 국내 브랜드가 많지 않은 데다 오프라인 판매점도 적어 접근성이 떨어진다. 값싼 플라스틱 원료를 사용하지 않다보니 상대적으로 높은 가격도 단점 중 하나로 꼽힌다. 국내 제품을 구매하는 것보다 해외 직구를 통해 사는 것이 더 편리하다고 하면서도, 탄소 발자국을 남기지 않기 위해 직구는 가급적 하지 않겠다는 어느 소비자의 말은 놀랍다. 이들에게 제로웨이스트란 생각나면 하는 이벤트가 아니라 생활인 것이다. 이들이 손에 꼽는 국내 제로웨이스트 브랜드로는 내츄럴팁스, 아로마티카, 스킨그래머 등이 있다.

아로마티카는 친환경, 제로웨이스트 분야에서 가장 대중적인 브랜드로 손꼽힌다. '지속 가능 경영 선언문'을 통해 플라스틱 사용량을 줄이는 데 앞장서고 있다. 100% 재활용 포장재 사용, 생분해성 플라스틱과 재활용 플라스틱 전 제품 도입, 100% 재활용 가능 종이 사용, 리필 상품 판매, 공용기 사용 확대 등이 대표적이다. 스킨그래머는 쉽게 썩는 소재의 포장재, 부자재를 사용한다. 전 제품에 EDTA를 첨가하지 않을 뿐 아니라 포장재나 부자재까지 흙에서 쉽게 썩는 소재를 사용한다. 동물실험을 하지 않는 비건 화장품으로도 알려져 있다.

소비자들은 앞으로 제로웨이스트 화장품이 해결해야 할 과제로 제로웨이스트의 중요성 인식 확대, 적극적인 홍보로 접근성 높이기, 색조 등 더욱 다양한 제품 출시를 꼽고 있다.

① 플라스틱 사용 감소를 위해 제로웨이스트를 생활화해야 한다.

② 화장품 업계는 제로웨이스트 실천을 위한 선두주자로 부각되어야 한다.

③ 화장품 업계는 제로웨이스트를 보다 쉽게 실천할 수 있는 방안을 마련해야 한다.

④ 카페는 화장품 업계처럼 제로웨이스트 실천을 더욱 강화해야 한다.

⑤ 유로 맵의 플라스틱 사용량 예측은 정확한 현실이 반영되지 않는다.

04. 다음 글을 참고할 때, '직장 내 성희롱'의 사례로 적절한 것을 〈보기〉에서 모두 고르면?

> 최근 국내 기업들에서 발생한 성폭행 · 성희롱 사건이 밝혀지면서 직장 내 성범죄가 사회적 이슈로 떠오른 가운데 사내 성희롱 예방에 대한 관심도 커지고 있다.
>
> 고용노동부에 따르면 '직장 내 성희롱'이란 '성적언동 등으로 성적 굴욕감 또는 혐오감을 느끼게 하거나 성적 요구의 불응을 이유로 고용상 불이익을 주는 행위'를 뜻한다. 성적 언동이란 신체적 접촉을 하거나 이를 강요하는 행위 · 음담패설 · 외모에 대한 평가 등이다. 상대방의 특정 신체부위를 응시하는 것도 성희롱이 될 수 있다. 이밖에도 야한 사진이나 낙서를 보여 주는 것도 성희롱 행위가 된다.
>
> 노동부는 성희롱 여부는 피해자의 주관적인 판단이 중요하다고 강조한다. 하지만 해당 사례가 사회 통념적으로 성희롱 행위에 포함될 수 있는지도 동시에 고려된다. 다만 행위자가 성희롱을 하려는 의도를 가지고 있었는지 아닌지는 성희롱의 성립과 무관하다. 직장 내 성희롱은 위협적이고 적대적인 고용 환경을 형성해 업무 능률을 떨어뜨리게 되는지를 최종적으로 검토한다.
>
> 회사 내 성희롱의 가해자는 상급자는 물론이고 동료나 하급자도 모두 포함되며, 성희롱 피해자는 여성뿐만 아니라 남성도 될 수 있다. 여성가족부의 '2015년 성희롱 실태조사 결과'에 따르면 조사에 응한 남성 3264명 중 60명 가량이 성희롱 피해 경험이 있다고 답했다.
>
> 성희롱 피해를 예방하기 위해서는 상대방이 성희롱을 하려 할 때 확실한 거절의 말로 불쾌함을 알려야 한다. 이때 증거를 남길 수 있도록 서면이나 이메일, 휴대폰 문자메시지로 거부 의사를 표현하는 것이 중요하다. 전문가들은 동영상, 녹음, 문자 등 증거를 잘 모아야 한다고 조언한다.

보기

㉠ 여성 상사가 남성 부하 직원에게 '남자가 그렇게 다리가 짧고 어깨가 좁아서 어디다 써먹겠느냐'고 말해 부하 직원의 업무 환경에 영향을 미치는 경우

㉡ 팀장이 며칠 연속 지각을 한 여직원에게 모든 직원이 보는 앞에서 큰 소리로 잘못을 꾸짖는 경우

㉢ 팀장이 부하 여직원에게 심한 성적인 언동을 하여 불쾌함을 느끼게 하였지만 대화 중 의도치 않게 나온 말이라고 주장하는 경우

① ㉠ ② ㉡ ③ ㉠, ㉡

④ ㉠, ㉢ ⑤ ㉡, ㉢

[05 ~ 06] 다음 글을 읽고 이어지는 질문에 답하시오.

멋지고 잘생긴 왕자와 아름다운 공주의 행복한 결말은 대부분의 동화나 만화(애니메이션)를 대변하는 불문율이다. 이것은 한편으론 세계 애니메이션을 주름잡고 있는 디즈니의 전통적인 전략이기도 하다. 하지만 어느 여름 극장가에서는 〈슈렉〉이란 작품이 이런 불문율에 도전장을 내밀었다. 한여름의 극장가에서 애니메이션의 대명사로 통하는 디즈니의 아틀란티스와 그에 맞서는 드림웍스의 슈렉이 한판 대결을 펼친 것이다.

〈슈렉〉은 드림웍스가 내놓은 새로운 애니메이션이었다. 전작 〈개미〉와 〈이집트 왕자〉 등을 통해 디즈니와는 다른 색깔을 선보이며 성인 애니메이션의 새로운 장을 개척했던 드림웍스는 이 작품을 통해 완전히 새로운 자신만의 영역을 굳히는 데 성공한 것으로 보인다.

한마디로 요약하자면 〈슈렉〉은 전통적인 가치를 뒤엎고 디즈니를 비꼬고 패러디하는 전략으로 일관한다. 슈렉은 주인공이 볼일을 본 후 동화책을 찢어 뒤처리를 하면서 시작된다. 처음부터 동화의 전형적인 스토리텔링에 대한 조소를 퍼부으며 과거의 공식과 관습을 철저히 배신하겠다는 강한 의지를 암시한 것이다.

잘생기고 멋진 주인공들이 정의를 위해 싸우는 다른 애니메이션들과는 달리 슈렉은 못생기다 못해 추하기까지 한 괴물이다. 고상하기는커녕 진흙으로 샤워를 하고 들쥐요리를 좋아하고 입 냄새까지 나는 그야말로 추잡한 캐릭터이다. 자신의 영역에 들어온 다른 동화 속의 인물들이 귀찮아, 어쩔 수 없이 공주를 구하기로 악당 파쿼드와 계약을 하고 우연히 사건에 휘말리는 과정도 색다르다. 이쯤 되면 전통적인 디즈니식 이야기에 익숙한 관객들은 통쾌하고 유쾌하다 못해 당황스럽고 거북함을 느낄 법도 하다.

그러나 디즈니에 대한 조롱은 더욱 거세진다. 디즈니의 테마파크를 연상시키는 악독한 군주 파쿼드의 성, 디즈니 애니메이션의 주요 캐릭터들인 백설공주와 신데렐라가 치고받고 싸우는 장면, 제페토 할아버지가 피노키오를 팔아치우고 슈렉이 끝까지 괴물로 남아 있고, 공주에게 걸린 마법이 예상과 다르게 풀리는 것 등 열거하자면 끝이 없을 정도다.

결과적으로 슈렉은 이런 면들로 인해 (㉠   ). 특히 마법에 걸려 낮에만 미인인 공주가 괴물 슈렉에 의해 마법이 풀리고 원래의 추한 모습을 찾고 사랑을 완성하는 장면은 혁명적이다. 추한 외모와 내세울 것 없는 이 둘의 사랑은 진일보한 여성관을 표방할 뿐 아니라 소외되고 주목받지 못하는 존재들을 따뜻하게 감싸 안고 있다. 이런 비꼬기와 새로운 도전이 바로 슈렉의 성공요인인 것이다.

05. 빈칸 ㉠에 들어갈 문장으로 가장 적절한 것은?

① 뻔한 스토리에 아름답기만 한 환상을 추구하는 디즈니를 극복해 냈다.

② 드림웍스 최초로 흥행에 성공한 작품이 되었다.

③ 추한 외모의 괴물이 주인공이 된 최초의 작품이 되었다.

④ 이후 디즈니 작품의 진부한 스토리 전개에 대해 고민하게 만드는 계기를 제공했다.

⑤ 소외된 등장인물들에게도 따뜻함이 있음을 보여 주는 새로운 장르를 개척하였다.

06. 제시된 글을 읽고 추론한 내용으로 가장 적절한 것은?

① 슈렉 이후의 애니메이션들은 못생기고 추악한 괴물이 주인공이어야만 성공할 수 있게 되었다.

② 슈렉 이후 디즈니의 애니메이션 작품들은 한동안 성공을 거두지 못하였다.

③ 슈렉이 등장하기 직전의 대중들은 이미 디즈니의 작품에 대해 식상함을 느끼고 있었다.

④ 슈렉은 기존의 이야기 전개와 관객들의 기대를 혁명적으로 패러디한 것이다.

⑤ 슈렉의 모습이 더 못생기고 더 추악했다면 작품은 보다 더 큰 성공을 거두었을 것이다.

07. 다음 글의 내용과 일치하는 것을 〈보기〉에서 모두 고르면?

며칠 계속된 한파에 빙판길이 늘었다. 빙판길에서 넘어져 다치는 낙상(落傷) 사고에 대한 주의가 필요한 시기다. 겨울철 흔히 발생하는 빙판길 낙상 사고는 가벼운 골절부터 뇌진탕에 이르기까지 크고 작은 위험을 초래할 수 있다. 낙상 사고의 위험성을 짚어 보고 예방법을 알아보자.

낙상으로 발병할 수 있는 가장 심각한 증상은 고관절(엉덩이 관절) 골절이다. 고관절이 골절되면 체중을 지탱하기 어려워 바깥 활동이 제한된다. 고관절 통증이 심하면 폐렴 · 욕창 · 우울증 등으로 사망에 이르기도 한다. 지난해 골대사학회의 조사 결과에 의하면, 고관절 골절이 생긴 50세 이상 여성 100명 중 약 3명이 1년 이내에 사망한 것으로 알려졌다.

낙상 사고를 예방하려면 우선 낙상할 수 있는 환경을 피해야 한다. 빙판길을 걸을 때는 보폭을 평상시보다 10 ~ 20% 줄이고 천천히 걷는 게 좋다. 몸이 둔해지면 낙상 대처 능력이 떨어지므로 두껍고 무거운 외투보다는 얇은 옷을 여러 겹 입는 게 좋다. 주머니에 손을 놓고 걸으면 미끄러졌을 때 허리나 고관절에 바로 충격이 가해질 수 있으므로 넘어질 때를 대비해 장갑을 끼고, 허리, 무릎 관절이 약한 노년층이나 환자들은 지팡이를 짚고 걷는 것이 안전하다. 지팡이는 신체 균형을 잡아 주고 다리 힘을 분산시켜 허리와 무릎에 가해지는 통증을 줄여 준다. 끝 부분에 고무패킹이 부착된 지팡이는 낙상 사고 예방에 더 효과적이다. 등산용 지팡이나 장우산을 사용해도 좋다.

낙상을 줄이는 신발을 잘 선택하는 것도 중요하다. 먼저 하이힐 등 굽이 높은 신발을 추운 날씨에 신으면 낙상 사고의 위험이 크므로 주의해야 한다. 신발 밑창이 낡았는지 점검해 볼 필요도 있다. 밑창이 닳으면 빙판에 미끄러지기 쉽기 때문이다. 또한 바닥에 미끄러짐 방지 기능이 있는 신발을 이용해 낙상을 방지하는 것도 바람직하다.

그러나 이러한 노력에도 불구하고 순간의 부주의로 낙상할 수 있다. 넘어질 때 잘 넘어지는 방법을 알아 두면 부상을 줄일 수 있다. 엉덩이 부분보다는 등 부분부터 넘어지는 것이 좋다. 등은 엉덩이보다 비교적 충격 흡수에 좋아 골절 위험이 덜하기 때문이다. 또한 넘어지는 순간에 팔을 뒤로 짚지 않는 것도 부상을 줄이는 방법이다.

보기

㉠ 고관절 골절은 중요 부위 골절이므로 다른 합병증이 없어도 1년 이내에 사망에 이를 수 있다.
㉡ 장갑과 고무패킹이 있는 지팡이는 낙상 사고 예방에 도움이 된다.
㉢ 밑창이 닳은 신발을 신고 평소보다 빨리 걸으면 낙상의 위험이 더욱 커진다.
㉣ 넘어질 때는 손으로 등을 보호한 채 등부터 바닥에 대고 넘어지는 것이 바람직하다.

① ㉠, ㉡　② ㉡, ㉢　③ ㉢, ㉣
④ ㉠, ㉡, ㉢　⑤ ㉡, ㉢, ㉣

[08 ~ 09] 다음 자료를 읽고 이어지는 질문에 답하시오.

월세 시장은 월세 대비 보증금 배율에 따라 임대료 변동의 차이가 발생하므로 다양한 월세 시장을 세분화하여 3가지의 월세 유형을 정의하고 있다.

월세(순수월세에 가까운 월세)는 보증금이 월세의 12개월 치 이하, 준월세(중간영역 월세)는 보증금이 월세의 240개월 치 이하, 준전세(전세에 가까운 월세)는 보증금이 월세의 240개월 치 초과인 경우에 해당하며, 각 구간을 전세금 대비 보증금 비율로 구분하면 월세는 10% 미만, 준월세는 10 ~ 60%, 준전세는 60% 초과인 경우에 해당한다.

월세의 3가지 유형은 이와 같은 보증금 대비 월세의 비율과 전세금 대비 보증금의 비율이 모두 충족되는 경우를 의미한다.

08. 위 자료를 통해 추론한 내용으로 적절한 것을 〈보기〉에서 모두 고르면?

보기

㉠ 준전세는 보증금이 적은 대신 월세의 비중을 높게 계약하는 것이다.
㉡ 준월세는 준전세에 비해 보증금이 적고 월세의 비중을 높게 계약하는 것이다.
㉢ 보증금 3억 원에 월세 50만 원을 내는 경우는 준전세에 해당한다.
㉣ 보증금 1억 원에 월세 150만 원을 내는 경우는 준월세에 해당한다.

① ㉠, ㉡, ㉢　② ㉠, ㉡, ㉣　③ ㉠, ㉢, ㉣
④ ㉡, ㉢, ㉣　⑤ ㉠, ㉡, ㉢, ㉣

09. 위 자료를 참고할 때, 다음 〈보기〉에 대한 설명으로 적절한 것은?

보기

구분	전세금 금액	보증금 금액	월세 금액
월세	4억 원	3.9천만 원	350만 원
준월세		2억 원	110만 원
준전세		2.3억 원	93만 원

① 3가지 유형 중 자료에 부합하지 않는 것은 2가지이다.
② 준월세가 되기 위해서는 월세 금액이 100만 원보다 작아야 한다.
③ 준전세가 되기 위해서는 보증금 금액이 2.4억 원을 초과해야 한다.
④ 월세와 준월세의 월세 금액이 10만 원씩 적어지면 두 유형 모두 월세와 준월세가 되지 않는다.
⑤ 월세 금액은 아무리 낮아져도 월세, 준월세, 준전세의 정의에 부합한다.

[10 ~ 11] 다음은 K 시에서 분양한 공동주택의 최하층 주택 우선배정에 관한 안내의 일부이다. 이어지는 질문에 답하시오.

〈최하층 주택 우선배정 안내〉

• 「주택공급에 관한 규칙」 제51조에 의거, 거동이 불편한 노인 · 장애인 및 다자녀가구를 배려하기 위하여 아래와 같이 최하층 주택을 우선 배정합니다.

구분	내용
신청자격	청약 신청자 및 그 세대에 속한 자 중 아래 ① ~ ③에 해당하는 분으로서 최하층 주택 희망자 ① 입주자모집공고일 현재 만 65세 이상인 분 ② 「장애인복지법」 제32조에 따라 장애인등록증이 발급된 분 ③ 입주자모집공고일 현재 미성년자인 세 명 이상의 자녀(태아는 인정하지 않음)를 둔 자 ※ ① 또는 ②에 해당하는 자와 ③에 해당하는 자 사이에 경쟁이 있을 경우, 「주택공급에 관한 규칙」 제51조에 근거하여 ① 또는 ②에 해당하는 자에게 우선 배정합니다.
신청방법	① 희망자는 본인이 신청하고자 하는 청약자격별 신청일자에 △△공사 청약센터(XXX.△△. or.kr) 또는 모바일 앱에서 청약을 하고 인터넷 청약 시 '최하층주택 우선배정'에 체크를 하고, 향후 당첨자로 선정되었을 경우 아래의 자격입증서류를 제출해야 함. ② 자격입증서류 : '신청자격 ①번' 해당자 – 주민등록표등본표 '신청자격 ②번' 해당자 – 장애인등록증 또는 복지카드 사본 등 '신청자격 ③번' 해당자 – 주민등록표등본 또는 가족관계증명서 등

• 최하층 주택 우선배정 신청자가 각 주택형별 최하층 주택수를 초과할 경우 최하층에 배정되지 않을 수도 있으며, 향후 자격입증서류가 사실과 다를 경우 부적격 당첨으로 불이익(계약체결 불가, 일정 기간 입주자저축 사용 및 입주자 선정 제한 등)이 있을 수 있으니 유의하시기 바랍니다.
• 최하층 주택 공급세대수는 별도 안내를 참조하시기 바랍니다.

10. 제시된 안내문에 대한 설명으로 적절한 것은?

① 최하층 주택 우선배정은 분양 신청 가구 구성원들의 거주 취향에 따라 신청자격이 주어진다.

② 경쟁이 있을 경우, 고령 노인이 있는 가구는 다자녀 가구보다 최하층 배정 우선순위가 된다.

③ 최하층 입주를 희망하는 신청자는 모두 최하층에 입주가 가능하다.

④ 65세 이상인 분이 있는 가구와 등록증이 발급된 장애인이 있는 가구 간 경쟁이 있을 경우, 장애인이 있는 가구가 우선순위가 된다.

⑤ 최하층 배정을 희망하는 자는 반드시 분양사무소를 방문하여 신청해야 한다.

11. 다음 중 경쟁관계 신청자보다 우선순위로 최하층 주택에 배정되는 신청자는? (단, 언급되지 않은 사항은 모두 최하층 주택 우선배정 요건에 해당한다고 가정한다)

① 실입주일로부터 5일 전에 만 65세가 된 신청자 A

② 입주자모집공고일 현재 미성년자 자녀를 네 명 둔 신청자와 경쟁 중이며, 장애인 부모님을 세대원으로 둔 40대 신청자 B

③ 장애인등록증이 발급된 자와 순위 경쟁 중이며, 입주자모집공고일 현재 세 명의 초등학생 자녀를 둔 임산부 신청자 C

④ 입주자모집공고일 현재 만 70세로, 장애 정도가 심해 별도의 최하층 주택 우선배정 신청을 하지 않은 신청자 D

⑤ 입주자모집공고일 현재 만 66세로, 장애인이며 자격입증서류로 가족관계증명서만을 제출한 신청자 E

[12 ~ 14] 다음 자료를 보고 이어지는 질문에 답하시오.

건폐율이란 건축물의 그림자가 대지를 덮고 있는 비율이며, '건축면적÷대지면적×100'으로 표시한다. 따라서 최대 건축가능면적은 '대지면적×최대 허용 건폐율'로 구할 수 있다. 다만 이러한 계산 과정에서 알 수 있듯이 건폐율은 평면적인 규모를 가늠할 수 있을 뿐, 전체 건축물의 면적(연면적)이나 층수 등의 입체적인 규모는 알 수 없다.

건축물의 입체적인 규모를 가늠할 수 있는 것은 용적률이다. 용적률은 대지면적에 대한 연면적의 비율로 '지상층 연면적÷대지면적×100'으로 산정되며, 용적률 산정 시 연면적은 지하층 부분의 면적이나 사람들의 상시적인 거주성이 없는 공간의 면적은 제외한다. 건폐율에서와 마찬가지로 지상층의 최대 건축가능연면적은 '대지면적×최대 허용 용적률'로 구할 수 있다. 용적률 산정 시 연면적은 지하층 부분의 면적이나 사람들의 상시적인 거주성이 없는 공간의 면적은 제외한다.

용적률 제한을 두는 목적은 도시계획구역 내의 각 용도지역에 따라 확보하여야 할 최소한의 도시공간을 규정하는 것으로, 일조 · 채광 · 통풍이나 방화상 유효한 공간을 확보함과 동시에 대지, 즉 토지이용의 고도화를 기하자는 데 있다. 또한, 건축면적을 산정할 때에는 건축물의 면적과 층수에 따라 규정되어 있는 건축법상 접도요건인 도로 폭을 준수하여야 한다.

국토계획법에서 규정하고 있는 용도지역에 따른 건폐율과 용적률의 최대한도는 다음과 같다.

용도지역구분				건폐율	용적률
도시지역	주거지역	전용 주거지역	제1종 전용주거지역	50% 이하	50 ~ 100%
			제2종 전용주거지역		100 ~ 150%
		일반 주거지역	제1종 일반주거지역	60% 이하	100 ~ 200%
			제2종 일반주거지역		150 ~ 250%
			제3종 일반주거지역	50% 이하	200 ~ 300%
		준주거지역		70% 이하	200 ~ 500%
	상업지역	중심상업지역		90% 이하	400 ~ 1,500%
		일반상업지역		80% 이하	300 ~ 1,300%
		근린상업지역		70% 이하	200 ~ 900%
		유통상업지역		80% 이하	200 ~ 1,100%

12. 제시된 자료에 대한 설명으로 올바르지 않은 것은?

① 최대 연면적을 유지한 채 건축면적을 줄이고 층수를 늘린다면 동일한 용적률이 적용될 수 있다.
② 최대 층수는 지상층 최대 건축가능연면적을 최대 건축면적으로 나누어 계산할 수 있다.
③ 건폐율이 평면적 밀도를 관리하기 위한 규제 수단이라면, 용적률은 입체적 밀도를 관리하기 위한 수단이다.
④ 주차장, 피난안전구역, 대피 공간 등을 불필요하게 넓게 확보할 경우 용적률 산정 시 불리하게 계산된다.
⑤ 주거지역은 상업지역보다 대체로 낮은 건폐율과 용적률이 적용된다.

13. 다음과 같은 내역의 건축물이 건립될 수 있는 토지용도 지역으로 올바른 것은? (단, 도로 및 기타 조건은 고려하지 않는다)

토지용도	(　　　　)
대지면적	55m×70m
건축물 면적	40m×60m
층수	5층

① 제2종 전용주거지역　② 제2종 일반주거지역　③ 제3종 일반주거지역
④ 중심상업지역　⑤ 근린상업지역

14. 박 부장은 제3종 일반주거지역에 20m×25m 크기의 대지를 소유하고 있으며, 이 대지에 건폐율의 허용범위 이내에서 건축물을 짓기로 결정하였다. 박 부장이 지하 2층을 포함한 건물을 짓고자 할 때, 가능한 건물의 크기와 그 지상 층수를 〈보기〉에서 모두 고른 것은? (단, 모든 층의 면적은 동일하다고 가정한다)

보기

㉠ 10m×24m, 6층　㉡ 8m×30m, 5층
㉢ 15m×10m, 8층　㉣ 14m×17m, 4층

① ㉠, ㉢　② ㉢, ㉣　③ ㉠, ㉡, ㉢
④ ㉠, ㉡, ㉣　⑤ ㉡, ㉢, ㉣

1회 기출예상 2회 기출예상 3회 기출예상 4회 기출예상 5회 기출예상 6회 기출예상 인성검사 면접가이드

[15 ~ 16] 다음은 「주택공급에 관한 규칙」의 일부이다. 이어지는 질문에 답하시오.

제22조의2(부적격 당첨자에 대한 명단관리 등) ① 부적격 당첨자가 소명기간에 해당 공급자격 또는 선정순위가 정당함을 소명하지 못하고 제4항에도 해당하지 못하여 당첨이 취소되는 경우에는 7일 이내에 그 명단을 전산관리 지정기관에 통보하여야 한다.

② 전산관리지정기관은 제1항에 따라 통보받은 자의 명단을 당첨자 명단에서 삭제하는 등 전산관리하고, 사업주체에게 전산검색 결과를 통보할 때 제3항에 해당하는지를 표시하여 통보하여야 한다.

③ 제1항에 따라 당첨이 취소된 자는 당첨일부터 3개월 동안 다른 분양주택(일정기간이 지난 후 분양 전환되는 임대주택을 포함한다)의 입주자로 선정될 수 없다.

④ 사업주체는 부적격 당첨자가 다음 각호의 어느 하나에 해당하는 경우에는 제1항에도 불구하고 당첨자로 본다.

1. 같은 순위에서 경쟁이 없는 경우에는 해당 순위의 자격을 갖춘 자
2. 같은 순위에서 경쟁이 있는 경우에는 사업주체가 재산정한 가점제 점수(가점제를 적용하여 공급하는 경우로 한정한다) 또는 공급 순차별 자격(순차별로 공급하는 경우로 한정한다)이 해당 순위의 당첨자로 선정되기 위한 가점제 점수 또는 자격 이상에 해당하는 자

제23조(재당첨 제한) ① 주택을 공급받거나 분양가상한제 적용주택, 「임대주택법」 제16조 제1항 제3호 및 제4호에 해당하는 임대주택 또는 토지임대주택에 당첨된 자의 세대에 속한 자는 다음 각호의 어느 하나에 해당하는 기간 동안 다른 분양주택(일정 기간이 지난 후 분양전환되는 임대주택을 포함하며, 민영주택인 경우에는 투기과열지구에서 공급하는 경우만 해당한다)의 입주자 및 입주예약자로 선정될 수 없다.

1. 주거전용면적이 85제곱미터 이하인 주택
   가. 「수도권정비계획법」 제6조 제1항에 따른 과밀억제권역에서 당첨된 경우에는 당첨일로부터 5년간
   나. 가목 외의 지역에서 당첨된 경우에는 당첨일부터 3년간
2. 주거전용면적이 85제곱미터를 초과하는 주택
   가. 「수도권정비계획법」 제6조 제1항에 따른 과밀억제권역에서 당첨된 경우에는 당첨일로부터 3년간
   나. 가목 외의 지역에서 당첨된 경우에는 당첨일로부터 1년간
3. 토지임대주택의 경우에는 당첨일로부터 5년간

② 전산관리지정기관은 통보받은 당첨자명단을 전산 검색하여 제1항 각호의 어느 하나에 해당하는 기간 동안 제1항에 따른 재당첨제한 적용주택의 당첨자가 된 자의 세대에 속한 자의 명단을 발견한 때에는 지체 없이 사업주체에게 그 사실을 통보하여야 한다.

③ 제2항에 따라 통보를 받은 사업주체는 이들을 입주자선정대상에서 제외하거나 주택공급계약을 취소하여야 한다.

15. 제시된 자료에 관한 질문의 응답으로 가장 적절하지 않은 것은?

Q. 억울하게 부적격 당첨자가 된 지인이 있는데요, 소명기간을 놓쳤다고 당첨이 취소되는 것은 아니죠?
A. ① 소명기간이 경과하면 당첨이 취소될 수도 있습니다.
Q. 부적격 당첨자라고 통보를 받았는데요, 그럼 저는 모든 입주 가능성이 사라진 건가요?
A. ② 반드시 그렇진 않습니다. 같은 순위에서 경쟁이 있는지의 여부에 따라 다시 당첨자가 되실 가능성도 있습니다.
Q. 두 달 전에 당첨이 취소된 적이 있는 사람입니다. 분양주택이 아닌 분양전환되는 임대주택에 이번 달 신청을 하려고 하는데요, 당첨에 별다른 제한은 없지요?
A. ③ 아닙니다. 분양전환되는 임대주택에도 3개월간 입주자로 선정되실 수 없습니다.
Q. 저희 아버지가 세대주이신데요, 작년에 임대주택에 당첨이 되셨어요. 그럼 저는 주거전용면적이 85제곱미터 이하인 주택이라면 어느 곳이든 5년간은 당첨이 불가능하겠네요?
A. ④ 맞습니다. 세대주께서 당첨이 되신 후 5년간은 세대원이 재당첨될 수 없습니다.
Q. 주거전용면적이 60제곱미터 이하인 경우와 60제곱미터 초과인 경우에는 기 당첨 세대주의 세대원 당첨 제한기간이 다르게 적용되는 건가요?
A. ⑤ 기준이 되는 주거전용면적은 60제곱미터가 아닌 85제곱미터입니다.

16. 다음 중 '당첨 부적격 또는 재당첨에 제한이 있는 경우'에 해당하지 않는 것은? (단, 자료에서 제시되지 않은 규칙의 내용은 고려하지 않는다)

① 임대주택에 당첨된 자의 세대원으로서 과밀억제권역에서 당첨된 경우
② 당첨 취소 사유에 해당되어 2개월 후 다른 임대주택에 분양 신청을 하려는 경우
③ 같은 순위 경쟁에서 가점제 점수 기준에 미달하는 부적격 당첨자의 경우
④ 임대주택에 당첨된 자의 세대원으로서 토지임대주택에 당첨된 경우
⑤ 임대주택에 당첨된 자의 세대원으로서 투기과열지구가 아닌 지역의 민영주택에 당첨된 경우

[17 ~ 18] 다음은 ○○공사의 공동주택관리규약의 일부이다. 이어지는 질문에 답하시오.

제83조(장기수선충당금의 세대별 부담액 산정방법) ① 영 제31조 제1항에 따른 "장기수선충당금의 요율"은 연차별로 다음 각호의 적립요율을 말한다(요율은 단지 특성에 따라 변경 가능).

1. 20 년 월부터 ~ 20 년 월까지 : 15%(15%)
2. 20 년 월부터 ~ 20 년 월까지 : 30%(45%)
3. 20 년 월부터 ~ 20 년 월까지 : 30%(75%)
4. 20 년 월부터 ~ 20 년 월까지 : 25%(100%) ※ 괄호 안은 누계임.

② 월간 세대별 장기수선충당금은 다음의 장기수선충당금의 산정방법에 따라 산정한다.

$$\text{월간 세대별 장기수선충당금} = \frac{\text{장기수선계획기간 중의 수선비 총액} \times \text{연차별 적립요율}}{\text{총공급면적} \times 12 \times \text{연차별 적립요율의 계획기간(년)}} \times \text{세대당 주택공급면적}$$

③ 장기수선계획 및 적립요율에 따른 장기수선충당금은 적립금액이 국토교통부장관이 고시하는 최소금액보다 적은 경우에는 고시에서 정한 금액을 적립하여야 한다.

제84조(관리비 등의 산정기간 등) 관리비 등의 산정기간은 매월 1일부터 마지막 날까지로 한다. 다만, 전기·수도·가스 등의 사용료는 징수권자의 약관 등에 따른다.

제85조(관리비 등의 납부기한) ① 관리비 등의 납부기한은 다음 달 ○○일로 한다. 다만, 납기일이 공휴일인 경우에는 금융기관의 다음의 첫 근무일까지로 한다.

② 관리주체는 전출하는 입주자 등이 관리비 등에 대한 정산을 요청하면 입주자 등이 전출하는 날을 기준으로 다음과 같이 산정한다. 다만, 검침이 가능한 사용료(수도, 전기 등)는 검침계량에 따라 정산한다.

※ 중간정산=(전출 전 3개월 평균 관리비÷당월 일수)×당월 거주일수

③ 전출자는 관리비 등을 전출하는 날까지 납부하는 것을 원칙으로 한다.

제86조(관리비 등의 징수·보관·예치) ① 관리비 등의 납부고지서는 동·호수 및 관리비 등의 비목별 금액, 납부기한, 납부 장소 등을 분명하게 적어 납기일 7일 전까지 입주자 등에게 배부하여야 한다.

② 제1항의 납부고지서에는 관리비 및 사용료와 별도로 장기수선충당금을 구분하여 표시하여야 한다.

③ 제1항의 납부고지서에는 해당 공동주택 단지 내에서 발생한 잡수입 총액과 관리비 차감에 사용한 잡수입 총액, 이로 인해 차감된 세대별 관리비 인하액 등을 입주자 등이 쉽게 알 수 있도록 납부고지서에 포함하여야 한다.

④ 관리비 등은 목적 외의 용도로 사용할 수 없다.

⑤ 관리비 등의 납부는 체납된 관리비 등부터 먼저 납부하여야 한다.

제87조(관리비 등의 연체료) 관리비 등을 기한까지 납부하지 아니한 입주자 등에 대하여는 다음의 연체요율에 따라 연체료를 부과한다.

연체 개월	1	2	3	4	5	6	7	8	9	10	11	12	1년 초과
연체요율(%)	12												15
독촉비용의 일부 의제	연체료에는 연체기간 중에 발생하는 법정과실 상당액의 손해배상금 외에 관리주체가 관리비 등의 납부를 독촉하기 위해 지출한 비용(우편료 · 등기부 열람 비용 등)이 포함된 것으로 본다.												

※ 연체요율 산정 시 연체일수를 반영하여 일할 계산한다.

17. 위 자료에 대한 설명으로 올바르지 않은 것은?

① 단지 내 공동주택의 공급면적이 클수록 월간 장기수선충당금이 더 많아진다.

② 관리비 납부기한이 6월 20일인 경우, 관리비 납부고지서는 6월 13일 이전에 입주자에게 통보되어야 한다.

③ 장기수선충당금의 최소금액 한도는 국토교통부장관 고시에 따라야 한다.

④ 이사를 나가는 입주자의 관리비는 해당 월의 전월 관리비를 기준으로 일할 계산한다.

⑤ 1 ~ 3월까지의 관리비를 체납한 후 4월에 2개월 치의 관리비를 납부했을 경우, 1월과 2월의 관리비를 납부한 것으로 본다.

18. 다음은 A 아파트의 장기수선계획 기본사항이다. 2단계 계획기간의 월간 적립금 총액은?

〈장기수선계획 기본사항〉

사용검사일	계획기간 수선비 총액(원)	계획기간
2000. 01. 01.	5,000,000,000	2001. 01. ~ 2040. 12.(40년)
공급면적(m^2)	평형별(m^2)	세대 수
50,000	50/100	600세대(200/400)

※ 계획기간별 장기수선충당금 요율(괄호 안은 누계임)

1. 2001년 1월 ~ 2010년 12월 : 20%(20%)
2. 2011년 1월 ~ 2020년 12월 : 30%(50%)
3. 2021년 1월 ~ 2030년 12월 : 30%(80%)
4. 2031년 1월 ~ 2040년 12월 : 20%(100%)

① 10,000,000원 ② 12,500,000원 ③ 13,000,000원

④ 13,500,000원 ⑤ 14,000,000원

[19 ~ 21] 다음 '갑'국의 건설자재 무역액에 관한 자료를 보고 이어지는 질문에 답하시오.

〈수출액 추이〉

(단위 : 억 원)

구분	20X0년	20X1년	20X2년	20X3년	20X4년
A 자재	1,305	1,431	1,495	1,478	1,393
B 자재	2,339	2,406	2,503	2,359	2,409
C 자재	1,370	1,422	1,415	1,281	1,273
D 자재	1,046	1,061	1,072	1,075	1,051

〈수입액 추이〉

(단위 : 억 원)

구분	20X0년	20X1년	20X2년	20X3년	20X4년
A 자재	743	764	840	892	893
B 자재	1,975	1,999	2,139	1,989	1,987
C 자재	1,237	1,294	1,299	1,159	1,179
D 자재	1,165	1,237	1,346	1,303	1,284

※ 무역수지=수출액－수입액으로, 무역수지가 양수이면 흑자, 음수이면 적자임.

19. 다음은 위의 자료를 바탕으로 작성한 보고서이다. 밑줄 친 ㉠ ~ ㉤ 중 자료의 내용과 일치하지 않는 것은?

'갑'국의 ㉠ A, B, D 자재는 20X0년 대비 20X4년의 수출과 수입액이 모두 증가하였으나, ㉡ C 자재는 매년 무역수지가 조금씩 감소하여 20X4년에는 100억 원을 밑돌았다. 또한 ㉢ 20X4년의 무역수지는 D 자재를 제외하면 모두 흑자를 나타내고 있는데, 이는 건설 경기 호황에 따라 상대적으로 경기변동지수에 민감한 자재가 흑자를 보인 것으로 풀이된다. 한편, A ~ D 자재의 연도별 합산 수출입 규모를 살펴보면, ㉣ 수출은 20X2년을 정점으로 이후 다소 감소하고 있으나 매년 꾸준히 6,000억 원 이상의 규모를 나타내고 있으며, 수입 역시 20X2년이 가장 많은 5,624억 원을 기록하여 ㉤ 매년 4개 자재의 합산 무역수지는 흑자를 보이고 있다.

① ㉠　　② ㉡　　③ ㉢

④ ㉣　　⑤ ㉤

20. 다음 ㉠~㉣ 중 제시된 자료의 내용에 부합하는 그래프를 모두 고른 것은?

㉠ 20X4년 자재별 수출액 비중(%)

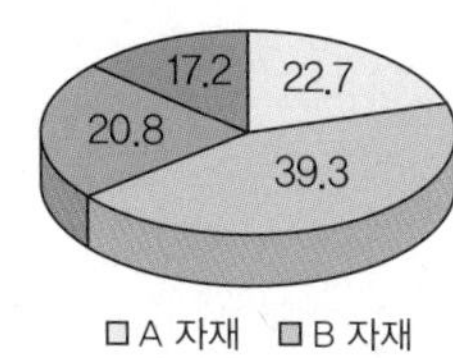

㉡ B 자재의 전년 대비 수입액 증감률(%)

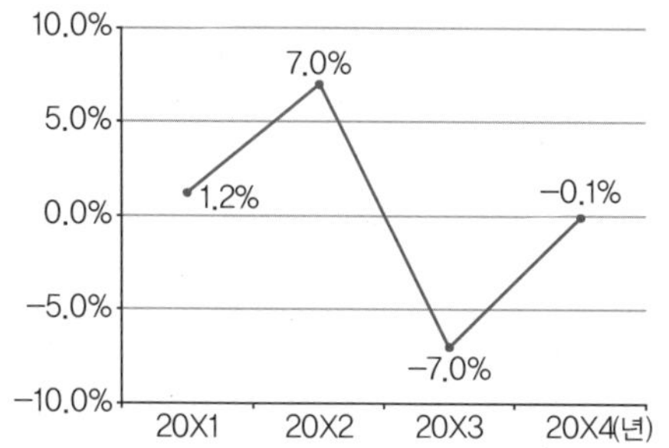

㉢ 자재별 전년 대비 20X4년 무역수지 증감(억 원)

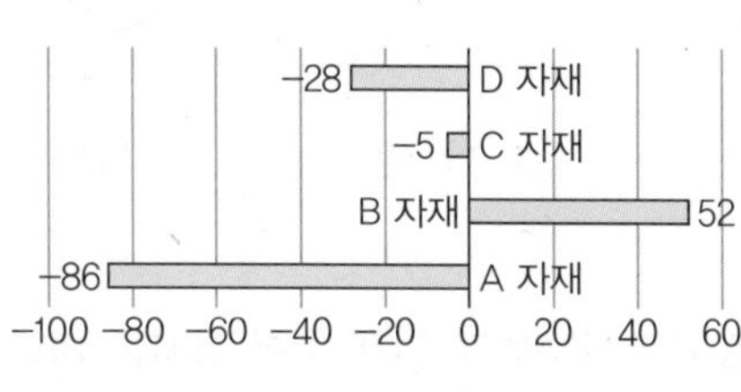

㉣ 20X3 ~ 20X4년 자재별 수입액(억 원)

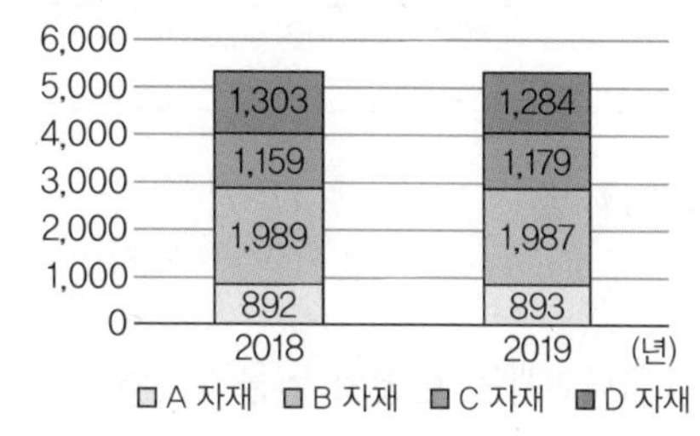

① ㉠, ㉡　　② ㉡, ㉢　　③ ㉢, ㉣

④ ㉠, ㉡, ㉣　　⑤ ㉡, ㉢, ㉣

21. 20X5년 A 자재의 무역수지가 전년 대비 12% 감소하였다. 20X5년 A 자재의 수입액은 900억 원이라고 할 때, 수출액의 전년 대비 증감률은 얼마인가? (단, 소수점 아래 둘째 자리에서 반올림한다)

① −4.0%　　② −3.8%　　③ −3.6%

④ 3.6%　　⑤ 3.8%

22. 다음은 A사의 연도별 직원 수를 나타내는 그래프이다. 2년에 한 번씩 일정한 규칙에 따라 직원 수가 증가하였으며 주어진 기간 동안 퇴사자는 없다고 가정할 때, 2022년의 직원 수는 몇 명인가?

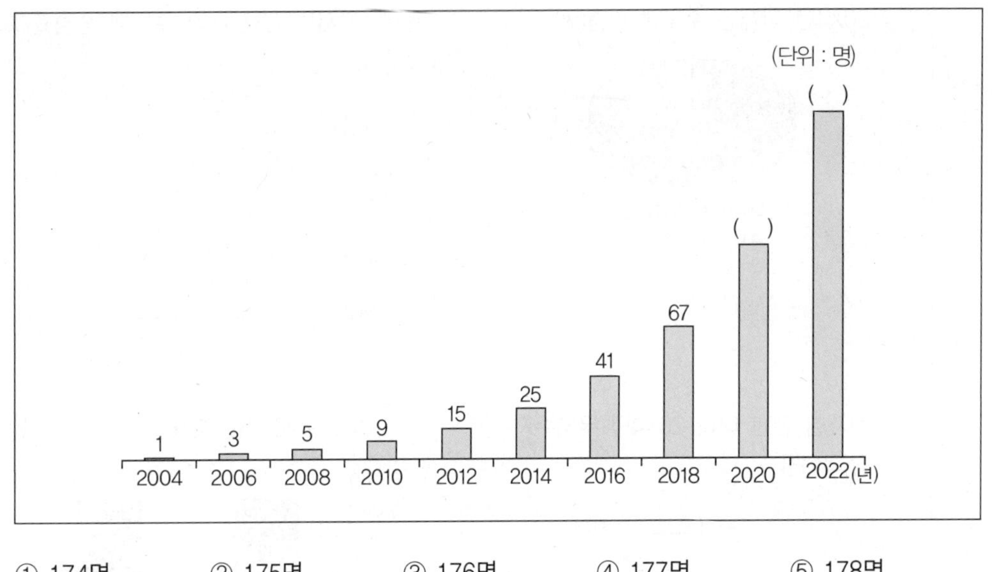

① 174명　② 175명　③ 176명　④ 177명　⑤ 178명

23. J 물류회사는 헌혈의 날을 기념하며 각 사원들의 혈액형별로 단체 헌혈 봉사를 하려고 한다. 다음 〈조건〉을 참고하여 전체 회사원들 중 임의로 선택한 사람이 A형일 때 그 사람이 3팀일 확률을 구하면?

보기

- 이번 헌혈 봉사는 O형과 A형 혈액형을 가진 사원들이 참여하기로 하였다.
- 이번 헌혈 봉사는 유통1팀, 유통2팀, 유통3팀(이하 각각 1팀, 2팀, 3팀)에서 총 50명이 참여하였다.
- 2팀인 O형과 2팀인 A형의 수는 같다.
- 1팀인 O형의 수는 2팀인 A형 수의 두 배이다.
- 헌혈하게 될 회사원들 중 임의로 선택한 사원이 A형일 확률은 $\frac{12}{25}$이다.
- 헌혈하게 될 O형 회사원들 중 임의로 선택한 사람이 1팀일 확률은 $\frac{5}{13}$이다.
- 3팀인 O형의 수와 3팀인 A형의 수를 합한 값은 1팀인 O형과 3팀인 O형의 수를 합한 값과 같다.

① $\frac{1}{12}$　② $\frac{1}{4}$　③ $\frac{5}{12}$

④ $\frac{7}{12}$　⑤ $\frac{11}{12}$

1회 기출예상 2회 기출예상 3회 기출예상 4회 기출예상 5회 기출예상 6회 기출예상 인성검사 면접가이드

24. P 회사는 〈공장별 단가 비교표〉와 〈조건〉을 참고하여 제조공장을 선정하려고 한다. 이때 선정되는 공장은?

〈공장별 단가 비교표〉

(단위 : 원)

생산량 \ 공장	A	B	C	D	E
100개 미만	1,600	1,400	4,000	1,800	1,900
100개 이상 ~ 200개 미만	1,500	1,400	1,600	1,800	1,700
200개 이상 ~ 300개 미만	1,400	1,400	1,400	1,500	1,400
300개 이상	1,300	1,400	1,200	1,000	1,100

※ 월별 생산비용은 해당 월의 구체적인 생산량에 생산량에 따른 단가를 곱하여 계산한다.

조건

- P 회사는 연간 생산비용이 가장 낮은 공장을 선택한다.
- P 회사는 연간납품계약을 맺은 상태이며, 다른 제품은 생산하지 않는다.
- P 회사는 1 ~ 3월에는 매월 250개, 4 ~ 6월에는 매월 350개, 7 ~ 9월에는 매월 300개, 10 ~ 12월에는 매월 75개의 제품을 생산해야 한다.

① A 공장　② B 공장　③ C 공장
④ D 공장　⑤ E 공장

25. ○○기관은 임용시험에서 320명의 합격자를 선발하기로 하였다. 이 중 행정직렬은 200명을 선발하고, 기술직렬은 35명을 선발한다. 전체 응시자 수는 6,400명이고 행정직렬에는 5,200명, 행정직렬과 기술직렬을 제외한 나머지 직렬에는 710명이 지원하였을 때, 기술직렬의 경쟁률은 얼마인가?

① 12 : 1　② 13 : 1　③ 14 : 1
④ 15 : 1　⑤ 16 : 1

26. 다음은 어느 제품의 A ~ F 6개 지역 간의 유통비용이다. 이 제품은 모든 지역을 빠짐없이 한 번씩만 거쳐 유통되며, C 지역에서 출발하여 바로 B 지역을 거치고 마지막에는 A 지역에 최종 도달해야 한다. 유통비용이 최소인 경로로 이동할 때의 비용은? (단, E 지역은 네 번째 순서로 거쳐 가지 않는다)

(단위 : 만 원/100톤)

지역	A	B	C	D	E	F
A	–	24	17.6	2.4	8.8	4
B	24	–	28	16	10.4	16.8
C	17.6	28	–	12.8	7.2	6.4
D	2.4	16	12.8	–	8	24.8
E	8.8	10.4	7.2	8	–	3.2
F	4	16.8	6.4	24.8	3.2	–

① 58.8만 원/100톤　② 60.4만 원/100톤　③ 62.4만 원/100톤
④ 68.8만 원/100톤　⑤ 70.6만 원/100톤

27. 다음 자료를 참고할 때, 전기요금과 수도요금이 가장 많이 나온 가구를 바르게 짝지은 것은?

〈전기요금 계산방법〉

① 기본요금(원 단위 미만 절사)	④ 부가가치세(원 단위 미만 반올림)=③×10%
② 사용량 요금(원 단위 미만 절사)	⑤ 전력산업기반기금(10원 미만 내림)=③×3.7%
③ 전기요금계=①+②-복지할인	⑥ 청구요금 합계(10원 미만 내림)=③+④+⑤

〈업종별 수도요금 계산방법〉

업종	사용량(톤)	요금(원/톤)
가정용	0 ~ 20	430
	21 ~ 30	570
	31 이상	840

업무용	0 ~ 100	980
	101 ~ 300	1,100
	301 이상	1,200
영업용	0 ~ 30	830
	31 ~ 50	900
	51 ~ 100	1,010
	101 이상	1,220
대중목욕탕	0 ~ 500	590
	501 ~ 1,000	780
	1,001 ~ 2,000	860
	2001 이상	940

〈가구별 전기, 수도 사용량〉

구분	전기 사용량 요금/복지 할인	수도 사용량
A 가구	23,500원/1,200원	가정용 100톤
B 가구	32,000원/1,000원	업무용 70톤
C 가구	22,000원/1,200원	영업용 80톤
D 가구	35,000원/4,200원	대중목욕탕 120톤
E 가구	30,000원/1,500원	가정용 30톤 영업용 60톤

※ 모든 가구의 전기 사용 기본요금은 720원인 것으로 가정함.

※ 모든 가구의 수도요금은 구간별 사용량에 따라 계산함.

	전기요금	수도요금
①	B 가구	C 가구
②	B 가구	E 가구
③	D 가구	A 가구
④	E 가구	A 가구
⑤	E 가구	C 가구

28. 현재 G 회사는 신입사원 채용을 진행 중이다. 다음 〈조건〉에 따라 채용을 진행할 때, G 회사 신입사원이 각 팀에 배정되는 경우의 수는 몇 가지인가?

조건

- 현재 진행 중인 채용을 통해 입사한 신입사원들은 인사팀, 총무팀, 마케팅팀에 배정된다.
- 입사하는 신입사원의 수는 3명 이상 10명 이하이다.
- 각 팀에는 적어도 1명의 신입사원이 배정된다.
- 경우의 수를 계산할 때 신입사원 간 구분은 하지 않으며, 각 팀에 배정되는 인원수만 고려한다.

① 120가지 ② 144가지 ③ 160가지
④ 192가지 ⑤ 210가지

29. 다음 자료에 대한 설명으로 옳은 것은?

〈A 시 도로교통 정보〉

구분	차량 수 (천 대)	미개통구간 (km)	총연장 (km)	포장구간 비중 (%)
20X6년	120	57	487	56
20X7년	123	59	497	56
20X8년	128	61	520	57
20X9년	133	63	543	56

※ 총연장 : 개통구간과 미개통구간의 합

※ 포장구간 비중 : 포장구간은 개통구간과 무관하게 해당 구간의 포장완료 여부로 결정된다. 따라서 포장구간 비중은 아래 수식을 계산해 소수점 아래 첫째 자리에서 반올림한 값이다.

$$\text{포장구간 비중(\%)} = \frac{\text{개통 포장구간} + \text{미개통 포장구간}}{\text{총연장}} \times 100$$

① 포장구간과 비포장구간의 전년 대비 증감 추이는 동일하다.
② 총연장 중 미개통구간 비율과 차량 수는 매년 증가하고 있다.
③ 차량당 포장구간은 매년 증가하고 있으며 차량당 비포장구간은 매년 감소하고 있다.
④ 차량당 총연장, 차량당 포장구간의 전년 대비 증감 추이는 동일하다.
⑤ 전년 대비 차량 증가율이 가장 큰 해는 전년 대비 비포장구간 증가율이 가장 큰 해이기도 하다.

[30 ~ 31] 영업사원인 정 대리는 A, B, C 3개 지역의 판매를 담당한다. 다음 달의 달력과 정 대리의 〈영업 상황〉을 참고하여 이어지는 질문에 답하시오.

다음 달						
일	월	화	수	목	금	토
			1	2	3	4
5	6	7	8	9	10	11
12	13	14	15	16	17	18
19	20	21	22	23	24	25
26	27	28	29	30	31	

〈영업 상황〉

- 정 대리는 하루에 한 개 지역에서만 판매를 할 수 있으며, 같은 지역에서 연이틀 판매하지 않는다.
- 토요일과 일요일에도 판매를 하며, 매주 월요일은 B 지역을 갈 수 없다.
- 다음 달 23일은 반드시 A 지역을 가야 한다.

30. 정 대리의 지역별 영업 일수에 대한 설명으로 적절한 것을 〈보기〉에서 모두 고르면?

보기

(가) 정 대리가 다음 달에 A 지역에서 판매할 수 있는 날은 최대 16일이다.
(나) 정 대리가 다음 달 판매할 수 있는 날이 가장 많은 지역은 B 지역이다.
(다) 정 대리가 C 지역에서 판매를 1일에 시작하는 경우와 2일에 시작하는 경우의 최대 판매 일수는 동일하다.

① (가) ② (나) ③ (다)
④ (가), (나) ⑤ (가), (다)

31. 위의 〈영업 상황〉에 추가하여 정 대리가 다음 달 3일과 16일에는 반드시 C 지역을 방문해야 한다고 할 때, A 지역의 방문 횟수를 최대한으로 할 경우 B 지역의 최대 방문 횟수는?

① 9회 ② 10회 ③ 11회
④ 12회 ⑤ 13회

32. 다음 설명을 참고할 때, 〈보기〉 중 반드시 임대인이 비용을 부담해야 하는 경우는?

주택이나 상가의 임대차 기간 중 목적물이 파손되거나 하자가 발생한 경우 임대인과 임차인 중 누가 수선을 해야 하는지 분쟁이 발생하는 경우가 많다. 우리 민법 제623조는 "임대인은 목적물을 임차인에게 인도하고 계약 존속 중 그 사용, 수익에 필요한 상태를 유지하게 할 의무를 부담한다."고 규정하며 임대인에게 수선의무를 지우고 있다. 이에 대응하여 임차인에게는 제634조에서 "임차물의 수리를 요하거나 임차물에 대하여 권리를 주장하는 자가 있는 때에는 임차인은 지체 없이 임대인에게 이를 통지하여야 한다. 그러나 임대인이 이미 이를 안 때에는 그러하지 아니하다."고 규정하여 통지의무를 부여하고 있다.

임대차 목적물의 하자에 대한 임대인의 수선의무의 범위에 관하여 대법원은 "임대차 계약에서 임대인은 목적물을 계약 존속 중 사용, 수익에 필요한 상태를 유지할 의무를 부담하므로, 목적물에 파손 또는 장해가 생긴 경우 그것이 임차인이 별 비용을 들이지 아니하고도 손쉽게 고칠 수 있을 정도의 사소한 것이어서 임차인의 사용, 수익을 방해할 정도의 것이 아니라면 임대인은 수선의무를 부담하지 않지만, 그것을 수선하지 아니하면 임차인이 계약에 의하여 정해진 목적에 따라 사용, 수익할 수 없는 상태로 될 정도의 것이라면 임대인이 수선의무를 부담한다."고 판시한 바 있고, 또한 "임대인의 수선의무를 발생시키는 사용, 수익의 방해에 해당하는지 여부는 구체적인 사안에 따라 목적물의 종류 및 용도, 파손 또는 장해의 규모와 부위, 이로 인하여 목적물의 사용, 수익에 미치는 영향의 정도, 그 수선이 용이한지 여부와 이에 소요되는 비용, 임대차계약 당시 목적물의 상태와 차임의 액수 등 제반 사정을 참작하여 사회통념에 의하여 판단하여야 할 것"이라고 하였다.

이러한 임대인의 수선의무는 특약에 의하여 이를 면제하거나 임차인의 부담으로 돌리는 것도 가능하다. 하지만 판례는 특약에서 수선의무의 범위를 명시하고 있는 등의 특별한 사정이 없는 한 그러한 특약에 의하여 임대인이 수선의무를 면하거나 임차인이 그 수선의무를 부담하게 되는 것은 통상 생길 수 있는 파손의 수선 등 소규모의 수선에 한한다 할 것이고, 대파손의 수리, 건물의 주요 구성부분에 대한 대수선, 기본적 설비부분의 교체 등과 같은 대규모의 수선은 이에 포함되지 아니하고 여전히 임대인이 그 수선의무를 부담하여야 한다는 입장이다.

형광등이나 변기의 사소한 수리와 같은 임차인이 별다른 비용을 들이지 아니하고도 손쉽게 고칠 수 있는 것이어서 임차인의 사용, 수익을 방해할 정도의 것이 아니라면 임차인이 수리하여야 한다. 그러나 기본적 설비 부분의 교체 등 대규모의 수선(예를 들어 벽 균열 발생, 누수, 보일러 고장 등)이 필요할 때에는 임대인의 수선의무가 면제되지 아니하므로 임대인이 비용을 부담하여야 한다. 만일 임대인이 수선의무를 이행하지 않는다면 임차인은 차임지급을 일부 또는 전부 거절할 수도 있고, 계약을 해지할 수도 있다. 또한 임차인의 비용으로 일단 수리를 받은 다음 그 비용을 청구하거나 지급할 차임에서 공제할 수도 있다.

보기

㉠ 어린 아이들이 거실에서 뛰어놀다가 거실 바닥에 균열이 생겨 바닥재가 무너진 경우
㉡ 임차료를 낮춰 주는 대신 누수 시 임차인이 비용을 부담하기로 특약을 맺은 후, 수도관에서 누수가 발생한 경우
㉢ 겨울철에 아무런 이유 없이 보일러가 작동하지 않아 당장 수리를 해야 하는 경우
㉣ 벽에 균열이 생긴 것을 오래도록 임대인에게 통보하지 않고 있다가 균열이 커져 결국 벽 전체에 대한 대규모 공사를 요하게 된 경우
㉤ 임대인이 최초 설치하여 목적물에 포함하여 임대하였으나, 임차인이 전혀 사용하지 않던 붙박이장 내부가 썩고 악취가 진동하여 해체가 필요한 경우

① ㉠, ㉡ ② ㉡, ㉣, ㉤ ③ ㉠, ㉢, ㉤
④ ㉠, ㉡, ㉢, ㉣ ⑤ ㉡, ㉢, ㉣, ㉤

[33 ~ 34] G 시 체육정책과 M 주무관은 생활체육 지원 기획안을 작성하기 위해 주민 체육활동 자료를 수집하고 있다. 이어지는 질문에 답하시오.

〈'건강한 G 시' 만들어 가요 – G 시 생활체육 지원 확대〉

G 시는 모든 지역주민이 스포츠를 즐기며 건강한 삶을 누릴 수 있도록 하는 생활체육 지원을 확대할 계획을 발표했다. 생활체육교육을 위해 다양한 프로그램 지도가 가능한 교육인 총 716명(생활체육지도자 163명, 생활체육 광장지도자 136명, 장애인지도자 30명, 전문스포츠지도자 3명, 청소년 생활체육학교 강사 384명)을 모집하고 각 지역에 배치해 누구나 쉽게 생활체육에 접근할 수 있도록 할 방침이다.

특히 각 연령대별 선호 체육시설 및 참여 체육활동 유형을 확인하여 맞춤형 참여 프로그램을 운영, 단체 체육활동 지원, 스포츠 강좌 이용료 지원, 유아 및 청소년 체육활동을 지원한다. 또한 찾아가는 운동 코칭 서비스를 제공하며 더 많은 지역주민들이 체육활동에 참여할 수 있도록 한다. 더불어 다양한 연령과 계층에게 저렴한 비용으로 스포츠를 접할 수 있도록 공공체육시설 중심의 스포츠클럽 12개소를 운영한다. 지역주민의 연령대별 건강체력 수준을 주기적으로 측정해 맞춤형 운동처방을 제공하는 체력인증센터도 함께 운영할 계획이다.

G 시 K 체육정책과장은 "지역주민 모두가 연령, 계층 등에 구애받지 않고 체육시설에 접근 및 이용할 수 있는 여건을 만들기 위해, 생활권 중심의 체육시설 인프라 확충 및 개 · 보수사업도 지속적으로 추진하겠다."라고 말했다.

〈G 시 주민들의 선호 체육시설 및 체육활동 유형〉

(단위 : %)

구분	체육시설					체육활동					
	민간 시설	공공 시설	학교 시설	기타 시설	이용 안함	걷기	등산	구기 종목	피트 니스	수영	기타
10대	14.3	13.5	52.1	13.9	6.2	18.2	3.8	41.5	4.6	2.3	29.6
20대	54.0	10.0	19.1	14.3	3.6	13.5	1.6	20.1	41.0	6.8	17.0
30대	42.0	26.4	5.4	19.0	7.2	23.1	4.6	12.9	32.1	10.1	17.2
40대	33.1	28.0	7.2	21.4	10.3	30.1	7.2	9.0	24.1	6.8	22.3
50대	23.5	33.7	10.0	22.8	10.0	35.9	12.9	7.7	10.4	8.8	24.3
60대	14.5	30.1	12.4	30.7	12.3	45.1	11.9	6.3	9.5	8.6	18.6
70대 이상	2.0	27.7	15.0	43.9	11.4	66.6	4.7	1.3	4.5	1.8	21.1

※ 위 통계조사에 참여한 각 연령대별 응답자 수는 동일함.

33. M 주무관이 생활체육 지원 기획안을 작성하기 위해 위 자료를 이해한 내용으로 가장 적절한 것은?

① 10대가 자주 이용하는 시설과 선호하는 활동을 고려해 공공시설에 학생들을 대상으로 하는 구기종목에 대한 단체 체육활동을 지원하는 것이 좋겠군.

② 20대를 위해 피트니스 센터가 있는 공공시설에 생활체육지도자를 배치하는 것이 좋겠군.

③ 맞춤형 참여 프로그램으로 피트니스 프로그램을 운영하면 30대의 참여 비율이 가장 높겠군.

④ 40대 이상이 가장 선호하는 체육활동이 걷기이므로 40대 이상 대상으로는 맞춤형 참여 프로그램으로 걷기를 운영해야겠군.

⑤ 공공체육시설을 가장 자주 이용하는 연령대인 60대를 위한 프로그램을 운영하기 위해서는 공공시설에 생활체육지도자를 배치하는 것이 좋겠군.

34. M 주무관은 생활체육 지원을 통한 체육활동 증진방안을 발표하기 위해 G 시 주민들의 체육활동 비참여 이유에 대한 통계조사를 실시하였다. 통계조사의 결과가 다음과 같을 때, M 주무관이 제시할 의견으로 적절하지 않은 것은?

〈체육활동 비참여 이유〉

(단위 : %)

구분	지출비용부담	체육활동관심 부족	낮은 시설접근성	프로그램 부족	체육활동 정보부족	기타 요인
10대	12.7	28.2	17.6	8.2	15.4	17.9
20대	17.6	18.4	20.2	17.0	24.1	2.7
30대	19.3	18.4	18.0	16.4	27.5	0.4
40대	27.1	12.7	14.6	8.2	26.2	11.2
50대	22.0	7.9	24.4	17.0	24.3	4.4
60대	15.8	13.8	25.2	11.2	26.4	7.6
70대 이상	9.5	11.6	43.2	8.4	24.7	2.6

※ 위 통계조사에 참여한 각 연령대별 응답자 수는 동일함.

① 체육활동에 관심이 가장 부족한 10대의 관심과 참여를 독려하기 위해서는 청소년 생활체육학교의 강사를 지원하고 다양한 프로그램을 진행하는 것이 좋겠습니다.

② 스포츠 강좌 이용료를 지원하는 방안은 40대를 대상으로 했을 때에 가장 효과적이겠습니다.

③ 70세 이상 주민들을 대상으로 찾아가는 운동 코칭 서비스를 통해 체육활동 참여를 증진할 수 있습니다.

④ 생활체육 지원 확대 계획에 체육활동에 관한 정보를 제공하는 기획을 추가할 필요가 있습니다.

⑤ 생활체육 확대 계획에 전 연령대에 걸쳐 체육활동의 관심이 부족한 문제를 해결하는 방안을 추가로 마련해야겠습니다.

[35 ~ 36] 다음 글을 읽고 이어지는 질문에 답하시오.

지난주 정부가 발표한 '디지털 미디어 생태계 발전 방안'을 보자마자 케이콘텐츠뱅크가 떠올랐다. 2016년 미래창조과학부가 한국형 유튜브를 표방해 만든 온라인 비투비 유통시스템으로 우리 방송 콘텐츠의 해외 마케팅, 관리, 유통 서비스를 원스톱으로 제공한다는 취지의 정책이었다. 그러나 유튜브 독식을 방어하고자 했던 이 플랫폼은 한류 콘텐츠의 곳간은 되지 못했다. 이유는 자명하다. 완성물 저작권을 일방적으로 보유한 방송사와 저작권이 없는 콘텐츠 창작자의 '상생' 조건으로서 파트너십 원칙이 없었다. 해외 유통을 희망하는 영상이 밀려들기는커녕 창작자는 저작권이 없어서 진입이 어려웠고, 방송사업자는 굳이 이 플랫폼에서 상생할 이유가 없었다. 저작권자, 창작자, 콘텐츠 이용자 연결 관계에 대한 이해 없이 정책을 추진한 결과 플랫폼은 활성화되지 못했다. 현재 케이콘텐츠뱅크에는 주로 과학기술정보통신부 제작지원 프로그램과 엠시엔(MCN · 다중채널네트워크) 영상이 올라와 있는데, 다년간 운영관리비와 제작지원비 예산을 투입할 만큼 제 기능을 하고 있는지 잘 모르겠다. 유튜브 방어가 정책 전략이었는데, 가령 지원금 수혜자가 유튜버로 왕성한 활동을 할 경우 이를 성과로 봐야 할지도 모호하다.

이번 '발전 방안'에서도 이런 맥락의 모순이 발견된다. 특히 '글로벌 플랫폼 기업 최소 5개를 목표로 지원'한다는 대목과 '플랫폼 차별화, 대형화 지원'에서 아연실색했다. 플랫폼은 이용자의 관심과 선택의 크기에 의해 규모가 결정되는 것이지 대형화의 결과로 플랫폼 연결 능력이 생기는 것은 아니다. 대형화라는 규모의 관점에서 정책을 펼칠 경우, 소규모 스타트업이나 도전적인 벤처 플랫폼은 소외될 수밖에 없다. 과거 우리에겐 엠엔캐스트, 판도라티브이, 엠군 등 유튜브와 비슷한 시기에 등장한 선도적 동영상 플랫폼이 여럿 존재했었다. 초고속 인터넷, 사용자가 직접 제작한 콘텐츠를 매개로 큰 인기를 누렸던 이들은 왜 글로벌 플랫폼으로 성장하지 못했을까. IT 칼럼니스트 김○○ 씨는 "기하급수적으로 늘어나는 인터넷망 사용료로 인해 '캐즘(Chasm)'을 넘어서지 못했기 때문"이라고 분석한다. 시장 개척을 막 시작한 벤처 기업은 범용 서비스 개발 전까지 대형화 사업비용을 최소화해야 안정적 수익모델을 창출할 수 있는데, 이들은 사업 초기 매출이익의 대부분을 망 사용료로 지불해야 했다. 비용 감당이 안 되자 P2P 전송을 택했고, 그 결과 '이용자 만족'이라는 핵심 가치를 크게 훼손했다. 컴퓨터 속도가 느려지고 에러가 빈번히 발생하자 이용자들은 유튜브 같은 편의성 높은 플랫폼으로 이동한 것이다.

또한 "젊은 창작자와 1인 미디어를 집중 지원"하겠다는 계획도 의아하다. 가뜩이나 디지털 격차에 대한 우려가 큰데, 젊은 세대와 1인에 한정해 지원하는 이유는 무엇일까. 게다가 1인 제작자보다 소규모 협업 제작이 실질적으로 더 많다. '개인 미디어'라고 칭해야 정책 적용에 혼선이 없지 않을까.

코로나19로 유튜브와 넷플릭스의 국내 이용자가 많이 증가했다고 한다. 당연한 결과이다. 두 플랫폼은 대형화된 지금도 이용자 편의성과 연결성에 공을 들여 수익모델을 개선해 가고 있다. 이들과의 경쟁에서 이기려는 규모 중심의 대항마 프레임으로 접근하기보다 플랫폼과 콘텐츠 이용자 관점에서 정책이 재검토되길 바라는 건 너무 늦은 것인가.

35. 다음 〈보기〉에서 제시된 글을 올바르게 이해한 사람을 모두 고른 것은?

보기

A : 필자는 디지털 미디어 생태계 발전 방안에 대하여 불만이 많군.
B : 필자는 케이콘텐츠뱅크의 문제점도 함께 지적하고 있군.
C : 대규모 벤처 플랫폼이 꼭 필요하다는 것이 필자의 입장이네.
D : 필자는 적어도 2 ~ 3명 이상의 제작자가 참여하는 플랫폼이 더 낫다는 의견이군.

① A, B
② B, C
③ C, D
④ A, B, C
⑤ B, C, D

36. 다음 중 제시된 글에 대한 반박논리로 가장 적절한 것은?

① 대형 규모가 갖춰진 플랫폼이 성공확률이 높고 이용자 유치에도 더 용이하다면 필자의 주장은 맞지 않아.
② 과거 동영상 플랫폼에 업로드되던 동영상들의 품질이 더욱 좋았다면 그들은 글로벌 플랫폼으로 성장했겠네.
③ 필자의 말대로라면 코로나가 아니었으면 유튜브와 넷플릭스는 사라졌을 수도 있겠군.
④ 필자는 미디어 제작자로 여성과 고연령층을 더 선호하는군.
⑤ P2P 전송속도가 빨랐다면 인터넷망 사용료가 더 비싸졌겠군.

[37 ~ 38] 다음 자료를 읽고 이어지는 질문에 답하시오.

〈○○물류센터 A ~ D 창고 위치〉

A	B
C	D

〈○○물류센터 관리 시스템〉

항목	세부 사항
저장용량한도	– 창고의 저장용량 한도를 나타낸다. – 왼쪽부터 A 창고, B 창고, C 창고, D 창고의 저장용량한도이다.
초기재고상태	– 창고에 들은 상품 수를 나타낸다. – 왼쪽부터 A 창고, B 창고, C 창고, D 창고의 상품 수이다.
산출식	[산출식 X] 초기재고상태와 이동 후 재고상태의 차이의 절댓값이 가장 큰 창고와 가장 작은 창고의 이동 후 보관량의 합을 산출한다. [산출식 Y] 각 창고의 이동 후 재고상태를 기준으로 잉여 저장용량이 가장 적은 창고와 가장 많은 창고의 이동 후 보관량의 합을 산출한다. ※ 단, 조건에 맞는 창고가 2개 이상인 경우, 알파벳 순서가 빠른 창고를 산출한다. 또한 한 창고가 조건을 충족하는 경우, 중복 선정될 수 있다.

빨간 버튼	창고에 있는 상품들을 모두 시계 방향을 기준으로 옆 창고로 한 칸씩 옮긴다. 버튼을 누른 횟수만큼 옮긴다.
파란 버튼	창고에 있는 상품들을 모두 반시계 방향을 기준으로 옆 창고로 한 칸씩 옮긴다. 버튼을 누른 횟수만큼 옮긴다.

※ 빨간버튼을 누른 다음 파란 버튼을 누른다.

등급 기준		
이동 결과, 저장용량한도를 초과한 창고가 없는 경우 산출식 결과에 따른 등급 결정	5 미만	1등급
	5 이상 ~ 10 미만	2등급
	10 이상 ~ 15 미만	3등급
	15 이상	4등급
이동 결과, 한 창고라도 저장용량한도를 초과하는 경우		5등급

〈등급 산출 과정 예시〉

물류센터 현황이 다음과 같은 상황에서 빨간 버튼을 2번 누를 때, 출력되는 등급은?

〈○○물류센터 창고 현황〉

- 저장용량한도 : (5, 8, 7, 3)
- 초기재고상태 : (2, 3, 4, 1)
- 산출식 Y를 적용한다.

1. 초기재고상태는 A, B, C, D 창고가 각각 2개, 3개, 4개, 1개이고 시계 방향으로 2칸 이동하면 A, B, C, D 창고에 각각 1개, 4개, 3개, 2개가 된다.
2. 이동 결과, 저장용량을 초과하는 창고는 없으며 산출식 Y를 적용하면 저장용량한도를 파악해야 한다. 저장용량한도에 가장 가까운 창고는 D 창고이고, A, B, C 창고는 잉여 저장용량이 동일하게 4개 남았으므로 알파벳 순서가 빠른 A 창고가 선정된다. 따라서 두 창고의 이동 후 보관량의 합은 3이다.
3. 등급 기준에 따라 '1등급'이 출력된다.

37. 다음 조건에서 빨간 버튼을 13번, 파란 버튼을 7번 눌렀다고 할 때, 출력되는 등급은?

- 저장용량한도 : (3, 9, 7, 6)
- 초기재고상태 : (1, 4, 6, 3)
- 산출식 X를 적용한다.

① 1등급　② 2등급　③ 3등급　④ 4등급　⑤ 5등급

38. 다음 조건에 따라 계산한 결과 4등급이 출력되었다. 빨간 버튼을 23번 눌렀다고 할 때, 파란 버튼은 몇 번 눌렀는가?

- 저장용량한도 : (10, 9, 12, 7)　• 초기재고상태 : (8, 7, 9, 6)　• 산출식 Y를 적용한다.

① 0번　② 1번　③ 2번　④ 3번　⑤ 4번

[39 ~ 40] 다음 글을 읽고 이어지는 질문에 답하시오.

• 갑질의 개념

공무원이 직무권한 또는 지위 · 직책 등에서 유래되는 사실상 영향력을 행사하여 민원인, 부하직원, 산하 기관 · 단체 등의 권리나 권한을 부당하게 제한하거나 의무가 없는 일을 부당하게 요구하는 행위

• 갑질의 유형

– 인가 · 허가 등을 담당하는 공무원이 그 신청인에게 불이익을 주거나 제3자에게 이익 또는 불이익을 주기 위하여 부당하게 그 신청의 접수를 지연하거나 거부하는 행위

⇒ 민원담당자의 직무관련자에 대한 불이익 부과 또는 제3자에 대한 이익 부여 목적의 갑질 행위(공무원 → 국민)

– 직무관련 공무원에게 직무와 관련이 없거나 직무의 범위를 벗어나 부당한 지시 · 요구를 하는 행위

⇒ 조직 내 상급자의 이익 추구 목적 또는 하급자에 대한 불이익 부과 목적의 하급자에 대한 갑질 행위(공무원 → 공무원)

– 공무원 자신이 소속된 기관이 체결하는 물품 · 용역 · 공사 등 계약에 관하여 직무관련자에게 자신이 소속된 기관의 의무 또는 부담의 이행을 부당하게 전가하거나 자신이 소속된 기관이 집행해야 할 업무를 부당하게 지연하는 행위

⇒ 조직이익 목적의 직무관련자에 대한 갑질 행위(기관 → 국민)

– 공무원 자신이 소속된 기관의 소속 기관 또는 산하기관에 자신이 소속된 기관의 업무를 부당하게 전가하거나 그 업무에 관한 비용 · 인력을 부담하도록 부당하게 전가하는 행위

⇒ 조직이익 목적의 하급기관에 대한 갑질 행위(상급기관 → 하급기관)

– 그 밖에 직무관련자, 직무관련공무원, 공무원 자신이 소속된 기관의 소속 기관 또는 산하기관의 권리 · 권한을 부당하게 제한하거나 의무가 없는 일을 부당하게 요구하는 행위

⇒ 그 밖에 민원인, 부하직원, 하급기관 등에 대한 갑질 행위

39. 다음 중 제시된 글을 이해한 내용으로 가장 적절하지 않은 것은?

① 갑질의 가해자가 반드시 상사이고 피해자가 반드시 부하직원인 것만은 아니군.

② 수행해야 할 의무가 없는 일을 시키는 것도 갑질로 인정되는구나.

③ 공기관의 입찰에서 특정 응찰자에게 불이익을 주는 것은 기관이 국민에게 행하는 갑질의 유형이군.

④ 갑질은 반드시 사람과 사람 사이에서 벌어지는 행태가 되겠군.

⑤ 갑질은 업무를 부당하게 부과하는 것뿐 아니라 비용이나 인력이 불필요하게 투입되도록 만드는 것도 포함되네.

40. 다음 중 '갑질'의 사례에 해당하지 않는 것은?

① △△시 A 과장은 SNS 단체채팅방을 통해 산하기관 임직원에게 휴일, 심야나 새벽을 가리지 않고 업무를 지시하거나 자신의 업무를 떠넘겼다.

② 공공기관인 B 공사는 정보시스템 구축계약을 하면서, 당초 납품하기로 한 것보다 훨씬 고가의 장비를 동일한 가격에 납품하도록 상대방에게 요구하였다.

③ ○○학교 C 교장은 학교 급식실에서 식사를 하지 않고 급식실 영양사에게 음식을 교장실로 가져오도록 하고 빈 그릇은 다시 영양사가 치우도록 하였다.

④ D 기관의 민원 담당 직원은 방문 고객의 부당한 요구에 맞서 끝까지 민원 처리를 해 주지 않았으며, 상황을 종료하기 위해 경찰에 신고하였다.

⑤ 감독기관의 담당자인 E 과장은 피감기관의 담당자에게 다음 달 출장일정을 통보하며 숙박료와 함께 체재비, 관광비 일부를 송금하도록 요구하였다.

6회 기출예상문제

문항수 : 40 문항
문항시간 : 60 분

▸ 정답과 해설 48쪽

01. 다음 글의 주제로 가장 적절한 것은?

> 자신의 소통 스타일이 궁금하다면 자신이 하는 말에 '다'로 끝나는 말이 많은지 '까'로 끝나는 말이 많은지를 확인해 보는 것이 도움이 된다. '다'가 많다면 주로 닫힌 소통을 하고 있는 것이다. 상대방을 향한 내 이야기가 잔소리라는 저항의 벽을 넘기 원한다면 '까'로 끝나는 문장을 써 주는 것이 효과적이다. 닫힌 문장이 아닌 열린 질문으로 소통하라는 것이다. '공부 열심히 해라'는 닫힌 문장이다. '공부 열심히 하니?'는 질문이긴 한데 닫힌 질문이다. '네, 아니요'로 답이 떨어지기 때문이다. '요즘 공부하는 거 어때?'가 열린 질문이다. 마찬가지로 '여보, 술 줄인다면서 어제 또 술을 먹은 것 아니에요?'는 닫힌 질문이다. '여보, 술을 잘 줄이지 못하는 이유가 무엇일까요?'가 열린 질문이다.
>
> 열린 질문은 일방적 지시가 아닌 상대방 의견을 묻는 구조이므로 저항이 적게 생긴다. 그래서 마음이 열리게 된다. 술을 끊지 못하는 이유를 묻는 질문에 '술을 끊으려 해도 스트레스를 받으니 쉽지 않아'라고 답하게 되고 술 대신 스트레스를 풀 방법을 찾는 것이 중요하다는 결론에 이르게 된다. 이 결론은 대화를 통해 얻은 내 생각이고 내 결정이기 때문에 거부감 없이 받아들이게 된다.
>
> 열린 질문에 익숙하지 않은 이유는 빨리 변화시키고 싶은 조급함과 불안감 때문이다. 그러나 긍정적인 변화를 위한 소통에는 인내와 기다림이 필요하다.

① 열린 질문은 원활한 소통에 도움이 된다.

② 열린 질문과 닫힌 질문은 각각의 장단점이 있다.

③ 소통의 스타일은 매우 다양하다.

④ 적당한 음주는 친분 형성에 긍정적인 영향을 끼친다.

⑤ 대화할 때 딱딱한 말투의 사용은 자제해야 한다.

02. 다음 상황을 표현하는 사자성어로 가장 적절한 것은?

> A : 내가 주차를 어디에 했지?
> B : 차를 어느 구역에 주차했는지 까먹은 거야?
> A : 기억하고 있지. 노란색 차와 파란색 차 사이에 주차했거든.
> B : 무슨 소리야? 그 차들은 이미 빠졌을 수도 있잖아.

① 와신상담(臥薪嘗膽) ② 삼고초려(三顧草廬) ③ 각주구검(刻舟求劍)
④ 오월동주(吳越同舟) ⑤ 고진감래(苦盡甘來)

03. 다음 밑줄 친 단어 중 표기가 바른 것의 개수는?

> A : 왜 그렇게 표정이 안 좋아?
> B : 요즘 걱정이 있는데, 내가 이 회사의 <u>인턴으로써</u> 맡은 업무를 잘하고 있는 걸까?
> A : 원래 다 그러면서 배우는 거야. <u>금새</u> 일을 잘하는 건 불가능해.
> B : 휴, 그래도 요새 내가 다른 인턴에 비해 <u>뒤쳐지는</u> 듯한 느낌이 들어.
> A : <u>웬만한</u> 사람들이면 다 그런 생각을 하고 살 거야. 나도 그런걸.
> B : 너도 그렇다고? 그런 줄 꿈에도 몰랐어. 다른 사람들이 뭐라 <u>말하든지</u> 신경 안 쓰는 줄 알았는데.

① 0개 ② 2개 ③ 3개
④ 4개 ⑤ 5개

04. 다음 ○○공사의 경영혁신사례를 읽고, 〈보기〉에서 이에 대한 설명으로 적절한 것을 모두 고르면?

ㅁ 사업개요
- 영구임대상가 및 단지 내 미분양 상가 등(21호)을 공공임대상가로 전환하여 사회적기업 유치, 청년창업가, 경력단절여성에게 창업지원
  - (사회적기업 유치) 입주민 복지지원, 일자리 창출 및 사회적 경제조직 육성 등을 위해 단지 내 미분양 · 미임대 상가(5호)를 시세의 30% 수준으로 사회적기업에 제공
  - (경력단절여성 창업지원) 경력단절여성의 일 가정양립 및 근로기회 확대를 위해 경력단절여성 창업희망자에게 영구임대 미임대 상가(10호)를 시세의 30% 수준으로 제공하고 창업자금 및 컨설팅 지원
  - (청년 창업지원) 청년실업문제 해결 및 창업기회 제공을 위해 청년 창업 희망자에게 행복주택 단지 내 미임대상가(6호)를 시세의 20% 수준으로 제공하고 창업자금 및 컨설팅 지원

ㅁ 추진내용

(경력단절여성 및 청년) 정부(여가부) 및 지자체(서대문구청)와 상호 협력하여 청년 및 경력단절여성의 창업을 패키지로 지원(창업공간, 창업자금 및 컨설팅 등)함으로써 성공적으로 경력단절여성 10개팀 청년 6개팀 선정

ㅁ 향후계획
- (공급 유형 · 물량 확대) 국민임대 · 행복주택 단지내상가, 영구임대주택 단지 내 상가 리모델링, 도시재생뉴딜사업등과 연계한 복합건축물 등으로 공급 유형과 물량 확대
- (공급대상자 확대) 사회적경제기업, 영세소상공인, 신중년, 실수요자 등으로 공급대상자 확대
- (입점기업 지원 확대) 안정적 일감발굴 · 홍보 등 지원, 성장단계별 맞춤형 교육 · 컨설팅 제공, 법률 · 회계 등 외부서비스 연계 제공

보기

ㄱ. 이번 사업의 대상자는 청년창업가, 경력단절여성 등으로 구성된다.

ㄴ. 경력단절여성 창업희망자에게 영구임대 미임대 상가를 시세로부터 30% 할인된 가격으로 제공하고 창업자금 및 컨설팅을 지원한다.

ㄷ. 청년 및 경력단절여성의 창업을 지원함으로써 경력단절여성 6개팀, 청년 10개팀을 선정하였다.

ㄹ. 향후 공급대상자가 사회적경제기업, 영세소상공인, 신중년, 실수요자 등으로 확대될 계획이다.

ㅁ. 제공될 수 있는 지원의 종류 중 법률회계는 외부서비스에 해당된다.

① ㄱ, ㄴ, ㄷ　② ㄱ, ㄹ, ㅁ　③ ㄴ, ㄷ, ㄹ

④ ㄴ, ㄹ, ㅁ　⑤ ㄷ, ㄹ, ㅁ

05. 다음 기사문을 이해한 내용으로 적절한 것을 〈보기〉에서 모두 고르면?

○○공사는 우리나라 처음으로 스마트 우편함 제작의 기준을 세우고 2020년부터 만드는 ○○분양주택에 전부 적용하기로 했다.

스마트 우편함은 스마트폰 등과 연결되는 편리한 전자식 우편함이다. 정해진 사람만 우편함을 열 수 있어서 우편물을 잃어버리거나 우편물이 망가지는 일도 줄어든다. 또 우편물에 적힌 개인 정보가 새어 나가거나, 광고 전단지를 함부로 우편함에 넣는 등의 문제들도 미리 막을 수 있다. 물론 스마트 우편함으로 등기우편물을 받는 것 역시 가능하다.

○○공사는 지난 2017년 우정사업본부와 약속을 맺고, 의정부에 있는 민락지구 1,000여 세대 아파트 단지에 스마트 우편함을 시험적으로 먼저 설치해서 사용하도록 해 봤다. 올해는 경기도 화성 동탄과 인천 가정지구의 약 1,500여 세대에 스마트 우편함 지원 사업을 진행했다. 진행 결과, 아파트 입주민들과 집배원들로부터 좋은 반응을 얻을 수 있었다.

특히 이번 스마트 우편함은 원래 있던 우편함과 무인택배시스템의 좋은 점을 합친 결과물이다. 무인택배시스템은 입주민과 택배기사, 집배원들의 편리함을 위해 시작됐지만, 일반적으로 아파트 3 ~ 4개 건물당 1개씩 설치돼 상대적으로 거리가 먼 입주민들은 별로 사용하지 않는 실정이었다.

하지만 스마트 우편함은 각 동 출입구별로 설치된다. 여기에 무인택배시스템이 합쳐져 입주민들은 등기우편을 포함한 다양한 우편물과 택배를 쉽고 편하고 안전하게 받을 수 있게 된다. 낮 시간 동안 집을 비워야 하는 맞벌이 부부나 1인 가구의 불편을 없애고 집에 사는 사람이 없을 때 등기우편 전달을 위해 3회까지 의무적으로 방문해야 하는 집배원들의 수고도 많이 줄어들게 될 것으로 보인다.

새로운 설계 기준은 2020년부터 만드는 공공분양주택에 전부 적용될 예정으로, 1년 동안 약 140억 원 규모의 새로운 시장이 만들어지고 스마트 우편함 관련 산업 활성화가 기대될 것으로 보인다.

보기

㉠ ○○공사는 2020년부터 분양이 완료된 기존 모든 ○○분양주택에 스마트 우편함을 적용하기로 하였다.
㉡ 스마트 우편함은 스마트 기기와 연결되어 편리하게 사용할 수 있는 전자식 우편함이다.
㉢ 스마트 우편함이 설치됨에 따라 일자리를 잃는 사람들이 생겨날 것에 대한 염려도 무시할 수 없다.
㉣ 새로 설계되는 스마트 우편함은 각 단지의 출입구별로 설치될 예정이다.
㉤ 무인택배시스템은 각 동마다 설치되지 않아 모든 입주민이 사용하기 어렵다는 단점을 가진다.

① ㉠, ㉡　② ㉠, ㉣　③ ㉡, ㉤
④ ㉢, ㉣　⑤ ㉣, ㉤

[06 ~ 07] 다음 기사문을 읽고 이어지는 질문에 답하시오.

◇ 코로나19 비대위 설치… 철저한 안전대책이 목표 달성으로 이어져

○○공사가 코로나19 대유행이라는 상황에서도 경영목표를 달성할 수 있었던 것은 무엇보다 감염병에 발 빠르게 대처했기 때문이라는 분석이 나온다. ○○공사는 코로나19 발생 즉시 비상대책위원회를 설치하고, 정부 대응 상황을 예의 주시하면서 사내 확진자 발생 방지와 건설현장 및 임대단지 코로나19 확산 억제를 위한 다양한 대책을 시행했다. 콜센터 근무자 분산 근무, 직원의 30% 이상 재택근무 실시, 승강기 등 임대주택 공용공간 주기적인 방역과 임대단지 소독제, 방역복 지원, 건설현장 근로자 예방수칙 교육, 마스크 지급 등 안전대책을 전방위적으로 시행했다. 그 결과, 확진자 발생에 따른 사무실 폐쇄와 같은 극단적인 상황을 예방해 택지조성, 주택건설, 주거복지사업 등 전 분야에서 정상적으로 업무를 추진해 약 24조 원의 재정을 집행했다. 이는 공공부문 전체 투자액의 40%를 차지하는 규모이고, 전년 대비 30% 이상 증가한 금액으로 코로나19로 침체된 국가 경제를 활성화시키는 역할을 주도한 것이다. 뿐만 아니라, ○○공사는 코로나19로 어려움을 겪고 있는 주거약자를 위해 임대주택과 임대상가의 임대료를 최대 50%까지 감면하고, 임대아파트 독거노인 등 취약계층에게 생필품을 지원하는 등 21만 8,000세대의 주거비를 경감시켰다.

◇ (㉠)

○○공사는 주거안정 지원을 위해 분양·임대 등 다양한 유형의 주택을 시장에 공급했다. 청년·신혼부부 주거비 경감과 서민이 안심하고 사는 주거환경 조성을 위해 정부 정책사업으로 추진하는 주거복지로드맵의 공급목표 168만 호 중 ○○공사는 74%에 해당하는 125만 호를 2018년부터 2025년까지 공급하고 있다. 지난해에만 공공분양아파트 3만 호, 행복주택·국민임대주택 등 건설형 임대주택 5만 4,000호를 비롯해 총 15만 8,000호를 공급했다. 이는 분당신도시 주택 호수 10만호의 1.5배를 뛰어넘는 물량이다. ○○공사는 2018년부터 올해까지 약 46만 호를 공급했으며, 2025년까지 연 평균 15만 6,000호를 공급해 국민 주거 안정을 지원할 계획이다. ○○공사는 주택공급 확대에도 가시적인 성과를 내고 있다. 서울과 30분 이내의 입지로 내 집 마련의 기회가 될 3기 신도시는 대상지 5곳 모두 지구지정을 완료했다. 사업 중단 민원과 집회에도 주민 설득과 지자체와의 협의를 꾸준히 실시해 온 결과 당초 계획대로 순항되고 있으며, 3기 신도시 교통여건을 획기적으로 개선하는 광역교통대책 또한 연내 수립할 예정이다. 남양주왕숙, 하남교산, 인천계양은 실제 보상 착수단계로 내년으로 예정된 3기 신도시 사전청약도 정상적으로 진행될 것이다.

06. 제시된 기사문을 읽고 적절한 발언을 한 사람을 〈보기〉에서 모두 고른 것은?

보기

민수 : 나는 ○○공사의 콜 센터에서 근무하는데, 코로나19 유행 때문에 사람을 대체할 수 있는 인공지능 콜 상담이 개발되어 내 일자리가 사라질까 걱정 중이야.

영희 : 코로나19 때문에 생계가 어려웠는데, ○○공사 덕분에 임대상가의 임대료를 절반만 낼 수 있었어.

수혁 : 나는 내년으로 예정된 3기 신도시 사전청약에 신청하기 위해서 준비 중이었는데, 코로나19 때문에 미뤄진다고 하니 조금 더 살펴봐야겠어.

윤지 : 요즈음 동네가 황량해서 무섭다는 생각을 자주 했는데, 주거복지로드맵 사업이 진행되면 안심할 수 있겠는걸.

① 민수, 수혁 ② 민수, 윤지 ③ 영희, 수혁
④ 영희, 윤지 ⑤ 수혁, 윤지

07. 빈칸 ㉠에 들어갈 제목으로 가장 적절한 것은?

① 농촌유토피아 · 캠퍼스 혁신파크 등 지역균형발전 경주
② 도시재생뉴딜 참여 등 신사업 개시
③ 주거복지로드맵 · 3기 신도시 등 주택정책사업 순항
④ 공공전세 공급 등 전세대책의 80% 담당
⑤ 해외사업을 통한 국내 기업 진출 지원 및 신성장동력 확보

[08 ~ 09] 다음은 청년전세임대주택의 서류 제출 사항에 대한 안내문이다. 이어지는 질문에 답하시오.

〈대학생 첨부서류〉

<table>
<tr><th colspan="3">첨부서류(모든 서류는 입주자 모집공고일(202X. 06. 23.) 이후 발급분에 한함)</th></tr>
<tr><td rowspan="2">공통</td><td>① 주민등록등본
(본인, 부모 등)</td><td>- 등본상 부모 주소 분리 시 분리된 부모 등본 추가 첨부(국내 주민등록등본이 발급되지 않는 재외국민은 해외 거주 사실을 확인할 수 있는 서류로 대체 첨부)
- 기혼자의 경우 세대 분리된 배우자 등본 추가 첨부(부모 등본 불필요)
- 소득확인 대상자 중 임신 중인 자가 있는 경우 병원에서 발행한 임신확인서 추가 첨부</td></tr>
<tr><td>② 재학증명서</td><td>202X년 복학예정자는 휴학증명서(또는 재적증명서) 첨부</td></tr>
<tr><td rowspan="6">해당
자에
한함</td><td>③ 가족관계증명서(본인)</td><td>- 본인의 등본에 부모 모두 또는 부모 중 일방이 등재되지 않는 자는 반드시 발급
- 반드시 신청자 본인의 가족관계증명서 첨부
※ 부 또는 모가 사망하였으나 가족관계증명서상 확인되지 않는 경우 말소자초본 등 추가 제출</td></tr>
<tr><td>④ 고등학교
졸업증명서(본인)</td><td>배우자가 없는 소년소녀가정(가족관계증명서상 부모가 사망한 경우)의 경우에 한해 첨부</td></tr>
<tr><td>⑤ 장애인등록증</td><td>2, 3순위 중 장애인가구는 첨부
※ 신청자가 장애인인 경우 첨부하지 않아도 됨.</td></tr>
<tr><td>⑥ 부 또는 모의
혼인관계증명서</td><td>부모 이혼 시에 한해 첨부</td></tr>
<tr><td>⑦ 아동복지시설 관련 서류</td><td>1순위 아동복지시설퇴소자에 한해 시설퇴소확인서 및 시설등록증 첨부</td></tr>
<tr><td>⑧ 혼인관계증명서(본인)</td><td>신청자가 배우자와 사별 또는 이혼한 경우에 한해 첨부</td></tr>
</table>

08. 다음 중 제시된 안내문에 대한 설명으로 가장 적절한 것은?

① 재학증명서, 주민등록등본, 가족관계증명서는 공통적으로 제출해야 하는 서류이다.

② 1, 2, 3 순위에 해당하는 장애인가구라면 반드시 장애인등록증을 첨부해야 한다.

③ 신청자가 배우자와 이혼한 경우, 혼인관계증명서를 반드시 제출해야 하지만 사별한 경우에는 제출하지 않아도 된다.

④ 기혼자의 경우, 세대가 분리된 배우자의 등본은 추가로 제출할 필요가 없다.

⑤ 소득확인 대상자 중 임신 중인 자가 있는 경우, 병원에서 발행한 임신확인서를 첨부해야 한다.

09. 다음 중 청년전세임대주택 지원을 받을 수 없는 사람은?

① 대학생 A	나는 202X년에 복학을 할 예정이야. 그래서 재학증명서 대신 휴학증명서를 첨부했지.
② 대학생 B	나는 2순위 아동복지시설퇴소자야. 따라서 시설퇴소확인서 및 시설등록증을 따로 첨부하지 않았어.
③ 대학생 C	우리 부모님께서는 3년 전에 이혼을 하셨어. 그래서 부모님의 혼인관계증명서를 제출할 필요가 없었지.
④ 대학생 D	등본상 외국에 사는 부모님과 주소가 분리되어 있어서, 부모님께서 해외에 거주하신다는 사실을 확인할 수 있는 서류로 대체 첨부하였어.
⑤ 대학생 E	내 등본상에 아버지는 등재되어 있지 않아서, 가족관계증명서를 추가로 제출하였어.

10. 다음은 이주대책대상자 선정조건에 관한 조건이다. 이주대책대상자로 선정될 수 없는 사람은?

〈이주대책대상자 선정조건〉

- 공람공고를 한 날을 선정기준일으로 함.
- 이주대책대상자는 주거용 건축물이 수용되는 것이므로 반드시 주거용 건축물이어야 함.
- 선정기준일 이전부터 당해 사업지구 안에 가옥을 소유한 자
- 선정기준일 이전부터 당해 사업지구 안에 계속하여 거주한 자
- 단, 다음에 해당하는 사유가 있다면 실제 거주하지 않았더라도 계속하여 거주한 것으로 인정함.
  ㉮ 질병으로 인한 요양 / ㉯ 징집으로 인한 입영 / ㉰ 공무 / ㉱ 취학 / ㉲ 해당 공익사업지구 내 타인이 소유하고 있는 건축물에의 거주 / ㉳ 그 밖에 ㉮목부터 ㉱목까지에 준하는 부득이한 사유

① A 씨 : 사업지구 내에 주택을 소유하고 있으나 건강상의 이유로 큰아들 집에서 함께 거주하였다.

② B 씨 : 사업지구 내 주민등록을 해 두었으나 본인 소유 주택이 지나치게 노후된 관계로 해당 사업지구 내 타인이 소유하고 있는 건축물에 거주하였다.

③ C 씨 : 사업지구 내 본인 소유의 주택에 거주하고 있었으나 징집으로 인해 선정기준일 이후 사업지구 내 전입신고를 하였다.

④ D 씨 : 선정기준일 이전부터 사업지구 내에 거주하고 있었으나 취학을 이유로 공람공고일 이전에 주택을 매도하였다.

⑤ E 씨 : 공무로 인해 타지역으로 주민등록을 해 두고 그의 아들이 사업지구 내 E 씨 주택에서 계속해서 거주하였다.

11. 다음 사업에 대한 이해로 가장 적절하지 않은 것은?

〈도시재생 리츠(REITs)〉

□ 기본방향
- 지방 구도심 활력창출 및 일자리창출로 새 정부 도시재생 뉴딜정책 실현
- 공익성과 수익성의 조화

□ 사업개요
- 위치 : 충북 청주시 청원구 내덕동 △△번지 일원
- 사업내용 : 본관동 5층 건물을 리모델링(공예관 50%, 상업시설 50%)
- 사업기간 : 2017. 10. ~ 2029. 11.

□ 도입기능
- 쇠퇴지역 활성화를 위한 핵심기능(공공, 상업, 일자리) 복합
  - (공예클러스터) 사업지 주변 지역자산(국립현대미술관, 문화첨단산업단지, 동부창고, 광장)과 연계한 문화창작 및 시민활동의 중심지 조성
  - (민간임대시설) 영화관, 체험시설 등의 시설을 Key Tenant(핵심점포)로 유치하여 도심형 레저 확충 및 집객효과를 증대하고, 서비스 시설 도입

□ 사업방식 : 토지임대부 리츠(REITs) (청주시가 장기 토지임대)
- 주택도시기금 출 · 융자 지원사업
- 사용내용 : 도시재생선도지역 핵심인 본관동 5층 건물을 리모델링(공예관 50%, 상업시설 50%)하고, 민간사업자가 임대차계약 체결로 상업시설을 10년간 운영
- 시설물 청주시 매입확약
  - 공예관 : 준공시 건설원가 / – 상업시설 : 임대종료 후 직접사업비의 80%

〈사업구조도〉

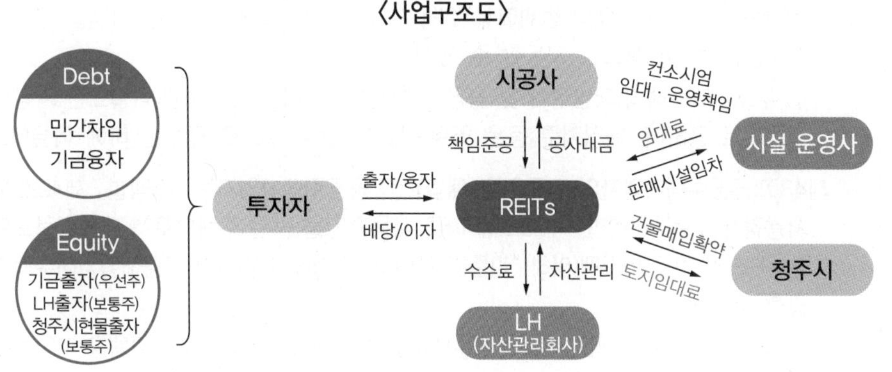

〈참여기관별 역할〉

REITs	민간사업자	청주시	LH
• 사업비 조달 및 자금관리 • 사업관리 ⇒ LH에 위탁	• 기본 · 실시설계 • 공사시공(책임준공) • 상가 임대 · 운영	• 건물현물출자 • 시설 인수 • 사업인허가 • 사업비 지원	• 현금출자 • 사업총괄관리(AMC)

① 공익성과 수익성의 조화라는 기본방향은 지역자산과 연계한 시민활동의 클러스터, 도심형 레저 확충 및 집객효과를 증대하기 위한 민간임대시설 두 가지로 이루어지겠군.

② 전반적 사업과 자산관리는 LH가 하고 REITs는 주로 자금조달을 맡는군.

③ 청주시는 토지를 임대하고 민간사업자는 상가를 임대하는군.

④ 청주시는 공예관과 상업시설이 임대종료되면 직접사업비의 80%의 가격으로 매입할 예정이군.

⑤ 시공사는 당사자인 청주시나 사업을 총괄하는 LH가 아닌 REITs에게서 공사대금을 지급받는군.

12. 다음은 〈공공주택 특별법〉의 일부 내용이다. 이에 대한 이해로 적절하지 않은 것은?

〈공공주택 특별법〉

제6장 공공주택의 매입

제41조(공공주택사업자의 부도임대주택 매입) ① 공공주택사업자는 부도임대주택 중에 국토교통부장관이 지정·고시하는 주택을 매입하여 공공임대주택으로 공급할 수 있다.

② 제1항에 따라 지정·고시를 하기 전에 부도임대주택의 임차인이 공공주택사업자에게 매입을 동의한 경우에는 임차인에게 부여된 우선매수할 권리를 공공주택사업자에게 양도한 것으로 본다. 이 경우 공공주택사업자는 「민사집행법」 제113조에서 정한 보증의 제공 없이 우선매수 신고를 할 수 있다.

③ 국가 또는 지방자치단체는 공공주택사업자가 부도임대주택을 매입하는 경우 재정이나 주택도시기금에 따른 공공주택 건설자금지원 수준을 고려하여 공공주택사업자를 지원할 수 있다.

④ 공공주택사업자가 제3항에 따라 재정이나 주택도시기금을 지원받은 경우 공공주택사업자는 지원받는 금액의 범위에서 주택 수리비 등을 제외하고 남은 금액을 임차인의 임대보증금 보전비용으로 사용할 수 있다.

⑤ 부도임대주택의 매입절차 및 공공주택사업자에 대한 재정지원에 필요한 사항은 대통령령으로 정하며, 매입기준 등은 국토교통부장관이 별도로 정하는 바에 따른다.

제43조(공공주택사업자의 기존주택 매입) ① 공공주택사업자는 「주택법」 제49조에 따른 사용검사 또는 「건축법」 제22조에 따른 사용승인을 받은 주택으로서 대통령령으로 정하는 규모 및 기준의 주택(이하 "기존주택"이라 한다)을 매입하여 공공매입임대주택으로 공급할 수 있다.

② 국가 또는 지방자치단체는 공공주택사업자가 제1항에 따라 기존주택을 매입하는 경우 재정이나 주택도시기금에 따른 공공주택 건설자금지원 수준을 고려하여 공공주택사업자를 지원할 수 있다.

③ 기존주택의 매입절차 및 공공주택사업자에 대한 재정지원에 필요한 사항은 대통령령으로 정하며, 매입기준 등은 국토교통부장관이 별도로 정하는 바에 따른다.

제44조(공공주택사업자의 건설 중에 있는 주택 매입) ① 공공주택사업자 외의 자는 건설 중에 있는 주택으로서 대통령령으로 정하는 규모 및 기준에 해당하는 주택을 공공임대주택으로 매입하여 줄 것을 공공주택사업자에게 제안할 수 있다.

② 제1항에 따라 제안을 하려는 공공주택사업자 외의 자는 건설 중에 있는 주택에 대한 대지의 소유권을 확보하여야 한다.

③ 국가 또는 지방자치단체는 공공주택사업자가 제1항에 따라 제안을 받아 건설 중에 있는 주택을 매입하는 경우 재정이나 주택도시기금에 따른 공공주택 건설자금지원 수준을 고려하여 공공주택사업자를 지원할 수 있다.

④ 건설 중에 있는 주택의 매입절차 및 공공주택사업자에 대한 재정지원에 필요한 사항은 대통령령으로 정하며, 매입기준 등은 국토교통부장관이 별도로 정하는 바에 따른다.

① 일반적으로 부도임대주택의 우선매수할 권리는 부도임대주택의 임차인에게 있다.
② 부도임대주택의 매입절차는 국토교통부장관이 별도로 정하는 바에 따른다.
③ 기존주택에 대해 알기 위해서는 「주택법」 제49조와 「건축법」 제22조를 참고해야 한다.
④ 공공주택사업자는 기존주택을 매입하는 경우 국가기관으로부터 재정지원을 받을 수 있다.
⑤ 공공주택사업자 외의 자는 건설 중에 있는 주택에 대한 대지의 소유권 없이는 공공주택사업자에게 매입하여 줄 것을 제안할 수 없다.

13. **다음은 〈국민임대아파트 전환 보증금 제도〉에 관한 내용이다. 〈보기〉의 A 씨가 해당 제도를 이용할 때 1년간 실질적으로 이득을 보게 되는 금액은?**

〈국민임대아파트 전환 보증금 제도〉

1. 제도 소개
   입주민이 임대보증금을 증액하여 월 임대료를 경감하는 제도이다.
2. 전환 방법
   일정 범위 내에서 100만 원 단위로 보증금-임대료 간 상호 전환이 가능하다.
3. 전환 금액
   1) 전환 한도 : 월 임대료의 최대 60%까지 경감 가능하다.
      예) 월 임대료가 50만 원인 경우 30만 원까지 경감 가능하다. 즉, 월 임대료 20만 원까지 가능하다.
   2) 전환한 임대보증금 100만 원당 월 임대료 5,000원이 차감된다.

보기

A 씨가 입주해 있는 임대주택의 임대보증금은 3,000만 원이며 월 임대료는 40만 원이다. 현재 은행 대출 금리는 연 2%이며, 모든 은행이 동일하다. A 씨는 최대 한도로 전환 보증금을 대출하여 증액하고, 월 임대료를 최소로 하고자 한다.

① 96만 원　② 144만 원　③ 192만 원
④ 240만 원　⑤ 288만 원

14. 다음은 ○○공사의 주거복지사업에 대한 자료이다. 〈보기〉에 대한 판단으로 적절하지 않은 것은?

〈신혼부부전세임대(Ⅰ, Ⅱ형)〉

(예비)신혼부부, 한부모가족이 원하는 생활권에서 안정적으로 거주할 수 있도록 기존주택을 전세계약 체결하여 저렴하게 재임대하는 공공임대주택으로 소득수준에 따라 신혼부부 전세임대 Ⅰ·Ⅱ형으로 구분하여 공급한다.

1. 입주대상 : 무주택요건 및 소득·자산기준을 충족하는 신혼부부, 예비신혼부부, 한부모가족
   1) 신혼부부 : 혼인기간 7년 이내 무주택 세대
   2) 예비신혼부부 : 혼인 예정인 사람으로서 입주일 전일까지 혼인신고를 하는 사람
   3) 한부모가족 : 만 6세 이하의 자녀를 둔 한부모가족의 부 또는 모(한부모가족지원법 제4조 제1호에 해당하는 자 포함)

2. 소득기준 : 공급유형에 따라 아래와 같음.
   1) Ⅰ형 : 해당 세대의 전년도 도시근로자 가구원수별 월평균소득*이 70% 이하인 자(단, 배우자가 소득이 있는 경우 90% 이하인 자)
   2) Ⅱ형 : 해당 세대의 전년도 도시근로자 가구원수별 월평균소득*이 100% 이하인 자(단, 배우자가 소득이 있는 경우 120% 이하인 자)

   * 도시근로자 가구원수별 월평균소득 : 세전금액으로 해당 세대(세대구성원)의 월평균소득액을 모두 합산한 금액

3. 임대보증금 : 공급유형에 따라 아래와 같음.
   1) Ⅰ형 : 한도액 범위 내에서 전세지원금의 5%
   2) Ⅱ형 : 한도액 범위 내에서 전세지원금의 20%
   3) (월임대료) 전세지원금 중 임대보증금을 제외한 금액에 대한 연 1 ~ 2% 이자 해당액

4. 전세금 지원한도액

공급유형	수도권	광역시	그 밖의 지역
신혼부부 Ⅰ형	12,000만 원	9,500만 원	8,500만 원
신혼부부 Ⅱ형	24,000만 원	16,000만 원	13,000만 원

※ 지원한도액을 초과하는 전세주택은 초과하는 전세금액을 입주자가 부담할 경우 지원 가능함.

※ 단, 전세금은 호당 지원한도액의 250% 이내로 제한하되 가구원의 수가 5인 이상인 경우 예외 인정 가능함.

5. 거주기간 : 공급유형에 따라 아래와 같음.
   1) Ⅰ형 : 최장 20년(2년 단위 9회 재계약 가능)
   2) Ⅱ형 : 최장 6년(2년 단위 2회 재계약 가능, 유자녀 4년 추가 시 최대 10년 가능)

보기

A 부부는 혼인신고를 마친 무주택 세대이다. 현재 자녀는 없으며, 전년도 도시근로자 가구원수별 월평균소득 90%에 해당된다. A 부부는 이번에 수도권 신혼부부 II형에 신청하여 전세금 지원을 받게 되었다.

① A 부부는 입주대상 신혼부부에 해당한다.
② A 부부는 최대 4,800만 원의 보증금이 필요하다.
③ A 부부는 전세금이 6억 원을 초과하는 주택에는 입주할 수 없다.
④ A 부부는 최대 4회까지 재계약이 가능하다.
⑤ A 부부가 맞벌이라면 신혼부부 I 형도 신청이 가능하다.

15. 다음은 도시개발사업과 기타 개발사업의 차이점을 정리한 자료이다. 도시개발사업의 장점으로 볼 수 없는 것은?

구분	도시개발사업	택지개발사업	도시정비사업
근거법	「도시개발법」	「택지개발촉진법」	「도시 및 주거환경정비법」
사업목적	다양한 용도 및 기능의 단지나 시가지 조성	특별법의 지위로서 주택 공급을 목적으로 도시 외곽의 신도시개발에 적용	주거지 정비 (재개발, 재건축 등)
상위계획	도시 · 군 기본계획	주택종합계획	정비기본계획
사업방식	수용, 환지, 혼용방식 중 선택	수용방식	관리처분
시행	공공, 민간, 민관공동 등 다양한 사업 시행	공공사업자만 시행 가능 (민관 공동 시행 허용)	민간(조합) 위주의 시행

① 주거, 상업, 업무, 관광 등 다양한 사업유형을 제공한다.
② 수용, 환지, 혼용방식 등 다양한 사업방식을 제공한다.
③ 공공, 민간, 토지소유자, 공동출자법인 등 폭넓은 사업 시행자가 존재한다.
④ 지역 구분 없이 국토의 모든 지역에서 사업 시행이 가능하다.
⑤ 중앙 정부의 개입을 통해 막대한 자본력으로 사업 시행이 가능하다.

16. 다음은 공공임대주택에 관한 자료이다. 이에 대한 추론으로 가장 적절한 것은?

〈20X9년 특별시·광역시별 공공임대주택 총재고량〉

(단위 : 호)

구분	영구임대	50년 임대	30년 임대	10년 임대	5년 임대	사원임대	장기전세	계
서울특별시	46,446	78,678	39,291	1,373	-	-	25,961	191,749
부산광역시	26,296	1,977	20,653	5,153	945	-	-	55,024
대구광역시	18,744	2,628	17,198	1,934	2,754	760	-	44,018
인천광역시	8,424	1,433	28,948	2,589	1,853	1,007	-	44,254
광주광역시	14,170	1,011	29,264	4,817	4,141	-	-	53,403
대전광역시	12,995	1,584	17,089	1,911	1,732	-	-	35,311
울산광역시	2,362	888	9,277	770	90	-	-	13,387
계	129,437	88,199	161,720	18,547	11,515	1,767	25,961	437,146

〈공공임대주택 통계(요약)〉

[임대기간별 재고 추이]

- 전체 공공임대주택 재고는 전년 대비 모두 상승하였다.
- 주택 재고가 전년 대비 가장 많이 상승한 임대주택은 30년 임대이다.
- 주택 재고가 전년 대비 가장 많이 상승한 지역은 울산광역시이다.
- 전체 공공임대주택 재고는 국내 전체 주택 수의 8% 수준이다.

① 공공임대주택 재고는 지역별 인구수에 비례한다.

② 영구임대는 공공임대주택 재고에서 가장 높은 비중을 차지한다.

③ 30년 임대의 경우 전년 대비 주택 재고 상승률이 가장 크다.

④ 전년 대비 주택 재고 상승률이 가장 큰 지역은 울산광역시이다.

⑤ 국내 전체 주택 수는 약 630만 호이다.

17. 다음은 〈전환보증금 제도〉에 관한 내용이다. 이를 바탕으로 〈보기〉의 A 씨의 임대보증금과 B 씨의 월 임대료를 구하면?

〈전환보증금 제도〉

1. 제도 소개
   1) 기본 보증금에 보증금을 증액하는 경우 월 임대료가 감소한다.
   2) 기본 보증금에 보증금을 감액하는 경우 월 임대료가 증가한다.

2. 임대보증금 ↔ 임대료 전환
   1) 보증금 증액 · 임대료 감액의 경우 : 전환이율 6%
      ㉮ 임대보증금 1,000만 원 증액시 월 임대료 감소분=1,000(만 원)×0.06÷12(월)=5(만 원), 즉 월 5만 원 감소
   2) 보증금 감액 · 임대료 증액의 경우 : 전환이율 3%
      ㉮ 임대보증금 1,000만 원 감액시 월 임대료 증액분=1,000(만 원)×0.03÷12(월)=2.5(만 원), 즉 월 2.5만 원 증가

보기

A 씨 : 임대주택의 임대보증금은 1억 2천만 원이며 월 임대료는 30만 원이다. 임대보증금을 증액하여 월 임대료를 24만 원으로 낮추고자 한다.

B 씨 : 임대주택의 임대보증금은 1억 5천만 원이며 월 임대료는 40만 원이다. 임대보증금을 감액하여 1억 2천만 원으로 낮추고자 한다.

	A 씨의 임대보증금	B 씨의 월 임대료
①	1억 3천만 원	45만 5천 원
②	1억 3천만 원	47만 5천 원
③	1억 3천2백만 원	45만 5천 원
④	1억 3천2백만 원	47만 5천 원
⑤	1억 3천5백만 원	45만 5천 원

18. 다음 〈축산보상법〉을 참고할 때, 축산보상을 받을 수 없는 가축현황은?

〈축산보상법〉

축산이란 가축을 사육·증식함으로써 인간생활에 유용한 물질을 생산하는 일을 말하며, 가축·가금·벌 등을 치고 또 그 생산물을 가공하는 산업을 축산업이라 한다. 영업의 휴·폐업 등에 대한 손실의 평가를 규정한 토지보상법 시행규칙 제45조의 손실보상대상 영업의 조건을 모두 충족하고, 같은 법 시행규칙 제49조 제2항에서 정한 기준에 해당하는 경우에 한하여 보상한다. 축산보상의 대상은 다음 [별표]의 기준 마릿수 이상의 가축을 기르는 경우 또는 기준 마릿수 미만의 가축을 기르는 경우로서 그 가축의 기준 마릿수에 대한 실제 사육 마릿수의 비율의 합계가 1 이상인 경우에 해당한다. [별표]에 규정되어 있는 종별의 가축 또는 가금이 아닌 그 외의 가축 또는 가금은 가장 유사한 가축이나 가금에 준하여 기준 마릿수를 정한다(예를 들어, 개는 돼지에 준하여 기준 마릿수를 정한다).

[별표]

가축	기준 마릿수
닭	200마리
토끼	150마리
오리	150마리
돼지	20마리
소	5마리
사슴	15마리
염소, 양	20마리
꿀벌	20군

㉮ 토끼를 60마리, 오리를 100마리 키우는 경우 60÷150+100÷150≥1이므로 축산보상 대상이다.

① 꿀벌 10군, 오리 100마리
② 염소 5마리, 개 15마리
③ 소 3마리, 양 5마리
④ 토끼 100마리, 닭 100마리
⑤ 사슴 10마리, 돼지 10마리

19. 다음 ○○공사의 매입임대주택 모집공고에 대한 이해로 옳지 않은 것은?

〈신혼부부(I) 매입임대주택 예비입주자 모집공고〉

기존주택 매입임대는 ○○공사가 기존주택을 매입해 개보수 후 시중 시세의 30 ~ 40% 수준으로 임대하는 제도입니다. 본인세대의 소득수준, 공급주택의 임대조건 및 주택유형을 신중하게 고려하시고 신청하시기 바랍니다.

1. 기준일
   모집공고일은 2022. 07. 31.(금)이며, 이는 입주자격 판단 기준일이 됩니다.

2. 모집인원
   입주 가능한 주택의 3배수를 예비입주자로 모집합니다.

3. 공급방법
   청약신청은 시 · 군 · 구별로 진행되며, 예비입주자 순번(주택을 지정할 수 있는 순번) 발표 후 해당 시 · 군 · 구의 공급 가능한 주택을 개방하고 순번에 따라 희망하는 주택을 지정하여 계약체결하는 방식으로 공급됩니다.

4. 공급 개요
   1) 공급대상 주택 : 총 2,345호
   2) 임대기간 : 2년, 재계약 9회 가능(입주자격 유지 시)
   3) 임대조건 : 수급자, 지원대상 한부모가족, 차상위계층 – 시중 시세 30%
   그 외 소득 70% 이하(배우자 소득 있는 경우 90% 이하) – 시중 시세 40%

5. 지원자격
   공고일 현재 무주택세대구성원으로서 아래 자격 중 하나에 해당하고, 해당 세대의 월평균 소득이 전년도 도시근로자 가구당 월평균소득의 70%(배우자 소득 있는 경우 90%) 이하이고, 국민임대자산 기준을 충족(총자산 28,800만 원, 자동차 2,468만 원 이하)하는 신혼부부, 한부모 가족, 유자녀 혼인가구

① 2022년 8월에 혼인 예정인 사람은 입주자격을 얻지 못한다.
② 신혼부부 매입임대주택 모집인원의 수는 7,000명대일 것이다.
③ 수급자, 지원대상 한부모가족, 차상위계층의 지원혜택이 더 크다.
④ 예비입주자 순번에 상관없이 원하는 매입임대주택에 입주할 수 있다.
⑤ 재계약 시 소득, 자산 등의 기준이 충족된다면 최대 20년까지 임대할 수 있다.

20. 다음은 주요 공공주택 및 공공참여주택 운영 내용을 비교한 자료이다. 이에 대한 설명으로 올바르지 않은 것은?

경기도형 기본주택	개념	• 무주택자라면 직업 · 소득 · 연령에 관계없이 누구나 30년 이상 거주 가능한 주택 • 장기공공임대형과 임대조건부 분양형으로 나뉨.
	종류	• 장기공공임대형(무주택자 대상 초장기 공공임대) • 임대조건부 분양형(토지소유권은 사업시행자, 건축물 · 복리시설 소유권은 수분양자가 가짐)
	신청 대상	무주택자라면 누구나
	운영기간 및 사업기간	30년 이상
	분양가 및 임대료	월 임대료 : 전용 26m^2 – 283,000원, 전용 59m^2 – 485,000원, 전용 84m^2 – 634,000원
		임대료 인상률 상한은 2년에 3%
경기도 사회주택	개념	공공 소유의 토지를 사회적 협동조합에 30년 이상 장기 임대해 토지매입에 따른 부담을 줄여주고, 협동조합은 주변 시세 대비 80% 수준의 임대료로 주택 공급
	종류	–
	신청 대상	60%는 일반 공모, 40%는 특별공급(저소득층, 장애인, 1인 가구, 고령자 등)
	운영기간 및 사업기간	30년 이상
	분양가 및 임대료	월 임대료 : 주변 시세의 80% 수준
지분적립형 분양주택	개념	• 입주 시 분양대금의 20 ~ 40%만 내고 나머지는 살면서 지분을 취득하는 주택 • 지분율만큼 임대료 내고 100% 지분 취득 시 매매도 가능
	종류	• 공공분양(처음부터 지분분양으로 공급) • 임대 후 분양(8년 임대 후 지분분양 전환)
	신청 대상	신혼부부를 비롯한 30 ~ 40대 무주택 실수요 서민 (가구당 월평균소득의 150% 이내, 부동산자산 21,550만 원 이하)
	운영기간 및 사업기간	공공분양은 일반지역 20년, 고분양가지역 30년
		임대 후 분양은 8년 임대 후 일반지역 12년, 고분양가지역 22년
	분양가 및 임대료	지분 추가 취득 시 분양가 기준 정기예금금리 가산
		미취득한 공공지분은 행복주택 수준의 임대료 납부 (분양가 5억 원일 때 임대보증금 1억 원)

① 경기도형 기본주택은 무주택자라면 누구나 신청할 수 있다.
② 모든 공공주택 및 공공참여주택은 30년 이상 임대할 수 있다.
③ 경기도형 기본주택의 임대료 인상률 상한은 2년에 3%이다.
④ 경기도형 기본주택과 지분적립형 분양주택은 각각 2종류로 나뉜다.
⑤ 지분적립형 분양주택은 전매제한 기간만 종료되면 제3자에게 지분 전체를 매각할 수도 있다.

21. 다음은 건설사 A ~ E의 20X2년 실적을 비교하여 정리한 표이다. 이를 잘못 이해한 것은?

구분	A 건설	B 건설	C 건설	D 건설	E 건설
20X2년 누적 매출액	99,066억 원	82,568억 원	122,645억 원	89,520억 원	83,452억 원
전년 동기 대비	16.34%	−8.71%	−2.6%	−0.53%	−5.7%
20X2년 누적 주택매출	54,280억 원	42,889억 원	38,113억 원	56,440억 원	46,792억 원
전년 동기 대비	12.50%	−9.01%	−4.42%	10.75%	4.04%
20X2년 누적 영업이익	8,429억 원	6,786억 원	6,772억 원	6,050억 원	5,352억 원
전년 동기 대비	290.15%	49.39%	−14.40%	80.60%	−7.80%

※ 영업이익률(%) = $\frac{\text{영업이익}}{\text{매출액}} \times 100$

① 20X2년 영업이익률이 가장 큰 건설사는 A 건설이다.
② 20X2년 매출액 중 주택매출의 비중이 가장 큰 건설사는 D 건설이다.
③ 전년 대비 매출은 줄었으나 영업이익이 증가한 건설사는 두 곳이다.
④ 20X1년 영업이익이 가장 큰 건설사는 C 건설이다.
⑤ 20X2년 누적 매출액 순위는 20X1년과 동일하다.

22. 다음은 도시 인구 이동에 대한 통계자료이다. 이에 대한 설명으로 적절하지 않은 것은?

〈행정구역별 인구 변화〉

(단위 : 명)

행정구역별	총전입	총전출	순이동	시도 간 전입	시도 긴 전출
서울특별시	122,292	126,224	-3,932	39,940	43,872
부산광역시	36,788	38,688	-1,900	8,802	10,702
대구광역시	27,178	28,145	-967	7,017	7,984
인천광역시	36,022	38,934	-2,912	11,130	14,042
광주광역시	18,435	18,889	-454	5,303	5,757
대전광역시	18,653	19,547	-894	6,076	6,970
울산광역시	10,630	11,695	-1,065	3,112	4,177
세종특별자치시	4,598	4,780	-182	2,998	3,180

① 서울특별시의 총전입자 수는 부산, 대구, 인천, 광주의 총전입자 수를 더한 값보다 크다

② 부산광역시의 시도 간 전입자 수와 서울특별시의 시도 간 전입자 수는 약 4.5배 차이가 난다.

③ 표에 제시된 모든 행정구역의 순이동자 수는 12,306명이다.

④ 표에 제시된 광역시 중 순이동이 두 번째로 적은 도시는 대구광역시이다.

⑤ 부산광역시의 총전입자 수는 세종특별자치시의 총전입자 수의 약 8배이다.

23. 다음의 내용을 정리한 표에서 수정이 필요한 부분으로 적절한 것은?

'스마트시티'가 지역 경제 활성화를 위한 새로운 정책적 대안으로 떠오르고 있다. 교통 혼잡, 환경 오염, 에너지 부족 등 도시 문제까지 해결할 수 있는 아이템으로 주목받으면서 지방자치단체들이 사활을 걸고 있다.

대구시는 2022년까지 수성알파시티 97만 9,000m²에 사업비 560억 원을 들여 스마트시티 테스트베드를 조성한다. 수성알파시티는 정보통신망과 전기공사 등 기반공사를 마무리했고 공공시설과 산업연구시설, 주택건설용지 등 단지 인프라도 갖췄다. 올해는 10월까지 국제표준 사물인터넷(IoT)을 적용해 스마트 가로등과 지능형 도보 안전 시스템, 차량번호인식 CCTV 등 13개 서비스도 구축한다. 현재 새로운 인프라도 마련되고 있다. 2020년 착공 예정인 스마트 비즈니스센터는 도시 통합관제센터 기능과 빅데이터 관리, 창업 지원, 인재 육성, 홍보 및 체험시설을 갖춘다. 도시 일대를 자율주행 규제완화 구역으로 지정해 차량 시험 환경도 구축한다.

제주도도 스마티시티 구축에 뛰어들었다. 특히 관광지, 올레길 등을 중심으로 공공 무료 인터넷 인프라를 확대하고, 공공 WiFi와 비콘 등을 통해 관광객 이동경로와 체류시간 등을 파악할 수 있는 데이터 분석 체계를 구축 중이다. 대중교통체계도 개편했다. 지난해 모든 버스에 공공 무선인터넷을 구축하고 수집된 데이터에 기반한 '수요 응답형' 대중교통 정책을 추진하고 있다. 또 데이터를 저장 · 분석할 수 있는 빅데이터 플랫폼을 구축해 버스 · 교통정보, 관광정보 등의 통합 데이터마트를 구축해 시각화하고 있다. 올해 제주도는 도항선 · 유람선 등 500개의 공공시설에 공공 무선인터넷 확대 구축을 추진함과 동시에 버스 WiFi에 고정밀 위성항법(GNSS) 단말기 및 센서를 적용해 '버스 기반 이동형 IoT 플랫폼' 구축에 힘을 쏟을 계획이다.

화성시는 2040년을 목표로 '에코도시 · 스마트도시 · 연결도시' 발전 방안을 마련했다. 3대 목표를 구체화하기 위해 8대 중장기 추진전략을 설정하고 세부적으로 20가지 추진과제를 담았다. 특히 스마트도시 구축을 위해 안전한 도시 구현, 첨단기술 체험공간 조성, 주민이 편리한 생활기반 조성을 목표로 삼았다. 구체적 실현을 위해 안심귀가를 위한 공공 드롭 도입 등 실행 방안을 마련할 계획이다.

도시	중장기 플랜
대구시	• ① 안심귀가를 위한 공공 드롭 시스템 도입 • 차량번호인식 CCTV 구축 • ② 스마트 비즈니스센터 건설 및 단지 인프라 구축
제주도	• 공공 무료 인터넷 인프라 확대 • ③ 최첨단 데이터 분석 체계 구축 • ④ 버스 기반 이동형 IoT 플랫폼 구축
화성시	• 안전한 도시 구현 • ⑤ 첨단기술 체험공간 조성 • 주민이 편리한 생활기반 조성

24. 다음은 통계청에서 발표한 202X년 1월부터 202X년 7월까지의 전국 소비자동향조사에서 가계수입전망지수와 소비지출전망지수를 나타낸 자료이다. 이에 대한 이해로 적절하지 않은 것은?

구분		7월	6월	5월	4월	3월	2월	1월
가계수입 전망지수	봉급생활자	94	93	90	89	92	101	106
	자영업자	84	79	77	67	73	87	95
소비지출 전망지수	봉급생활자	100	97	95	92	98	111	114
	자영업자	84	82	78	74	81	97	101

※ 전망지수가 100보다 높으면 긍정적 전망을 예측한 인구가 증가한 것이고 100보다 낮으면 부정적 전망을 예측한 인구가 증가한 것이다.

① 202X년 1월에 장래의 가계수입전망이 긍정적일 것이라고 응답한 봉급생활자 수가 부정적일 것이라고 응답한 봉급생활자 수보다 많다.

② 202X년 1월에 장래의 가계수입전망이 긍정적일 것이라고 응답한 자영업자 수가 부정적일 것이라고 응답한 자영업자 수보다 적다.

③ 202X년 1월부터 202X년 7월까지 장래의 가계수입전망이 부정적일 것이라고 응답한 자영업자 수는 긍정적일 것이라고 응답한 자영업자 수보다 꾸준히 많다.

④ 소비지출전망이 긍정적일 것이라고 응답한 봉급생활자 수가 더 많은 달은 202X년 1월과 2월이다.

⑤ 가계수입과 소비지출부문에서 평균적으로 봉급생활자보다 자영업자가 전망을 더 긍정적으로 예측하는 경향을 보인다.

25. 다음은 202X년 서울시 기존주택 신규공급 배정 물량이다. 이에 대한 설명으로 적절하지 않은 것은? (단, 모든 계산은 소수점 아래 둘째 자리에서 반올림한다)

(단위 : 가구)

총계		합계	일반	고령자
수도권 합계		3,110	1,916	1,194
서울	소계	1,442	875	567
	강남구	33	20	13
	강동구	53	33	20
	강북구	77	48	29
	강서구	63	39	24
	관악구	82	51	31
	광진구	57	35	22
	구로구	51	31	20
	금천구	53	33	20
	노원구	90	54	36
	도봉구	65	39	26
	동대문구	72	44	28
	동작구	55	33	22
	⋮	⋮	⋮	⋮
	양천구	62	38	24
	영등포구	51	31	20
	⋮	⋮	⋮	⋮
	종로구	26	15	11
	중구	26	15	11
	중랑구	101	61	40

① 종로구, 중구, 중랑구의 신규공급 배정 물량은 서울 전체의 10%를 초과한다.

② 전국에서 서울을 제외한 신규공급 배정 물량은 1,668가구이다.

③ 서울 전체 신규공급 배정 물량에서 고령자 가구가 차지하는 비율은 40%를 넘지 못한다.

④ 영등포구에서 고령자 가구가 차지하는 비율은 동작구에서 고령자 가구가 차지하는 비율보다 낮다.

⑤ 노원구와 강서구 그리고 중랑구의 신규공급 배정 물량을 합친 값이 수도권 전체에서 차지하는 비율은 구로구와 양천구의 신규공급 배정 물량을 합친 값이 서울 전체에서 차지하는 비율보다 크다.

26. 다음 연도별 에너지 소비현황 자료에 대한 설명으로 옳은 것을 〈보기〉에서 모두 고르면?

(단위 : 천 톤, %)

구분	20X1년		20X2년		20X3년		20X4년		20X5년	
	공급량	비율	공급량	비율	공급량	비율	공급량	비율	공급량	비율
석탄	33,544	16.3	31,964	15.4	32,679	15.5	35,412	16.6	34,921	15.9
석유	101,976	49.5	101,710	48.9	101,809	48.4	102,957	48.1	107,322	49.0
LNG	801	0.4	717	0.3	467	0.2	354	0.2	850	0.4
도시가스	22,871	11.1	24,728	11.9	24,878	11.8	23,041	10.8	21,678	9.9
전력	39,136	19.0	40,127	19.3	40,837	19.4	41,073	19.2	41,594	19.0
열에너지	1,702	0.8	1,751	0.8	1,695	0.8	1,567	0.7	1,550	0.7
신재생	5,834	2.8	7,124	3.4	7,883	3.7	9,466	4.4	11,096	5.1
합계	205,864	100	208,121	100	210,248	100	213,870	100	219,011	100

※ 공급량=1인 공급량×표준사용량

※ 표준사용량 = $\frac{\text{에너지 평균 사용량}}{\text{에너지 사용량 총합}}$

〈표준사용량 산출기준〉

(단위 : 톤)

구분	에너지 평균 사용량	에너지 사용량 총합
석탄	2,250	4,500
석유	1,340	4,020
LNG	850	(　　)
도시가스	1,520	(　　)
전력	885	3,450
열에너지	1,020	2,040
신재생	1,180	3,540

※ 표준사용량 산출기준은 모든 해에 대하여 동일하다.

보기

㉠ 신재생 에너지의 공급량은 20X1년 이후 점차 줄어들고 있다.
㉡ 20X5년 도시가스의 1인 공급량이 3,000톤이라면 표준사용량은 7,226톤이다.
㉢ 20X1년 열에너지의 1인 공급량은 3,404,000톤이다.
㉣ 20X5년 LNG의 1인 공급량이 1,400톤이라면 에너지 사용량 총합은 2,800톤이다.

① ㉠, ㉡　　② ㉠, ㉣　　③ ㉡, ㉢
④ ㉡, ㉣　　⑤ ㉢, ㉣

[27 ~ 28] 다음 상황을 읽고 이어지는 질문에 답하시오.

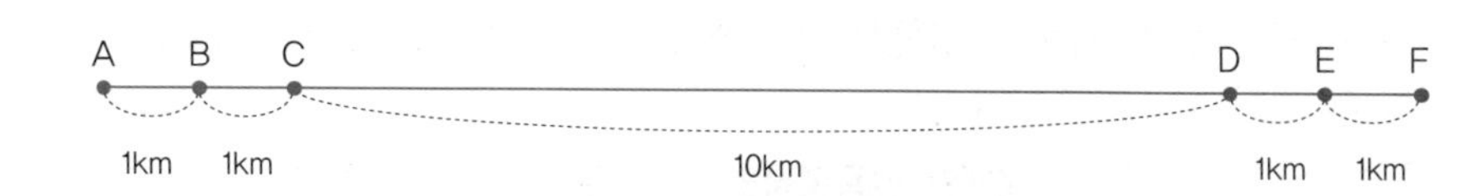

철수는 출발점 A에서 도착점 F까지 가려고 한다. A에서 F까지 갈 때 대중교통을 이용하는 방법은 다음 2가지가 있다. 돌아올 때는 제시된 방법을 거꾸로 이용할 수 있으며 요금과 속도는 동일하다.

[방법 1] A 지점에서 B 지점까지 도보로 이동 – B 지점에서 E 지점까지 X 버스로 이동 – E 지점에서 F 지점까지 도보로 이동

[방법 2] A 지점에서 C 지점까지 도보로 이동 – C 지점에서 D 지점까지 Y 버스로 이동 – D 지점에서 F 지점까지 도보로 이동

※ 철수의 걸음 속도는 4km/h이다.

※ X 버스의 속도는 36km/h이며 요금은 3,000원이다.

※ Y 버스의 속도는 50km/h이며 요금은 1,500원이다.

27. 철수는 5,000원을 가지고 있다. A 지점에서 출발하여 F 지점에 도착한 후 다시 A 지점으로 돌아온다고 할 때, 오고가는 데 걸리는 최단 이동 시간은?

① 2시간 ② 2시간 2분 ③ 2시간 4분
④ 2시간 5분 ⑤ 2시간 10분

28. 철수가 A 지점에서 F 지점까지 택시를 이용해 간다고 할 때, 다음 조건에 따른 택시요금은 얼마인가?

- 2km까지 기본요금은 4,000원이다.
- 2km 이후 200m당 300원의 추가요금이 부과된다.

① 20,000원 ② 21,000원 ③ 22,000원
④ 23,000원 ⑤ 24,000원

[29 ~ 30] 다음 제시된 상황과 자료를 보고 이어지는 질문에 답하시오.

금융기관에 근무하는 정 사원은 신용평점별 대출보유자에 대한 자료를 열람하고 있다.

〈개인 신용평점별 대출 통계〉

신용평점	전체 인원수(명)	대출보유자 수(명)
900점 이상	(A)	8,530,246
800 ~ 899점	11,864,489	(B)
700 ~ 799점	12,595,487	2,687,916
고신용자 합계	44,818,057	17,856,718
600 ~ 699점	729,594	640,997
500 ~ 599점	110,631	103,659
400 ~ 499점	46,037	44,607
중신용자 합계	886,262	(C)
300 ~ 399점	(D)	866,123
200 ~ 299점	112,709	108,259
200점 미만	3,164	3,144
저신용자 합계	1,988,492	977,526

29. 제시된 자료의 (A) ~ (D)에 들어갈 수치로 적절하지 않은 것은?

① (A) : 20,358,081
② (B) : 7,976,556
③ (C) : 789,263
④ (D) : 1,872,619
⑤ 모두 적절하지 않음.

30. 다음은 제시된 자료를 바탕으로 작성한 기사이다. 밑줄 친 ㉠ ~ ㉣ 중 그 내용이 옳지 않은 것은? (단, 비율은 소수점 아래 셋째 자리에서 반올림하여 구한다)

> 지난해 말 기준 신용점수평가 데이터가 있는 ㉠ 47,692,811명 중 약 41.15%에 해당하는 19,623,507명이 금융사에 대출을 보유 중인 것으로 집계됐다. 특히 신용도가 다소 우려되나 기존 거래를 유지할 수 있는 차주로 분류되는 중신용자의 대출 보유 비중이 두드러지게 높았다. 금융당국의 중금리 대출 확대 정책에 힘입어 ㉡ 중신용자 10명 중 약 9명이 대출 채무를 지고 있는 것으로 나타났다. 반면 ㉢ 금융사고 위험이 적은 고신용자는 전체의 39.84%가 대출을 갖고 있었고, ㉣ 신용도가 우려되는 수준으로 부실화가 진행 중이거나 이미 신용거래에 문제가 생긴 저신용자의 대출 보유 비중은 69.11%로 집계됐다.
>
> 중신용자의 대출 보유가 기하급수적으로 치달은 것은 금융당국이 가계대출 총량 관리에서 중신용자 대상 대출 상품 취급 시 인센티브를 제공하는 등 적극적인 시장 확대 정책을 펼친 영향이 크다. 금융권의 한 관계자는 "고신용자 대상 대출의 경우 정부 규제와 금리 상승으로 수요가 줄어든 반면, 인터넷 은행들이 집중하고 있는 중신용자 대상 대출 수요는 꾸준히 늘고 있다."고 말했다.

① ㉠
② ㉡
③ ㉢
④ ㉣
⑤ 없음.

1회 기출예상 2회 기출예상 3회 기출예상 4회 기출예상 5회 기출예상 6회 기출예상 인성검사 면접가이드

[31 ~ 32] 다음 자료를 보고 이어지는 질문에 답하시오.

〈구직급여 신청 동향〉

구분	1월		2월		3월	
	20X1년	20X2년	20X1년	20X2년	20X1년	20X2년
신청자 (명)	171,051	174,079	80,425	107,472	125,006	155,792
지급액 (억 원)	6,256	7,336	6,129	7,819	6,397	8,982

※ 구직급여 : 근로 의사와 능력을 가지고 있으나, 취업하지 못한 고용보험 피보험자가 재취업활동을 하는 기간에 지급받는 급여

〈산업별 구직급여 신청자 수〉

(단위 : 명)

구분	20X1년 1분기	20X2년 1분기
농림어업	1,967	1,636
제조업	59,107	64,510
도소매업	33,748	39,744
운수업	11,274	15,768
숙박음식업	19,092	29,000
예술스포츠업	5,446	7,037

31. 제시된 자료에 대한 설명으로 옳지 않은 것은?

① 20X2년은 전년 동월 대비 구직급여 신청자 수가 세 달 모두 증가하였다.
② 20X2년 3월 구직급여 신청자 수의 전년 동월 대비 증가율은 약 24.6%이다.
③ 20X2년 1월부터 3월까지의 월별 구직급여 지급액은 모두 7천억 원 이상이다.
④ 20X2년 3월 구직급여 지급액의 전년 동월 대비 증가율은 약 30.4%이다.
⑤ 20X2년 1분기는 20X1년 1분기보다 취업하지 못한 인구가 증가했음을 추론할 수 있다.

32. 다음 중 구직급여 신청자에 대한 설명으로 가장 적절한 것은?

① 20X2년 1분기 농림어업의 구직급여 신청자 수는 전년도 1분기 대비 331명 증가했다.
② 20X1년 1분기 대비 20X2년 1분기 구직급여 신청자 수가 가장 큰 폭으로 증가한 산업은 숙박음식업이다.
③ 20X2년 1분기 도소매업 구직급여 신청자 수는 전년도 1분기 대비 약 6% 증가했다.
④ 20X2년 1분기 운수업 구직급여 신청자 수는 전년도 1분기 대비 약 4% 증가했다.
⑤ 20X2년 1분기 예술스포츠업 구직급여 신청자 수는 전년도 1분기 대비 약 10% 증가했다.

[33 ~ 34] 다음 자료를 보고 이어지는 질문에 답하시오.

〈문화예술시설 현황〉

(단위 : 개)

구분	박물관	미술관	공공도서관	공연장	문예회관
2020년	754	190	865	992	220
2021년	809	202	930	991	232
2022년	826	219	978	1,024	229
2023년	853	229	1,010	1,024	236

〈문화산업 분야별 매출액〉

(단위 : 조 원)

구분	2020년	2021년	2022년
총매출액	94.95	100.49	105.51
만화	0.85	0.92	0.98
음악	4.61	4.98	5.31
게임	9.97	10.72	10.89
영화	4.57	5.11	5.26
애니메이션	0.56	0.61	0.68
방송(영상)	15.77	16.46	17.33
광고	13.74	14.44	15.19
캐릭터	9.05	10.08	11.07
기타	35.82	37.16	38.81

33. 위 자료를 바탕으로 작성한 보고서의 내용으로 옳지 않은 것은?

① 문화예술시설 수는 2020년부터 2023년까지 지속적으로 증가했다. 그러나 전반적인 증가 추세는 줄어드는 경향을 보인다. ② 2023년 공공도서관은 전년 대비 약 3.3% 증가했지만 ③ 2022년의 전년 대비 증가율인 약 5.2%에 비해 증가율이 감소한 것을 알 수 있다. 한편, ④ 공연장은 2023년 1,010개로 전년에 비해 증가하였고 ⑤ 문예회관은 2022년에 전년 대비 감소하였다.

34. 제시된 자료를 바탕으로 작성한 그래프로 적절한 것을 모두 고르면?

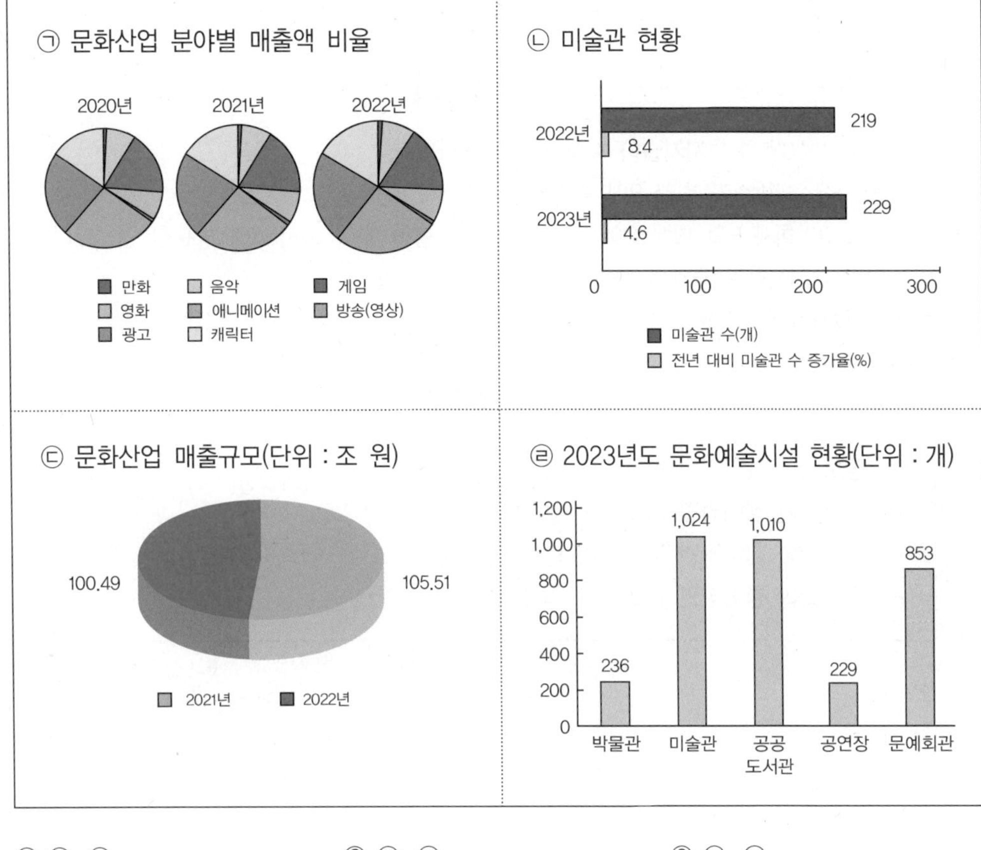

① ㉠, ㉡ ② ㉠, ㉢ ③ ㉡, ㉢

④ ㉡, ㉣ ⑤ ㉢, ㉣

35. 5명의 투자자가 3개의 회사 A, B, C 중 한 곳에 투자하기 위해 투표를 진행하여 그중 다수의 의견을 따르려고 한다. 다음 제시된 정보 1 ~ 3에 대한 진위여부는 정확하지 않다고 할 때, 〈보기〉의 추론 중 옳지 않은 것을 모두 고르면?

정보

- 정보 1 : 3명의 투자자들이 회사 A에 투표하였다.
- 정보 2 : 과반수가 회사 B에 투표하였다.
- 정보 3 : 회사 B와 회사 C에 투표한 인원을 합한 것이 회사 A에 투표한 인원보다 적다.
- 모든 투자자들은 투표를 해야 하며, 무효표는 없다.
- 각 회사는 투자자들로부터 1표도 못 받을 수 있으며, 같은 수의 득표수를 받지는 않았다.

보기

ㄱ. 정보 1이 참이라면 정보 2도 참이다.
ㄴ. 정보 2가 참이라면 정보 3도 참이다.
ㄷ. 정보 3이 참이라면 정보 2는 항상 참이다.
ㄹ. 정보 3이 참이라면 정보 1은 항상 참이다.

① ㄱ, ㄴ　② ㄱ, ㄷ　③ ㄴ, ㄹ
④ ㄱ, ㄴ, ㄷ　⑤ ㄱ, ㄴ, ㄷ, ㄹ

36. **○○투자회사에서 신규 펀드를 만들려고 한다. 펀드의 성과 예상치가 A ~ D와 같을 때, 반드시 거짓인 내용은?**

> 신규 펀드에 포함할 자산군은 국내 주식, 원자재, 부동산이다. 각 자산군은 서로 상관관계가 낮으며, 투자 실패의 원인은 단 한 가지이다.
>
> ---
>
> A : 국내 주식에 투자하고, 원자재에 투자하고, 부동산에 투자했을 때, 손실의 위험성이 높다.
> B : 국내 주식에 투자하지 않고, 원자재에 투자하고, 부동산에 투자했을 때, 손실의 위험성이 높다.
> C : 국내 주식에 투자하지 않고, 원자재에 투자하지 않고, 부동산에 투자했을 때, 손실의 위험성이 낮았다.
> D : 국내 주식에 투자하고, 원자재에 투자하고, 부동산에 투자하지 않았을 때, 손실의 위험성이 높다.

① A, B만을 고려한다면 펀드 손실의 주원인이 무엇인지 알 수 없다.
② A, C만을 고려한다면 펀드 손실의 주원인은 국내 주식 투자와 원자재 투자에 있을 것이다.
③ B, C만을 고려한다면 펀드 손실의 주원인은 원자재 투자일 것이다.
④ B, D만을 고려한다면 원자재 투자는 펀드 손실의 주원인이 아니다.
⑤ C, D만을 고려한다면 원자재 투자가 실패 위험성을 크게 하는 원인일 수 있다.

[37 ~ 38] 다음 자료를 보고 이어지는 질문에 답하시오.

안녕하십니까? 이번 어린이날을 맞아 ○○시에서는 5월 동안 잔디 광장을 개방하여 행사를 진행하려 합니다. 이번 행사는 다음과 같이 다섯 개의 구역으로 나누어져 진행될 예정입니다.

테마	최대 수용 인원(시)	행사 진행 날짜	자원 봉사자 수 (행사 진행 시)
무협	50명	5월 내내	5명
로봇	25명	5월 14, 20일	2명
마법	50명	5월 19, 29일	5명
숲속의 친구	30명	5월 18, 30일	3명
곰돌이	35명	5월 23, 28일	5명

- 모든 행사의 경우, 학생 10명당 최소 1명의 인솔자가 필요합니다(자원 봉사자들은 모두 인솔 자격을 가지고 있습니다).
- 행사는 09 : 00 ~ 17 : 00까지 진행됩니다.
- 로봇 테마와 마법 테마의 경우 사진 촬영이 금지됩니다.
- 구내식당이 있으며, 인당 3,000원에 점심 식권을 구매하실 수 있습니다(식당 정원은 200명입니다).
- 문의사항은 ○○시청(339-9999)으로 연락 주시기 바랍니다.

〈5월 달력〉

5월						
일	월	화	수	목	금	토
1	2	3	4	5	6	7
8	9	10	11	12	13	14
15	16	17	18	19	20	21
22	23	24	25	26	27	28
29	30	31				

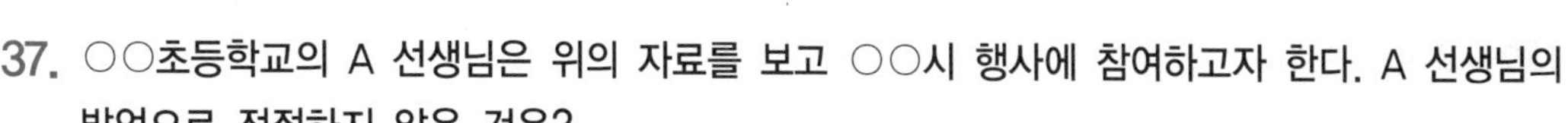

37. ○○초등학교의 A 선생님은 위의 자료를 보고 ○○시 행사에 참여하고자 한다. A 선생님의 발언으로 적절하지 않은 것은?

① 로봇 테마와 마법 테마의 경우 사진 촬영이 금지되므로 아이들에게 사전에 교육해야겠어.
② 우리 학교의 행사 참가자는 총 380명이니, 모든 학생들이 구내식당을 이용한다면 교대로 점심 식사를 해야 되겠군.
③ 자원봉사자 수가 모자란 테마가 한 곳 있으니, 다른 선생님이 인솔자로 참여하면 되겠어.
④ 문의사항이 있을 때는 339－9999로 전화하면 되겠군.
⑤ 우리 반 학생 33명이 모두 다 들어갈 수 있는 테마는 두 개겠구나.

38. 다음은 ○○초등학교의 학사 일정표이다. 제시된 자료를 참조하여 계획을 짤 때, 옳지 않은 것은? (단, 모든 테마의 행사에 참여하고, 학교 행사 동안에는 학생들이 학교를 비워 ○○시의 어린이날 행사에 참여할 수 없으며, 주말에는 행사에 참여할 수 없다)

일정	행사 이름
5월 5～6일	어린이날 행사
5월 8일	어버이날 행사
5월 15～16일	스승의 날 행사
5월 30일	가정의 달 행사

① 5월 첫째 주에 아이들이 학교에 있는 날은 3일뿐이겠어.
② 5월 중 아이들이 학교에 있는 날이 가장 많은 주는 둘째 주야.
③ 로봇 테마에 아이들을 데리고 갈 수 있는 날은 하루뿐이야.
④ 5월 셋째 주에는 최대 네 개의 테마를 견학시킬 수 있겠군.
⑤ 5월 마지막 주에는 무협 테마가 아닌 견학 일정도 잡을 수 있겠어.

[39 ~ 40] 다음 자료를 보고 이어지는 질문에 답하시오.

○○기업은 20XX년 8월 신사업 진출을 위한 업무 일정표를 작성하고 있다. 신사업 진출을 위해서 ○○기업은 A 국가의 바이어, B 국가의 바이어, C 국가의 바이어와 각각 업무 미팅이 예정되어 있다. 결재의 편의를 위하여 재무부는 바이어와의 업무 미팅 시 반드시 동행해야 하며 영업부, 신사업 TF, 기획부는 필요에 따라 동행한다.

각 바이어와의 업무 미팅 전, 필수 참석 부서가 모두 참가하는 회의를 한 번 진행해야 한다. 단, A 국가 바이어와의 업무 미팅 이전에 진행되는 사전 회의 시 A 국가 바이어와의 업무 미팅을 위한 회의만을 진행하여야 하며, B 국가 바이어와의 업무 미팅 이전에는 C 국가 바이어와의 업무 미팅을 위한 사전 회의를 진행할 수 없다. 사전 회의는 단 하루씩만 진행된다.

국가	업무 미팅 날짜	필수 참석 부서
A 국가	20XX. 08. 10.	재무부, 영업부
B 국가	20XX. 08. 18.	재무부, 신사업 TF
C 국가	20XX. 08. 25.	재무부, 기획부, 영업부

〈각 부서별 8월 주요 업무일정〉

부서	일정
재무부	08. 01. ~ 08. 02. 회계팀 출장 08. 15. ~ 08. 16. 계열사 출장
기획부	08. 10. 컨설팅 펌 회의 08. 20. ~ 08. 21. 기획부 회의
영업부	08. 21. ~ 08. 23. 해외 출장
신사업 TF	08. 05. ~ 08. 07 국내 출장

※ 각 부서의 주요 업무일정 기간에 해당 부서는 회의에 참석하지 못한다.

※ 주말과 업무 미팅 날짜에는 회의를 진행하지 않는다.

※ 20XX년 8월 1일은 토요일이다.

39. 제시된 자료를 바탕으로 회의를 진행하려고 할 때, 옳지 않은 것은?

① A 국가 바이어와의 업무미팅을 위한 사전 회의 시 모든 부서가 참여 가능한 날은 이틀이다.
② B 국가 바이어와의 업무미팅을 위한 사전 회의는 주말을 제외한 모든 요일에 진행 가능하다.
③ C 국가 바이어와의 업무미팅을 위한 사전 회의는 월요일 혹은 화요일에 진행된다.
④ 8월 중 바이어와의 업무미팅이 가장 많이 잡힌 요일은 화요일이다.
⑤ 재무부의 주말 출근 일수와 영업부의 주말 출근 일수를 합치면 총 6일이다.

40. 다음 중 C 국가 바이어와의 업무미팅을 위한 사전 회의가 진행될 수 있는 날은?

① 8월 17일 ② 8월 18일 ③ 8월 19일
④ 8월 20일 ⑤ 8월 21일

LH 한국토지주택공사
[5·6급]

파트 2

인성검사

인성검사의 이해

1 인성검사, 왜 필요한가?

채용기업은 지원자가 '직무적합성'을 지닌 사람인지를 인성검사와 NCS기반 필기시험을 통해 판단한다. 인성검사에서 말하는 인성(人性)이란 그 사람의 성품, 즉 각 개인이 가지는 사고와 태도 및 행동 특성을 의미한다. 인성은 사람의 생김새처럼 사람마다 다르기 때문에 몇 가지 유형으로 분류하고 이에 맞추어 판단한다는 것 자체가 억지스럽고 어불성설일지 모른다. 그럼에도 불구하고 기업들의 입장에서는 입사를 희망하는 사람이 어떤 성품을 가졌는지 정보가 필요하다. 그래야 해당 기업의 인재상에 적합하고 담당할 업무에 적격한 인재를 채용할 수 있기 때문이다.

지원자의 성격이 외향적인지 아니면 내향적인지, 어떤 직무와 어울리는지, 조직에서 다른 사람과 원만하게 생활할 수 있는지, 업무 수행 중 문제가 생겼을 때 어떻게 대처하고 해결할 수 있는지에 대한 전반적인 개성은 자기소개서를 통해서나 면접을 통해서도 어느 정도 파악할 수 있다. 그러나 이것들만으로 인성을 충분히 파악할 수 없기 때문에 객관화되고 정형화된 인성검사로 지원자의 성격을 판단하고 있다.

채용기업은 필기시험을 높은 점수로 통과한 지원자라 하더라도 해당 기업과 거리가 있는 성품을 가졌다면 탈락시키게 된다. 일반적으로 필기시험 통과자 중 인성검사로 탈락하는 비율이 10% 내외가 된다고 알려져 있다. 물론 인성검사를 탈락하였다 하더라도 특별히 인성에 문제가 있는 사람이 아니라면 절망할 필요는 없다. 자신을 되돌아보고 다음 기회를 대비하면 되기 때문이다. 탈락한 기업이 원하는 인재상이 아니었다면 맞는 기업을 찾으면 되고, 경쟁자가 많았기 때문이라면 자신을 다듬어 경쟁력을 높이면 될 것이다.

2 인성검사의 특징

우리나라 대다수의 채용기업은 인재개발 및 인적자원을 연구하는 한국행동과학연구소(KIRBS), 에스에이치알(SHR), 한국사회적성개발원(KSAD), 한국인재개발진흥원(KPDI) 등 전문기관에 인성검사를 의뢰하고 있다.

이 기관들의 인성검사 개발 목적은 비슷하지만 기관마다 검사 유형이나 평가 척도는 약간의 차이가 있다. 또 지원하는 기업이 어느 기관에서 개발한 검사지로 인성검사를 시행하는지는 사전에 알 수 없다. 그렇지만 공통으로 적용하는 척도와 기준에 따라 구성된 여러 형태의 인성검사지로 사전 테스트를 해 보고 자신의 인성이 어떻게 평가되는가를 미리 알아보는 것은 가능하다.

인성검사는 필기시험 당일 직무능력평가와 함께 실시하는 경우와 직무능력평가 합격자에 한하여 면접과 함께 실시하는 경우가 있다. 인성검사의 문항은 100문항 내외에서부터 최대 500문항까지 다양하다. 인성검사에 주어지는 시간은 문항 수에 비례하여 30 ~ 100분 정도가 된다.

문항 자체는 단순한 질문으로 어려울 것은 없지만 제시된 상황에서 본인의 행동을 정하는 것이 쉽지만은 않다. 문항 수가 많을 경우 이에 비례하여 시간도 길게 주어지지만 단순하고 유사하며 반복되는 질문에 방심하여 집중하지 못하고 실수하는 경우가 있으므로 컨디션 관리와 집중력 유지에 노력하여야 한다. 특히 같거나 유사한 물음에 다른 답을 하는 경우가 가장 위험하다.

3 인성검사 척도 및 구성

1 미네소타 다면적 인성검사(MMPI)

MMPI(Minnesota Multiphasic Personality Inventory)는 1943년 미국 미네소타 대학교수인 해서웨이와 매킨리가 개발한 대표적인 자기 보고형 성향 검사로서 오늘날 가장 대표적으로 사용되는 객관적 심리검사 중 하나이다. MMPI는 약 550여 개의 문항으로 구성되며 각 문항을 읽고 '예(YES)' 또는 '아니오(NO)'로 대답하게 되어 있다.

MMPI는 4개의 타당도 척도와 10개의 임상척도로 구분된다. 500개가 넘는 문항들 중 중복되는 문항들이 포함되어 있는데 내용이 똑같은 문항도 10문항 이상 포함되어 있다. 이 반복 문항들은 응시자가 얼마나 일관성 있게 검사에 임했는지를 판단하는 지표로 사용된다.

구분	척도명	약자	주요 내용
타당도 척도 (바른 태도로 임했는지, 신뢰할 수 있는 결론인지 등을 판단)	무응답 척도 (Can not say)	?	응답하지 않은 문항과 복수로 답한 문항들의 총합으로 빠진 문항을 최소한으로 줄이는 것이 중요하다.
	허구 척도 (Lie)	L	자신을 좋은 사람으로 보이게 하려고 고의적으로 정직하지 못한 답을 판단하는 척도이다. 허구 척도가 높으면 장점까지 인정받지 못하는 결과가 발생한다.
	신뢰 척도 (Frequency)	F	검사 문항에 빗나간 답을 한 경향을 평가하는 척도로 정상적인 집단의 10% 이하의 응답을 기준으로 일반적인 경향과 다른 정도를 측정한다.
	교정 척도 (Defensiveness)	K	정신적 장애가 있음에도 다른 척도에서 정상적인 면을 보이는 사람을 구별하는 척도로 허구 척도보다 높은 고차원으로 거짓 응답을 하는 경향이 나타난다.
임상척도 (정상적 행동과 그렇지 않은 행동의 종류를 구분하는 척도로, 척도마다 다른 기준으로 점수가 매겨짐)	건강염려증 (Hypochondriasis)	Hs	신체에 대한 지나친 집착이나 신경질적 혹은 병적 불안을 측정하는 척도로 이러한 건강염려증이 타인에게 어떤 영향을 미치는지도 측정한다.
	우울증 (Depression)	D	슬픔 · 비관 정도를 측정하는 척도로 타인과의 관계 또는 본인 상태에 대한 주관적 감정을 나타낸다.
	히스테리 (Hysteria)	Hy	갈등을 부정하는 정도를 측정하는 척도로 신체 증상을 호소하는 경우와 적대감을 부인하며 우회적인 방식으로 드러내는 경우 등이 있다.
	반사회성 (Psychopathic Deviate)	Pd	가정 및 사회에 대한 불신과 불만을 측정하는 척도로 비도덕적 혹은 반사회적 성향 등을 판단한다.
	남성-여성특성 (Masculinity-Feminity)	Mf	남녀가 보이는 흥미와 취향, 적극성과 수동성 등을 측정하는 척도로 성에 따른 유연한 사고와 융통성 등을 평가한다.

	편집증 (Paranoia)	Pa	과대 망상, 피해 망상, 의심 등 편집증에 대한 정도를 측정하는 척도로 열등감, 비사교적 행동, 타인에 대한 불만과 같은 내용을 질문한다.
	강박증 (Psychasthenia)	Pt	과대 근심, 강박관념, 죄책감, 공포, 불안감, 정리정돈 등을 측정하는 척도로 만성 불안 등을 나타낸다.
	정신분열증 (Schizophrenia)	Sc	정신적 혼란을 측정하는 척도로 자폐적 성향이나 타인과의 감정 교류, 충동 억제불능, 성적 관심, 사회적 고립 등을 평가한다.
	경조증 (Hypomania)	Ma	정신적 에너지를 측정하는 척도로 생각의 다양성 및 과장성, 행동의 불안정성, 흥분성 등을 나타낸다.
	사회적 내향성 (Social introversion)	Si	대인관계 기피, 사회적 접촉 회피, 비사회성 등의 요인을 측정하는 척도로 외향성 및 내향성을 구분한다.

2 캘리포니아 성격검사(CPI)

CPI(California Psychological Inventory)는 캘리포니아 대학의 연구팀이 개발한 성검사로 MMPI와 함께 세계에서 가장 널리 사용되고 있는 인성검사 툴이다. CPI는 다양한 인성 요인을 통해 지원자가 답변한 응답 왜곡 가능성, 조직 역량 등을 측정한다. MMPI가 주로 정서적 측면을 진단하는 특징을 보인다면, CPI는 정상적인 사람의 심리적 특성을 주로 진단한다.

CPI는 약 480개 문항으로 구성되어 있으며 다음과 같은 18개의 척도로 구분된다.

구분	척도명	주요 내용
제1군 척도 (대인관계 적절성 측정)	지배성(Do)	리더십, 통솔력, 대인관계에서의 주도권을 측정한다.
	지위능력성(Cs)	내부에 잠재되어 있는 내적 포부, 자기 확신 등을 측정한다.
	사교성(Sy)	참여 기질이 활달한 사람과 그렇지 않은 사람을 구분한다.
	사회적 자발성(Sp)	사회 안에서의 안정감, 자발성, 사교성 등을 측정한다.
	자기 수용성(Sa)	개인적 가치관, 자기 확신, 자기 수용력 등을 측정한다.
	행복감(Wb)	생활의 만족감, 행복감을 측정하며 긍정적인 사람으로 보이고자 거짓 응답하는 사람을 구분하는 용도로도 사용된다.
제2군 척도 (성격과 사회화, 책임감 측정)	책임감(Re)	법과 질서에 대한 양심, 책임감, 신뢰성 등을 측정한다.
	사회성(So)	가치 내면화 정도, 사회 이탈 행동 가능성 등을 측정한다.
	자기 통제성(Sc)	자기조절, 자기통제의 적절성, 충동 억제력 등을 측정한다.
	관용성(To)	사회적 신념, 편견과 고정관념 등에 대한 태도를 측정한다.
	호감성(Gi)	타인이 자신을 어떻게 보는지에 대한 민감도를 측정하며, 좋은 사람으로 보이고자 거짓 응답하는 사람을 구분한다.
	임의성(Cm)	사회에 보수적 태도를 보이고 생각 없이 적당히 응답한 사람을 판단하는 척도로 사용된다.

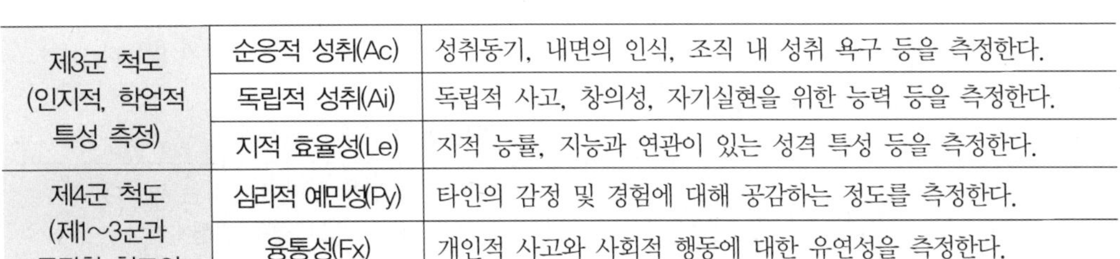

제3군 척도 (인지적, 학업적 특성 측정)	순응적 성취(Ac)	성취동기, 내면의 인식, 조직 내 성취 욕구 등을 측정한다.
	독립적 성취(Ai)	독립적 사고, 창의성, 자기실현을 위한 능력 등을 측정한다.
	지적 효율성(Le)	지적 능률, 지능과 연관이 있는 성격 특성 등을 측정한다.
제4군 척도 (제1~3군과 무관한 척도의 혼합)	심리적 예민성(Py)	타인의 감정 및 경험에 대해 공감하는 정도를 측정한다.
	융통성(Fx)	개인적 사고와 사회적 행동에 대한 유연성을 측정한다.
	여향성(Fe)	남녀 비교에 따른 흥미의 남향성 및 여향성을 측정한다.

3 SHL 직업성격검사(OPQ)

OPQ(Occupational Personality Questionnaire)는 세계적으로 많은 외국 기업에서 널리 사용하는 CEB사의 SHL 직무능력검사에 포함된 직업성격검사이다. 4개의 질문이 한 세트로 되어 있고 총 68세트 정도 출제되고 있다. 4개의 질문 안에서 '자기에게 가장 잘 맞는 것'과 '자기에게 가장 맞지 않는 것'을 1개씩 골라 '예', '아니오'로 체크하는 방식이다. 단순하게 모든 척도가 높다고 좋은 것은 아니며, 척도가 낮은 편이 좋은 경우도 있다.

기업에 따라 척도의 평가 기준은 다르다. 희망하는 기업의 특성을 연구하고, 채용 기준을 예측하는 것이 중요하다.

척도	내용	질문 예
설득력	사람을 설득하는 것을 좋아하는 경향	– 새로운 것을 사람에게 권하는 것을 잘한다. – 교섭하는 것에 걱정이 없다. – 기획하고 판매하는 것에 자신이 있다.
지도력	사람을 지도하는 것을 좋아하는 경향	– 사람을 다루는 것을 잘한다. – 팀을 아우르는 것을 잘한다. – 사람에게 지시하는 것을 잘한다.
독자성	다른 사람의 영향을 받지 않고, 스스로 생각해서 행동하는 것을 좋아하는 경향	– 모든 것을 자신의 생각대로 하는 편이다. – 주변의 평가는 신경 쓰지 않는다. – 유혹에 강한 편이다.
외향성	외향적이고 사교적인 경향	– 다른 사람의 주목을 끄는 것을 좋아한다. – 사람들이 모인 곳에서 중심이 되는 편이다. – 담소를 나눌 때 주변을 즐겁게 해 준다.
우호성	친구가 많고, 대세의 사람이 되는 것을 좋아하는 경향	– 친구와 함께 있는 것을 좋아한다. – 무엇이라도 얘기할 수 있는 친구가 많다. – 친구와 함께 무언가를 하는 것이 많다.
사회성	세상 물정에 밝고 사람 앞에서도 낯을 가리지 않는 성격	– 자신감이 있고 유쾌하게 발표할 수 있다. – 공적인 곳에서 인사하는 것을 잘한다. – 사람들 앞에서 발표하는 것이 어렵지 않다.

겸손성	사람에 대해서 겸손하게 행동하고 누구라도 똑같이 사귀는 경향	– 자신의 성과를 그다지 내세우지 않는다. – 절제를 잘하는 편이다. – 사회적인 지위에 무관심하다.
협의성	사람들에게 의견을 물으면서 일을 진행하는 경향	– 사람들의 의견을 구하며 일하는 편이다. – 타인의 의견을 묻고 일을 진행시킨다. – 친구와 상담해서 계획을 세운다.
돌봄	측은해 하는 마음이 있고, 사람을 돌봐 주는 것을 좋아하는 경향	– 개인적인 상담에 친절하게 답해 준다. – 다른 사람의 상담을 진행하는 경우가 많다. – 후배의 어려움을 돌보는 것을 좋아한다.
구체적인 사물에 대한 관심	물건을 고치거나 만드는 것을 좋아하는 경향	– 고장 난 물건을 수리하는 것이 재미있다. – 상태가 안 좋은 기계도 잘 사용한다. – 말하기보다는 행동하기를 좋아한다.
데이터에 대한 관심	데이터를 정리해서 생각하는 것을 좋아하는 경향	– 통계 등의 데이터를 분석하는 것을 좋아한다. – 표를 만들거나 정리하는 것을 좋아한다. – 숫자를 다루는 것을 좋아한다.
미적가치에 대한 관심	미적인 것이나 예술적인 것을 좋아하는 경향	– 디자인에 관심이 있다. – 미술이나 음악을 좋아한다. – 미적인 감각에 자신이 있다.
인간에 대한 관심	사람의 행동에 동기나 배경을 분석하는 것을 좋아하는 경향	– 다른 사람을 분석하는 편이다. – 타인의 행동을 보면 동기를 알 수 있다. – 다른 사람의 행동을 잘 관찰한다.
정통성	이미 있는 가치관을 소중히 여기고, 익숙한 방법으로 사물을 대하는 것을 좋아하는 경향	– 실적이 보장되는 확실한 방법을 취한다. – 낡은 가치관을 존중하는 편이다. – 보수적인 편이다.
변화 지향	변화를 추구하고, 변화를 받아들이는 것을 좋아하는 경향	– 새로운 것을 하는 것을 좋아한다. – 해외여행을 좋아한다. – 경험이 없더라도 시도해 보는 것을 좋아한다.
개념성	지식에 대한 욕구가 있고, 논리적으로 생각하는 것을 좋아하는 경향	– 개념적인 사고가 가능하다. – 분석적인 사고를 좋아한다. – 순서를 만들고 단계에 따라 생각한다.
창조성	새로운 분야에 대한 공부를 하는 것을 좋아하는 경향	– 새로운 것을 추구한다. – 독창성이 있다. – 신선한 아이디어를 낸다.
계획성	앞을 생각해서 사물을 예상하고, 계획적으로 실행하는 것을 좋아하는 경향	– 과거를 돌이켜보며 계획을 세운다. – 앞날을 예상하며 행동한다. – 실수를 돌아보며 대책을 강구하는 편이다.

치밀함	정확한 순서를 세워 진행하는 것을 좋아하는 경향	– 사소한 실수는 거의 하지 않는다. – 정확하게 요구되는 것을 좋아한다. – 사소한 것에도 주의하는 편이다.
꼼꼼함	어떤 일이든 마지막까지 꼼꼼하게 마무리 짓는 경향	– 맡은 일을 마지막까지 해결한다. – 마감 시한은 반드시 지킨다. – 시작한 일은 중간에 그만두지 않는다.
여유	평소에 릴랙스하고, 스트레스에 잘 대처하는 경향	– 감정의 회복이 빠르다. – 분별없이 함부로 행동하지 않는다. – 스트레스에 잘 대처한다.
근심 · 걱정	어떤 일이 잘 진행되지 않으면 불안을 느끼고, 중요한 일을 앞두면 긴장하는 경향	– 예정대로 잘되지 않으면 근심 · 걱정이 많다. – 신경 쓰이는 일이 있으면 불안하다. – 중요한 만남 전에는 기분이 편하지 않다.
호방함	사람들이 자신을 어떻게 생각하는지를 신경 쓰지 않는 경향	– 사람들이 자신을 어떻게 생각하는지 그다지 신경 쓰지 않는다. – 상처받아도 동요하지 않고 아무렇지 않은 태도를 취한다. – 사람들의 비판에 크게 영향받지 않는다.
억제력	감정을 표현하지 않는 경향	– 쉽게 감정적으로 되지 않는다. – 분노를 억누른다. – 격분하지 않는다.
낙관적	사물을 낙관적으로 보는 경향	– 낙관적으로 생각하고 일을 진행시킨다. – 문제가 일어나도 낙관적으로 생각한다.
비판적	비판적으로 사물을 생각하고, 이론 · 문장 등의 오류에 신경 쓰는 경향	– 이론의 모순을 찾아낸다. – 계획이 갖춰지지 않은 것이 신경 쓰인다. – 누구도 신경 쓰지 않는 오류를 찾아낸다.
행동력	운동을 좋아하고, 민첩하게 행동하는 경향	– 동작이 날렵하다. – 여가를 활동적으로 보낸다. – 몸을 움직이는 것을 좋아한다.
경쟁성	지는 것을 싫어하는 경향	– 승부를 겨루게 되면 지는 것을 싫어한다. – 상대를 이기는 것을 좋아한다. – 싸워 보지 않고 포기하는 것을 싫어한다.
출세 지향	출세하는 것을 중요하게 생각하고, 야심적인 목표를 향해 노력하는 경향	– 출세 지향적인 성격이다. – 곤란한 목표도 달성할 수 있다. – 실력으로 평가받는 사회가 좋다.
결단력	빠르게 판단하는 경향	– 답을 빠르게 찾아낸다. – 문제에 대한 빠른 상황 파악이 가능하다. – 위험을 감수하고도 결단을 내리는 편이다.

4 인성검사 합격 전략

1 포장하지 않은 솔직한 답변

"다른 사람을 험담한 적이 한 번도 없다.", "물건을 훔치고 싶다고 생각해 본 적이 없다."

이 질문에 당신은 '그렇다', '아니다' 중 무엇을 선택할 것인가? 채용기업이 인성검사를 실시하는 가장 큰 이유는 '이 사람이 어떤 성향을 가진 사람인가'를 효율적으로 파악하기 위해서이다.

인성검사는 도덕적 가치가 빼어나게 높은 사람을 판별하려는 것도 아니고, 성인군자를 가려내기 위함도 아니다. 인간의 보편적 성향과 상식적 사고를 고려할 때, 도덕적 질문에 지나치게 겸손한 답변을 체크하면 오히려 솔직하지 못한 것으로 간주되거나 인성을 제대로 판단하지 못해 무효 처리가 되기도 한다. 자신의 성격을 포장하여 작위적인 답변을 하지 않도록 솔직하게 임하는 것이 예기치 않은 결과를 피하는 첫 번째 전략이 된다.

2 필터링 함정을 피하고 일관성 유지

앞서 강조한 솔직함은 일관성과 연결된다. 인성검사를 구성하는 많은 척도는 여러 형태의 문장 속에 동일한 요소를 적용해 반복되기도 한다. 예컨대 '나는 매우 활동적인 사람이다'와 '나는 운동을 매우 좋아한다'라는 질문에 '그렇다'고 체크한 사람이 '휴일에는 집에서 조용히 쉬며 독서하는 것이 좋다'에도 '그렇다'고 체크한다면 일관성이 없다고 평가될 수 있다.

그러나 일관성 있는 답변에만 매달리면 '이 사람이 같은 답변만 체크하기 위해 이 부분만 신경 썼구나'하는 필터링 함정에 빠질 수도 있다. 비슷하게 보이는 문장이 무조건 같은 내용이라고 판단하여 똑같이 답하는 것도 주의해야 한다. 일관성보다 중요한 것은 솔직함이다. 솔직함이 전제되지 않은 일관성은 허위 척도 필터링에서 드러나게 되어 있다. 유사한 질문의 응답이 터무니없이 다르거나 양극단에 치우치지 않는 정도라면 약간의 차이는 크게 문제되지 않는다. 중요한 것은 솔직함과 일관성이 하나의 연장선에 있다는 점을 명심하자.

3 지원한 직무와 연관성을 고려

다양한 분야의 많은 계열사와 큰 조직을 통솔하는 대기업은 여러 사람이 조직적으로 움직이는 만큼 각 직무에 걸맞은 능력을 갖춘 인재가 필요하다. 그래서 기업은 매년 신규채용으로 입사한 신입사원들의 젊은 패기와 참신한 능력을 성장 동력으로 활용한다.

기업은 사교성 있고 활달한 사람만을 원하지 않는다. 해당 직군과 직무에 따라 필요로 하는 사원의 능력과 개성이 다르기 때문에, 지원자가 희망하는 계열사나 부서의 직무가 무엇인지 제대로 파악하여 자신의 성향과 맞는지에 대한 고민은 반드시 필요하다. 같은 질문이라도 기업이 원하는 인재상이나 부서의 직무에 따라 판단 척도가 달라질 수 있다.

4 평상심 유지와 컨디션 관리

역시 솔직함과 연결된 내용이다. 한 질문에 오래 고민하고 신경 쓰면 불필요한 생각이 개입될 소지가 크다. 이는 직관을 떠나 이성적 판단에 따라 포장할 위험이 높아진다는 뜻이기도 하다. 긴 시간 생각하지 말고 자신의 평상시 생각과 감정대로 답하는 것이 중요하며, 가능한 건너뛰지 말고 모든 질문에 답하도록 한다. 300 ~ 400개 정도 문항을 출제하는 기업이 많기 때문에, 끝까지 집중하여 임하는 것이 중요하다.

특히 적성검사와 같은 날 실시하는 경우, 적성검사를 마친 후 연이어 보기 때문에 신체적 · 정신적으로 피로한 상태에서 자세가 흐트러질 수도 있다. 따라서 컨디션을 유지하면서 문항당 7 ~ 10초 이상 쓰지 않도록 하고, 문항 수가 많을 때는 답안지에 바로바로 표기하자.

인성검사 연습

1 인성검사 출제유형

LH 한국토지주택공사의 인성검사는 사전 온라인검사로, AI면접, MMPI(다면형 인성검사) 검사 방식 등으로 진행된다. 인성검사 결과는 면접의 참고자료로 활용된다. 인성검사는 기업이 추구하는 인재상, 핵심가치 등에 따라 적합한 인재를 찾기 위해 가치관과 태도를 측정하는 것이다. 응시자 개인의 사고와 태도 · 행동 특성 및 유사 질문의 반복을 통해 거짓말 척도 등으로 기업의 인재상에 적합한지를 판단하므로 특별하게 정해진 답은 없다.

2 AI면접

1 화면에 문장으로 제시되는 상황면접 질문과 가치관 및 경험을 묻는 질문에 대해 정해진 시간 내에 답한다.

예시

단정한 자세와 차림으로 구체적인 근거를 들어 논리적인 답변을 제시할 수 있어야 한다(약 20분 내외).

1. 친구와 오래 전부터 주말 여행을 기획했다. 그런데 상사가 프로젝트 때문에 주말근무를 지시한다면 어떻게 하겠는가?
2. 아이슬란드에 냉장고를 어떻게 판매할 건가?
3. 분리수거를 하지 않는 친구 때문에 불편을 겪고 있다면 어떻게 대처를 할 것인가?
4. 자기 스스로에게 만족하는가?
5. 위험부담을 감수하는 편인가?

3 MMPI 검사

1 각 내용을 읽고 평소 자신의 생각 및 행동과 유사하거나 일치하면 '그렇다', 다르거나 일치하지 않으면 '아니다'에 표시한다.

2 구성된 검사지에 문항 수가 많으면 일관된 답변이 어려울 수도 있으므로 최대한 꾸밈없이 자신의 가치관과 신념을 바탕으로 솔직하게 답하도록 노력한다.

1. 직관적으로 솔직하게 답한다.
2. 모든 문제를 신중하게 풀도록 한다.
3. 비교적 일관성을 유지할 수 있도록 한다.
4. 평소의 경험과 선호도를 자연스럽게 답한다.
5. 각 문항에 너무 골똘히 생각하거나 고민하지 않는다.
6. 지원한 분야와 나의 성격의 연관성을 미리 생각하고 분석해 본다.

4 MMPI 모의 연습

※ 인성검사는 지원자 개인의 사고와 태도 · 행동 특성, 직업윤리, 대인관계능력 등 인성 전반과 유사 질문의 반복을 통한 거짓말 척도 등으로 인재상과의 적합성을 판단하는 것으로, 특별하게 정해진 답이 없는 유형입니다.

[01~100] 질문에 해당된다고 생각하면 '그렇다', 해당되지 않는다면 '아니다'를 골라 기입(마크)해 주십시오. 건너뛰지 말고 모두 응답해 주십시오.

번호	질문	응답	
		그렇다	아니다
1	교통 법규를 위반했을 때 눈감아 줄만한 사람은 사귀어 둘 만하다.	Ⓨ	Ⓝ
2	지루할 때면 스릴 있는 일을 일으키고 싶어진다.	Ⓨ	Ⓝ
3	남의 물건을 함부로 다루는 사람에게는 내 물건을 빌려주고 싶지 않다.	Ⓨ	Ⓝ
4	나는 항상 진실만을 말하지는 않는다.	Ⓨ	Ⓝ
5	이따금 천박한 농담을 듣고 웃는다.	Ⓨ	Ⓝ
6	다른 사람들로부터 주목받기를 좋아한다.	Ⓨ	Ⓝ
7	많은 사람들 앞에서 이야기하는 것을 싫어한다.	Ⓨ	Ⓝ
8	어떤 사람들은 동정을 얻기 위하여 그들의 고통을 과장한다.	Ⓨ	Ⓝ
9	정직한 사람이 성공하기란 불가능하다.	Ⓨ	Ⓝ
10	나의 말이나 행동에 누군가 상처를 받는다면, 그건 상대방이 여린 탓이다.	Ⓨ	Ⓝ
11	화가 나서 물건을 파손한 적이 있다.	Ⓨ	Ⓝ
12	기회만 주어진다면, 나는 훌륭한 지도자가 될 것이다.	Ⓨ	Ⓝ
13	나는 예민하다는 말을 자주 듣는다.	Ⓨ	Ⓝ

14	한 가지 일에 정신을 집중하기가 힘들다.	Ⓨ	Ⓝ
15	모임에서 취할 때까지 술을 마시는 것을 못마땅하게 여긴다.	Ⓨ	Ⓝ
16	아무도 나를 이해하지 못하는 것 같다.	Ⓨ	Ⓝ
17	돈 내기를 하면 경기나 게임이 더 즐겁다.	Ⓨ	Ⓝ
18	나는 사람들을 강화시키는 재능을 타고났다.	Ⓨ	Ⓝ
19	수단과 방법을 가리지 않고 목표를 달성하고 싶다.	Ⓨ	Ⓝ
20	낯선 사람들을 만나면 무슨 이야기를 해야 할지 몰라 어려움을 겪는다.	Ⓨ	Ⓝ
21	곤경을 모면하기 위해 꾀병을 부린 적이 있다.	Ⓨ	Ⓝ
22	학교 선생님들은 대개 나를 공정하고 솔직하게 대해 주었다.	Ⓨ	Ⓝ
23	자동차 정비사의 일을 좋아할 것 같다.	Ⓨ	Ⓝ
24	나는 상대방이 화를 내면 더욱 화가 난다.	Ⓨ	Ⓝ
25	합창부에 가입하고 싶다.	Ⓨ	Ⓝ
26	사람들은 대개 성 문제를 지나치게 걱정한다.	Ⓨ	Ⓝ
27	다른 사람의 슬픔에 대해 공감하는 척할 때가 많다.	Ⓨ	Ⓝ
28	결정을 내리기 전에 다양한 관점에서 신중하게 생각한다.	Ⓨ	Ⓝ
29	체면 차릴 만큼은 일한다.	Ⓨ	Ⓝ
30	남녀가 함께 있으면 남자는 대개 그 여자의 섹스에 관련된 것을 생각한다.	Ⓨ	Ⓝ
31	주인이 없어 보이는 물건은 가져도 된다.	Ⓨ	Ⓝ
32	스릴을 느끼기 위해 위험한 일을 한 적이 있다.	Ⓨ	Ⓝ
33	현재 직면한 국제 문제에 대한 해결 방법을 알고 있다.	Ⓨ	Ⓝ
34	나는 기분이 쉽게 변한다.	Ⓨ	Ⓝ
35	현기증이 난 적이 전혀 없다.	Ⓨ	Ⓝ
36	나는 스트레스를 받으면 몸에 이상이 온다.	Ⓨ	Ⓝ
37	엄격한 규율과 규칙에 따라 일하기가 어렵다.	Ⓨ	Ⓝ
38	남이 나에게 친절을 베풀면 대개 숨겨진 이유가 무엇인지를 생각해본다.	Ⓨ	Ⓝ
39	학교에서 무엇을 배울 때 느린 편이었다.	Ⓨ	Ⓝ
40	우리 가족은 항상 가깝게 지낸다.	Ⓨ	Ⓝ
41	나는 자주 무력감을 느낀다.	Ⓨ	Ⓝ
42	영화에서 사람을 죽이는 장면을 보면 짜릿하다.	Ⓨ	Ⓝ
43	불을 보면 매혹된다.	Ⓨ	Ⓝ

44	소변을 보거나 참는 데 별 어려움을 겪은 적이 없다.	Ⓨ	Ⓝ
45	나도 든든한 배경이 있었다면 지금보다 훨씬 나은 위치에 있었을 것이다.	Ⓨ	Ⓝ
46	과연 행복한 사람이 있을지 의문이다.	Ⓨ	Ⓝ
47	때때로 나의 업적을 자랑하고 싶어진다.	Ⓨ	Ⓝ
48	나는 터질 듯한 분노를 종종 느낀다.	Ⓨ	Ⓝ
49	거액을 사기 칠 수 있을 정도로 똑똑한 사람이라면, 그 돈을 가져도 좋다.	Ⓨ	Ⓝ
50	선거 때 잘 알지 못하는 사람에게 투표한 적이 있다.	Ⓨ	Ⓝ
51	사교적인 모임에 나가는 것을 싫어한다.	Ⓨ	Ⓝ
52	지나치게 생각해서 기회를 놓치는 편이다.	Ⓨ	Ⓝ
53	활발한 사람으로 통한다.	Ⓨ	Ⓝ
54	꾸준히 하는 일이 적성에 맞는다.	Ⓨ	Ⓝ
55	돌다리도 두드려 보고 건넌다.	Ⓨ	Ⓝ
56	지는 것을 싫어하는 편이다.	Ⓨ	Ⓝ
57	적극적으로 행동하는 타입이다.	Ⓨ	Ⓝ
58	이웃에서 나는 소리가 신경 쓰인다.	Ⓨ	Ⓝ
59	나도 모르게 끙끙 앓고 고민하는 편이다.	Ⓨ	Ⓝ
60	비교적 금방 마음이 바뀌는 편이다.	Ⓨ	Ⓝ
61	휴식시간 정도는 혼자 있고 싶다.	Ⓨ	Ⓝ
62	자신만만한 영업맨 타입이다.	Ⓨ	Ⓝ
63	잘 흥분하는 편이라고 생각한다.	Ⓨ	Ⓝ
64	한 번도 거짓말을 한 적이 없다.	Ⓨ	Ⓝ
65	밤길에는 뒤에서 걸어오는 사람이 신경 쓰인다.	Ⓨ	Ⓝ
66	실패하면 내 책임이라고 생각한다.	Ⓨ	Ⓝ
67	남의 의견에 좌우되어서 쉽게 의견이 바뀐다.	Ⓨ	Ⓝ
68	개성적인 편이라고 생각한다.	Ⓨ	Ⓝ
69	나는 항상 활기차게 일하는 사람이다.	Ⓨ	Ⓝ
70	다양한 문화를 인정하는 것은 중요하다.	Ⓨ	Ⓝ
71	인상이 좋다는 말을 자주 듣는다.	Ⓨ	Ⓝ
72	나와 다른 관점이 있다는 것을 인정한다.	Ⓨ	Ⓝ
73	일에 우선순위를 잘 파악하여 행동하는 편이다.	Ⓨ	Ⓝ

74	사무실에서 조사하는 것보다 현장에서 파악하는 것을 선호한다.	Ⓨ	Ⓝ
75	약속 장소에 가기 위한 가장 빠른 교통수단을 미리 알아보고 출발한다.	Ⓨ	Ⓝ
76	친절하다는 말을 종종 듣는다.	Ⓨ	Ⓝ
77	팀으로 일하는 것이 좋다.	Ⓨ	Ⓝ
78	돈 관리를 잘하는 편이어서 적자가 나는 법이 없다.	Ⓨ	Ⓝ
79	내 감정이나 행동의 근본적인 이유를 찾기 위해서 노력한다.	Ⓨ	Ⓝ
80	호기심이 풍부한 편이다.	Ⓨ	Ⓝ
81	나는 좀 어려운 과제도 내가 할 수 있다는 긍정적인 생각을 많이 한다.	Ⓨ	Ⓝ
82	절대 새치기는 하지 않는다.	Ⓨ	Ⓝ
83	일단 일을 맡게 되면 책임지고 해낸다.	Ⓨ	Ⓝ
84	나는 신뢰감을 주는 편이다.	Ⓨ	Ⓝ
85	자료를 찾는 시간에 사람을 만나 물어보는 방식이 더 잘 맞는다.	Ⓨ	Ⓝ
86	새로운 일을 직접 기획해보고 기획안을 만드는 것을 좋아한다.	Ⓨ	Ⓝ
87	상냥하다는 말을 많이 듣는다.	Ⓨ	Ⓝ
88	무책임한 사람을 보면 짜증이 난다.	Ⓨ	Ⓝ
89	나는 항상 솔직하고 정직하다.	Ⓨ	Ⓝ
90	권위적인 방식으로 나를 대하면 반항한다.	Ⓨ	Ⓝ
91	안정적인 직장보다 창의적인 직장을 원한다.	Ⓨ	Ⓝ
92	쉽게 화가 난다.	Ⓨ	Ⓝ
93	냉철한 사고력이 요구되는 일이 편하다.	Ⓨ	Ⓝ
94	계획을 세울 때 세부일정까지 구체적으로 짜는 편이다.	Ⓨ	Ⓝ
95	주로 남의 의견을 듣는 편이다.	Ⓨ	Ⓝ
96	업무를 통한 정보 교환을 중심으로 상호작용이 활발한 조직을 좋아한다.	Ⓨ	Ⓝ
97	안정감보다 아슬아슬한 스릴이 더 좋다.	Ⓨ	Ⓝ
98	게임에 내기를 걸지 않으면 승부욕이 생기지 않는다.	Ⓨ	Ⓝ
99	나는 참 괜찮은 사람이다.	Ⓨ	Ⓝ
100	내가 왜 이러는지 모를 때가 자주 있다.	Ⓨ	Ⓝ

LH 한국토지주택공사
[5 · 6급]

파트
3

면접가이드

NCS 면접의 이해

※ 능력중심 채용에서는 타당도가 높은 구조화 면접을 적용한다.

1 면접이란?

일을 하는 데 필요한 능력(직무역량, 직무지식, 인재상 등)을 지원자가 보유하고 있는지를 다양한 면접기법을 활용하여 확인하는 절차이다. 자신의 환경, 성취, 관심사, 경험 등에 대해 이야기하여 본인이 적합하다는 것을 보여 줄 기회를 제공하고, 면접관은 평가에 필요한 정보를 수집하고 평가하는 것이다.

- 지원자의 태도, 적성, 능력에 대한 정보를 심층적으로 파악하기 위한 선발 방법
- 선발의 최종 의사결정에 주로 사용되는 선발 방법
- 전 세계적으로 선발에서 가장 많이 사용되는 핵심적이고 중요한 방법

2 면접의 특징

서류전형이나 인적성검사에서 드러나지 않는 것들을 볼 수 있는 기회를 제공한다.

- 직무수행과 관련된 다양한 지원자 행동에 대한 관찰이 가능하다.
- 면접관이 알고자 하는 정보를 심층적으로 파악할 수 있다.
- 서류상의 미비한 사항과 의심스러운 부분을 확인할 수 있다.
- 커뮤니케이션, 대인관계행동 등 행동·언어적 정보도 얻을 수 있다.

3 면접의 평가요소

1 인재적합도

해당 기관이나 기업별 인재상에 대한 인성 평가

2 조직적합도

조직에 대한 이해와 관련 상황에 대한 평가

3 직무적합도

직무에 대한 지식과 기술, 태도에 대한 평가

4 면접의 유형

구조화된 정도에 따른 분류

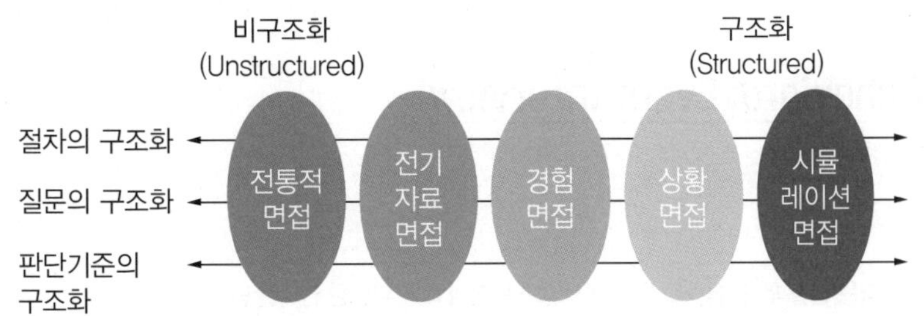

1 구조화 면접(Structured Interview)

사전에 계획을 세워 질문의 내용과 방법, 지원자의 답변 유형에 따른 추가 질문과 그에 대한 평가역량이 정해져 있는 면접 방식(표준화 면접)

- 표준화된 질문이나 평가요소가 면접 전 확정되며, 지원자는 편성된 조나 면접관에 영향을 받지 않고 동일한 질문과 시간을 부여받을 수 있음.
- 조직 또는 직무별로 주요하게 도출된 역량을 기반으로 평가요소가 구성되어, 조직 또는 직무에서 필요한 역량을 가진 지원자를 선발할 수 있음.
- 표준화된 형식을 사용하는 특성 때문에 비구조화 면접에 비해 신뢰성과 타당성, 객관성이 높음.

2 비구조화 면접(Unstructured Interview)

면접 계획을 세울 때 면접 목적만 명시하고 내용이나 방법은 면접관에게 전적으로 일임하는 방식(비표준화 면접)

- 표준화된 질문이나 평가요소 없이 면접이 진행되며, 편성된 조나 면접관에 따라 지원자에게 주어지는 질문이나 시간이 다름.
- 면접관의 주관적인 판단에 따라 평가가 이루어져 평가 오류가 빈번히 일어남.
- 상황 대처나 언변이 뛰어난 지원자에게 유리한 면접이 될 수 있음.

NCS 구조화 면접 기법

※ 능력중심 채용에서는 타당도가 높은 구조화 면접을 적용한다.

1 경험면접(Behavioral Event Interview)

면접 프로세스

안내 — 지원자는 입실 후, 면접관을 통해 인사말과 면접에 대한 간단한 안내를 받음.

질문 — 지원자는 면접관에게 평가요소(직업기초능력, 직무수행능력 등)와 관련된 주요 질문을 받게 되며, 질문에서 의도하는 평가요소를 고려하여 응답할 수 있도록 함.

세부질문
- 지원자가 응답한 내용을 토대로 해당 평가기준들을 충족시키는지 파악하기 위한 세부질문이 이루어짐.
- 구체적인 행동·생각 등에 대해 응답할수록 높은 점수를 얻을 수 있음.

- 방식
  해당 역량의 발휘가 요구되는 일반적인 상황을 제시하고, 그러한 상황에서 어떻게 행동했었는지(과거경험)를 이야기하도록 함.
- 판단기준
  해당 역량의 수준, 경험 자체의 구체성, 진실성 등
- 특징
  추상적인 생각이나 의견 제시가 아닌 과거 경험 및 행동 중심의 질의가 이루어지므로 지원자는 사전에 본인의 과거 경험 및 사례를 정리하여 면접에 대비할 수 있음.
- 예시

지원분야		지원자		면접관	(인)
경영자원관리 조직이 보유한 인적자원을 효율적으로 활용하여, 조직 내 유·무형 자산 및 재무자원을 효율적으로 관리한다.					
주질문					
A. 어떤 과제를 처리할 때 기존에 팀이 사용했던 방식의 문제점을 찾아내 이를 보완하여 과제를 더욱 효율적으로 처리했던 경험에 대해 이야기해 주시기 바랍니다.					
세부질문					
[상황 및 과제] 사례와 관련해 당시 상황에 대해 이야기해 주시기 바랍니다. [역할] 당시 지원자께서 맡았던 역할은 무엇이었습니까? [행동] 사례와 관련해 구성원들의 설득을 이끌어 내기 위해 어떤 노력을 하였습니까? [결과] 결과는 어땠습니까?					

기대행동	평점
업무진행에 있어 한정된 자원을 효율적으로 활용한다.	① - ② - ③ - ④ - ⑤
구성원들의 능력과 성향을 파악해 효율적으로 업무를 배분한다.	① - ② - ③ - ④ - ⑤
효과적 인적/물적 자원관리를 통해 맡은 일을 무리 없이 잘 마무리한다.	① - ② - ③ - ④ - ⑤

척도해설

1 : 행동증거가 거의 드러나지 않음	2 : 행동증거가 미약하게 드러남	3 : 행동증거가 어느 정도 드러남	4 : 행동증거가 명확하게 드러남	5 : 뛰어난 수준의 행동증거가 드러남
관찰기록 : 총평 :				

※ 실제 적용되는 평가지는 기업/기관마다 다름.

2 상황면접(Situational Interview)

면접 프로세스

안내 : 지원자는 입실 후, 면접관을 통해 인사말과 면접에 대한 간단한 안내를 받음.

질문
- 지원자는 상황질문지를 검토하거나 면접관을 통해 상황 및 질문을 제공받음.
- 면접관의 질문이나 질문지의 의도를 파악하여 응답할 수 있도록 함.

세부질문
- 지원자가 응답한 내용을 토대로 해당 평가기준들을 충족시키는지 파악하기 위한 세부질문이 이루어짐.
- 구체적인 행동·생각 등에 대해 응답할수록 높은 점수를 얻을 수 있음.

- 방식
  직무 수행 시 접할 수 있는 상황들을 제시하고, 그러한 상황에서 어떻게 행동할 것인지(행동의도)를 이야기하도록 함.
- 판단기준
  해당 상황에 맞는 해당 역량의 구체적 행동지표
- 특징
  지원자의 가치관, 태도, 사고방식 등의 요소를 평가하는 데 용이함.

• 예시

지원분야		지원자		면접관	(인)
유관부서협업 타 부서의 업무협조요청 등에 적극적으로 협력하고 갈등 상황이 발생하지 않도록 이해관계를 조율하며 관련 부서의 협업을 효과적으로 이끌어 낸다.					
주질문					
당신은 생산관리팀의 팀원으로, 2개월 뒤에 제품 A를 출시하기 위해 생산팀의 생산 계획을 수립한 상황입니다. 그러나 원가가 곧 실적으로 이어지는 구매팀에서는 최대한 원가를 줄여 전반적 단가를 낮추려고 원가절감을 위한 제안을 하였으나, 연구개발팀에서는 구매팀이 제안한 방식으로 제품을 생산할 경우 대부분이 구매팀의 실적으로 산정될 것이므로 제대로 확인도 해보지 않은 채 적합하지 않은 방식이라고 판단하고 있습니다. 당신은 어떻게 하겠습니까?					
세부질문					
[상황 및 과제] 이 상황의 핵심적인 이슈는 무엇이라고 생각합니까? [역할] 당신의 역할을 더 잘 수행하기 위해서는 어떤 점을 고려해야 하겠습니까? 왜 그렇게 생각합니까? [행동] 당면한 과제를 해결하기 위해서 구체적으로 어떤 조치를 취하겠습니까? 그 이유는 무엇입니까? [결과] 그 결과는 어떻게 될 것이라고 생각합니까? 그 이유는 무엇입니까?					

척도해설

1 : 행동증거가 거의 드러나지 않음	2 : 행동증거가 미약하게 드러남	3 : 행동증거가 어느 정도 드러남	4 : 행동증거가 명확하게 드러남	5 : 뛰어난 수준의 행동증거가 드러남
관찰기록 : 총평 :				

※ 실제 적용되는 평가지는 기업/기관마다 다름.

3 발표면접(Presentation)

면접 프로세스

안내
- 입실 후 지원자는 면접관으로부터 인사말과 발표면접에 대해 간략히 안내받음.
- 면접 전 지원자는 과제 검토 및 발표 준비시간을 가짐.

발표
- 지원자들이 과제 주제와 관련하여 정해진 시간 동안 발표를 실시함.
- 면접관은 발표내용 중 평가요소와 관련해 나타난 가점 및 감점요소들을 평가하게 됨.

질문응답
- 발표 종료 후 면접관은 정해진 시간 동안 지원자의 발표내용과 관련해 구체적인 내용을 확인하기 위한 질문을 함.
- 지원자는 면접관의 질문의도를 정확히 파악하여 적절히 응답할 수 있도록 함.
- 응답 시 명확하고 자신있게 전달할 수 있도록 함.

- 방식

  지원자가 특정 주제와 관련된 자료(신문기사, 그래프 등)를 검토하고, 그에 대한 자신의 생각을 면접관 앞에서 발표하며, 추가 질의응답이 이루어짐.
- 판단기준

  지원자의 사고력, 논리력, 문제해결능력 등
- 특징

  과제를 부여한 후, 지원자들이 과제를 수행하는 과정과 결과를 관찰 · 평가함. 과제수행의 결과뿐 아니라 과제수행 과정에서의 행동을 모두 평가함.

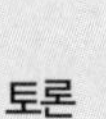 4 토론면접(Group Discussion)

면접 프로세스

안내
- 입실 후, 지원자들은 면접관으로부터 토론 면접의 전반적인 과정에 대해 안내받음.
- 지원자는 정해진 자리에 착석함.

토론
- 지원자들이 과제 주제와 관련하여 정해진 시간 동안 토론을 실시함(시간은 기관별 상이).
- 지원자들은 면접 전 과제 검토 및 토론 준비시간을 가짐.
- 토론이 진행되는 동안, 지원자들은 다른 토론자들의 발언을 경청하여 적절히 본인의 의사를 전달할 수 있도록 함. 더불어 적극적인 태도로 토론면접에 임하는 것도 중요함.

마무리 (5분 이내)
- 면접 종료 전, 지원자들은 토론을 통해 도출한 결론에 대해 첨언하고 적절히 마무리 지음.
- 본인의 의견을 전달하는 것과 동시에 다른 토론자를 배려하는 모습도 중요함.

- 방식

  상호갈등적 요소를 가진 과제 또는 공통의 과제를 해결하는 내용의 토론 과제(신문기사, 그래프 등)를 제시하고, 그 과정에서의 개인 간의 상호작용 행동을 관찰함.
- 판단기준

  팀워크, 갈등 조정, 의사소통능력 등
- 특징

  면접에서 최종안을 도출하는 것도 중요하나 주장의 옳고 그름이 아닌 결론을 도출하는 과정과 말하는 자세 등도 중요함.

5 역할연기면접(Role Play Interview)

• 방식
기업 내 발생 가능한 상황에서 부딪히게 되는 문제와 역할을 가상적으로 설정하여 특정 역할을 맡은 사람과 상호작용하고 문제를 해결해 나가도록 함.

• 판단기준
대처능력, 대인관계능력, 의사소통능력 등

• 특징
실제 상황과 유사한 가상 상황에서 지원자의 성격이나 대처 행동 등을 관찰할 수 있음.

6 집단면접(Group Activity)

• 방식
지원자들이 팀(집단)으로 협력하여 정해진 시간 안에 활동 또는 게임을 하며 면접관들은 지원자들의 행동을 관찰함.

• 판단기준
대인관계능력, 팀워크, 창의성 등

• 특징
기존 면접보다 오랜 시간 관찰을 하여 지원자들의 평소 습관이나 행동들을 관찰하려는 데 목적이 있음.

면접 최신 기출 주제

LH 한국토지주택공사의 면접

직무면접과 인성면접을 합한 종합심층면접으로 이루어진다. 직무면접은 직무별 상황과 관련한 다양한 업무 자료 분석 및 발표에 대해 평가하는 다대일 개별 발표면접으로 정보해석 및 처리능력, 문제해결 및 논리 전개 능력 등을 평가한다. 인성면접은 자기소개서와 사전 온라인 인성검사 측정내용을 활용하여 직업관, 가치관, 사회적 책임감과 같은 인성요소를 평가하는 다대다 집단면접으로 진행된다.

2024년 LH 한국토지주택공사 면접 기출

1. 본인의 약점과 이를 극복하기 위해 노력한 경험에 대해 이야기 해보시오.
2. 어떤 유형의 사람과 협업하는 데 어려움을 느끼는가?
3. 어려움을 극복한 경험과 그것에서 얻은 교훈이 있다면 무엇인가?
4. 조별과제를 해본 경험에 대해 말해 보시오.
5. 뉴딜 정책에 관해 어떻게 생각하는가?
6. 자기소개서에 적은 경험을 통해 새롭게 발견하거나 배운 점은 무엇인가?
7. LH의 직원으로서 갖추어야 할 가장 중요한 가치와 가장 피해야 할 가치는 무엇인가?
8. 갈등을 해결할 때의 본인만의 방법은 무엇인가?
9. 한국토지주택공사를 알게 된 계기가 무엇인가?
10. 일을 잘 수행하기 위한 자신만의 습관이 있다면 설명해 보시오.
11. 지원한 직무를 수행하면서 어떤 책임감이 필요하다고 생각하는 지 말해 보시오.
12. 기한을 준수하는 것과 꼼꼼한 일 처리 중 무엇이 더 중요하다고 생각하는가?
13. 타인이 새로운 환경에 적응하는 것을 도와줬던 경험이 있다면 설명해 보시오.

2023년 LH 한국토지주택공사 면접 기출

1 직무면접

1. 우리 공기업만의 특징은 무엇이며 이를 위한 발전방향은 무엇인가?
2. ESG 경영 중 환경에 관하여 아는대로 말해 보시오.
3. LH가 앞으로 추진하고 중점적으로 봐야할 방향은 무엇인가?
4. 그린리모델링에 대해 말해 보시오.
5. LH에 대해 아는 것을 말해 보시오.
6. LH 행복주택의 장단점을 설명한다면?

2 인성면접

1. 실패했던 경험 한 가지와 이를 어떻게 극복했는지 말해 보시오.
2. 이전에 근무했던 회사에서 어떤 업무를 맡았는가?
3. (자기소개서 기반)해당 경험을 통해 해당 경험에 대해서 무엇을 배웠는가?
4. 입사한 후 업무를 수행하는 데 있어 본인이 가장 어려워할 만한 것은 무엇인가?
5. 인턴 경험에 대하여 구체적으로 말해 보시오.

2022년 LH 한국토지주택공사 면접 기출

1 직무면접

1. LH의 주요 사업 내용과 역할에 대해 말해 보시오.
2. LH 사업의 문제점과 해결방안에 대해 말해 보시오.
3. DSR의 뜻에 대해 말해 보시오.
4. 도시개발계획사업에 대해 말해 보시오.
5. 임대주택에 자주 발생하는 하자 관련 문제를 어떻게 처리할 것인가?
6. 현재 LH에서 가장 관심을 가지고 있는 사업은 무엇이라고 생각하는가?
7. 그 사업에 대해 조언을 해 줄 수 있다면?

2 인성면접

1. 자기소개를 해 보시오.
2. 공직자의 윤리와 인성에 대해 말해 보시오.
3. 이전에 근무했던 기관에서 어떠한 평가를 주로 받았는가?
4. LH에 입사한 후 어떤 업무를 맡고 싶은가?
5. 이전에 근무했던 기관에서 어려움을 느낀 점은 무엇이 있는가?
6. 실패한 경험이 있다면 구체적으로 말해 보시오.

2021년 LH 한국토지주택공사 면접 기출

1 직무면접

1. 사업을 한다면 사업을 진행하고 싶은 지역은 어디이고 그 이유는 무엇인가?
2. 도시재생사업에서 현 시점 아쉬운 점은 무엇인가?
3. 사회적 저소득층을 지원할 수 있는 방안에 대해 말해 보시오.
4. LH가 해외로 더 뻗어나가기 위해 갖추어야 할 것은 무엇인가?
5. 아파트와 주택의 차이에 대해 상세하게 설명해 보시오.

2 인성면접

1. 자기주장이 강한 사람을 만나면 어떻게 나의 주장을 어필할 것인가?
2. 본인을 화나게 하거나 억울하게 한 사람을 어떻게 응대할 것인가?
3. 상사가 부당한 지시를 내린다면 어떻게 할 것인가?
4. 창의적인 생각으로 문제를 해결한 사례가 있다면 구체적으로 말해 보시오.
5. 청렴이란 무엇이라고 생각하는가?
6. 사회생활에 수반되는 연대책임에 대해 어떻게 생각하는가?
7. 최근 감명 깊게 본 영화는 무엇인가?

2020년 LH 한국토지주택공사 면접 기출

1 직무면접

1. 도시재생뉴딜청년인턴사업에 참여한 적이 있는가?
2. 참여한 적이 있다면 도시재생뉴딜청년인턴사업을 통해서 배운 것을 사회에 어떻게 기여하였는가?
3. 입사 후 하고 싶은 업무가 있다면 말해 보시오.
4. 지원한 직렬에서 맡고 싶은 업무는 무엇인가?
5. 도시재생을 할 수 있는 방식 5가지를 설명해 보시오.
6. 지원지역의 도시재생 방식과 그에 따른 개선점에 대해 말해 보시오.
7. 4차 산업혁명을 주거사업과 어떻게 연계시킬 수 있는가?
8. 현재 주거복지의 혜택이 가장 시급한 계층은 어느 계층이라고 생각하는가?

2 인성면접

1. 1분 동안 자기소개를 해 보시오.
2. 원칙을 지킨 경험이 있다면 말해 보시오.
3. 지원자만의 장점과 보완할 점이 있다면?
4. 앞서 말한 보완할 점에 대해서는 어떻게 보완을 하고 있는가?
5. 업무를 통해 받는 스트레스를 해소하는 방법이 있다면 무엇인가?
6. 지원자의 직업관과 지원 동기에 대해 말해 보시오.
7. 소망하던 일을 성취한 경험이 있다면 구체적으로 말해 보시오.
8. 공기업은 사익과 공익 중 어떤 것을 더 추구하여야 하는가?
9. 업무 도중 같은 부서의 직원과 마찰이 생긴다면 어떻게 해결하겠는가?
10. 가장 좋아하는 장소와 그 이유를 말해 보시오.
11. 면접을 마치며 마지막으로 하고 싶은 말은?

역대 LH 한국토지주택공사 면접 기출

1 직무면접

1. 낙후된 건물을 활용할 수 있는 방안에 대해 말해 보시오.
2. 택지 개발에 따른 지역주민과의 갈등 문제 해결 방안을 구체적으로 제시해 보시오.
3. 방음이 필요할 경우의 대책에 대해 말해 보시오.
4. 1인 가구 주택공급방안 수립에 대해 말해 보시오.
5. 현재 진행되거나 진행한 LH 도시개발사업 중 좋은 사례와 나쁜 사례를 하나씩 들어 보시오.
6. 부동산 가격이 치솟는 상황에서 안정화를 위한 방법은 무엇인가?
7. LH공사에서 진행하는 재개발 사업에 대해 어떻게 생각하는지 말해 보시오.
8. LH공사에 대해 부정적인 시각으로 말해 보시오.

2 인성면접

1. 존경하는 기업인과 그 이유는 무엇인가?
2. 본인이 발휘할 수 있는 역량이 있다면 무엇인지 말해 보시오.
3. 경영자의 관점에서 '일은 못하지만 업무에 충실한 자'와 '일을 잘하지만 인성이 좋지 않은 자' 중 누구를 채용해야 하는가?
4. 가장 중요하게 생각하는 회사원으로서의 덕목을 세 가지 말해 보시오.
5. 가장 좋아하는 책 또는 영화는 무엇이며, 그 이유는 무엇인가?
6. 평소 주변 사람들에게 어떤 성격이라는 말을 자주 듣는가?
7. 업무를 하면서 가장 어려운 부분은 무엇이라고 생각하는가?
8. 전화 대응 시 어떻게 할 것인지 말해 보시오.

gosinet (주)고시넷

LH 한국토지주택공사

감독관 확인란

1회 기출예상문제

성명표기란

수험번호

(주민등록 앞자리 생년제외) 월일

문번	답란	문번	답란	문번	답란
1	① ② ③ ④ ⑤	16	① ② ③ ④ ⑤	31	① ② ③ ④ ⑤
2	① ② ③ ④ ⑤	17	① ② ③ ④ ⑤	32	① ② ③ ④ ⑤
3	① ② ③ ④ ⑤	18	① ② ③ ④ ⑤	33	① ② ③ ④ ⑤
4	① ② ③ ④ ⑤	19	① ② ③ ④ ⑤	34	① ② ③ ④ ⑤
5	① ② ③ ④ ⑤	20	① ② ③ ④ ⑤	35	① ② ③ ④ ⑤
6	① ② ③ ④ ⑤	21	① ② ③ ④ ⑤	36	① ② ③ ④ ⑤
7	① ② ③ ④ ⑤	22	① ② ③ ④ ⑤	37	① ② ③ ④ ⑤
8	① ② ③ ④ ⑤	23	① ② ③ ④ ⑤	38	① ② ③ ④ ⑤
9	① ② ③ ④ ⑤	24	① ② ③ ④ ⑤	39	① ② ③ ④ ⑤
10	① ② ③ ④ ⑤	25	① ② ③ ④ ⑤	40	① ② ③ ④ ⑤
11	① ② ③ ④ ⑤	26	① ② ③ ④ ⑤		
12	① ② ③ ④ ⑤	27	① ② ③ ④ ⑤		
13	① ② ③ ④ ⑤	28	① ② ③ ④ ⑤		
14	① ② ③ ④ ⑤	29	① ② ③ ④ ⑤		
15	① ② ③ ④ ⑤	30	① ② ③ ④ ⑤		

수험생 유의사항

※ 답안은 반드시 컴퓨터용 사인펜으로 보기와 같이 바르게 표기해야 합니다.
〈보기〉 ① ② ③ ❹ ⑤

※ 성명표기란 위 칸에는 성명을 한글로 쓰고 아래 칸에는 성명을 정확하게 표기하십시오. (맨 왼쪽 칸부터 성과 이름은 붙여 씁니다)

※ 수험번호/월일 위 칸에는 아라비아 숫자로 쓰고 아래 칸에는 숫자와 일치하게 표기하십시오.

※ 월일은 반드시 본인 주민등록번호의 생년을 제외한 월 두 자리, 일 두 자리를 표기하십시오.
〈예〉 1994년 1월 12일 → 0112

잘라서 활용하세요.

LH 한국토지주택공사

감독관 확인란	

2회 기출예상문제

성명표기란

ㄱ	ㅏ	ㄱ	ㄱ	ㅏ	ㄱ	ㄱ	ㅏ	ㄱ	ㄱ	ㅏ	ㄱ
ㄴ	ㅑ	ㄴ	ㄴ	ㅑ	ㄴ	ㄴ	ㅑ	ㄴ	ㄴ	ㅑ	ㄴ
ㄷ	ㅓ	ㄷ	ㄷ	ㅓ	ㄷ	ㄷ	ㅓ	ㄷ	ㄷ	ㅓ	ㄷ
ㄹ	ㅕ	ㄹ	ㄹ	ㅕ	ㄹ	ㄹ	ㅕ	ㄹ	ㄹ	ㅕ	ㄹ
ㅁ	ㅗ	ㅁ	ㅁ	ㅗ	ㅁ	ㅁ	ㅗ	ㅁ	ㅁ	ㅗ	ㅁ
ㅂ	ㅛ	ㅂ	ㅂ	ㅛ	ㅂ	ㅂ	ㅛ	ㅂ	ㅂ	ㅛ	ㅂ
ㅅ	ㅜ	ㅅ	ㅅ	ㅜ	ㅅ	ㅅ	ㅜ	ㅅ	ㅅ	ㅜ	ㅅ
ㅇ	ㅠ	ㅇ	ㅇ	ㅠ	ㅇ	ㅇ	ㅠ	ㅇ	ㅇ	ㅠ	ㅇ
ㅈ	ㅡ	ㅈ	ㅈ	ㅡ	ㅈ	ㅈ	ㅡ	ㅈ	ㅈ	ㅡ	ㅈ
ㅊ	ㅣ	ㅊ	ㅊ	ㅣ	ㅊ	ㅊ	ㅣ	ㅊ	ㅊ	ㅣ	ㅊ
ㅋ	ㅐ	ㅋ	ㅋ	ㅐ	ㅋ	ㅋ	ㅐ	ㅋ	ㅋ	ㅐ	ㅋ
ㅌ	ㅒ	ㅌ	ㅌ	ㅒ	ㅌ	ㅌ	ㅒ	ㅌ	ㅌ	ㅒ	ㅌ
ㅍ	ㅔ	ㅍ	ㅍ	ㅔ	ㅍ	ㅍ	ㅔ	ㅍ	ㅍ	ㅔ	ㅍ
ㅎ	ㅖ	ㅎ	ㅎ	ㅖ	ㅎ	ㅎ	ㅖ	ㅎ	ㅎ	ㅖ	ㅎ
	ㅘ		ㄲ	ㅘ	ㄲ	ㄲ	ㅘ	ㄲ	ㄲ	ㅘ	ㄲ
	ㅙ		ㄸ	ㅙ	ㄸ	ㄸ	ㅙ	ㄸ	ㄸ	ㅙ	ㄸ
	ㅚ		ㅃ	ㅚ	ㅃ	ㅃ	ㅚ	ㅃ	ㅃ	ㅚ	ㅃ
	ㅝ		ㅆ	ㅝ	ㅆ	ㅆ	ㅝ	ㅆ	ㅆ	ㅝ	ㅆ
	ㅞ		ㅉ	ㅞ	ㅉ	ㅉ	ㅞ	ㅉ	ㅉ	ㅞ	ㅉ
	ㅟ			ㅟ	ㄺ		ㅟ	ㄺ		ㅟ	ㄺ
	ㅢ			ㅢ	ㄻ		ㅢ	ㄻ		ㅢ	ㄻ

수험번호

0	0	0	0	0	0
1	1	1	1	1	1
2	2	2	2	2	2
3	3	3	3	3	3
4	4	4	4	4	4
5	5	5	5	5	5
6	6	6	6	6	6
7	7	7	7	7	7
8	8	8	8	8	8
9	9	9	9	9	9

(주민등록 앞자리 생년제외) 월일

0	0	0	0
1	1	1	1
2	2	2	2
3	3	3	3
4	4	4	4
5	5	5	5
6	6	6	6
7	7	7	7
8	8	8	8
9	9	9	9

수험생 유의사항

※ 답안은 반드시 컴퓨터용 사인펜으로 보기와 같이 바르게 표기해야 합니다.
〈보기〉 ① ② ③ ❹ ⑤

※ 성명표기란 위 칸에는 성명을 한글로 쓰고 아래 칸에는 성명을 정확하게 표기하십시오. (맨 왼쪽 칸부터 성과 이름은 붙여 씁니다)

※ 수험번호/월일 위 칸에는 아라비아 숫자로 쓰고 아래 칸에는 숫자와 일치하게 표기하십시오.

※ 월일은 반드시 본인 주민등록번호의 생년을 제외한 월 두 자리, 일 두 자리를 표기하십시오.
〈예〉 1994년 1월 12일 → 0112

문번	답란	문번	답란	문번	답란
1	① ② ③ ④ ⑤	16	① ② ③ ④ ⑤	31	① ② ③ ④ ⑤
2	① ② ③ ④ ⑤	17	① ② ③ ④ ⑤	32	① ② ③ ④ ⑤
3	① ② ③ ④ ⑤	18	① ② ③ ④ ⑤	33	① ② ③ ④ ⑤
4	① ② ③ ④ ⑤	19	① ② ③ ④ ⑤	34	① ② ③ ④ ⑤
5	① ② ③ ④ ⑤	20	① ② ③ ④ ⑤	35	① ② ③ ④ ⑤
6	① ② ③ ④ ⑤	21	① ② ③ ④ ⑤	36	① ② ③ ④ ⑤
7	① ② ③ ④ ⑤	22	① ② ③ ④ ⑤	37	① ② ③ ④ ⑤
8	① ② ③ ④ ⑤	23	① ② ③ ④ ⑤	38	① ② ③ ④ ⑤
9	① ② ③ ④ ⑤	24	① ② ③ ④ ⑤	39	① ② ③ ④ ⑤
10	① ② ③ ④ ⑤	25	① ② ③ ④ ⑤	40	① ② ③ ④ ⑤
11	① ② ③ ④ ⑤	26	① ② ③ ④ ⑤		
12	① ② ③ ④ ⑤	27	① ② ③ ④ ⑤		
13	① ② ③ ④ ⑤	28	① ② ③ ④ ⑤		
14	① ② ③ ④ ⑤	29	① ② ③ ④ ⑤		
15	① ② ③ ④ ⑤	30	① ② ③ ④ ⑤		

gosinet (주)고시넷

LH 한국토지주택공사

감독관 확인란	

3회 기출예상문제

성명표기란

수험번호

(주민등록 앞자리 생년제외) 월일

문번	답란					문번	답란					문번	답란				
1	①	②	③	④	⑤	16	①	②	③	④	⑤	31	①	②	③	④	⑤
2	①	②	③	④	⑤	17	①	②	③	④	⑤	32	①	②	③	④	⑤
3	①	②	③	④	⑤	18	①	②	③	④	⑤	33	①	②	③	④	⑤
4	①	②	③	④	⑤	19	①	②	③	④	⑤	34	①	②	③	④	⑤
5	①	②	③	④	⑤	20	①	②	③	④	⑤	35	①	②	③	④	⑤
6	①	②	③	④	⑤	21	①	②	③	④	⑤	36	①	②	③	④	⑤
7	①	②	③	④	⑤	22	①	②	③	④	⑤	37	①	②	③	④	⑤
8	①	②	③	④	⑤	23	①	②	③	④	⑤	38	①	②	③	④	⑤
9	①	②	③	④	⑤	24	①	②	③	④	⑤	39	①	②	③	④	⑤
10	①	②	③	④	⑤	25	①	②	③	④	⑤	40	①	②	③	④	⑤
11	①	②	③	④	⑤	26	①	②	③	④	⑤						
12	①	②	③	④	⑤	27	①	②	③	④	⑤						
13	①	②	③	④	⑤	28	①	②	③	④	⑤						
14	①	②	③	④	⑤	29	①	②	③	④	⑤						
15	①	②	③	④	⑤	30	①	②	③	④	⑤						

수험생 유의사항

※ 답안은 반드시 컴퓨터용 사인펜으로 보기와 같이 바르게 표기해야 합니다.
〈보기〉 ① ② ③ ❹ ⑤

※ 성명표기란 위 칸에는 성명을 한글로 쓰고 아래 칸에는 성명을 정확하게 표기하십시오. (맨 왼쪽 칸부터 성과 이름은 붙여 씁니다)

※ 수험번호/월일 위 칸에는 아라비아 숫자로 쓰고 아래 칸에는 숫자와 일치하게 표기하십시오.

※ 월일은 반드시 본인 주민등록번호의 생년을 제외한 월 두 자리, 일 두 자리를 표기하십시오.
〈예〉 1994년 1월 12일 → 0112

잘라서 활용하세요.

LH 한국토지주택공사

감독관 확인란	

4회 기출예상문제

성명표기란

(초성) ㉠ ㉡ ㉢ ㉣ ㉤ ㉥ ㉦ ㉧ ㉨ ㉩ ㉪ ㉫ ㉬ ㉭

(중성) ㅏ ㅑ ㅓ ㅕ ㅗ ㅛ ㅜ ㅠ ㅡ ㅣ ㅐ ㅒ ㅔ ㅖ ㅘ ㅙ ㅚ ㅝ ㅞ ㅟ ㅢ

(종성) ㉠ ㉡ ㉢ ㉣ ㉤ ㉥ ㉦ ㉧ ㉨ ㉩ ㉪ ㉫ ㉬ ㉭ ㄲ ㄸ ㅃ ㅆ ㅉ ㄺ ㄻ

수험번호

⓪	⓪	⓪	⓪	⓪	⓪
①	①	①	①	①	①
②	②	②	②	②	②
③	③	③	③	③	③
④	④	④	④	④	④
⑤	⑤	⑤	⑤	⑤	⑤
⑥	⑥	⑥	⑥	⑥	⑥
⑦	⑦	⑦	⑦	⑦	⑦
⑧	⑧	⑧	⑧	⑧	⑧
⑨	⑨	⑨	⑨	⑨	⑨

(주민등록 앞자리 생년제외) 월일

⓪	⓪	⓪	⓪
①	①	①	①
②	②	②	②
③	③	③	③
④	④	④	④
⑤	⑤	⑤	⑤
⑥	⑥	⑥	⑥
⑦	⑦	⑦	⑦
⑧	⑧	⑧	⑧
⑨	⑨	⑨	⑨

수험생 유의사항

※ 답안은 반드시 컴퓨터용 사인펜으로 보기와 같이 바르게 표기해야 합니다.
〈보기〉 ① ② ③ ❹ ⑤

※ 성명표기란 위 칸에는 성명을 한글로 쓰고 아래 칸에는 성명을 정확하게 표기하십시오. (맨 왼쪽 칸부터 성과 이름은 붙여 씁니다)

※ 수험번호/월일 위 칸에는 아라비아 숫자로 쓰고 아래 칸에는 숫자와 일치하게 표기하십시오.

※ 월일은 반드시 본인 주민등록번호의 생년을 제외한 월 두 자리, 일 두 자리를 표기하십시오.
〈예〉 1994년 1월 12일 → 0112

문번	답란	문번	답란	문번	답란
1	① ② ③ ④ ⑤	16	① ② ③ ④ ⑤	31	① ② ③ ④ ⑤
2	① ② ③ ④ ⑤	17	① ② ③ ④ ⑤	32	① ② ③ ④ ⑤
3	① ② ③ ④ ⑤	18	① ② ③ ④ ⑤	33	① ② ③ ④ ⑤
4	① ② ③ ④ ⑤	19	① ② ③ ④ ⑤	34	① ② ③ ④ ⑤
5	① ② ③ ④ ⑤	20	① ② ③ ④ ⑤	35	① ② ③ ④ ⑤
6	① ② ③ ④ ⑤	21	① ② ③ ④ ⑤	36	① ② ③ ④ ⑤
7	① ② ③ ④ ⑤	22	① ② ③ ④ ⑤	37	① ② ③ ④ ⑤
8	① ② ③ ④ ⑤	23	① ② ③ ④ ⑤	38	① ② ③ ④ ⑤
9	① ② ③ ④ ⑤	24	① ② ③ ④ ⑤	39	① ② ③ ④ ⑤
10	① ② ③ ④ ⑤	25	① ② ③ ④ ⑤	40	① ② ③ ④ ⑤
11	① ② ③ ④ ⑤	26	① ② ③ ④ ⑤		
12	① ② ③ ④ ⑤	27	① ② ③ ④ ⑤		
13	① ② ③ ④ ⑤	28	① ② ③ ④ ⑤		
14	① ② ③ ④ ⑤	29	① ② ③ ④ ⑤		
15	① ② ③ ④ ⑤	30	① ② ③ ④ ⑤		

gosinet (주)고시넷

LH 한국토지주택공사

감독관 확인란	

5회 기출예상문제

성명표기란

초성	중성	종성	초성	중성	종성	초성	중성	종성	초성	중성	종성
ㄱ ㄴ ㄷ ㄹ ㅁ ㅂ ㅅ ㅇ ㅈ ㅊ ㅋ ㅌ ㅍ ㅎ	ㅏ ㅑ ㅓ ㅕ ㅗ ㅛ ㅜ ㅠ ㅡ ㅣ ㅐ ㅒ ㅔ ㅖ ㅘ ㅙ ㅚ ㅝ ㅞ ㅟ ㅢ	ㄱ ㄴ ㄷ ㄹ ㅁ ㅂ ㅅ ㅇ ㅈ ㅊ ㅋ ㅌ ㅍ ㅎ	ㄱ ㄴ ㄷ ㄹ ㅁ ㅂ ㅅ ㅇ ㅈ ㅊ ㅋ ㅌ ㅍ ㅎ ㄲ ㄸ ㅃ ㅆ ㅉ	ㅏ ㅑ ㅓ ㅕ ㅗ ㅛ ㅜ ㅠ ㅡ ㅣ ㅐ ㅒ ㅔ ㅖ ㅘ ㅙ ㅚ ㅝ ㅞ ㅟ ㅢ	ㄱ ㄴ ㄷ ㄹ ㅁ ㅂ ㅅ ㅇ ㅈ ㅊ ㅋ ㅌ ㅍ ㅎ ㄲ ㄸ ㅃ ㅆ ㅉ ㄺ ㄻ	ㄱ ㄴ ㄷ ㄹ ㅁ ㅂ ㅅ ㅇ ㅈ ㅊ ㅋ ㅌ ㅍ ㅎ ㄲ ㄸ ㅃ ㅆ ㅉ	ㅏ ㅑ ㅓ ㅕ ㅗ ㅛ ㅜ ㅠ ㅡ ㅣ ㅐ ㅒ ㅔ ㅖ ㅘ ㅙ ㅚ ㅝ ㅞ ㅟ ㅢ	ㄱ ㄴ ㄷ ㄹ ㅁ ㅂ ㅅ ㅇ ㅈ ㅊ ㅋ ㅌ ㅍ ㅎ ㄲ ㄸ ㅃ ㅆ ㅉ ㄺ ㄻ	ㄱ ㄴ ㄷ ㄹ ㅁ ㅂ ㅅ ㅇ ㅈ ㅊ ㅋ ㅌ ㅍ ㅎ ㄲ ㄸ ㅃ ㅆ ㅉ	ㅏ ㅑ ㅓ ㅕ ㅗ ㅛ ㅜ ㅠ ㅡ ㅣ ㅐ ㅒ ㅔ ㅖ ㅘ ㅙ ㅚ ㅝ ㅞ ㅟ ㅢ	ㄱ ㄴ ㄷ ㄹ ㅁ ㅂ ㅅ ㅇ ㅈ ㅊ ㅋ ㅌ ㅍ ㅎ ㄲ ㄸ ㅃ ㅆ ㅉ ㄺ ㄻ

수험번호

0 1 2 3 4 5 6 7 8 9	0 1 2 3 4 5 6 7 8 9	0 1 2 3 4 5 6 7 8 9	0 1 2 3 4 5 6 7 8 9	0 1 2 3 4 5 6 7 8 9	0 1 2 3 4 5 6 7 8 9

(주민등록 앞자리 생년제외) 월일

0 1 2 3 4 5 6 7 8 9	0 1 2 3 4 5 6 7 8 9	0 1 2 3 4 5 6 7 8 9	0 1 2 3 4 5 6 7 8 9

수험생 유의사항

※ 답안은 반드시 컴퓨터용 사인펜으로 보기와 같이 바르게 표기해야 합니다.
〈보기〉 ① ② ③ ❹ ⑤

※ 성명표기란 위 칸에는 성명을 한글로 쓰고 아래 칸에는 성명을 정확하게 표기하십시오. (맨 왼쪽 칸부터 성과 이름은 붙여 씁니다)

※ 수험번호/월일 위 칸에는 아라비아 숫자로 쓰고 아래 칸에는 숫자와 일치하게 표기하십시오.

※ 월일은 반드시 본인 주민등록번호의 생년을 제외한 월 두 자리, 일 두 자리를 표기하십시오.
〈예〉 1994년 1월 12일 → 0112

문번	답란	문번	답란	문번	답란
1	① ② ③ ④ ⑤	16	① ② ③ ④ ⑤	31	① ② ③ ④ ⑤
2	① ② ③ ④ ⑤	17	① ② ③ ④ ⑤	32	① ② ③ ④ ⑤
3	① ② ③ ④ ⑤	18	① ② ③ ④ ⑤	33	① ② ③ ④ ⑤
4	① ② ③ ④ ⑤	19	① ② ③ ④ ⑤	34	① ② ③ ④ ⑤
5	① ② ③ ④ ⑤	20	① ② ③ ④ ⑤	35	① ② ③ ④ ⑤
6	① ② ③ ④ ⑤	21	① ② ③ ④ ⑤	36	① ② ③ ④ ⑤
7	① ② ③ ④ ⑤	22	① ② ③ ④ ⑤	37	① ② ③ ④ ⑤
8	① ② ③ ④ ⑤	23	① ② ③ ④ ⑤	38	① ② ③ ④ ⑤
9	① ② ③ ④ ⑤	24	① ② ③ ④ ⑤	39	① ② ③ ④ ⑤
10	① ② ③ ④ ⑤	25	① ② ③ ④ ⑤	40	① ② ③ ④ ⑤
11	① ② ③ ④ ⑤	26	① ② ③ ④ ⑤		
12	① ② ③ ④ ⑤	27	① ② ③ ④ ⑤		
13	① ② ③ ④ ⑤	28	① ② ③ ④ ⑤		
14	① ② ③ ④ ⑤	29	① ② ③ ④ ⑤		
15	① ② ③ ④ ⑤	30	① ② ③ ④ ⑤		

잘라서 활용하세요.

LH 한국토지주택공사

감독관 확인란	

6회 기출예상문제

성명표기란

(12 columns: initial consonant / vowel / final consonant for each of four characters)

ㄱ ㄴ ㄷ ㄹ ㅁ ㅂ ㅅ ㅇ ㅈ ㅊ ㅋ ㅌ ㅍ ㅎ / ㅏ ㅑ ㅓ ㅕ ㅗ ㅛ ㅜ ㅠ ㅡ ㅣ ㅐ ㅒ ㅔ ㅖ ㅘ ㅙ ㅚ ㅝ ㅞ ㅟ ㅢ / ㄱ ㄴ ㄷ ㄹ ㅁ ㅂ ㅅ ㅇ ㅈ ㅊ ㅋ ㅌ ㅍ ㅎ ㄲ ㄸ ㅃ ㅆ ㅉ ㄺ ㄻ

수험번호

⓪	⓪	⓪	⓪	⓪	⓪
①	①	①	①	①	①
②	②	②	②	②	②
⑧	③	③	③	③	③
④	④	④	④	④	④
⑤	⑤	⑤	⑤	⑤	⑤
⑥	⑥	⑥	⑥	⑥	⑥
⑦	⑦	⑦	⑦	⑦	⑦
⑧	⑧	⑧	⑧	⑧	⑧
⑨	⑨	⑨	⑨	⑨	⑨

(주민등록 앞자리 생년제외) 월일

⓪	⓪	⓪	⓪
①	①	①	①
②	②	②	②
③	③	③	③
④	④	④	④
⑤	⑤	⑤	⑤
⑥	⑥	⑥	⑥
⑦	⑦	⑦	⑦
⑧	⑧	⑧	⑧
⑨	⑨	⑨	⑨

수험생 유의사항

※ 답안은 반드시 컴퓨터용 사인펜으로 보기와 같이 바르게 표기해야 합니다.
〈보기〉 ① ② ③ ❹ ⑤

※ 성명표기란 위 칸에는 성명을 한글로 쓰고 아래 칸에는 성명을 정확하게 표기하십시오. (맨 왼쪽 칸부터 성과 이름은 붙여 씁니다)

※ 수험번호/월일 위 칸에는 아라비아 숫자로 쓰고 아래 칸에는 숫자와 일치하게 표기하십시오.

※ 월일은 반드시 본인 주민등록번호의 생년을 제외한 월 두 자리, 일 두 자리를 표기하십시오.
〈예〉 1994년 1월 12일 → 0112

문번	답란	문번	답란	문번	답란
1	① ② ③ ④ ⑤	16	① ② ③ ④ ⑤	31	① ② ③ ④ ⑤
2	① ② ③ ④ ⑤	17	① ② ③ ④ ⑤	32	① ② ③ ④ ⑤
3	① ② ③ ④ ⑤	18	① ② ③ ④ ⑤	33	① ② ③ ④ ⑤
4	① ② ③ ④ ⑤	19	① ② ③ ④ ⑤	34	① ② ③ ④ ⑤
5	① ② ③ ④ ⑤	20	① ② ③ ④ ⑤	35	① ② ③ ④ ⑤
6	① ② ③ ④ ⑤	21	① ② ③ ④ ⑤	36	① ② ③ ④ ⑤
7	① ② ③ ④ ⑤	22	① ② ③ ④ ⑤	37	① ② ③ ④ ⑤
8	① ② ③ ④ ⑤	23	① ② ③ ④ ⑤	38	① ② ③ ④ ⑤
9	① ② ③ ④ ⑤	24	① ② ③ ④ ⑤	39	① ② ③ ④ ⑤
10	① ② ③ ④ ⑤	25	① ② ③ ④ ⑤	40	① ② ③ ④ ⑤
11	① ② ③ ④ ⑤	26	① ② ③ ④ ⑤		
12	① ② ③ ④ ⑤	27	① ② ③ ④ ⑤		
13	① ② ③ ④ ⑤	28	① ② ③ ④ ⑤		
14	① ② ③ ④ ⑤	29	① ② ③ ④ ⑤		
15	① ② ③ ④ ⑤	30	① ② ③ ④ ⑤		

gosinet
(주)고시넷

2025 고시넷 금융권
은행·금융 공기업 NCS
실제유형 + 실전모의고사
2024 고시넷 금융권
NH농협은행 NCS 직무상식
온라인 필기시험
최신기출유형 모의고사
6급
2025 고시넷 금융권
은행필기시험 금융상식 경제상식
(경영상식 포함)
2025 고시넷 NCS
지역농협 6급
통합기본서
2025 고시넷 농·축협
지역농협 6급
NCS 오픈봉투모의고사

저마다의 일생에는,

특히 그 일생이 동터 오르는 여명기에는

모든 것을 결정짓는 한 순간이 있다.

그 순간을 다시 찾아내는 것은 어렵다.

그것은 다른 수많은 순간들의 퇴적 속에

깊이 묻혀있다.

- 장 그르니에, 섬 LES ILES

NCS 직업기초능력평가

2025 **고시넷** 공기업

NCS 직업기초능력 대비

최신 LH공사 출제유형

고시넷 WWW.GOSINET.CO.KR

LH 한국토지주택공사

5·6급 NCS 기출예상모의고사

정답과 해설

gosinet
(주)고시넷

NCS 직업기초능력평가

2025 **고시넷** 공기업

NCS 직업기초능력 대비

최신 LH공사 출제유형

고시넷 WWW.GOSINET.CO.KR

LH 한국토지주택공사

5·6급 NCS 기출예상모의고사

정답과 해설

gosinet (주)고시넷

정답과 해설

1회 기출예상문제

▶ 문제 16쪽

01	②	02	④	03	④	04	②	05	⑤
06	①	07	⑤	08	②	09	①	10	⑤
11	④	12	②	13	②	14	④	15	④
16	①	17	④	18	①	19	②	20	②
21	④	22	③	23	⑤	24	④	25	④
26	④	27	③	28	①	29	⑤	30	⑤
31	③	32	③	33	④	34	①	35	②
36	③	37	④	38	④	39	④	40	④

01 문서작성능력 글의 제목 작성하기

| 정답 | ②

| 해설 | 첫 번째 문단에서 ○○공사와 ◎◎건설기술연구원은 스마트 건설기술 개발 사업을 위해 업무협약을 체결했다고 하였고, 세 번째 문단을 통해 두 기관이 협력한 목적이 스마트 건설기술 개발임을 알 수 있다. 따라서 ②가 글의 제목으로 가장 적절하다.

| 오답풀이 |

①, ④ 두 기관의 업무협력에 관한 보도자료이므로 한 기관만 드러나는 제목은 적절하지 않다.

③ 두 기관은 같은 목적을 가지고 건설기술 사업에서 업무협력을 하고 있으므로 적절하지 않다.

⑤ 전문 인력과 기술 교류는 스마트 건설기술 개발을 위한 수단이므로 적절하지 않다.

02 문서이해능력 세부 내용 이해하기

| 정답 | ④

| 해설 | 세 번째 문단을 보면 ○○공사와 ◎◎건설기술연구원은 업무협약에 따라 해외 개발사업을 추진하고, 해외 개발사업 추진을 위한 TF팀을 만든다고 하였으므로 적절하지 않다.

| 오답풀이 |

① 두 번째 문단을 통해 총 156개 기관, 총 1,076명의 연구자가 참여하며, 건설생산성 향상, 공사기간 단축, 재해율 감소, 디지털화 증가의 총 4개 목표로 개발이 진행된 것을 알 수 있다.

② 네 번째 문단을 통해 ◎◎건설기술연구원은 SOC 실증센터, 스마트 건설 지원센터 등의 인프라 운영 경험이 있음을 알 수 있다.

③ 마지막 문단을 통해 ◎◎건설기술연구원은 이번 협력으로 도로 분야 스마트 건설기반을 마련하고, 이를 항만, 철도, 주택 등 건설 전 분야에 접목시킬 계획임을 알 수 있다.

⑤ 두 번째 문단을 통해 스마트 건설 개발 사업은 3년 8개월 동안 진행되며 정부출연금 1,418억 원과 민간부담금 632억 원을 합한 예산으로 진행됨을 알 수 있다. 이때 정부출연금은 민간부담금의 $\frac{1,418}{632} \fallingdotseq 2.2$(배)이므로 2배 이상이다.

03 문서이해능력 세부 내용 파악하기

| 정답 | ④

| 해설 | 청년과 노인 계층에 대한 직접적인 자금지원 방안이 언급되어 있지는 않다.

| 오답풀이 |

① 유연근로제의 확산은 경영체계 혁신과 개선을 통한 경영의지를 보여주는 것으로 경영혁신형 일자리 사업유형이라고 볼 수 있다.

② 하자서비스, 입주청소 등을 외부 위탁으로 시행한다면 직접 직원을 채용하는 것이 아닌 간접적인 고용 창출의 사례라고 볼 수 있다.

③ 리모델링 등을 통해 창업 공간을 마련하고 제공하는 것이므로 공간지원형 사업의 일환으로 볼 수 있다.

⑤ 민간일자리 생태계 개선 사업은 건설근로자용 편의시설 설치, 친화적 건설문화 조성, 근로환경 개선 등을 내용으로 하고 있다.

04 문서이해능력 공고문 이해하기

| 정답 | ②

| 해설 | 소득이 있는 업무에 종사한 기간이 총 5년 이내인 사회초년생은 모집 대상이지만, B 씨는 총 3+3=6(년) 종사했으므로 모집 대상이 될 수 없다.

| 오답풀이 |

① A 씨는 다음 학기에 복학 예정인 대학생이므로 입주자 모집 대상이다.

③ 법적으로 부부인 C 씨 부부는 혼인기간이 7년 이내인 신혼부부로 입주자 모집 대상이다.

④ D 씨는 6세 이하의 자녀를 둔 한부모이므로 입주자 모집 대상이다.

⑤ E 씨는 무주택기간이 1년 이상인 2년이고 모집 지역인 의정부고산 S2-1블록에 거주하는 주거급여수급자이므로 입주자 모집 대상이다.

05 문서이해능력 공고문 이해하기

| 정답 | ⑤

| 해설 | 창업지원주택은 광주첨단 H-1블록에만 해당되므로, 광주첨단 H-2블록에서는 창업지원주택을 신청할 수 없다.

| 오답풀이 |

③ 경기 관할본부의 모집 단지는 화성발안(산업단지형) A1블록 608세대와 화성향남2 A20블록 99세대로 총 608+99=707(세대)이다.

④ 광주효천의 입주 예정 시기는 2020년 3월로 2020년 5월이 입주 예정 시기인 의정부고산보다 빠르다.

06 문서이해능력 공고문 이해하기

| 정답 | ①

| 해설 | 기존주택 전세임대주택이란 입주대상자로 선정된 자가 지원한도액 범위 내에서 전세 주택을 결정하면, ○○공사가 해당 주택 소유자와 전세계약을 체결하고 이를 입주대상자에게 재임대하는 주택이다. 따라서 ○○공사가 이를 매입한다는 설명은 적절하지 않다.

07 문제처리능력 자격검증대상 파악하기

| 정답 | ⑤

| 해설 | 형제 · 자매는 직계존 · 비속에 포함되지 않으므로, 신청자의 누나는 자격검증대상에 해당되지 않는다.

08 문서이해능력 공고문 이해하기

| 정답 | ②

| 해설 | ㄱ. 가족관계등록부에 등재된 외국인 배우자 중 외국인 등록을 한 경우에 한해 자격검증대상에 해당한다.

ㄹ. 외국인 등록증상의 거소가 신청자 또는 분리배우자의 세대별 주민등록표상 주소와 동일한 외국인 직계존 · 비속은 자격검증대상에 포함한다.

ㅁ. 부 또는 모가 외국인인 한부모가족으로서 미성년 내국인 자녀 세대주는 공급 신청을 할 수 있다.

| 오답풀이 |

ㄴ. 직계존속의 사망, 실종선고, 행방불명 등으로 형제자매를 부양해야 하는 미성년 세대주만이 공급 신청을 할 수 있다.

ㄷ. 세대구성원에 해당하는 사람 전원이 주택을 소유하고 있지 않은 세대의 구성원만이 무주택 세대구성원에 해당한다.

09 문서이해능력 중심 내용 이해하기

| 정답 | ①

| 해설 | (가)는 농산물의 수급 안정 사업의 필요성과 문제점을 언급하고 있다. 농산물의 가격 인상이나 농산물 정책의 부작용은 언급하지 않고 있다.

10 문제처리능력 자료를 바탕으로 추론하기

| 정답 | ⑤

| 해설 | ⓒ에 제시된 자료를 보면 농산물 유통비용 비율은 2006년에서 2009년이 되면서 소폭 증가한 후 낮아지는 추세를 보인다.

| 오답풀이 |

① 연도별 월 기준 최고, 최저 가격의 차이가 점점 증가함으로 미루어보아 공급이 불안정함을 알 수 있다.

② ㉠을 보면 무의 도매가격 최고 가격과 최저 가격의 차이가 매년 꾸준히 벌어지고 있다.

③ 도매시장을 경유하는 농산물의 유통비용 비율은 45.8%로, ㉡의 전체 농산물 평균 유통비용 비율인 43.8%보다 크다.

④ 직접 경로를 통하는 경우 평균 유통비용 비율이 41.5%이므로, 농가수취 비율이 더 증가한다. 이는 유통 경로가 단축되어 유통비용이 낮아지기 때문이다.

11 문서작성능력 문맥에 따라 문단 배열하기

| 정답 | ④

| 해설 | 먼저 (라)에서 4차 산업혁명의 핵심 기술로는 사물인터넷, 인공지능, 빅데이터, 초연결 기술 등이 있다고 나열한 후 이를 홀로그램과 접목하여 순차적으로 설명한 뒤, (다)에서 홀로그램 기술과 사물인터넷의 연결을 설명하는 것이 자연스럽다. 이후 (마)에서 인공지능 기술과 홀로그램 기술을 접목시키는 것에 대해 설명하고, (나)가 이어져 홀로그램과 빅데이터를 활용해 예술가의 작품을 새로운 방식으로 이해하는 방법을 제시하는 것이 적절하다. 마지막으로 (가)가 이어져 홀로그램 기술 융합에 이어 사회 융합까지 이끌어내어 초연결사회로의 확장을 기대하고 있음을 제시하는 것이 적절하다.

따라서 글의 순서는 (라)-(다)-(마)-(나)-(가)가 가장 적절하다.

12 문서이해능력 빈칸에 알맞은 내용 찾기

| 정답 | ②

| 해설 | (라)에서 3차원 공간에서 표시되는 콘텐츠에 관한 내용을 다루고 있지만, 이러한 수준의 홀로그램 서비스는 아직 먼 미래의 일이라는 점을 제시하고 있다. 또한 공유되는 정보가 다차원적인지도 알 수 없다.

13 문서이해능력 세부 내용 이해하기

| 정답 | ②

| 해설 | 본인 및 대상자 확인, 중소기업 재직 확인을 위한 준비 서류를 바르게 제출했는지 따져 보면 된다. 박△△의 경우 본인 확인을 위한 여권, 대상자 확인을 위한 주민등록등본, 청년 창업자로서 창업 지원 프로그램 수급자 확인을 위한 대출 지원 내역서까지 모두 바르게 제출했다.

| 오답풀이 |

① 1년 미만 재직자이므로 회사 직인이 첨부된 급여명세표, 갑종근로소득원천징수영수증(최근 1년), 급여입금내역서, 은행 직인이 첨부된 통장거래내역서를 추가로 제출해야 한다.

③ 만 35세 이상 병역의무 이행자이므로 예비역으로 기재된 병적증명서를 추가로 제출해야 복무 기간을 인정받을 수 있다.

④ 결혼 예정자로서 예식장 계약서를 추가로 적절하게 제출하였으나, 중소기업 재직을 확인하기 위한 서류가 누락되었다.

⑤ 배우자 분리 세대이므로 가족관계증명원을 추가로 제출해야 한다.

14 문제처리능력 사례에 적용하기

| 정답 | ④

| 해설 | '대출 금리' 항목에 따르면 조건 충족자이면 최초 가입부터 1회 연장까지 총 4년간 1.2%의 금리를 유지하며, 1회 연장 포함 대출 기간 4년이 종료된 2회 연장부터 2.3%의 금리를 적용한다. 따라서 6년 동안 납부한 이자는 (8,000×0.012×4)+(8,000×0.023×2)=752(만 원)이다.

| 오답풀이 |

① '대출 금리' 항목에 따르면 대출 금리는 1.2%이나 1회 연장 시 대출 조건 미충족자로 확인되는 경우 2.3%를 적용한다.

② '신청 시기' 항목에 따르면 임대차 계약서상 잔금 지급일과 주민등록등본상 전입일 중 빠른 날로부터 3개월 이내까지 신청하면 된다.

③ '대출 대상'의 '6. (자산)' 항목에 따르면 대출 신청인 및 배우자의 합산 순자산 가액이 2022년도 기준 3.25억 원 이하여야 한다. 제시된 질문의 경우 부부 합산 자산이 3.3억 원으로 기준보다 높다.

⑤ '대출 대상'의 '2. (세대주)' 항목에 따르면 만 34세 이하 세대주여야 하지만 병역 의무를 이행한 경우 병역 복무 기간에 비례하여 최대 만 39세까지 자격 기간을 연장할 수 있다. 이 경우 '준비 서류' 항목에 따라 병적증명서를 제출해야 한다. 따라서 만 35세이자 2년간 현역으로 복무했다면 병적증명서를 제출하여 자격 기간을 2년 연장할 수 있다.

15 문서이해능력 세부 내용 이해하기

| 정답 | ④

| 해설 | 자외선 C(UVC)의 대부분이 지표면에 도달하기 전 오존층에 흡수돼 인체에 영향을 주지 않는다고 하였으므로, 만약 오존층이 파괴된다면 지표면에 도달하는 자외선 C가 많아져 인체에 미치는 영향력이 커질 것임을 알 수 있다.

| 오답풀이 |

① PA는 자외선 B가 아닌 자외선 A의 차단 효과를 의미한다.

② 가시광선이 아닌 자외선 B에 의해 비타민 D가 합성된다.

③ 자외선 A의 파장은 길지만 에너지 강도는 자외선 B가 30 ~ 40배가량 더 크다.

⑤ 6개월 미만 유아는 자외선 차단제를 사용하지 말고 긴소매 옷을 입는 것이 좋다.

16 문서작성능력 글의 흐름에 맞는 접속어 파악하기

| 정답 | ①

| 해설 | ㉠ 자외선 B가 실내에 영향을 거의 미치지 못한다는 앞 문장의 내용과는 반대로 여름철 오랜 시간 햇볕을 쬘 경우 화상을 입을 수 있다는 내용이 이어지므로 '그러나'가 적절하다.

㉡ 자외선 차단제에 대해 설명하는 앞 문단에 이어 다른 이야기를 시작하고 있으므로 화제를 전환하는 '한편'이 적절하다.

㉢ 앞 문단의 내용과 다르게 자외선이 피부에 미치는 긍정적인 효과를 말하고 있으므로 대조의 의미를 지닌 '하지만'이 적절하다.

17 문서작성능력 게시글 제목 작성하기

| 정답 | ④

| 해설 | 제시된 글은 저축은행의 개인사업자 대출 현황과 지역별 개인사업자 대출 연체율 현황을 분석하고 있다. 그리고 분석을 통해 개인사업자 대출 취급 비중이 높고 동 대출의 연체율이 높은 저축은행은 개인사업자의 대부분이 경기 민감 업종에 종사하고 있어 대출 연체율이 앞으로 더 증가할 가능성이 있으므로 경기 침체 장기화에 대비한 관리를 해야 한다는 우려를 나타내고 있다. 따라서 이와 같은 내용을 포괄하는 '저축은행 개인사업자 대출 연체율 현황'이 제목으로 가장 적절하다.

18 기초연산능력 대출요건 구하기

| 정답 | ①

| 해설 | 특별대출을 통해 최대한 확보 가능한 금액은 60억 원이다. 청년고용창출 우수기업으로 선발되기 위한 추가고용 최소 인원은 다음과 같이 구할 수 있다.

$\frac{20+\alpha}{70+\alpha}=\frac{60}{100}$, $\alpha=55$이므로 55명을 최소한 고용해야 우수기업으로 선발될 수 있다.

특별대출 금리는 이자 절감액 예시를 통해서 도출할 수 있다. 일반 시중 금리는 4.6%이므로 만약 20억을 일반 대출 받았을 경우 연 이자는 2,000×0.046=92(백만 원)이다. 그러나 천만 원을 절감했다고 하였으므로 8천2백만 원을 이자로 지출한 것이며 역으로 계산하면 $x=\frac{82}{2{,}000}$이 되어 $x=0.041$, 즉 특별대출 금리가 4.1%임을 알 수 있다.

최종적으로 ABC 회사는 청년고용창출 우수기업으로 선발되어 대출을 받을 수 있으나 애초 계획했던 70억 원은 대출 한도를 초과하므로 대출한도인 60억 원까지만 대출이 가능하다. 결국 60억 원에 대한 특별금리 4.1%를 적용해야 하므로 연 이자 절감액은 6,000×(0.046−0.041)=30, 즉 30백만 원이다.

19 도표분석능력 자료의 수치 분석하기

| 정답 | ②

| 해설 | ㉢ 옥수수 생산에는 가장 적은 연간 909억 m^3의 용수가 필요한 반면, 소고기 생산에는 가장 많은 연간 12,497억 m^3의 용수가 필요하다.

| 오답풀이 |

㉠ 우리나라의 농업 및 낙농업 연평균 물 사용량은 2016년부터 지속적으로 증가하다가 2021년, 2022년에 감소하였다.

㉡ 2022 ~ 2024년간 물 사용량은 증가하고 있으므로 이 추세가 유지될 때 앞으로 물 사용량은 지속적으로 증가할 전망이다.

㉣ 주요 농업 및 낙농업 연평균 물 사용량의 상위 3개 품목인 소고기, 치즈, 돼지고기의 물 사용량 합은 12,497+4,914+4,856=22,267(억 m^3)로 커피의 연간 물 사용량인 19,028억 m^3보다 많다.

20 도표분석능력 자료를 바탕으로 수치 계산하기

| 정답 | ②

| 해설 | 2022년 대비 2023년의 연평균 물 사용량 증감률은 $\frac{37,900-37,400}{37,400}\times 100 \fallingdotseq 1.34(\%)$, 2023년 대비 2024년의 물 사용량 증감률은 $\frac{38,200-37,900}{37,900}\times 100 \fallingdotseq 0.79(\%)$이므로 평균 증감률은 $\frac{1.34+0.79}{2} \fallingdotseq 1.07(\%)$이다.

21 도표분석능력 자료의 수치 분석하기

| 정답 | ④

| 해설 | 202X년 5월과 7월의 1톤당 주석 가격을 계산하면 다음과 같다.

- 5월 : 20,900×1,077=22,509,300(원)
- 7월 : 19,700×1,124=22,142,800(원)

따라서 7월에 주석을 수입할 때 더 큰 비용절감 효과를 얻는다. 혹은 주석의 톤당 국제가격 하락률은 $\frac{19,700-20,900}{20,900} \fallingdotseq 5.7(\%)$로 환율 상승률 $\frac{1,124-1,077}{1,077}\times 100 \fallingdotseq 4.4(\%)$보다 크므로 수입가격은 7월이 더 저렴함을 알 수 있다.

| 오답풀이 |

① 202X년 6월 니켈 가격은 전월보다 $\frac{15,111-14,356}{14,356}\times 100 \fallingdotseq 5.26(\%)$ 상승하였다.

② 조사기간 동안 톤당 국제가격은 전기 동이 납의 약 3배이다. 동일한 기간 동안 환율은 같으므로 국제가격만 확인하면 된다.

③ (2,291×1,077)−(2,246×1,069)=66,433(원)으로 6만 원 이상 차이난다.

⑤ 202X년 7, 8월에 아연을 30t씩 수입한 금액은 (2,659+2,511)×30=155,100(달러)이다.

22 도표분석능력 자료의 수치 분석하기

| 정답 | ③

| 해설 | 각 집행률을 구하면 다음과 같다.

(단위 : 조 원, %)

구분		계획(A)	실적(B)	집행률 ($\frac{B}{A}$×100)
전체	합계	181.8	189.8	104.4
	대기업	133.5	150.5	112.7
	중견기업	23.6	18.0	76.3
	중소기업	24.7	21.3	86.2
제조업	합계	89.9	106.0	117.9
	대기업	67.2	86.4	128.6
	중견기업	13.1	10.8	82.4
	중소기업	9.6	8.8	91.7
비제조업	합계	91.9	83.8	91.2
	대기업	66.3	64.1	96.7
	중견기업	10.5	7.2	68.6
	중소기업	15.1	12.5	82.8

제조업, 비제조업의 대기업, 중견기업, 중소기업의 집행률은 대부분 70% 이상이지만 비제조업 중 중견기업의 집행률은 68.6%로 70%에 미치지 못한다.

23 기초연산능력 증가하는 보험료 계산하기

| 정답 | ⑤

| 해설 | • 무보험자동차로 발생할 사고에 대비하기 위한 항목은 '무보험차상해'이다. 현재 확인한 보장 범위는 2억 원이므로, 이보다 높은 보장범위는 5억 원이다. 이때 늘어나는 보험료는 2,890−2,790=100(원)이다.

• 피보험자(부부)가 피보험차량으로 인해 사고를 당해 상해나 사망한 경우를 대비하기 위한 항목은 '자동차상해'이다. 현재 확인한 보장 범위는 3억 원/5천만 원이므로, 이를 둘 다 늘릴 시 5억 원/1억 원이 된다. 이때 늘어나는 보험료는 27,820−22,240=5,580(원)이다.

• 피보험차량으로 타인의 자동차나 물건에 손해를 가하는 경우를 보장하기 위한 항목은 '대물배상'이다. 현재 확인한 보장범위는 3억 원이므로, 이를 2억 원 늘릴 시 보장범위는 5억 원이다. 이때 늘어나는 보험료는 138,240−137,370=870(원)이다.

따라서 증가하는 보험료는 100+5,580+870=6,550(원)이다.

24 도표작성능력 빈칸에 들어갈 수치 계산하기

| 정답 | ④

| 해설 | ㉠ ~ ㉤에 들어갈 수치를 계산하면 다음과 같다.

㉠ : 1,813−584=1,229

㉡ : 37,380−40,801=−3,421

㉢ : 127,622−127,560=62

㉣ : −149,547−(−143,682)=−5,865

㉤ : 20,550−21,549=−999

25 도표분석능력 자료의 수치 계산하기

| 정답 | ④

| 해설 | (가) ~ (다)에 들어갈 수치를 계산하면 다음과 같다.

(가) : $\frac{504-1,684}{1,684}\times 100 \fallingdotseq -70.1(\%)$

(나) : $\frac{136-1,240}{1,240}\times 100 \fallingdotseq -89.0(\%)$

(다) : $\frac{1,045-1,751}{1,751}\times 100 \fallingdotseq -40.3(\%)$

26 도표작성능력 그래프로 변환하기

| 정답 | ④

| 해설 | 단위 표시, 범례나 축 값, 그래프 종류 선정 등에서 모두 적절하다.

| 오답풀이 |

① 우측 65세 이상 인구의 단위는 '천 명'이 되어야 한다.

② 범례의 설명 중 좌측과 우측이 서로 바뀌었다.

③ 원그래프는 추이를 나타내기에 적절하지 않다.

⑤ 해당 자료에서 두 개의 추이선이 교차하는 것은 의미가 없으며 지속적인 상승을 보여주는 것이 바람직하므로, 이런 경우에는 좌측 축 값의 범위를 더 넓게 설정하여 ④와 같이 교차하지 않으면서 두 추이선 모두 상승함을 표현하는 것이 적절하다.

27 도표분석능력 자료의 수치 분석하기

| 정답 | ③

| 해설 | 지방의 주택유형별 매매가격지수 변동률 순위는 단독주택(0.26)>주택종합(0.02)>연립주택(−0.05)>아파트(−0.11)의 순이며, 전세가격지수 변동률 순위 역시 단독주택(0.02)>주택종합(−0.03)>연립주택(−0.04)>아파트(−0.06)의 순으로 동일하다.

28 도표분석능력 자료의 수치 분석하기

| 정답 | ①

| 해설 | 수도권과 서울은 20X4년 11월 ~ 20X5년 11월의 지역별 매매가격지수의 변동률이 각각 0.25%→0.23%, 0.36%→0.35%로 감소한 반면 전세가격지수의 변동률은 0.13%→0.20%, 0.21%→0.22%로 증가하였다. 나머지 지역은 동 기간 동안 매매와 전세가격지수의 변동률이 모두 증가하였다.

29 도표분석능력 자료의 수치 분석하기

| 정답 | ⑤

| 해설 | 전월 대비 아파트 실거래 가격지수 증가분은 당월 실거래 가격지수에서 전월 실거래 가격지수를 빼서 구할

수 있다. (가) 지역과 (나) 지역의 전월 대비 가격지수의 월별 증가분은 다음 표와 같다.

※ 2～8월은 증가율의 절대적 크기가 작으므로 격차도 작다는 점을 이용하면 9～12월만 구체적으로 계산하여 정답을 쉽게 구할 수 있다.

월별 가격 증가율	(가)	(나)	격차
2	1.1	1.6	0.5
3	0.8	1.6	0.8
4	0.7	1.3	0.6
5	0.4	1.0	0.6
6	0.8	0.6	0.2
7	0.2	0.5	0.3
8	1.1	1.7	0.6
9	1.2	2.4	1.2
10	3.7	6.2	2.5
11	3.7	6.3	2.6
12	1.1	3.1	2.0

따라서 둘 사이의 격차가 가장 커지는 달은 11월이다.

| 오답풀이 |

① (가)와 (나) 모두 매월 지속적으로 아파트 가격이 증가하였다.

② 가격지수가 가장 많이 올랐으나, 절대적인 가격이 가장 많이 올랐는지는 알 수 없다.

③ $\frac{123.2-103.2}{103.2}\times 100 \fallingdotseq 19.4(\%)$ 상승하였다.

④ (나) 지역의 7월 아파트 실거래 가격은 $100,000,000\times\frac{106.6}{100}=106,600,000$(원)이다.

30 도표분석능력 자료의 수치 분석하기

| 정답 | ⑤

| 해설 | ㉡ 서귀포시의 논 면적은 경지 면적(31,271ha)에서 밭 면적(31,246ha)을 뺀 면적으로 25ha이며, 제주시 논 면적은 경지 면적(31,585ha)에서 밭 면적(31,577ha)을 뺀 면적으로 8ha이다. 그러므로 서귀포시의 논 면적이 더 크다.

㉢ 서산시의 밭 면적은 경지 면적(27,285ha)에서 논 면적(21,730ha)을 뺀 면적으로 5,555ha이며, 김제시 밭 면적은 경지 면적(28,501ha)에서 논 면적(23,415ha)을 뺀 면적으로 5,086ha이다. 그러므로 서산시 밭 면적이 더 크다.

㉣ 상주시의 경지 면적은 서산시의 경지 면적 27,285ha보다 작기 때문에 상주시의 논 면적은 서산시의 경지 면적 27,285ha에서 상주시의 밭 면적 11,047ha을 뺀 면적 16,238ha 이하이다. 그러므로 익산시의 논 면적 19,067 ha의 90%인 17,160.3ha 이하이다.

| 오답풀이 |

㉠ 해남군의 논 면적은 23,042ha로 밭 면적인 12,327ha의 1.87배 정도 되므로 2배 이하이다.

31 문제해결능력 문제해결 방법 파악하기

| 정답 | ③

| 해설 | A와 B의 경우는 정상적인 대응 규정에 따른 절차가 아닌 비상 상황 시에 상부의 지침 없이 업무 처리를 할 수 있다는 규정으로 보아야 한다. 비상 상황 대응 매뉴얼에서 결재권자의 부재란 가정할 수 없는 상황이며, 상부의 지침 없이 업무 명령이 하달되는 경우는 '필요시'가 아니라 '비상시'에 가능한 문제해결 방법일 것이다.

32 문제처리능력 자료 이해하기

| 정답 | ③

| 해설 | 제시된 자료를 통해서는 사고 발견자가 비상시 운행을 통제할 권한이 있는지 알 수 없다.

| 오답풀이 |

① 발생한 모든 사항은 중앙재난안전대책본부로 보고되도록 체계가 구성되어 있다.

② 지역본부 재해대책본부의 임무이다.

④ 체계도에서 국토교통부, ○○공사 재해대책본부, 유관기관 등으로부터 재해와 관련한 사항을 보고받게 되어 있으므로 중앙재난안전대책본부는 동일 사항에 대하여 다양한 루트로 보고를 받게 된다.

⑤ 국토교통부에서도 중앙재난안전대책본부로 피해발생 보고를 하게 되어 있으므로, 재해 발생에 관한 보고 체계상의 최종 기관은 국토교통부가 아닌 중앙재난안전대책본부이다.

33 문제처리능력 자료 분석하기

| 정답 | ④

| 해설 | ㉡ 개선안으로 인해 대상 주택이 확대된 것은 사실이나, 만 25세 미만의 경우 여전히 대출받을 수 있는 대상 주택은 동일하다. 따라서 만 22세인 광호가 개선안 덕분에 전용면적이 더 넓고 보증금이 높은 주택에 대한 청년전용 버팀목 전세대출을 받을 수 있다는 것은 잘못된 설명이다.

㉣ 만 25세 미만의 경우 여전히 대출 한도는 3.5천만 원이므로 만 24세인 이정이 받을 수 있는 대출 한도는 3.5천만 원으로 동일하다. 따라서 대출 한도가 늘었다는 설명은 적절하지 않다.

㉤ 개선안에 따르면 25세 미만 단독세대주에게 적용되는 최대 금리는 1.8%이므로 잘못된 설명이다.

| 오답풀이 |

㉠ 기존 제도에서는 만 25세 이상은 대상이 되지 않았고 개선안으로 인해 만 34세까지 대출받는 것이 가능해졌다.

㉢ 기존의 제도에서는 단독세대주만이 대상이 되었으나 개선안에 따르면 단독세대주가 아니더라도 대출받는 것이 가능하다.

34 문제처리능력 월이자 계산하기

| 정답 | ①

| 해설 | • 갑 : 개선안에 따르면 연소득이 4천5백만 원이고 만 25세 미만 단독세대주의 금리는 1.8%이다. 갑은 5천만 원 중 80%를 대출받고자 하지만 만 25세 미만 단독세대주이므로 대출한도는 3.5천만 원이다. 따라서 월이자는 35,000,000×0.018÷12=52,500(원)이다.

• 을 : 현행안에 따르면 연소득이 3천5백만 원이므로 대출금리는 2.5%이다. 따라서 월이자는 40,000,000×0.8×0.025÷12≒66,670(원)이다.

• 병 : 연소득이 3천만 원이고 단독세대주가 아니므로 대출금리는 2.1%이다. 따라서 월이자는 50,000,000×0.8×0.021÷12=70,000(원)이다.

따라서 월이자가 적은 순서대로 나열하면 갑, 을, 병이다.

35 문제해결능력 SWOT 분석 이해하기

| 정답 | ②

| 해설 | SWOT 환경 분석은 기업내부의 강점(Strengths), 약점(Weaknesses)과 외부환경의 기회(Opportunities), 위협(Threats)을 분석 평가하고 이들을 서로 연관 지어 전략을 개발하고 문제해결 방안을 수립하는 방법이다.

㉠ 해당 사업의 국가적 차원의 육성 방향은 기회(O)이다.

㉡ 이미 스마트도시를 추진하고 있다는 것은 유경험적인 측면에서 강점(S)이다.

ⓐ 스마트도시 사업의 대내외 환경과는 관계가 없다.

ⓑ 회사 내부의 보완해야 할 점으로 현재 미비하다는 점은 약점(W)이다.

ⓒ 대내외 환경이라기보다 사업 추진전략의 일종이라고 볼 수 있다.

ⓓ 천재지변 등 외부환경의 불리한 요인인 위협(T)에 해당한다.

36 문제처리능력 관리규정 적용하기

| 정답 | ③

| 해설 | 폐기보류로 구분된 기록물은 제17조 제4항에 의해 5년마다 보존가치를 재평가한다.

| 오답풀이 |

① 기록물의 보존기한은 제16조 제2항에 의해 기록물분류기준표를 기준으로 처리부서의 장이 기록물철단위로 정한다. 다만, 특별 보존이 요구되는 기록물의 보존기한은 기록관장이 직접 정할 수 있다.

② 기록물의 폐기 방법에 대하여는 제시되어 있지 않다.

④ 제17조 제3항에서 보존기간이 경과된 문서는 처리부서의 장이 기록물평가심의서를 작성하여 기록물관리부서의 장에게 제출하도록 하고 있다.

⑤ 제16조 제3항에서 보존기간의 기산일은 해당 기록물의 처리가 완결된 날이 속하는 다음 연도의 1월 1일로 하며, 기록물의 처리가 여러 해에 걸쳐서 진행된 경우 해당 과제가 종결된 날이 속하는 다음 연도의 1월 1일을 기산일로 한다고 규정하고 있다. 즉 상반기에 완료된 사업 관련 문서는 그다음 해 1월 1일로 그 보존기간이 책정된다.

37 문제처리능력 기록물의 보존기간 파악하기

| 정답 | ④

| 해설 | 영구의 7. 항목에 해당하므로 적절하다.

| 오답풀이 |

① 영구의 16. 공사 사장 및 주요직위자의 공식적인 연설문, 기고문, 인터뷰 자료 및 공사의 공식적인 브리핑 자료이므로 '영구'가 적절하다.

② 30년의 2. 공사의 사장, 본부장 등의 결재를 필요로 하는 일반적인 사항에 관한 기록물이므로 '30년'이 적절하다.

③ 영구의 12. 공사의 연도별 업무계획과 이에 대한 추진과정, 결과 및 심사분석 관련 기록물, 외부기관의 공사에 대한 평가에 관한 기록물이므로 '영구'가 적절하다.

⑤ 영구의 14. 정책자료집과 백서에 해당되므로 '영구'가 적절하다.

38 문제처리능력 자료를 분석하여 업체 선정하기

| 정답 | ④

| 해설 | 각 건설사의 평가기준별 점수를 계산하면 다음과 같다.

구분	공사 단가	예상 기간	계약금	평판	업체 규모	총점
A 건설사	1	4	1	3	5	14
B 건설사	2	5	2	4	3	16
C 건설사	5	4	4	1	1	15
D 건설사	4	1	5	5	5	20
E 건설사	3	4	4	3	3	17

따라서 총점이 가장 높은 D 건설사가 선정된다.

39 문제처리능력 자료를 분석하여 업체 선정하기

| 정답 | ④

| 해설 | 변경사항을 반영하여 각 건설사의 평가기준별 점수를 계산하면 다음과 같다.

구분	공사 단가	예상 기간	계약금	평판	업체 규모	총점
A 건설사	1	8	1	9	5	24
B 건설사	2	10	2	12	3	29
C 건설사	5	8	4	3	1	21
D 건설사	4	2	5	15	5	31
E 건설사	3	8	4	9	3	27

따라서 총점이 가장 높은 D 건설사가 선정된다.

40 문제처리능력 자료를 분석하여 업체 선정하기

| 정답 | ④

| 해설 | 변경사항에서 추가된 기준인 각 건설사별 계약금비율을 구하면 다음과 같다.

- A 건설사 : $\frac{20}{200} \times 100 = 10(\%)$
- B 건설사 : $\frac{18}{180} \times 100 = 10(\%)$
- C 건설사 : $\frac{15}{150} \times 100 = 10(\%)$
- D 건설사 : $\frac{10}{160} \times 100 = 6.25(\%)$
- E 건설사 : $\frac{15}{170} \times 100 \fallingdotseq 8.8(\%)$

이를 반영하여 각 건설사의 평가기준별 점수를 계산하면 다음과 같다.

구분	계약금 비율	예상 기간	평판	업체 규모	총점
A 건설사	3	4	3	4	14
B 건설사	3	5	4	2	14
C 건설사	3	4	1	0	8
D 건설사	5	1	5	4	15
E 건설사	4	4	3	2	13

따라서 총점이 가장 높은 D 건설사가 선정된다.

2회 기출예상문제

▶ 문제 58쪽

01	⑤	02	②	03	④	04	①	05	④
06	③	07	①	08	③	09	①	10	④
11	③	12	⑤	13	③	14	③	15	③
16	⑤	17	⑤	18	⑤	19	③	20	②
21	④	22	④	23	⑤	24	②	25	⑤
26	⑤	27	④	28	⑤	29	②	30	②
31	①	32	⑤	33	③	34	④	35	①
36	③	37	③	38	③	39	③	40	④

01 문서이해능력 차량관리규칙 이해하기

| 정답 | ⑤

| 해설 | 제11조에 따라 유류지급은 예산 범위 내에서 지급한다.

| 오답풀이 |

① 제12조 제2항에 사용신청 순위 및 업무의 경중과 완급, 공동 사용할 수 있는지를 검토하여 승인하라고 제시되어 있을 뿐 검토의 우선순위는 알 수 없다.

② 제9조 2호에 따라 차량관리부서의 허가는 공무수행의 필요에 따라 일과시간 내에 사전에 받는 것이지, 사용자가 사고 및 경비를 책임진다고 해서 받을 수 있는 것은 아니다.

③ 이사장 · 감사 전용차는 제9조 1호에 따라 집중관리부서의 배차승인 결정을 받지 않고도 운행이 가능할 뿐이며, 집중관리부서가 이용 주차장을 승인할 권한이 있는지는 나와 있지 않다.

④ 제13조에 따라 차량운행일지에는 일일운행기록을 기입한다.

02 문서이해능력 세부 내용 파악하기

| 정답 | ②

| 해설 | 제11조와 제15조에 따라 타 기관 및 공사관련협회 등에 차량을 지원하는 경우는 유류를 지급하지 않으며, 차량 사용 7일 전까지 배차 신청을 해야 한다. 또한 제13조에 따라 차량을 반납하기 이전에 일일운행기록을 차량운행일지에 기록해야 한다.

| 오답풀이 |

① 제12조 1항 각호의 내용을 하나씩만 명시하면 되는 것이 아니라 모두 명시해야 한다.

③ 제14조에 따라 운영관리자가 별도 지정한 곳에 보관하는 것은 소속기관인 경우에 한한다.

④ 제12조 4항에 따라 배차신청 및 차량운행일지는 본 규칙에서 정한 양식에 준하여 변경하여 기록이 가능하다.

⑤ 수리를 받을 예정이라 하더라도 자동차부분정비사업장을 주차장으로 사용할 수 없다.

03 문서이해능력 기사문 내용 이해하기

| 정답 | ④

| 해설 | "주거사다리사업을 연계해, 해당 입주민이 지상층으로 이주할 수 있도록 조치되었다."를 통해 주거사다리사업이란 지하층의 집을 지상층으로 이주할 수 있도록 돕는 사업임을 알 수 있다.

04 문서작성능력 빈칸에 들어갈 문장 파악하기

| 정답 | ①

| 해설 | ㉠의 앞 문장에서 내년 장마에 대한 지속적인 관리와 입주민들과의 소통과 교류의 과정을 거친다 하였으므로, 그 목적으로는 비 피해 예방 활동에 입주민 스스로가 적극적으로 참여할 수 있도록 장려하는 것이 가장 적절하다.

05 문서이해능력 필자의 의도 파악하기

| 정답 | ④

| 해설 | 제시된 글에서는 우리가 식인종을 야만인으로 보듯이 그들 또한 우리의 형벌 문화를 야만적으로 인식할 수 있다고 설명하며 문명과 야만을 판단하는 것은 관점의 차이라고 주장하고 있다. 따라서 ④가 필자의 의도로 적절하다.

| 오답풀이 |

①, ② 제시된 글을 통해 알 수 있는 내용이지만 글 전체를 아우르는 주제라고 보기는 어렵다.

③ 문명과 야만을 판단하는 것은 관점의 차이라는 것을 주장하지만 판단의 기준을 설정하고 있지 않다.

⑤ 식인 풍습의 사회와 우리 사회의 재판과 형벌에 대한 관점의 차이를 언급하고 있지만 새로운 관점을 제시하고 있진 않다.

06 문서이해능력 글을 통해 추론하기

| 정답 | ③

| 해설 | 첫 번째 문단을 통해 식인 풍습이 영혼과 육체의 연결을 끊기 위해서 진행되었다는 것을 알 수 있다.

| 오답풀이 |

① 첫 번째 문단을 통해서 알 수 있다.

② 두 번째 문단을 통해서 알 수 있다.

④, ⑤ 제시된 글의 전체를 아우르는 내용으로 문명과 야만을 나누는 기준은 관점의 차이라는 필자의 주장을 통해 추론할 수 있다.

07 문서작성능력 빈칸에 들어갈 접속어 파악하기

| 정답 | ①

| 해설 | ⓐ 앞 문장에서는 식인 풍습을 이원론적인 확신만으로 비판하는 것이 정당하지 못하다고 말하고 있으며 뒤 문장에서는 식인 부족을 향한 비판이 해부학 실험을 하는 현대인들을 비난하는 모습과 비슷하다고 말하고 있다. 이는 앞 문장에 대해 추가적으로 의견을 덧붙이는 것이므로 ⓐ에는 '뿐만 아니라'가 들어가는 것이 적절하다.

ⓑ 첫 번째 문단의 중심 소재인 식인 풍습과 큰 연관이 없어보이는 형벌에 대한 소재를 제시하므로 앞에서 말한 측면과 다른 측면을 말할 때 사용하는 접속어인 '한편'이 들어가는 것이 적절하다.

ⓒ ⓒ의 앞뒤 내용을 보면 식인 부족의 형벌과 우리 사회의 형벌을 대조하고 있으므로 '반면'이 들어가는 것이 적절하다.

08 문제처리능력 제시된 사례 분석하기

| 정답 | ③

| 해설 | 제시된 글은 중국의 난징, 이탈리아, 항저우시 등을 예로 들어 각종 센서와 상호작용하여 얻은 데이터를 통해 문제를 해결해 나가는 스마트도시의 사례를 소개하고 있다.

| 오답풀이 |

①, ② 해당 사례는 제시된 글에 언급되지 않았다.

④ 도로에 대한 내용이 제시되어 있기는 하지만, 전체를 포괄하는 내용으로 볼 수 없다.

⑤ 인공지능을 통해 범죄자를 찾을 수 있다는 내용의 사례가 제시되어 있지만 이는 글의 주제가 아니다.

09 문제처리능력 자료를 바탕으로 추론하기

| 정답 | ①

| 해설 | 제시된 두 글 모두 빅데이터를 활용한 다양한 도시 문제 해결 및 개선 사례를 보여주고 있다. 같은 내용을 이야기하고 있기 때문에 빅데이터가 도시 문제 해결 방안이 되고 있음을 부연하고 있다는 설명이 적절하다.

| 오답풀이 |

② 어반 사이언스와 어반 인포메틱스라는 학문에 대해 언급하고 있으나 학문의 뒷받침에 대한 필요성을 지적하는 글은 아니다.

③ 〈보기〉는 빅데이터를 활용한 도시의 예로 뉴욕시의 사례를 들고 있으나 제시된 글의 새로운 도시 사례를 제시하려는 것은 아니다.

④ 〈보기〉는 와이파이나 GPS 위치 추적기 등을 통해 얻은 정보로 자연재해의 영향력을 예측할 수 있다고 했을 뿐 자연재해를 막을 수 있다고 하지는 않았다.

⑤ 빅데이터를 활용한 도시 문제 해결의 한계점은 제시되지 않았다.

10 문제처리능력 지원 대상 파악하기

| 정답 | ④

| 해설 | 제시된 공고의 취지는 주택담보대출 원리금 상환에 어려움을 겪는 한계차주에 대한 지원이므로 금융권 대출의 규모가 아닌 해당 주택을 담보로 한 금융권 대출이 있는지 여부를 판단하게 된다.

| 오답풀이 |

일정 규모 이하의 주택 소유, 일정 수준 이상의 주변 단지

와 지역의 규모, 해당 주택 소유 기간, 주민등록상 거주 기간, 세대의 소득 등은 모두 대상자(대상주택) 판단 기준이 된다.

11 문제처리능력 자료를 바탕으로 우선순위 정하기

| 정답 | ③

| 해설 | 주어진 계산식에 따라 3명의 우선순위를 다음과 같이 판단할 수 있다.

• 매도희망가격비율

A=2.2÷2×100=110(%) → 100%

B=2.2÷2.4×100≒91.7(%)

C=100%

• 채무비율

A=1.9÷2×100=95(%)

B=100%

C=2.7÷3×100=90(%)

따라서 매도희망가격비율이 가장 낮은 B가 1순위가 되며, A와 C는 동일한 매도희망가격비율이므로 채무비율을 확인해 보아야 한다. 채무비율은 높은 순으로 우선순위가 부여되므로 A가 C보다 높은 순위가 된다.

따라서 B > A > C의 순위로 결정된다.

12 문제처리능력 보도자료 분석하기

| 정답 | ⑤

| 해설 | 약 61.23(만 원)/3.3(m^2)은 평균 공급단가의 5%에 해당하는 금액이며, 입찰보증금은 입찰금액의 5% 이상에 해당하는 금액이므로 적절하지 않다.

| 오답풀이 |

① 사회복지시설용지는 용적률이 250%로 가장 낮다.

② 근린상업용지의 3.3m^2당 평균 공급단가는 (1,517+1,564)÷2=1,540.5(만 원)이며, 일반상업용지의 평균 공급단가는 (1,123+1,326)÷2=1,224.5(만 원)이다.

③ 화성동탄1 신도시의 주변에는 4만여 세대의 주거지역 입주가 완료되고 상권 역시 형성되어 있다고 나와 있다.

④ 사회복지시설용지는 관할 지자체 추천자를 대상으로 한 추첨으로 분양된다.

13 문제처리능력 자료를 바탕으로 문의 응답 작성하기

| 정답 | ③

| 해설 | 최종 결과물 제출용 이메일 주소는 향후 별도 공지될 예정이다.

| 오답풀이 |

① 공공 빅데이터에 관심 있는 국민 누구나 참여 가능하며 '일반국민'과 '데이터 관련 분석 전문가' 전형으로 나누어 응모할 수 있다. '일반국민' 전형에는 학생, 일반국민 등이 개인 또는 팀 형태로 참가할 수 있다.

14 문제처리능력 자료를 바탕으로 점수 산출하기

| 정답 | ③

| 해설 | 1차 심사 결과와 2차 심사 결과를 각각 계산해 보면 다음과 같다.

(단위 : 점)

구분	1차 심사(100)					
	창의성(25)	실현 가능성(25)	적합성(20)	파급성(10)	완성도(20)	총점(100)
A	20	15	16	6	17	74
B	18	20	18	8	18	82
C	22	16	18	9	16	81

(단위 : 점)

구분	2차 심사(100)		
	현장평가단(50)	심사위원(50)	심사 비율이 반영된 총점(100)
A	36	42	(36×0.3+42×0.7)×2=80.4
B	35	40	(35×0.3+40×0.7)×2=77
C	40	38	(40×0.3+38×0.7)×2=77.2

가중치를 반영한 최종 점수 합산 결과는 다음과 같다.

• A : 74×0.4+80.4×0.6=77.84(점)

• B : 82×0.4+77×0.6=79(점)

• C : 81×0.4+77.2×0.6=78.72(점)

따라서 총점이 가장 높은 팀은 B, 낮은 팀은 A이다.

15 문서이해능력 자료 내용 이해하기

| 정답 | ③

| 해설 | 저소득 계층의 주거비 지원을 위한 주거급여를 최대 81만 가구에 확대 지원하였으므로 지원대상이 저소득층에서 타 계층으로 이전한 것으로 볼 수 없다.

| 오답풀이 |

① 공급물량이 12.5만 호까지 지속적으로 증가하였다.

② 기업형 임대주택인 뉴스테이 부지확보 물량을 늘린 것은 기업을 유도하여 민간 자본의 참여를 확대한 것으로 볼 수 있다.

④ 행복주택과 뉴스테이 등 공급방식을 다양화한 것으로 볼 수 있다.

⑤ 공급자의 영업인가 수치가 기존보다 증가하여 변경되었으므로 공급자의 영업 활성화를 유도한 것으로 볼 수 있다.

16 도표작성능력 자료를 바탕으로 그래프 작성하기

| 정답 | ⑤

| 해설 | 2018 ~ 2020년 전체 입주자 모집 공급분의 연도별 구성비는 전체 4만 호에 대한 각 연도별 공급분의 비중을 의미하므로 적절한 그래프는 다음과 같다.

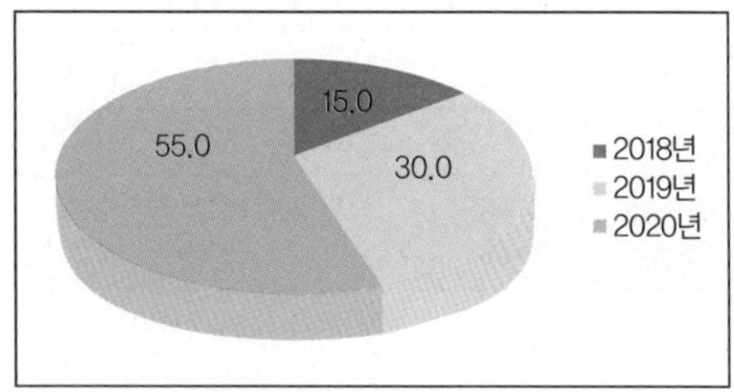

| 오답풀이 |

① 연도별 공공임대 준공 가구 증가율을 구하면 다음과 같다.

- 2017년 : $\frac{10.2-8.0}{8.0}\times 100=27.5(\%)$
- 2018년 : $\frac{12.4-10.2}{10.2}\times 100 ≒ 21.6(\%)$
- 2019년 : $\frac{12.5-12.4}{12.4}\times 100 ≒ 0.8(\%)$

② 2017년 주거급여 수급 가구는 전년 대비 70.6－72.1=1.5(만 가구) 감소하였고, 2018년 주거급여 수급 가구는 전년 대비 80.0－70.6=9.4(만 가구) 증가하였으며, 2019년 주거급여 수급 가구는 전년 대비 81.0－80.0=1.0(만 가구) 증가하였다.

③ 연도별 기금 대출 가구 수를 구하면 다음과 같다.

- 2016년 : 10.0+11.9=21.9(만 가구)
- 2017년 : 10.0+13.6=23.6(만 가구)
- 2018년 : 8.5+11.0=19.5(만 가구)
- 2019년 : 8.5+12.0=20.5(만 가구)

④ 변경 기준 사업지 확보분과 공급(영업인가)분을 합한 수치의 증감이므로, 2019년에는 5.5+2.5－2.4－1.4=4.2(만 호)이며, 2020년에는 7.1+4.6－5.5－2.5=3.7(만 호)가 된다.

17 문서이해능력 근로기준법 파악하기

| 정답 | ⑤

| 해설 | 주중에 근무하여 법정근로시간을 채우고 토요일과 일요일에 합쳐서 연장근로시간인 12시간을 일했다면 휴일수당과 연장근로수당을 함께 받을 수 있다.

| 오답풀이 |

① 2018년 근로기준법에서는 휴일근로를 포함하였다고 하였으므로 적절하다.

② 첫 번째 문단에서 "우리나라는 2000년대 초 ~ 명목상으로는 주 52시간 근무를 법적으로 정의한 셈이다"라고 하였으므로 적절하다.

③ 두 번째 문단을 보면 기존 근로기준법에서는 월요일부터 금요일까지가 근로시간이므로 연장근로와 휴일근로를 구분하여 계산하였기 때문에 최대 노동시간은 68시간이다.

④ 현행 근로기준법에서는 법정근로시간과 연장근로시간을 합한 최대 근로시간이 52시간을 넘을 수 없다.

18 문제처리능력 근로기준법을 위반한 경우 파악하기

| 정답 | ⑤

| 해설 | 각 선택지에 따른 근로시간을 계산해 보면 다음과 같다.

① 6×8+3=51(시간)

② 5×8.5+9.5=52(시간)

③ 4×11.5=46(시간)

④ (3×9.5)+(2×11.5)=51.5(시간)

⑤ 6×8.5+9.5=60.5(시간)

따라서 52시간 근무제를 위반한 경우는 ⑤이다.

19 도표분석능력 전월세전환율 구하기

| 정답 | ③

| 해설 | 제시된 글에 따르면 '전월세전환율(%)=1년치 월세÷(전세보증금−월세보증금)×100'이 된다. 따라서 대학생 대상분과 청년 대상분의 전월세전환율은 각각 다음과 같이 계산할 수 있다.

- 대학생 대상분 : (109,000×12)÷(239,300,000−150,000,000)×100≒1.46(%)
- 청년 대상분 : (116,000×12)÷(253,400,000−150,000,000)×100≒1.35(%)

20 문서이해능력 안내문 이해하기

| 정답 | ②

| 해설 | '신청자격' 항목을 보면 신혼부부에 대해 '혼인 7년 이내, 예비 신혼부부, 6세 이하 자녀를 둔 한부모가족, 6세 이하 자녀를 둔 혼인가구'로 정의하고 있다. 따라서 6세 이하 자녀를 둔 한부모가족은 신혼부부에 포함되어 혜택을 받을 수 있다.

21 문제처리능력 우선 순위 파악하기

| 정답 | ④

| 해설 | D 씨는 '6세 이하 자녀를 둔 한부모'로 1순위에 선정된다.

| 오답풀이 |

① A 부부에게는 6세를 초과한 자녀가 있으므로 신혼부부의 기준에 부합하지 않는다.

② B 부부는 '무자녀 신혼부부'로 2순위에 선정된다.

③ C 부부는 '6세 이하 자녀를 둔 혼인 가구'로 3순위에 선정된다.

⑤ E 부부는 혼인한 지 9년이므로 신혼부부의 기준에 부합하지 않는다.

22 도표분석능력 자료의 수치 분석하기

| 정답 | ④

| 해설 | (나) 27,066호 → 8,802호까지 매년 감소하였음을 알 수 있다.

(다) 20X5년까지 감소하던 인허가 수는 20X6년부터 20X8년까지 증가세를 보였으나, 20X9년에는 전년 대비 약 2.13%의 감소율을 보이고 있다.

(라) 민간부문의 신규 공공임대주택 인허가 수는 20X5년까지 가파르게 증가하였으나, 20X9년에는 전체 인허가 수인 76,690호의 $\frac{3,135}{76,690}\times100≒4.1$(%) 수준으로 급감하였다.

| 오답풀이 |

(가) 20X8년의 전체 주택건설 인허가 수는 $\frac{90,144}{11.8}\times100≒$763,932(호)로, 20X9년의 $\frac{76,690}{10.6}\times100≒$723,491(호)보다 많다.

23 문서이해능력 제시된 정보를 바탕으로 추론하기

| 정답 | ⑤

| 해설 | 지능형 홈네트워크 설비유지비는 주택계약면적에 따라 배분하여 산정한다고 명시되어 있으며, 정화조오물수수료 역시 세대별 거주 공간에 따라 산정한다고 명시되어 있으므로 이 두 가지가 주택계약면적에 의하여 산정되는 항목이 된다. 나머지는 모두 사용량에 따라 산정되는 항목이다.

| 오답풀이 |

급탕비는 세대별로 m^3당 사용량에 $1m^3$당 단가를 곱하여 산정한다고 하였으므로 주택계약면적과 관계없다.

24 문서이해능력 임직원행동강령 이해하기

|정답| ②

|해설| A사의 자본금 총액 중 가족의 자본금 비율이 도합 20+10+10=40(%)에 해당하므로 50% 이상에 해당되지 않아 신고의 의무를 가지지 않는다.

25 문서이해능력 공고문 이해하기

|정답| ⑤

|해설| '해당세대 자산요건 이하(총자산 24,400만 원, 자동차 2,545만 원)'에 해당하므로 E는 신청할 수 있다.

|오답풀이|

① '본인 자산요건 이하(총자산 7,400만 원, 자동차 미보유)'라는 대학생의 자산 조건에 따라 자동차를 보유 중인 A는 신청할 수 없다.

② '해당세대 소득 합계가 전년도 도시근로자 가구당 월평균소득의 100%(본인 80%) 이하'라는 청년의 소득 조건에 따라 본인 소득이 90%인 B는 신청할 수 없다.

③ '해당세대 자산요건 이하(총자산 24,400만 원, 자동차 2,545만 원)'라는 신혼부부의 자산 조건에 따라 자산 합계가 30,000만 원인 C 부부는 신청할 수 없다.

④ '해당세대 소득 합계가 전년도 도시근로자 가구당 월평균소득의 100% 이하'라는 고령자의 소득 조건에 따라 소득 합계가 전년도 도시근로자 가구당 월평균소득의 110%인 D는 신청할 수 없다.

26 문제처리능력 자료 내용 파악하기

|정답| ⑤

|해설| 조합원 1인당 평균이익이 8천만 원일 경우 '600만 원×조합원 수+7천만 원을 초과하는 금액의 30%×조합원 수'의 부담금 산출 공식에 의해 1인당 600(만 원)+1,000(만 원)×30(%)=900(만 원)의 부담금이 발생하게 된다.

|오답풀이|

① 재건축부담금을 구하는 계산식에서는 정상적인 주택가격 상승분을 공제하고 있음을 알 수 있다.

③ 최대 부과요율이 50%인 것을 알 수 있다.

④ 조합원 수가 많으면 전체 환수금은 많아지지만, 조합원 1인당 환수금 부담액은 동일하다.

27 문제처리능력 자료를 참고하여 사례 적용하기

|정답| ④

|해설| 조합원 1인당 평균이익은 부담금 산식의 부과율 적용 가액을 산정하는 기준이 되므로 정상주택가격 상승분을 제외한 부분을 적용하게 된다.

|오답풀이|

주어진 조건에 따라 계산해 보면 다음과 같다.

- 조합원 1인당 평균이익=(6,000−2,000−300−2,500)÷500=2억 4천만 원
- 총부담금=2천만 원×500명+1억 3천만 원×50%×500명=425억 원
- 조합원 1인당 부담금=425억 원÷500=8천5백만 원
- 개발이익 환수제 없을 경우 1인당 이익=12억 원−4억 원−5억 원=3억 원
- 개발이익 환수제 적용 시 1인당 이익=12억 원−4억 원−5억 원−8천5백만 원=2억 1천5백만 원

28 문서작성능력 설명서 도식화하기

|정답| ⑤

|해설| '6. 사용승인신청'에서 공사감리자를 지정하지 않은 소규모 건축물은 담당공무원이 현장을 점검하여 합격된 건축물에 한해 사용승인서를 교부한다고 되어 있다.

|오답풀이|

① '1. 부지매입'을 통해 건축사가 아닌 건축주가 확인해야 할 사항임을 알 수 있다.

② '3. 건축허가'의 두 번째 항목을 통해 준공 시 허가조건 이행여부를 확인하는 것을 알 수 있다.

③ '3. 건축허가'의 세 번째 항목을 통해 모든 건물이 아닌 신축 건물의 경우가 해당하는 것을 알 수 있다.

④ '4. 착공신고 및 공사감리'의 첫 번째 항목을 통해 감리자, 시공사와의 계약체결 이후에 착공신고를 접수해야 함을 알 수 있다.

29 문서이해능력 세부 내용 이해하기

|정답| ②

|해설| '4. 착공신고 및 공사감리'의 첫 번째 항목에 따르면

시공사와 계약체결 후 착공신고를 접수해야 하는데 나연은 착공신고 이후 시공사와 계약을 체결했으므로 그 순서가 적절하지 않다.

| 오답풀이 |

① '3. 건축허가'의 세 번째 항목에 따라 건축허가를 받고 1년 이내로 착공연기서를 제출하여 공사착공신고서 제출기한을 7개월 연장할 수 있다.

③ '6. 사용승인신청'에 따라 공사검리자를 지정하지 않은 소규모 건축물은 감리완료보고서에 사용승인신청서를 첨부하지 않고, 담당공무원이 현장을 점검하여 합격된 건축물에 한해 사용승인서를 교부한다.

④ '4. 착공신고'의 두 번째 항목에 따르면 착공신고는 대개 건축사사무소에서 건축주에게 위임을 받아 대리하는 것을 알 수 있다.

⑤ '3. 건축허가'에 따라 신축건물의 경우 연면적 $100m^2$를 초과하는 경우 건축허가를 반드시 받아야 하며, 건축할 대지의 범위와 그 대지의 소유권 관계서류, 현장조사서 등을 기본설계서에 첨부하여 허가권자(시, 군, 구)에 건축허가를 신청해야 한다.

30 도표분석능력 자료의 수치 분석하기

| 정답 | ②

| 해설 | 20X7년 인적재난 발생건수는 292천 건으로 전년 대비 $\frac{292-277}{277}\times 100 \fallingdotseq 5(\%)$ 증가하였다.

| 오답풀이 |

③ 20X7년 인적재난 인명피해는 377천 명으로 전년 대비 $\frac{377-356}{356}\times 100 \fallingdotseq 5.9(\%)$ 증가하였다.

④ 20X9년 전체 인적재난 중 사망자가 가장 많은 교통사고는 $\frac{5,229}{6,709}\times 100 \fallingdotseq 77.9(\%)$, 두 번째로 많은 물놀이, 익사 등은 $\frac{489}{6,709}\times 100 \fallingdotseq 7.3(\%)$이므로 비율 차이는 77.9−7.3=70.6(%p)이다.

⑤ 전체 인적재난 발생건수의 15%는 286,851×0.15≒43,028(건)이므로 화재 발생건수는 전체 인적재난 발생건수의 15% 이상을 차지한다.

31 도표분석능력 자료의 수치 계산하기

| 정답 | ①

| 해설 | 20X9년 전체 인적재난 중 교통사고의 발생 비율과 인명피해 비율을 계산하면 다음과 같다.

- 발생 비율 : $\frac{221,711}{286,851}\times 100 \fallingdotseq 77.3(\%)$
- 인명피해 비율 : $\frac{346,620}{365,947}\times 100 \fallingdotseq 94.7(\%)$

32 도표분석능력 자료의 수치 분석하기

| 정답 | ⑤

| 해설 | 〈자료 2〉를 보면 2023년 충북의 주택 소유자는 426천 명, 충남의 주택 소유자는 555천 명이다. 전년 대비 증감률이 각 2.8%와 4.1%이므로 2022년 충북과 충남의 주택 소유자는 각각 약 414천 명과 533천 명이다. 따라서 충남의 주택 소유자가 더 많았다.

| 오답풀이 |

① 2023년 전체 인구 구성비는 여자가 50.1%, 남자가 49.9%로 여자가 남자보다 0.2%p 더 많고, 주택 소유자 구성비는 남자가 56.4%, 여자가 43.6%로 남자가 여자보다 12.8%p 더 많다.

② 2023년 주택을 소유한 남자는 50대(1,876천 명), 40대(1,805천 명), 60대(1,344천 명) 순으로 많다.

③ 2023년 주택 소유자는 13,311천 명이고 거주지역이 서울인 주택 소유자는 2,412천 명이므로 비율은 $\frac{2,412}{13,311}\times 100 \fallingdotseq 18.12(\%)$이다.

④ 전체 인구 중 40대 여자의 구성비를 보면 8.3%로 10% 미만이다.

33 도표분석능력 자료를 바탕으로 수치 계산하기

| 정답 | ③

| 해설 | 2023년 기준 거주지역별 주택 소유자의 전년 대비 증감률이 두 번째로 높은 지역은 제주, 가장 낮은 지역은 전북으로, 두 지역의 주택 소유자 차이는 503−161=342(천 명)이다.

34 도표작성능력 자료를 토대로 상환액 구하기

|정답| ④

|해설| 다른 종목들을 살펴보면 '전일잔량+금일거래−금일상환=금일잔량'임을 알 수 있다. 여기에 '04−6' 종목을 적용해보면 다음과 같다.

27,730+419−[Ⅰ]=27,507

[Ⅰ]는 27,730+419−27,507=642(억 원)이고 [Ⅱ]는 모든 종목의 금일상환의 합계이므로,

0+642+0+0+0+0+750+500+1,600+1,000+1,300+800+1,200+300+3,530=11,622(억 원)이다.

35 도표분석능력 자료를 활용하여 증가량 구하기

|정답| ①

|해설| 전일잔량에 비해 금일잔량이 감소하거나 변함없는 종목 (04−3, 04−6, 06−5, 08−5, 10−3, 11−7, 12−3, 12−4, 기타)은 제외하고 계산한다.

- 05−4 : 36,414−35,592=822(억 원)
- 12−2 : 20,860−18,160=2,700(억 원)
- 12−6 : 32,010−30,610=1,400(억 원)
- 13−1 : 28,070−26,370=1,700(억 원)
- 13−2 : 34,920−33,870=1,050(억 원)
- 13−3 : 11,680−11,080=600(억 원)

따라서 12−2 종목이 가장 크게 증가하였다.

36 도표분석능력 자료 분석하여 결과 도출하기

|정답| ③

|해설| 2021 ~ 2022년, 2022 ~ 2023년 국가기술자격 기술사 등급 취득자의 증가율을 구하면 다음과 같다.

- 2021 ~ 2022년 : $\frac{1,350-1,079}{1,079}\times 100 ≒ 25.12(\%)$
- 2022 ~ 2023년 : $\frac{1,624-1,350}{1,350}\times 100 ≒ 20.30(\%)$

따라서 2021 ~ 2022년, 2022 ~ 2023년 국가기술자격 기술사 등급 취득자의 증가율은 같지 않다.

|오답풀이|

① 5년간 전체 국가기술자격 취득자는 2020년에 소폭 감소한 이후 점차 증가하고 있음을 알 수 있다.

② 첫 번째 그래프를 보면 여성 국가기술자격 취득자의 수는 2021년 이후 2년 연속 감소하고 있음을 알 수 있다.

④ 2021 ~ 2023년 남성 국가기술자격 취득자의 증가율과 전체 국가기술자격 취득자의 증가율은 다음과 같다.

- 2021 ~ 2023년 전체 국가기술자격 취득자의 증가율
  : $\frac{677,686-647,673}{647,673}\times 100 ≒ 4.63(\%)$
- 2021 ~ 2023년 남성 국가기술자격 취득자의 증가율
  : $\frac{434,081-395,473}{395,473}\times 100 ≒ 9.76(\%)$

⑤ 5년간 국가기술자격 기술사 등급 취득자의 수는 2019년 이후 감소하다가 2022년에 1,350명으로 늘어나 거의 2019년 수준으로 회복하였다.

37 도표분석능력 자료의 수치 분석하기

|정답| ③

|해설| 20X0년 1분기 대비 4분기 증가율을 구하면 다음과 같다.

- 예금은행의 주택담보대출 :
  $\frac{533,966.4-501,292.6}{501,292.6}\times 100 ≒ 6.5(\%)$
- 예금은행의 기타대출 :
  $\frac{233,752.3-217,452.5}{217,452.5}\times 100 ≒ 7.5(\%)$

따라서 예금은행의 기타대출의 증가율이 더 크다.

|오답풀이|

① '비은행예금취급기관 중 상호금융'과 '기타금융기관 등 중 주택담보대출'의 가계대출 증감 방향은 증가−감소−증가로 같다.

② 판매신용의 비율은 다음과 같다.

- 1분기 : $\frac{88,177.9}{1,539,900.4}\times 100 ≒ 5.7(\%)$
- 2분기 : $\frac{88,703.9}{1,556,726.5}\times 100 ≒ 5.7(\%)$
- 3분기 : $\frac{91,091.7}{1,572,540.9}\times 100 ≒ 5.8(\%)$

- 4분기 : $\frac{95,695.9}{1,600,132.2} \times 100 \fallingdotseq 6.0(\%)$

따라서 판매신용은 매분기 가계신용의 5% 이상을 차지한다.

38 문제처리능력 자료 이해하기

| 정답 | ③

| 해설 | 2년 이상 보유한 분양권을 양도하는 경우, 기존 조정대상지역의 양도소득세율은 50%, 비조정대상지역의 양도소득세율은 기본세율이 적용되었다. 그러나 20X2년 6월 이후 분양권 양도부터는 인상된 양도소득세율이 적용되는데, 이때 조정대상지역 또는 비조정대상지역 여부에 관계없이 2년 이상 보유할 경우 60%의 세율이 적용된다.

| 오답풀이 |

① 자료를 보면 2년 미만 보유 주택 및 조정대상지역 내 다주택자에 대해 20X2년 6월 1일 이후 양도분부터 세율이 인상될 것임을 알 수 있다.

④ 기존에는 1세대 1주택에 대한 장기보유특별공제율을 적용할 시 보유기간(연 8%)만으로 세금이 공제되었으나, 20X2년 1월 이후 양도분부터는 적용 요건에 거주기간을 추가하여 '보유기간(4%)+거주기간(4%)'으로 세금이 공제될 예정이다. 따라서 실제 거주기간이 짧으면 기존에 비해 양도소득세 부담이 커지는 방식으로 개편된다.

⑤ 자료를 보면 1세대 다주택자의 경우, 양도소득세 및 종합부동산세 모두 1세대 1주택자에 비해 더 높은 세율이 적용되는 방향으로 법이 개정될 것임을 알 수 있다. 이를 통해 1세대 다주택자들로 하여금 적극적 매도를 유도하고 있다.

39 문제처리능력 채용공고 이해하기

| 정답 | ③

| 해설 | 4. 채용 시 우대제도에 따를 때, 비수도권 및 본사 이전지역 출신 인재는 1차전형(서류전형)에서 2% 또는 3%의 가점을 얻을 수 있으나 면접 단계에서 가점을 받을 수 있는 것은 아니다.

| 오답풀이 |

① 정규직 전환 대상직무 기간제 근로자는 채용절차에서 2022.4.12.로부터 3년 이내 지원 횟수제한 없이 가점을 받을 수 있다.

② 우대내용이 중복되는 경우 최상위 1개만 인정된다.

④ 2. 채용조건의 외국어 항목에 따라 고급자격증 보유자는 외국어 성적이 면제된다.

⑤ 국가유공자 가점은 모집인원이 4명 이상인 분야로 한정되고 각 단계별로도 만점의 40% 이상의 점수를 받아야만 적용된다.

40 문제처리능력 채용공고 이해하기

| 정답 | ④

| 해설 | 금고 이상의 형 또는 선고유예 등을 선고받은 것이 아니라 단순히 학교폭력 징계로 전학처분을 받은 경우는 결격사유 규정에 제시되어 있지 않다. 따라서 결격사유가 아니다.

| 오답풀이 |

① 15호에 따라 집행유예기간이 경과한 경우에도 결격사유에 해당한다.

② 8호에 따라 형이 확정된 후 2년이 지나지 않았기에 결격사유에 해당한다.

③ 13호에 따라 채용 취소된 후 5년이 지나지 않았기에 결격사유에 해당한다.

⑤ 지원 시 외국어 성적과 다르므로 입사제출서류가 허위사실이 되어 결격사유에 해당한다.

3회 기출예상문제

▶ 문제 100쪽

01	④	02	②	03	④	04	⑤	05	②
06	⑤	07	⑤	08	⑤	09	⑤	10	③
11	⑤	12	④	13	④	14	④	15	⑤
16	③	17	④	18	③	19	②	20	①
21	②	22	③	23	③	24	⑤	25	②
26	②	27	⑤	28	④	29	④	30	②
31	③	32	③	33	⑤	34	⑤	35	②
36	③	37	③	38	②	39	③	40	④

01 문서이해능력 관련 없는 내용 추론하기

| 정답 | ④

| 해설 | 세제개편과 관련된 내용은 글에서 찾아볼 수 없다.

| 오답풀이 |

① 첫째 항목에서 기존의 주택시장 정상화 정책을 지속적으로 추진한다는 의지를 엿볼 수 있다.

② 둘째 항목에 실수요자의 내 집 마련 기회를 확대하겠다는 의지가 나타나 있다.

③ 셋째 항목에서 주택시장의 수급 불균형 예방 등을 통해 지속적 안정을 도모할 것을 언급하고 있다.

⑤ 넷째 항목에서 불법행위 근절을 통한 실수요자 보호를 강화하고자 하는 의지를 나타내고 있다.

02 문제처리능력 감면내용 산정하기

| 정답 | ②

| 해설 | 12월 5일 23 : 00부터 12월 6일 08 : 00까지는 1시간에 기본요금 1일분을 감면해 주고, 12월 6일 08 : 00부터 14 : 00까지는 3시간에 기본요금 1일분을 감면해 주므로 기본요금 9+2=11(일분)을 감면받을 수 있다.

03 문서이해능력 기사문 이해하기

| 정답 | ④

| 해설 | 정부가 제로에너지건축 보급확산 방안을 발표한 것은 올해가 아닌 지난해이다.

04 문서이해능력 기사문을 읽고 추론하기

| 정답 | ⑤

| 해설 | "에너지교육, 에너지절약 습관을 체험할 수 있도록 입주자 선정 기준을 마련하면 에너지 공동체 도시도 충분히 가능하다"를 통해 적절한 반응임을 알 수 있다.

| 오답풀이 |

① ○○공사는 국내 유일의 주택도시 전문기관이라 하였으므로 적절하지 않은 반응이다.

② 새로운 주택이나 도시를 건설할 경우, 처음부터 저에너지로 만드는 것이 효율적이라 하였으므로 적절하지 않은 반응이다.

③ 베드제드는 영국의 런던 남부에 위치한 도시의 이름이라 하였으므로 적절하지 않은 반응이다.

④ 10 ~ 20만 m^2 규모의 작은 도시 하나를 에너지 특화형으로 만들 계획이라고 하였으므로 적절하지 않은 반응이다.

05 문서이해능력 안내 공고문 이해하기

| 정답 | ②

| 해설 | 수상작과 아이디어의 저작권은 ○○공사에 귀속되지만 저작권, 표절 시비 등 모든 법적 책임은 응모자에게 있다.

06 문제처리능력 심사 대상 선정하기

| 정답 | ⑤

| 해설 | '2차 PPT 발표(8분 분량, 파워포인트만 사용)' 조건에 부합하므로 E는 심사에서 제외되지 않고 아이디어를 제출할 수 있다.

| 오답풀이 |

① '개인 또는 팀(최대 3명)' 조건에 부합하지 않으므로 심사 대상으로 적절하지 않다.

② '2년제 이상 대학 및 대학원 재학생 또는 휴학생' 조건에 부합되지 않으므로 심사 대상으로 적절하지 않다.

③ '대학교 부지 경계선으로부터 500m' 조건에 부합하지 않으므로 심사 대상으로 적절하지 않다.

④ '1차 제안서, 2차 PPT 발표' 조건에 부합하지 않으므로 심사 대상으로 적절하지 않다.

07 문서이해능력 세부 내용 이해하기

| 정답 | ⑤

| 해설 | 두 번째 문단을 보면 "개별냉방 대신 지역냉방 도입 시 전체 에너지 사용량의 약 30%를 절감"할 수 있다고 제시되어 있으므로 개별냉방을 사용하기보다는 지역냉방을 도입하여야 에너지 효율성을 높일 수 있음을 알 수 있다. 이에 따라 지역냉방 도입 및 활성화를 추진할 것임을 파악할 수 있으므로 ⑤는 적절하지 않다.

08 문서이해능력 세부 내용 이해하기

| 정답 | ⑤

| 해설 | 상생결제시스템 적용 기준 확대 시행 기준일은 계약 체결일 기준으로 20X5년 1월 1일이다. 즉 20X4년에 70억 원의 계약을 체결한 D사는 변경된 상생결제시스템을 적용받을 수 없다.

09 문서이해능력 세부 내용 파악하기

| 정답 | ⑤

| 해설 | "영구임대주택이 특정 구에 집중 공급된 상황에서 매입 및 전세임대주택 공급 시 영구임대주택 재고 비율을 고려하지 않았기 때문이다"라고 언급되어 있다. 따라서 ⑤는 적절하지 않다.

10 문서이해능력 글의 흐름에 맞게 빈칸 채우기

| 정답 | ③

| 해설 | A는 출근시간을 자유롭게 정할 수 있는 제도이므로 '유연근무제'가 적절하다. B는 글에서 업무시간 최소화, 퇴근시간 준수에 관련된 내용이 모두 포함되어 있기 때문에 글의 전체적인 내용을 포괄하는 '일과 삶의 균형'이 적절하다.

11 문서이해능력 용어의 정의 판단하기

| 정답 | ⑤

| 해설 | 어반베이스가 증강현실과 가상현실의 발전을 목표로 하는 것이 아니라 증강현실과 가상현실의 발전으로 어반베이스와 같은 홈디자이닝 VR 서비스가 탄생한 것이다.

12 문서이해능력 상황에 적용하기

| 정답 | ④

| 해설 | 가전제품의 전원을 켜고 끄는 기능은 3D 화면을 기반으로 공간데이터의 공간감을 최대한 살린 VR 기술의 활용 사례로 적절하지 않다.

13 문서이해능력 단락 내용 이해하기

| 정답 | ④

| 해설 | 각 단락의 주제어를 찾아보면 다음과 같으며, 주제어는 각 상품의 특징을 의미한다고 볼 수 있다.

(가) 수출 · 기술 강소 500개 기업 선정, 자금 지원 → 글로벌 경쟁력을 갖춘 기업을 위한 상품 개발

(나) 민간분양 산업단지 입주기업 지원 → 설비투자 활성화를 위한 상품 개발

(다) 창업지원사업 → 창업기업 지원상품 개발

(라) 일자리 창출, 재창업 희망 중소기업 지원 → 중소기업 일자리 창출 등 사회적 이슈 해결을 위한 상품 개발

따라서 (라)-(다)-(나)-(가) 순이 적절하다.

14 문서이해능력 세부 내용 파악하기

| 정답 | ④

| 해설 | 산업단지별 분양자금 대출은 아직 예정 상태에 있는 대출 상품임을 확인할 수 있다.

| 오답풀이 |

①, ②, ③, ⑤ 모두 이미 개발되어 그 효과와 사회에 기여한 바를 설명하고 있다.

15 문서이해능력 내용 추론하기

| 정답 | ⑤

| 해설 | 국가 성립 이전보다 국가의 역할로 경제발전이 이루어진 것은 맞지만 국가의 개입이 있을수록 경제발전이 이루어지는지는 알 수 없다.

16 문서작성능력 이어지는 문장 찾기

| 정답 | ③

| 해설 | 제시된 〈보기〉의 핵심은 '고대국가 제도의 폐해인 강력한 왕권으로 인한 국민들의 재산권 피해의 극복'이라 할 수 있다. 따라서 〈보기〉의 앞에 올 내용은 고대국가 제도의 경제발전에 있어서의 저해 요소와 비효율적인 측면에 대한 언급이라고 볼 수 있다. ③은 고대국가 성립 초기에 있어 이전 원시 공동체 사회 시스템보다 효과적인 점을 언급하고 있으므로 적절하지 않다.

17 기초연산능력 방정식 활용하기

| 정답 | ④

| 해설 | 합격자의 평균 점수를 x점, 불합격자의 평균 점수를 y점이라 하면 응시자 전체의 평균 점수는 $\frac{10x+20y}{30}$점이다. 따라서 다음과 같은 식이 성립한다.

$$\begin{cases} x = 2y - 33 \\ y = \dfrac{10x+20y}{30} - 9 \end{cases}$$

위의 식을 정리하면 $x=87$, $y=60$을 얻는다. 따라서 합격자의 평균 점수는 87점이다.

자격증 합격 기준 점수를 z점이라고 하면, 합격자들은 모두 z점 이상을 얻었다. 이때 만점자가 10명 중 3명이므로 나머지 합격자 7명의 점수의 합은 $87 \times 10 - 100 \times 3 = 570$(점)이다. 이 7명의 점수 평균은 약 81.4점이므로 합격 기준 점수는 82점 이상이 될 수 없다. 따라서 가능한 합격 기준 점수는 최대 81점이다.

18 기초연산능력 금액 계산하기

| 정답 | ③

| 해설 | 필요한 물품의 개수는 핫팩 500개, 기념볼펜 125개, 배지 250개이다. 구매 가격은 기념볼펜은 $125 \times 800 = 100,000$(원)이고 배지는 $250 \times 600 = 150,000$(원)이므로, 핫팩의 구매 가격은 $490,000-(100,000+150,000)=240,000$(원)이다. 이때 필요한 핫팩 상자 수는 $500 \div 16 = 31.25 \leq 32$(개)이므로 핫팩 한 상자당 가격은 $240,000 \div 32 = 7,500$(원)이다.

19 기초연산능력 수수료 총액 계산하기

| 정답 | ②

| 해설 | 각 경우 수수료는 다음과 같다.

㉠ 평가 평균 수수료 : 8,000만 원
  평가 수수료 : 800만 원
  검토 수수료 : 720만 원

㉡ 평가 평균 수수료 : 9,000만 원
  평가 수수료 : 900만 원
  검토 수수료 : 810만 원

㉢ 평가 평균 수수료 : 1억 2,000만 원
  평가 수수료 : 1,200만 원
  검토 수수료 : 960만 원

따라서 검토 수수료의 평균은 830만 원이며, 기본 수수료는 모두 500만 원으로 동일하므로 수수료 총액의 평균은 1,330만 원이다.

20 도표분석능력 매출액 구하기

| 정답 | ①

| 해설 | 20X9년 전체시장 매출액은 전년 대비 12% 증가하였으므로 11조 2,000억 원이고 시장점유율은 전년과 동일하다고 하였으므로 $\frac{9,500}{100,000} \times 100 = 9.5(\%)$이다. 따라서 20X9년 △△기업의 매출액은 112,000(억 원)×0.095=10,640(억 원)이 된다.

21 도표분석능력 시장점유율 구하기

| 정답 | ②

| 해설 | 20X4 ~ 20X8년 △△기업의 시장점유율을 구하면 다음과 같다.

구분	20X4년	20X5년	20X6년	20X7년	20X8년
△△기업의 매출액(억 원)	4,400	5,400	7,200	8,000	9,500
전체시장 매출액(조 원)	5.5	6.5	7.0	8.5	10.0
시장점유율	8%	약 8.3%	약 10.3%	약 9.4%	9.5%

따라서 시장점유율이 가장 높은 해는 20X6년, 가장 낮은 해는 20X4년이다.

22 도표분석능력 자료의 수치 분석하기

| 정답 | ③

| 해설 | ㉠ 각 마을의 경지면적을 계산하면 다음과 같다.

- A 마을 : 244×6.61≒1,613(ha)
- C 마을 : 58×1.95≒113(ha)
- D 마을 : 23×2.61≒60(ha)
- E 마을 : 16×2.75=44(ha)

따라서 B 마을의 경지면적(1,183)은 D 마을과 E 마을의 경지면적의 합(60+44=104)보다 크다.

㉣ 각 마을의 젖소 1마리당 경지면적을 구하면 다음과 같다.

- D 마을 : $\frac{60}{12}$=5(ha)
- E 마을 : $\frac{44}{8}$=5.5(ha)

각 마을의 돼지 1마리당 경지면적을 구하면 다음과 같다.

- D 마을 : $\frac{60}{46}$ ≒ 1.30(ha)
- E 마을 : $\frac{44}{20}$=2.2(ha)

따라서 모두 D 마을이 E 마을보다 좁다.

| 오답풀이 |

㉡ 가구당 주민 수는 주민 수를 가구 수로 나눈 값이다. 각 마을의 가구당 주민 수는 다음과 같다.

- A 마을 : 1,243÷244≒5.09(명)
- B 마을 : 572÷130=4.4(명)
- C 마을 : 248÷58≒4.28(명)
- D 마을 : 111÷23≒4.83(명)
- E 마을 : 60÷16=3.75(명)

가구당 주민 수가 가장 많은 마을은 A 마을(5.09)이며, A 마을의 가구당 돼지 수는 1.68마리이다. 그러나 가구당 돼지 수가 가장 많은 마을은 D 마을로 2.00마리이다.

㉢ A 마을의 젖소 수가 80% 감소한다면 90마리에서 72마리 줄어든 18마리가 된다. 따라서 전체 젖소의 수는 150마리에서 72마리 줄어든 78마리이므로 전체 돼지 수인 769마리의 $\frac{78}{769} \times 100$ ≒ 10.1(%)이다.

23 도표분석능력 자료를 바탕으로 수치 계산하기

| 정답 | ③

| 해설 | 각 가입자가 받는 탄소포인트를 정리하면 다음과 같다.

- 가입자 A가 지급받는 탄소포인트=0+2,500+5,000=7,500(포인트)
- 가입자 B가 지급받는 탄소포인트=5,000+0+5,000=10,000(포인트)

- 가입자 C가 지급받는 탄소포인트=(5,000+1,250+2,500)×1.1=9,625(포인트)
- 가입자 D가 지급받는 탄소포인트=(5,000+1,250+0)×1.1=6,875(포인트)

따라서 B가 가장 많은 탄소포인트를, D가 가장 적은 탄소포인트를 지급받는다.

24 도표분석능력 자료의 수치 분석하기

| 정답 | ⑤

| 해설 | 모든 항목이 직전 조사 해보다 증가한 해는 2000년과 2010년이다. 이때 2000년의 축산농가 소득은 1995년 대비 $\frac{33,683-24,628}{24,628}\times 100 \fallingdotseq 36.8(\%)$ 증가하였다.

25 도표분석능력 판매수수료율 비교하기

| 정답 | ②

| 해설 | ㉠ 상위 5개 상품군의 판매수수료율은 백화점과 TV홈쇼핑 모두 30%보다 크다.

㉣ 여행패키지 상품군의 판매수수료율은 TV홈쇼핑의 경우 8.4%로 하위 5개 중 1위이며, 백화점의 경우는 순위표에는 나타나 있지 않지만, 하위 5개 중 5위인 20.8%보다 높다는 것을 알 수 있다. 그러므로 2배 이상이라고 할 수 있다.

| 오답풀이 |

㉡ 잡화 상품군과 모피 상품군의 판매수수료율은 백화점에서는 각각 31.8%, 31.1%이지만, TV홈쇼핑에서는 판매수수료율 상위 5개, 하위 5개 부문에 들지 못하여 비교할 수 없다.

㉢ 남녀정장 상품군 전체의 판매수수료 및 판매 가격의 총합을 알 수 없으므로 정확한 평균 판매수수료율은 알 수 없다.

26 도표분석능력 자료의 수치 분석하기

| 정답 | ②

| 해설 | 교통과 기타 항목에서 교육수준이 높아질수록 거주지변경 의향이 있는 인원의 비율은 감소하나, 각 계층의 조사 인원을 알 수 없으므로 인원수가 감소하는지는 알 수 없다.

| 오답풀이 |

⑤ 50대의 조사 인원을 a명이라고 하고 60대 조사 인원도 이와 같다고 가정하면, 치안 항목을 선택한 50대와 60대 인원수의 합은 $0.025a+0.124a=0.149a$명이다. 또, 전체 조사 인원을 b명이라고 가정하면, 치안 항목을 선택한 인원수는 $0.014b$명이다. 이때 치안 항목을 선택한 연령대는 50대와 60대뿐이므로 $0.149a=0.014b$이다. 따라서 전체 조사 인원 중 50대가 차지하는 비율은 $\frac{a}{b}=\frac{0.014}{0.149}\fallingdotseq 0.094$, 즉 약 9.4%이다.

27 도표분석능력 자료를 바탕으로 수치 계산하기

| 정답 | ⑤

| 해설 | 초졸 이하부터 대졸 이상까지 교육수준별 참여 인원수는 각각 700명, 300명, 5,200명, 3,800명이다. 따라서 교육수준별 10년 이내 거주지 변경의향 이유로 교육환경을 선택한 인원수는 다음과 같다.

- 초졸 이하 : 없음.
- 중졸 : 300(명)×0.087×0.121≒3(명)
- 고졸 : 5,200(명)×0.269×0.192≒269(명)
- 대졸 이상 : 3,800(명)×0.308×0.37≒433(명)

따라서 전체 인원은 약 705명이다.

28 도표분석능력 자료의 수치 분석하기

| 정답 | ④

| 해설 | 전세 보증금 평균가격이 더 높은 곳은 대체로 월세 보증금 평균가격도 더 높은 편이나 항상 그런 것은 아니다. 부산과 대구, 대구와 인천 등을 비교해 보면 알 수 있다.

| 오답풀이 |

① 광주, 경기, 전북의 매매가격 대비 전세 보증금의 비율을 구하면 다음과 같다.

- 광주 : $\frac{132,000}{173,000} \times 100 \fallingdotseq 76.3(\%)$
- 경기 : $\frac{195,000}{277,000} \times 100 \fallingdotseq 70.4(\%)$
- 전북 : $\frac{84,000}{118,000} \times 100 \fallingdotseq 71.2(\%)$

따라서 세 지역 모두 70% 이상이다.

③ 단위면적당 전세가격이 백만 원 이하인 지역은 강원, 충남, 전북, 전남, 경북 총 다섯 곳이다.

⑤ 대전과 울산의 월세 보증금 대비 전세 보증금의 배율을 구하면 다음과 같다.

- 대전 : $\frac{145,000}{37,000} \fallingdotseq 3.9$(배)
- 울산 : $\frac{155,000}{42,000} \fallingdotseq 3.7$(배)

따라서 월세 보증금 대비 전세 보증금의 배율은 대전이 울산보다 높다.

29 도표분석능력 수치 변화에 따른 전월세 전환율 계산하기

| 정답 | ④

| 해설 | 충남 지역의 월세 보증금 평균가격이 16,000천 원이 되면 전월세 전환율은 $\frac{390 \times 12}{(83,000-16,000)} \times 100 \fallingdotseq 6.99$(%)가 되어 전월세 전환율이 6%대로 하락하게 된다.

| 오답풀이 |

① 충남 지역의 전세 보증금 평균가격이 84,000천 원으로 상승하게 되면, 전월세 전환율은 $\frac{390 \times 12}{(84,000-20,000)} \times 100 \fallingdotseq 7.3(\%)$로 하락한다.

②, ⑤ 주어진 공식에서 알 수 있듯이 전세 보증금 평균가격이 하락하거나 월세 보증금 평균가격 또는 월세 평균가격이 상승하는 경우는 전월세 전환율이 상승한다.

③ 월세 평균가격이 420천 원으로 증가하면, 전월세 전환율은 $\frac{420 \times 12}{(83,000-20,000)} \times 100 = 8(\%)$로 증가한다.

30 도표분석능력 전세 보증금 계산하기

| 정답 | ②

| 해설 | B 가구의 월세 보증금을 x만 원이라고 하면 A 가구의 전세 보증금은 $1.1x$만 원이다. 이때 두 가구의 전월세 전환율의 비는 $\frac{(50 \times 12)}{(1.1x-25,000)} \times 100 : \frac{(60 \times 12)}{(42,000-x)} \times 100 = 5 : 4$이다. 이 비례식을 풀면 $x=30,000$을 얻는다.

A 가구의 전세 보증금은 B 가구의 월세 보증금보다 10%가 더 높으므로 A 가구의 전세 보증금은 33,000만 원이다.

31 문제처리능력 법률의 소급적용 이해하기

| 정답 | ③

| 해설 |

- 김 사원 : 법률 시행 전 완결된 사실에 새 법률을 적용하는 것을 진정소급이라 하고, 진정소급은 예외적으로 허용되는 경우에만 적용할 수 있다.
- 박 사원 : 법률 시행 전부터 계속되고 있는 법률관계에 새로운 법을 적용하는 것은 부진정소급이며, 이는 소급적용이 허용된다.
- 최 사원 : 소급입법을 예상할 수 있는 경우는 법률의 진정소급 적용이 허용되는 예외의 경우에 해당한다.

| 오답풀이 |

- 정 사원 : 부진정소급은 특별한 조건 없이 법률의 소급적용이 허용된다.

32 문제처리능력 우선순위 파악하기

| 정답 | ③

| 해설 | 제시된 4가지 업무의 처리기한을 마감 하루 전날에 맞추어 정리하면 다음과 같다.

- 14일(목)까지 워크숍 진행에 필요한 물품 조사
- 16일(토)까지 신입사원 최종 합격자 명단 정리
- 13일(수)까지 팀 회식 장소 예약
- 14일(목)까지 신규 프로젝트 관련 자료 수집
- 12일(화)까지 결과 보고서 작성

따라서 목요일까지 완료해야 하는 두 업무를 세 번째와 네 번째로 처리해야 한다.

33 사고력 조건을 바탕으로 판단하기

|정답| ⑤

|해설| 목, 금, 토요일이 다섯 번씩 있으므로 8월은 1일이 목요일인 달이 된다.

일정이 3박 4일이므로 배편의 일정에 따라 월요일에 들어가서 목요일에 나오거나, 수요일에 들어가서 토요일에 나오는 것이 가능하다. 매주 화요일에 휴가를 낼 수 없으므로 결국 수요일에 들어가서 토요일에 나오는 것만 가능하다. 병원 진료 일정을 감안하면 둘째 주와 넷째 주 수요일～토요일의 일정 역시 불가능하다. 이를 통해 가능한 날짜를 달력에 표기하면 다음과 같다.

일	월	화	수	목	금	토
				1	2	3
4	5	6	7	8	9	10
11	12	13	14	15	16	17
18	19	20	21	22	23	24
25	26	27	28	29	30	31

따라서 마지막으로 들어갈 수 있는 날은 28일이다.

34 문제처리능력 조건을 바탕으로 판단하기

|정답| ⑤

|해설| E 씨는 소유주택이 있기 때문에 영구임대주택을 신청할 수 없다.

35 문제처리능력 자료를 토대로 오류 찾기

|정답| ②

|해설| 보증금은 장기전세주택에 대한 경우에는 시세의 80%, 나머지는 100%를 기간(월)으로 나누어야 한다. 또한 임대료는 주택유형별로 다른 비율이 적용되기 때문에 각각의 실제 임대료를 구해야 한다. 따라서 보증금과 임대료를 계산하면 다음과 같은 결과가 나오고, 금액을 가장 적게 내는 사람은 '을'이 된다.

신청자	보증금 시세	임대료 시세	임대 기간	월별 보증금	월별 임대료	합
갑	4억 원	5만 원	5년	666.7만 원	4만 원	670.7만 원
을	2억 원	10만 원	50년	33.3만 원	3만 원	36.3만 원
병	4,500만 원	25만 원	10년	37.5만 원	15만 원	52.5만 원
정	4억 6,000만 원	-	20년	153.3만 원	0만 원	153.3만 원
무	5,000만 원	30만 원	10년	41.7만 원	24만 원	65.7만 원

36 사고력 주어진 조건으로 결과 추론하기

|정답| ③

|해설| 각각의 사람이 거짓을 주장한다고 가정하고 주어진 명제들을 검토해 보면 데이빗의 주장이 앤디와 밴의 주장과 모순됨을 알 수 있다. 그리고 데이빗을 제외한 나머지 네 사람의 진술이 거짓일 경우 명제들은 상호 모순을 일으키며, 데이빗의 주장이 거짓일 경우 나머지 네 사람의 주장이 모두 참이 되며 주장 간의 모순도 없게 된다.

따라서 데이빗의 주장이 거짓이기 때문에 나머지 네 명의 주장을 가지고 제출 순서를 나열하면 '크리스－에릭－데이빗－밴－앤디' 순이 가장 적절하다.

37 문제처리능력 법인세 계산하기

|정답| ③

|해설| ○○기업은 사업소득 500억 원의 비영리법인이자 수도권 내 제조업 중기업으로 〈법인세 세율〉에 따라 세율 20%, 누진공제 19,000만 원에 해당한다. 수도권 내 제조업 중기업이 해당되는 감면내용이 없기 때문에 다음과 같이 감면 없이 법인세를 계산한다.

500(억 원)×0.2－1.9(억 원)=100－1.9(억 원)=98.1(억 원)

따라서 ○○기업의 법인세는 981,000만 원이다.

38 문제처리능력 문의내용 처리하기

|정답| ②

|해설| 중고품 구입의 경우 보증기간이 적용되지 않는다.

| 오답풀이 |

① TV는 무상 수리 기간이 구입 후 1년이다. 이때, 보증서가 없는 경우 동 제품의 생산 당시 회사가 발행한 보증서 내용으로 보증 조건을 결정, 생산연월에 3개월 감안(유통기간 반영)하여 구입일자를 적용, 보증기간을 산정한다.

③ 복사기는 인쇄매수에 따라 보증기간이 단축될 수 있으며, 6개월～1년까지로 보증기간을 규정하고 있다. 따라서 15개월이 경과하였다면 보증기간이 이미 지난 경우에 해당한다.

④ 기타 생산 활동 등 가정용 이외의 용도로 사용될 경우 기준 보증기간의 반으로 단축된다.

⑤ 선풍기와 같은 계절성 제품은 보증기간이 2년이지만 외부 충격이나 떨어뜨림 등에 의한 고장, 손상 발생 시 수리비용을 부담해야 한다.

39 문제처리능력 수리기준 파악하기

| 정답 | ③

| 해설 | 무상수리에 해당하는 조건으로는 품질보증 기간 이내에 정상적으로 사용하던 제품의 고장과 CS프로(엔지니어)가 수리한 후 12개월 이내에 동일한 부품의 재고장이 발생하는 경우로 명시하고 있다.

| 오답풀이 |

다음은 모두 유상수리 사유에 해당한다.

① 천재지변에 의해 고장이 발생한 경우

② CS프로가 아닌 사람이 수리하여 고장이 발생한 경우

④ 인터넷, 홈쇼핑 구매 후 설치를 요청하는 경우

⑤ 전기 용량 오사용으로 인해 고장이 발생한 경우

40 문제처리능력 자료 내용 처리하기

| 정답 | ④

| 해설 | (다) 출장수리를 요구하는 경우 평일 기준 18,000원, 평일 18시 이후나 휴일(주말 / 공휴일 / 대체휴무일)에는 22,000원이 청구된다.

(라) 영업용도나 영업장에서 사용할 경우, 차량, 선박 등에 탑재하는 등 정상적인 사용 환경이 아닌 곳에서 사용할 경우, 제품사용 빈도가 극히 많은 공공장소에 설치 사용할 경우, 기타 생산 활동 등 가정용 이외의 용도로 사용될 경우에는 품질 보증 기간이 다르다.

| 오답풀이 |

(가) 보증서가 없는 경우 동 제품의 생산 당시 회사가 발행한 보증서 내용으로 보증 조건을 결정, 생산연월에 3개월 감안(유통기간 반영)하여 구입일자를 적용, 보증기간을 산정한다.

(나) 정상적인 상태에서 자연 발생한 품질, 성능, 기능 하자에 대해서만 무상수리를 해 줄 수 있다.

(마) CS프로(엔지니어)가 수리한 후 12개월 이내에 동일한 부품이 재고장인 경우에만 무상수리가 가능하다.

4회 기출예상문제

▶ 문제 134쪽

01	④	02	④	03	③	04	②	05	③
06	④	07	②	08	⑤	09	③	10	⑤
11	②	12	③	13	⑤	14	②	15	③
16	④	17	④	18	③	19	④	20	④
21	③	22	③	23	⑤	24	①	25	⑤
26	③	27	②	28	⑤	29	①	30	③
31	②	32	⑤	33	④	34	③	35	④
36	③	37	③	38	④	39	②	40	①

01 문서이해능력 글의 내용을 바탕으로 상황 판단하기

| 정답 | ④

| 해설 | 제4조 제1항에 따르면 「시설공사법」에 따른 시설공사는 추정가격 3억 원 미만으로 계약을 하여야 한다고 나와 있다. 따라서 5억 원으로 입찰하여 결재를 올린 것은 우대기준을 적용할 수 없다.

| 오답풀이 |

① 제4조 제2항을 보면 물품계약은 1억 원 미만이면 우대기준이 적용됨을 알 수 있다.

② 제4조 제3항을 보면 용역계약은 2억 원 미만이면 우대기준이 적용됨을 알 수 있다.

③ 제4조 제3항을 보면 청소용역 등 단순노무용역계약은 20억 원 미만이면 우대기준이 적용됨을 알 수 있다.

⑤ 「소방시설공사업법」에 따른 소방시설공사는 추정가격 3억 원 미만이면 우대기준이 적용됨을 알 수 있다.

02 문제처리능력 자료 이해하기

| 정답 | ④

| 해설 | 에너지진단 이행실태 확인 및 기술지도 결과는 매년 같은 일자에 보고해야 하므로 정기 보고에 해당한다.

| 오답풀이 |

① 기술특성 시험 결과는 KPX에 보고해야 한다.

② 시설개선계획 시행 결과는 시설개선계획 시행 후 30일 이내에 보고해야 한다.

③ 기술진단 결과는 기술진단 실시 후 60일 이내에 진단수행 부서의 장에게 보고해야 한다.

⑤ 기술특성 시험 결과는 시험 실시 후 해당 연도 이내에 보고해야 한다.

03 문서이해능력 배점 항목표 이해하기

| 정답 | ③

| 해설 | '65세 이상 직계존속을 부양하는 경우(신청인과 동일한 세대별 주민등록표상에 세대원으로 등재된 경우를 말하며, 배우자의 직계존속을 포함)'에 따라 별도의 가점을 받을 수 있게 된다.

| 오답풀이 |

① 만 65세 미만이므로 별도의 가점을 받을 수 없다.

②, ④ 미성년자 자녀가 아니므로 별도의 가점을 받을 수 없다.

⑤ 별도의 가점을 받을 수 있는 사항이 아니다.

04 문서이해능력 배점 항목표 이해하기

| 정답 | ②

| 해설 | 취업은 4대보험(국민연금, 건강보험, 고용보험, 산재보험)에 가입한 사업장의 사업주와 「근로기준법」에 따른 근로계약을 체결하고 임금을 목적으로 근로를 제공하는 것을 말한다. 사업자등록증의 발급은 창업을 판단할 때 해당된다.

05 문제처리능력 점수에 따른 순위 계산하기

| 정답 | ③

| 해설 | 이수진 씨의 점수는 총 3+3+2+1+2+2+5=18(점)으로, 가장 높은 점수를 받아 1순위로 선정된다.

| 오답풀이 |

① 김민수 씨의 점수는 총 2+1+1+3+2+3=12(점)이다.

② 유철호 씨의 점수는 총 1+3+2+2+1+4+2=15(점)이다.

④ 정수연 씨의 점수는 총 1+1+2+1+1+2+2+4=14(점)이다.

⑤ 박기태 씨의 점수는 총 1+1+3+1+1+1+4+3=15(점)이다.

06 문서이해능력 보도자료 이해하기

| 정답 | ④

| 해설 | 20X9 파크콘서트는 20X9년 7월 6일까지 매주 토요일에 열린다. 보도자료가 나간 시점은 20X9년 6월 24일이므로 20X9 파크콘서트는 오는 6월 29일과 7월 6일에 2번 더 열릴 예정이다.

| 오답풀이 |

① 보도자료에 대한 문의는 감사실의 김감사 차장을 통해 할 수 있다.

② 22일에 열린 20X9 파크콘서트 현장에서 '지역주민과 함께하는 청렴캠페인'이 실시되었다.

③ 파크콘서트는 20X2년부터 한국토지주택공사가 지속 후원 중이므로 보도자료가 나간 20X9년까지 8년째 지속 후원 중이다.

⑤ 이번 캠페인은 한국토지주택공사가 지역사회에 청렴문화를 전파하고 지역주민과 함께 청렴생태계를 조성하기 위한 취지로 시행되었다.

07 문서이해능력 세부 내용 이해하기

| 정답 | ②

| 해설 | 네 번째 문단에서 정부는 2040년 원전 및 석탄 발전 비중 목표치를 제시하지 않았음을 확인할 수 있다.

| 오답풀이 |

① 지역 · 지방자치단체의 역할과 책임을 강화하는 분산형 · 참여형 에너지시스템을 확대하겠다는 내용이 언급되어 있다.

③ 미세먼지 배출이 많은 석탄 비중은 과감히 축소할 예정이며, 전통 에너지산업은 고(高)부가가치화하는 등 에너지산업의 글로벌 경쟁력을 강화하는 방안도 담았다고 언급되어 있다.

④ 제3차 에너지기본계획의 또 다른 핵심은 에너지 계획의 중심을 공급에서 수요로 전환하는 것이다.

⑤ 이 계획에는 노후원전의 수명은 연장하지 않고 새로운 원전을 건설하지 않는 방식으로 원전 비중을 줄여나간다는 방침이 언급되어 있다.

08 문서이해능력 세부 내용 이해하기

| 정답 | ⑤

| 해설 | 전기 난방장치의 효율이 높아지면 석탄에너지의 사용 비중이 다소 감소하며 이를 수요자 중심의 접근법에 해당한다고도 볼 수 있으나, 취약계층의 에너지 자립률 향상이 목적이었다는 점에서 글에서 주장하는 논지와 다소 어긋난다.

| 오답풀이 |

①, ④ 정부는 재생 에너지의 비중을 높이고자 하였다.

②, ③ 정부는 에너지 계획의 중심을 공급에서 수요로 전환하고자 하였다.

09 문서이해능력 글의 주제 파악하기

| 정답 | ③

| 해설 | 제시된 글은 도입부에서 알파고를 언급하여 관심을 환기하며 인공지능의 무한한 가능성이 현실화됨에 따라 직무와 노동방식에 중요한 변화가 발생할 것이라 말하고 있다.

| 오답풀이 |

① 컴퓨터 성능 발전 및 투자비용 감소로 인해 인공지능이 더욱 발전할 것이라 말하고 있다. 컴퓨터 투자비용 감소와 고용서비스의 변화는 직접적인 관련이 없다.

② 알파고는 글의 도입부에서 독자의 관심을 환기하기 위해 언급한 사례이다.

④ 업무 역량 계발의 필요성에 관해서는 언급이 없다.

⑤ 제시된 글은 인공지능이 가지고 올 노동의 종말에 대한 우려보다 인공지능에 의한 근로방식의 변화와 대응 촉구에 더 초점을 맞추고 있다.

10 문서이해능력 세부 내용 이해하기

|정답| ⑤

|해설| 두 번째 문단에서 안동 권씨가 당대의 유력 성관이고, 외손까지 차별 없이 『성화보』에 상세히 기재되었다고 말하고 있다. 또한 조선 건국에서부터 당시까지 과거 급제자의 절반 정도가 『성화보』에 등장한다고 말하고 있다. 따라서 당시에 과거급제자들 사이에서 동일 성관 모임이 있었다면 상당한 규모였을 것을 유추할 수 있다.

|오답풀이|

① 서거정은 안동 권씨 권근의 사위가 아니라 외손자였다.

② 대다수의 양반가계가 족보를 편찬하면서 중인과 평민들도 족보를 보유하려 했던 것만을 알 수 있다. 조상의 계보와 지위를 은폐한 것은 양반들에 관한 설명이다.

③ 마지막 문단에서 『성화보』가 시조 쪽으로 갈수록 기록이 빈약한 편이라고 말하고 있다. 따라서 외손들까지 반영하였어도 먼 조상까지 완벽하게 파악할 수는 없다.

④ 마지막 문단에서 『성화보』 이후 여러 성관의 족보가 활발히 편찬되었다고 말하고 있을 뿐 외손 주도의 족보편찬이 빈번했는지는 알 수 없다.

11 문서이해능력 제시된 정보를 바탕으로 추론하기

|정답| ②

|해설| 보안성에 대한 시장의 우려를 극복하고자 안전성을 높이기 위한 기술의 발전은 계속될 것으로 판단할 수 있으나 이를 위해 인증 절차가 많아진다는 것은 시대의 흐름에 역행하는 방향으로 볼 수 있다. 예시된 '간편 이체' 서비스는 버튼 하나로 송금이 가능한 것인 만큼 생체 인증 등을 통한 편리하고 간소화된 인증 기술의 발전을 예상하는 것이 합리적이라고 볼 수 있다.

|오답풀이|

① (가)를 통해 추론이 가능하다.

③ (나)에서 웨어러블 뱅킹의 한계로 제시된 디지털 기기의 높은 가격의 문제가 해결된다면 (가)에서 언급한 웨어러블 뱅킹시스템이 확대될 것이다.

④ (가)에서 언급한 N 은행의 스마트 금융센터에서 고객별 개인 상담이 이루어진다.

⑤ (다)를 통해 확인이 가능하다.

12 문서작성능력 옳은 표현 파악하기

|정답| ③

|해설| ㉠ '단순히'가 옳은 표현이다.

㉡ '넘어서'가 옳은 표현이다.

㉣ '좇아서'가 옳은 표현이다.

㉤ '일으키는 데'가 옳은 표현이다.

13 문서이해능력 제시된 정보를 바탕으로 추론하기

|정답| ⑤

|해설| ㉡ 돼지와 돗자리를 귀하게 여기는 바누아트의 관습에 따라 전통 은행의 독특한 금융업무가 존재함을 통해 유추할 수 있다.

㉣ 전통 은행은 실물 자산을 화폐로 교환해 줌으로써 물물교환의 거래 비용을 감소시켜 주는 역할을 하고 있다.

㉥ 인플레이션의 발생은 화폐가치의 하락을 의미한다. 따라서 돼지와 돗자리를 고정된 금액과 교환한다면 인플레이션 발생 시 이전보다 물가는 오른 상태에서 동일한 금액을 받는 것이기에 돼지와 돗자리의 실질적 가치가 하락하게 된다.

|오답풀이|

㉠ 현대 화폐를 통한 경제 활동도 이루어지고 있으므로 모든 경제 문제의 해결을 전통과 관습을 통해 행하고 있지는 않다.

㉢ 제시된 글을 통해서는 전통 은행이 돼지와 돗자리를 현대화폐와 교환해 주고 보관증서를 발급해 준다는 것만 확인할 수 있다. 일반적인 은행과 같이 송금 업무를 수행하는지는 알 수 없다.

㉤ 돼지와 돗자리가 가치 있는 실물 자산으로 화폐와 교환되는 물품이긴 하지만 사회적 약자에게 생계보조비로 지급되는지는 제시된 글을 통해 알 수 없다.

14 문서이해능력 공고문 이해하기

|정답| ②

|해설| 원 그래프를 보면 공급 대상 중 가장 많은 비중을 차지하는 것은 신혼부부이며, 청약 자격에서 신혼부부는

혼인기간이 7년 이내인 부부를 말하며 입주 전까지 혼인사실 증명이 가능한 예비신혼부부도 포함됨을 알 수 있다.

15 문서이해능력 공고문 이해하기

| 정답 | ③

| 해설 | ㉢ 특별공급의 노부모 부양 청약 자격을 보면 먼저 입주자 저축 1순위여야하며 투기과열지구 및 청약과열 지역은 과거 5년 내 세대구성원의 당첨사실이 없어야 함을 알 수 있다. 그런데 D는 3년 전 당첨된 적 있으므로 청약자격에 해당되지 않는다.

㉣ E는 혼인기간이 6년째이므로 신혼부부 청약자격 요건에 해당하지만 월평균소득이 소득기준액을 넘기 때문에 청약 자격에 해당하지 않는다.

16 문서이해능력 안내문 이해하기

| 정답 | ④

| 해설 | 국민신고 포상제도 안내문의 '포상금 지급 제외대상'을 보면 ○○공사 임직원뿐만 아니라 ○○공사에서 발주한 공사 또는 용역을 수행중인 자(계약상대자 등)도 대상에서 제외됨을 알 수 있다. 따라서 최초 신고자가 ○○공사에서 발주한 공사의 용역을 수행중인 자라면 그가 ○○공사 임직원에 해당하지 않는다 해도 포상금 지급대상에서 제외된다.

17 기초연산능력 보조금 계산하기

| 정답 | ④

| 해설 | ㉠ ~ ㉣의 보조금을 계산하면 다음과 같다.

- ㉠ : 200(usRT)×10(만 원/usRT)+300(usRT)×7.5(만 원/usRT)+100(usRT)×5(만 원/usRT)=4,750(만 원)
- ㉡ : 200(usRT)×12(만 원/usRT)+200(usRT)×9(만 원/usRT)=4,200(만 원)
- ㉢ : $1{,}760(\text{kW}) \times \dfrac{1(\text{usRT})}{3.52(\text{kW})} = 500(\text{usRT})$이므로 200(usRT)×12(만 원/usRT)+300(usRT)×9(만 원/usRT)=5,100(만 원)
- ㉣ : $1{,}512(\text{Mcal/h}) \times \dfrac{1{,}000(\text{kcal})}{1(\text{Mcal})} \times \dfrac{1(\text{usRT})}{3{,}024(\text{kcal/h})} =$ 500(usRT)이므로 200(usRT)×10(만 원/usRT)+300(usRT)×7.5(만 원/usRT)=4,250(만 원)

따라서 ㉢>㉠>㉣>㉡이다.

18 기초연산능력 교통비 계산하기

| 정답 | ③

| 해설 | A 사원이 정산받을 교통비는 택시요금과 KTX 요금을 합한 값이다. 먼저 택시요금은 택시를 한 번만 승차하였으므로 기본요금은 3,800원이 부과된다. 기본 거리를 제외하면 35km를 이동하였고 100m당 100원씩 오르므로 350×100=35,000(원)이 가산된다. 여기에 서울에서 벗어나 운행한 10km에는 택시요금이 20% 할증되어 부과되므로 할증된 부분을 계산하면 100×100×0.2=2,000(원)이 가산된다. 따라서 택시요금을 모두 계산하면 3,800+35,000+2,000=40,800(원)이다. 여기에 유료도로 이용료와 KTX 왕복 요금을 더하면 40,800+5,000+18,700=64,500(원)이다. 따라서 A 사원이 정산받을 교통비는 64,500원이다.

19 문제처리능력 출장비 계산하기

| 정답 | ④

| 해설 | 출장기간이 2박 3일이므로 숙박비는 2박을 기준으로, 일비는 3일을 기준으로 지급한다. 따라서 숙박비는 (60,000+50,000+50,000)×2×2=640,000(원)이고, 일비는 (30,000+20,000+20,000)×2×3=420,000(원)이다. 식비는 일을 기준으로 지급하므로 (35,000+30,000+30,000)×2×3=570,000(원)이 지급된다. 교통비는 항공운임과 자동차운임의 합이므로 200,000×6+(500×1,500÷10)+15,000=1,290,000(원)이다.

따라서 출장비 총합은 640,000+420,000+570,000+1,290,000=2,920,000(원)이다.

1회 기출예상 2회 기출예상 3회 기출예상 4회 기출예상 5회 기출예상 6회 기출예상

20 문제처리능력 지원금액 계산하기

|정답| ④

|해설| 보장시설에서 생계급여를 지급받는 경우 제외 대상이나 생계급여를 지급받지 않는 일반 보호시설에 거주하고 있는 경우는 지원대상이 되며, 1955년 이전 출생인 노인 가구이므로 동절기에 지급받은 금액은 86,000원이다.

|오답풀이|

① 가구원 모두가 3개월 이상 장기 입원 중인 것이 확인된 수급자는 바우처 지원 제외 대상이다.

② 2017년생 자녀는 주민등록기준 2015. 01. 01. 이후 출생자로 영유아에 해당하므로 가구원 특성기준을 만족한다.

③ 분만 후 6개월 미만인 여성은 가구원 특성기준을 만족하고 생후 3개월 자녀를 키우고 있는 부부는 3인 가구이므로 동절기에 지급받은 금액은 145,000원이다.

⑤ 「국민건강보험법 시행령」에 따른 희귀질환자는 가구원 특성기준을 만족한다.

21 문서이해능력 글의 내용을 바탕으로 견해 밝히기

|정답| ③

|해설| 세 번째 문단에서 에너지 소비효율 등급 기준은 소비 전력량 외에도 제품의 기술 개발 수준과 시장 점유율 등을 고려하여 정해진다고 서술하고 있으나 기술 개발 수준이 높다고 해서 에너지 소비효율 등급이 항상 높은지는 알 수 없다.

|오답풀이|

①, ④ 세 번째 문단에 따르면 에너지 소비효율 등급 기준은 소비 전력량 외에도 제품의 기술 개발 수준과 시장 점유율 등에 따라 정해지며, 같은 모델이라도 그 이전에 생산된 제품과 등급이 다를 수 있다고 했으므로 옳은 내용이다.

② 마지막 문단에 따르면 에너지 소비효율 등급을 표시한 라벨을 통해 월간 소비 전력량, 연간 에너지비용 등을 알 수 있으므로 옳은 내용이다.

⑤ 네 번째 문단에 따르면 에너지 소비효율 등급의 표기로 인해 소비자들이 고효율의 제품을 활용할 수 있고 더불어 이산화탄소 배출량에 대한 정보도 얻을 수 있다고 하였으므로 옳은 내용이다.

22 도표분석능력 재건축 현황 분석하기

|정답| ③

|해설| 20X5년 지방의 재건축 준공 호수는 전년 대비 $\frac{10.3-6.5}{6.5}\times 100 \fallingdotseq 58.5(\%)$ 증가하였다.

|오답풀이|

① 인가와 준공의 합계를 구하면 인가는 47.4천 호이고 준공은 40.5천 호다. 동일한 기간 내의 평균을 구하는 것이므로 인가 호수의 평균이 준공 호수의 평균보다 크다.

② 〈자료 2〉를 보면 20X5년 지방의 재건축 인가 호수가 전년 대비 가장 큰 변동폭을 나타내고 있으며, 두 번째로 변동폭이 큰 것은 20X2년 수도권 인가 호수이다.

④ 수도권의 재건축 인가/준공 호수의 합이 지방보다 더 큰 해는 20X1년과 20X4년 두 번 있다.

⑤ 비교 항목의 증감 추이는 모두 다르게 나타나고 있다.

23 도표분석능력 아파트 관련 자료 분석하기

|정답| ⑤

|해설| $1,788<(807+469+548+486)=2,310$인 것으로 생각하기 쉬우나, 전세 가격과 월세 가격의 단위가 다르기 때문에 단순 연산을 통한 비교는 불가능하다.

|오답풀이|

① $(5,729+2,512+2,508+2,519+1,967)\div 5=3,047$(천 원/$m^2$)

② E 아파트 구매 시 비용 $1,967\times 40=78,680$(천 원)과 C 아파트 월세 거주 시 비용 $657\times 12\times 9=70,956$(천 원)을 비교하면 C 아파트 거주 시의 비용이 더 적게 든다.

③ B 아파트 $66m^2$ 크기의 한 세대를 매매할 때 비용은 2,512(천 원)×66(m^2)=165,792(천 원), 30년간 월세를 주는 비용은 469(천 원)×30×12=168,840(천 원)이므로 30년간 내는 월세가 더 많다. 그러므로 구매비용을 보전할 수 있다.

④ D 아파트의 $165m^2$ 크기의 세대를 판매하는 경우의 가격에서 E 아파트의 $1m^2$당 가격을 나누면 구매 가능한 세대의 크기를 도출할 수 있다.

즉, $\frac{2,519\times 165}{1,967}\fallingdotseq 211.3$이므로 E 아파트의 $210m^2$ 크기의 세대를 구매할 수 있다.

24 도표분석능력 빈칸에 들어갈 항목 나열하기

| 정답 | ①

| 해설 | 〈보고서〉에서 경복궁과 창덕궁의 유료 관람객 수는 매년 무료 관람객 수의 2배 이상이었다고 했으므로, A와 D가 이에 해당한다. 또한 유료 관람객을 내국인과 외국인으로 나누어 분석해 보면, 창덕궁의 내국인 유료 관람객 수는 매년 증가하였다고 했으므로, A와 D의 내국인 유료 관람객 수를 계산하여 A와 D의 문화유적지 명칭을 알 수 있다.

(단위 : 천 명)

구분	A의 내국인 유료 관람객 수	D의 내국인 유료 관람객 수
2016년	673−299=374	1,704−773=931
2017년	739−352=387	2,029−1,191=838
2018년	1,001−327=674	2,657−1,103=1,554
2019년	1,120−443=677	2,837−1,284=1,553
2020년	1,287−587=700	3,309−1,423=1,886

위의 표를 보면 A의 내국인 유료 관람객 수가 매년 증가한 것을 알 수 있다. 그러므로 A는 창덕궁, D는 경복궁이 된다.

〈보고서〉에서 덕수궁과 종묘의 유료 관람객 수와 무료 관람객 수는 각각 2016년보다 2020년에 감소한 것으로 나타났다고 했으므로 B와 C가 이에 해당한다. 특히 종묘는 전체 관람객 수가 매년 감소하였다고 했으므로 다음 표를 참조하면 C가 매년 관람객 수가 감소한 것을 알 수 있다. 그러므로 C는 종묘, B는 덕수궁이다.

(단위 : 천 명)

문화유적지 \ 관람료 \ 연도		2016	2017	2018	2019	2020
B	유료	779	851	716	749	615
	무료	688	459	381	434	368
	합계	1,467	1,310	1,097	1,183	983
C	유료	370	442	322	275	305
	무료	618	344	168	148	111
	합계	988	786	490	423	416

25 도표분석능력 제시된 식을 활용하여 수치 계산하기

| 정답 | ⑤

| 해설 | 〈저감량 평가 방법〉에 따라 표의 빈칸을 채우면 다음과 같다.

구분	A 차	B 차
차량 구분	5인승	11인승
냉매의 종류	HFO−134a	저온난화지수냉매
냉매 용량	600g	750g
전기 압축기	있음.	없음.
max credit (M · C)	7.0	9.9
leak score (L · S)	4.1	10.4
GWP		
leak threshold (L · T)	11.0	750×0.02=15
hileak dis (H · L · D)	$1.1\times\left(\frac{4.1-11.0}{3.3}\right)$ ≒−2.3이므로 0	$1.3\times\left(\frac{10.4-15}{3.3}\right)$ ≒−1.81이므로 0

구분	C 차	D 차
차량 구분	10인승	8인승
냉매의 종류	저온난화지수냉매	HFO−134a
냉매 용량	650g	800g
전기 압축기	있음	없음
max credit (M · C)	7.9	7.0
leak score (L · S)	4.1	8.3
GWP	166	715
leak threshold (L · T)	11.0	800×0.02=16
hileak dis (H · L · D)	GWP가 150보다 크므로 0	GWP가 150보다 크므로 0

따라서 A 차의 Leakage Credit이 주어지지 않았으므로 GWP는 알 수 없다.

| 오답풀이 |

④ D 차의 Leakage Credit은

$$7.0\times\left(1-\frac{8.3}{16.6}\times\frac{715}{1,430}-0\right)=5.25$$이다.

26 도표분석능력 자료의 수치 분석하기

| 정답 | ③

| 해설 | 2020년 전 연령의 남성 비중은 50.1%, 14세 이하 연령대의 남성 비중은 51.4%, 15 ~ 64세의 남성 비중 또한 이와 같다. 65세 이상 연령대의 남성 비중은 43.2%이다. 이때 14세 이하와 15 ~ 64세 연령대의 남성 비중이 같으므로 이를 64세 이하 연령대의 남성 비중이 51.4%인 것으로 볼 수 있다. 이때 전 연령의 남성 비중은 50.1%이므로 64세 이하의 인구수를 x명, 65세 이상의 인구수를 y명이라 하면 $\frac{51.4x+43.2y}{x+y}=50.1(\%)$이 성립한다.

식을 정리하면 $1.3x=6.9y$, $y=\frac{1.3}{6.9}x$이다.

64세 이하 남성 수는 $0.514x$명, 65세 이상 남성 수는 $0.432y=0.432\times\frac{1.3}{6.9}x \fallingdotseq 0.081x$(명)이므로 64세 이하 남성 수는 65세 이상 남성 수보다 5배 이상 많다.

| 오답풀이 |

① 해당 자료는 1970년, 1980년, 1990년 등 정해진 연도에 조사된 내용만을 반영하고 있을 뿐, 해당 기간 사이의 연도에 대해서는 알 수 없다. 또한, 1990년과 2000년에 남성과 여성의 인구 비중 값이 동일하므로 성별 인구 비율 격차가 감소하고 있다고 볼 수 없다.

② 2050년까지 매 기간 지속적으로 감소하다가 2060년에 다시 증가하였다.

④ 2060년 남성 비중은 작아지고 여성 비중은 커져 그 격차가 감소하게 되었다.

⑤ 자료에 명시된 기간에 한하여, 전 연령대의 여성의 비중이 남성의 비중보다 커진 것은 2050년이 최초이다.

27 도표분석능력 비율의 차이 비교하기

| 정답 | ②

| 해설 | 14세 이하는 2000년에 남녀 비율이 각각 52.9%와 47.1%로 그 차이가 가장 크며, 15 ~ 64세는 2050년에 남녀 비율이 각각 52.2%와 47.8%로 그 차이가 가장 크다.

28 도표분석능력 자료의 수치 분석하기

| 정답 | ⑤

| 해설 | 충남은 10월에, 전북은 11월에 전망 BSI가 가장 높다.

| 오답풀이 |

① BSI 전망치가 100 이상이었던 횟수를 구하면 된다. 나머지 지역은 각 3번씩이었으나 제주는 2번으로 가장 적다.

③ 제주의 전통시장 체감 BSI는 증가, 증가, 감소, 증가, 감소 순이고 이와 다른 것은 경기지역 1군데이다.

④ 증감률이 가장 작은 시기를 고르기 위해서는 전월 대비 증감분이 다른 시기에 비해 큰 달을 제외한다.

'8월 : 전월 대비 13.4 증가, 9월 : 전월 대비 25.7 증가, 10월 : 전월 대비 3.9 감소, 11월 : 전월 대비 5.8 증가, 12월 : 전월 대비 37.8 감소'임을 알 수 있으므로, 10월과 11월의 증감률 크기를 비교한다.

- 10월 : $\frac{83.3-87.2}{87.2}\times100 \fallingdotseq -4.47(\%)$
- 11월 : $\frac{89.1-83.3}{83.3}\times100 \fallingdotseq 6.96(\%)$

각 증감률의 절댓값을 비교했을 때 10월이 더 작음을 알 수 있다.

29 도표분석능력 BSI 계산하기

| 정답 | ①

| 해설 | 경기동향 조사의 BSI 지수 산출방법에 따라 계산하면 다음과 같다.

- A의 BSI :

$$\frac{25\times0+60\times50+50\times100+45\times150+20\times200}{200}$$

$=93.75$

- B의 BSI :

$$\frac{20\times0+45\times50+50\times100+60\times150+25\times200}{200}$$

$=106.25$

30 도표분석능력 자료 해석하기

| 정답 | ③

| 해설 | 20X4년까지 꾸준히 감소하다가 20X5년에 다시 증가했다.

31 도표분석능력 빈칸에 들어갈 수치 계산하기

| 정답 | ②

| 해설 | '소득=총수입-경영비'이므로 20X5년의 경영비는 974,553-541,450=433,103(원)이 된다.

또한, '소득률$=\frac{\text{소득}}{\text{총수입}}\times 100$'이므로 20X4년의 소득률은

$\frac{429,546}{856,165}\times 100 ≒ 50.2(\%)$가 된다.

보충 플러스+

표의 전년 대비 증감을 이용하면 복잡한 계산 없이 빠르게 해결할 수 있다.
20X4년 경영비는 426,619원이고, 전년 대비 증감은 6,484원이므로 20X5년 경영비는 426,619+6,484=433,103(원), 20X5년 소득률은 55.6%, 전년 대비 증감은 5.4%p이므로 20X4년 소득률은 55.6-5.4=50.2(%)이다.

32 도표분석능력 자료 해석하기

| 정답 | ⑤

| 해설 | 전체 취업자 중 임금근로자의 비율은 매년 비임금근로자 비율의 2.5배 이상을 차지하고 있다.

- 2019년 : 비임금근로자의 비율=25.3%, 임금근로자의 비율=74.7%이므로 2.9배 이상이다.
- 2020년 : 비임금근로자의 비율=24.6%, 임금근로자의 비율=75.4%이므로 3배 이상이다.
- 2021년 : 비임금근로자의 비율=23.6%, 임금근로자의 비율=76.4%이므로 3.2배 이상이다.
- 2022년 : 비임금근로자의 비율=22.8%, 임금근로자의 비율=77.2%이므로 3.3배 이상이다.
- 2023년 : 비임금근로자의 비율=22.8%, 임금근로자의 비율=77.2%이므로 3.3배 이상이다.

| 오답풀이 |

① 취업자의 구성 비율은 알 수 있지만, 실제 근로자의 수는 알 수 없다.

② 1년 미만 계약직 근로자는 임시근로자와 일용근로자를 말한다. 2022년과 2023년의 경우 임시근로자와 일용근로자의 비율이 33% 미만이다.

③ 2023년에는 $\frac{8.4}{22.8}\times 100 ≒ 36.84(\%)$로 38%가 되지 않는다.

④ 점차 낮아지다가 2023년에 자영업주의 비율은 다시 증가하였다.

33 도표분석능력 자료를 바탕으로 수치 계산하기

| 정답 | ④

| 해설 | 2023년 취업자 중 여성의 비율은 40%로 여성 취업자 수는 26,725,000×0.4=10,690,000(명)이다. 이 중 일용근로자는 5%로, 10,690,000×0.05=534,500(명)이다.

34 문제처리능력 자료의 수치 분석하기

| 정답 | ③

| 해설 | (A) : 1,164-(366+227+412)=159(톤)

(B) : 1,375-(387+169+367)=452(톤)

전체 매출량의 증감률은 다음과 같다.

- 2020년 : $\frac{1,440-1,123}{1,123}\times 100 ≒ 28.23(\%)$
- 2021년 : $\frac{1,164-1,440}{1,440}\times 100 ≒ -19.17(\%)$
- 2022년 : $\frac{1,254-1,164}{1,164}\times 100 ≒ 7.73(\%)$
- 2023년 : $\frac{1,375-1,254}{1,254}\times 100 ≒ 9.65(\%)$

2020년의 전체 매출량 증감률이 28.23%로 가장 크다.

| 오답풀이 |

① A 지점은 감소-감소-증가-증가 추세이나, B 지점은 감소-감소-감소-감소 추세이다.

② C 지점의 매입량은 2020년에 $\frac{278-168}{168} \times 100 \fallingdotseq$ 65.5(%) 증가하였으나, 그다음 해에 $\frac{412-278}{278} \times 100 \fallingdotseq 48.2$(%) 증가하였다.

④ 매입량과 매출량의 차이의 절댓값 추이는 B 지점이 120-49-88-110-78, D 지점이 46-45-221-126-215로 서로 다르다.

⑤ 2023년 매입량이 가장 많은 지점은 C 지점이다.

35 문제처리능력 글쓴이의 주장 판단하기

| 정답 | ④

| 해설 | 글쓴이는 전반적으로 '환경친화적 토지 이용 및 공급체계'의 구축을 주장하며 향후 토지 개발 시 환경적 측면 위주로 고려할 것을 제안하고 있다. 두 번째 문단의 "경제적 효율성 위주의 토지이용 및 공급체계를 탈피하여 이른바 환경친화적 토지 이용 및 공급체계의 구축이 요구된다"라는 문장이 그 근거이다. 따라서 토지이용의 경제적 효율성을 강조한다는 ④는 글쓴이의 주장과 일치하지 않는다.

36 문제처리능력 기준에 맞는 건축물 파악하기

| 정답 | ③

| 해설 | 제4조 제4항을 보면, '허가 또는 신고대상의 같은 대지 내' 주거 또는 비주거를 구분한 제3조 제2항 및 3항에 따른 연면적의 합계가 500m^2 이상이고 2,000m^2 미만인 건축물 중 개별 동의 연면적이 500m^2 미만인 경우가 예외대상에 해당되나, 연면적 합계가 1,000m^{2}이며 각 동의 연면적이 500m^2 미만인 '모든 건축물'이 에너지절약설계에 관한 기준 적용예외 대상 건축물이라고는 할 수 없다.

| 오답풀이 |

① 제4조 제1호에서 지방건축위원회 또는 관련 전문 연구기관 등에서 심의를 거친 결과 이 기준에서 정하는 수준 이상으로 에너지절약 성능이 있는 것으로 인정될 경우에 이 기준의 전체 또는 일부를 적용하지 않을 수 있다고 규정한다.

② 제4조 제5호에서는 열손실의 변동이 없는 증축, 용도변경 및 건축물대장의 기재내용을 변경하는 경우에는 별지 제1호 서식 에너지절약 설계 검토서를 제출하지 아니할 수 있다고 규정한다.

④ 제3조 제1항 제2호에는 「건축법 시행령」에 따른 운동시설, 위락시설, 관광 휴게시설 중 냉·난방 설비를 설치하지 아니하는 건축물을 에너지절약계획서를 첨부할 필요가 없는 건축물로 규정한다.

⑤ 제4조 제2호에서는 건축물의 기능·설계조건 또는 시공 여건상의 특수성 등으로 인하여 이 기준의 적용이 불합리한 것으로 지방건축위원회가 심의를 거쳐 인정하는 경우에는 이 기준의 해당 규정을 적용하지 아니할 수 있다고 규정한다.

37 문제처리능력 자료 읽고 추론하기

| 정답 | ③

| 해설 | 제시된 표는 의약품 전체 허가 건수와 전체 신고 건수를 나타내고 있다. 신고된 의약품 중에 허가된 의약품이 모두 포함되어 있는지는 제시된 표로는 알 수 없다. 실제로 수입 완제품의 경우 허가 건수가 신고 건수보다 많으므로 허가와 신고는 서로 포함관계가 아님을 유추할 수 있다.

| 오답풀이 |

① 본부가 허가한 국내제조 완제품 전문의약품의 15%는 236×0.15=35.4(품목)이다. 본부가 허가한 국내제조 완제품 일반의약품은 35품목이므로 15% 미만이다.

② 국내제조 완제품 일반의약품의 신고 품목 수는 436건, 허가 품목 수는 35품목이므로 436÷35≒12.5, 즉 12배 이상이다.

④ 국내제조 원료와 수입 원료의 허가와 신고 품목 수는 그 합이 42로 같으며 각각의 품목 수는 동일하지 않다.

⑤ 236품목으로 가장 많은 품목을 허가하였다.

38 문제처리능력 자료를 바탕으로 현황표 작성하기

| 정답 | ④

| 해설 | 제시된 표의 수치에는 국내제조/수입 의약품의 완제품과 원료 건수를 모두 합한 것이 반영되었다.

국내제조 완제품 허가/신고 건수와 수입 완제품 허가/신고 건수는 다음과 같다.

구분	허가	신고
국내제조 완제품	1,857	740
수입 완제품	157	7
계	2,014	747

39 문제처리능력 자료를 바탕으로 상황 판단하기

| 정답 | ②

| 해설 | 제시된 자료에 따르면 신용 평가 등급은 사업비 대출 보증 시공자의 요건에서만 고려된다.

| 오답풀이 |

① 심사 평점표의 종합 평점이 70점 미만인 경우가 보증금지요건이므로 A의 종합 평점은 보증 자격 요건을 충족한다.

④ $1,000,000,000 \times 0.6 \times 0.0035 \times \frac{60}{365} \fallingdotseq 345,205$(원)

⑤ A의 건립 세대 규모는 165세대로 보증 금지 요건인 150세대 미만인 사업장에 해당하지 않는다.

40 문제처리능력 자료를 참고하여 보증료 산출하기

| 정답 | ①

| 해설 | 각각을 계산하면 다음과 같다.

A : $20,000,000,000 \times \frac{0.45}{100} \times \frac{200}{365}$

$= 49,315,068.49 \cdots \fallingdotseq 49,320,000$(원)

B : $20,000,000,000 \times \frac{0.2}{100} \times \frac{365}{365}$

$= 40,000,000$(원)

C : $30,000,000,000 \times \frac{0.35}{100} \times \frac{150}{365}$

$= 43,150,684.93 \cdots \fallingdotseq 43,150,000$(원)

따라서 A−C−B의 순서대로 보증료가 높다.

5회 기출예상문제

▶ 문제 174쪽

01	②	02	⑤	03	①	04	④	05	①
06	④	07	②	08	④	09	③	10	②
11	②	12	④	13	⑤	14	③	15	④
16	⑤	17	④	18	②	19	②	20	④
21	②	22	④	23	③	24	④	25	③
26	④	27	①	28	①	29	①	30	⑤
31	④	32	③	33	④	34	⑤	35	①
36	①	37	②	38	④	39	④	40	④

01 문서이해능력 스마트 시티 이해하기

| 정답 | ②

| 해설 | 스마트 시티의 건축물은 온실가스 발생의 원인인 화력발전소를 대체한다고 언급되어 있으며, 화력에너지의 사용이 감소하면 기상이변을 방지하여 도시의 열섬현상을 완화시킬 수 있게 된다.

| 오답풀이 |

① 스마트 시티의 건축물은 화력발전소를 대체하게 되며, 건물의 벽면 및 창문 등이 태양광 발전이 가능하도록 설계된다. 또한 에너지저장장치를 통해 에너지를 축적할 수 있게 된다.

③ 두 번째 문단에서 스마트 건축물 리모델링, 소규모 분산전원을 모아 전력을 거래하는 전력중개사업 등을 통해 온실가스 감소를 위한 정책을 적극 시행할 방침이라고 언급되어 있다.

④ 세 번째 문단 조○○ 울산과학기술원 도시환경공학부 교수의 연구논문에서 밝혀진 사실이다.

⑤ 도시를 폭염 저감형으로 만드는 것이 기상이변을 막을 수 있는 하나의 방법이라고 하였으며, 폭염 저감형 도시가 되기 위해서는 온실가스 감소를 유도할 수 있는 스마트 시티 건축물이 도움이 된다.

1회 기출예상 2회 기출예상 3회 기출예상 4회 기출예상 5회 기출예상 6회 기출예상

02 문서이해능력 글의 내용에 따라 추론하기

|정답| ⑤

|해설| 종전의 주택을 2년 이상 보유하지 않았으므로 첫 번째 요건의 보유 기간 조건을 충족시키지 못해 양도소득세 비과세 대상이 될 수 없다.

|오답풀이|

① 처음 구입한 주택을 2년 이상 보유하였으며, 두 번째 주택을 구입한 날로부터 3년 이내에 종전의 주택을 팔게 된 경우이므로 첫 번째 요건에 해당된다.

② 상속개시 당시 상속인 세대가 소유한 주택을 먼저 판 경우이므로 비과세 여부를 판단할 수 있는 두 번째 요건에 해당된다.

③ 수도권 소재 기업(공공기관)의 지방 이전으로 두 번째 주택을 올해 구입하고 종전의 주택을 올해로부터 5년 이내에 팔게 된 경우이므로 첫 번째 요건에 해당된다.

④ 무주택자인 피상속인이 상속받은 주택에 거주하는 경우이므로 두 번째 요건에 해당된다.

03 문서이해능력 중심 내용 파악하기

|정답| ①

|해설| 제시된 글은 유로 맵의 발표를 화두로 제시한 후, 카페의 텀블러에 이어 화장품을 사례로 들어 제로웨이스트를 생활화하는 것에 대한 필요성을 이야기하고 있다.

|오답풀이|

② 화장품 업계가 제로웨이스트 실천에 앞장서야 한다는 것을 주장하지 않는다.

③ 화장품 업계의 제로웨이스트 실천이 생각보다 어렵다는 점을 언급했을 뿐, 그를 극복할 방안을 마련해야 한다고 주장하지 않았다.

④ 카페의 제로웨이스트 실천을 비판하지도, 더욱 강화해야 한다고 요구하지도 않았다.

⑤ 유로 맵의 플라스틱 사용량 예측 결과를 평가하지 않았다.

04 문서이해능력 글의 내용과 일치하는 사례 찾기

|정답| ④

|해설| ㉠ 직장 내 성희롱은 가해자와 피해자의 성별을 구분하지 않으며, 외모에 대한 평가에 해당되는 사례이다. 또한 그로 인해 업무 환경에 영향을 미치는 경우이므로 직장 내 성희롱이 성립된다.

㉢ 주어진 설명에서 행위자가 성희롱을 하려는 의도를 가지고 있었는지 아닌지는 성희롱의 성립과 무관하다고 언급하고 있으므로 피해자가 심한 성적 언동으로 인해 불쾌함을 느꼈다면 직장 내 성희롱이 성립된다.

|오답풀이|

㉡ 모든 직원이 보는 앞에서 꾸짖음을 당한 여직원은 수치스러움을 느꼈다고 볼 수 있으나, 팀원의 잘못된 행동에 대하여 팀장이 성적인 언동을 동원하지 않고 꾸짖었다면 '사회 통념상' 팀장에게 부여된 적절한 권리를 행사한 것이다.

05 문서작성능력 빈칸에 들어갈 문장 찾기

|정답| ①

|해설| 빈칸의 앞에 쓰인 '결론적으로'와 이후에 전개되는 내용으로 보아, 슈렉이 디즈니와 다른 길을 추구함으로써 결국 성공을 거두었다는 점을 단적으로 표현한 말이 등장해야 함을 알 수 있다. 따라서 ①이 들어가는 것이 가장 적절하다.

|오답풀이|

② 드림웍스 작품 중 흥행에 성공한 최초의 작품이라는 점은 알 수 없다.

③ 추한 외모의 괴물이 주인공이 된 최초의 작품인지는 알 수는 없다.

④ 뒤에 이어지는 말을 감안할 때, 디즈니 작품의 이후 방향성에 대한 말이 들어가기에는 적절하지 않다.

⑤ 슈렉은 소외된 존재들을 따뜻하게 감싸 안아 준 애니메이션이었으나, 소외된 등장인물들에게도 따뜻함이 있다는 점을 어필하는 작품은 아니다.

06 문서이해능력 글을 바탕으로 추론하기

| 정답 | ④

| 해설 | 필자는 애니메이션 슈렉의 특징과 성공요인을 디즈니 작품과의 비교를 통하여 제시하고 있다. 슈렉이 기존의 디즈니 작품이 갖고 있던 전형적인 스토리 전개에서 완전히 탈피하였다는 언급을 하고 있으며, 디즈니를 통해 관객이 갖고 있던 당연한 기대감을 혁명적인 패러디를 통해 바꾸어 놓은 것이 성공요인이라고 주장한다. 따라서 ④는 적절한 추론이다.

| 오답풀이 |

① 못생기고 추악한 괴물의 모습이어야만 애니메이션의 성공요인이 갖추어지는 것은 아니다.

② 슈렉 이후 애니메이션의 흥망에 대한 정보는 언급되지 않은 사항이므로 추론할 수 없다.

③ 디즈니 작품에 대한 대중들의 식상함은 언급되지 않아 추론할 수 없다.

⑤ 주인공이 못생기고 추악한 정도가 성공요인과 직접적인 관계를 가진다고 볼 수는 없다.

07 문서이해능력 세부 내용 이해하기

| 정답 | ②

| 해설 | ㉡ 장갑은 손을 주머니에서 빼고 걸을 수 있게 해주며, 고무패킹이 있는 지팡이는 덜 미끄러울 것이므로 낙상 사고 예방에 도움이 된다.

㉢ 밑창이 닳은 신발을 신는 것과 빨리 걷는 것은 모두 낙상의 위험을 크게 하는 것이므로 두 가지 요인이 복합적으로 작용하면 낙상의 위험은 더욱 커진다.

| 오답풀이 |

㉠ 고관절 골절이 직접적인 사망의 원인으로 이어지는 것이 아니며, 이에 따른 폐렴, 욕창, 우울증 등의 합병증으로 인해 사망에 이를 수 있다고 언급되어 있다.

㉣ 넘어질 때는 등부터 바닥에 대고 넘어지는 것이 바람직하나, 손을 짚는 것은 위험하므로 손을 바닥과 등 사이에 대지 말아야 한다.

08 문제처리능력 자료를 토대로 추론하기

| 정답 | ④

| 해설 | ㉡ 준월세는 준전세에 비해 보증금이 적고 월세의 비중을 높게 정해 계약하는 방식이다.

㉢ 보증금이 3억 원이고 월세가 50만 원인 경우, 보증금이 월세의 240개월 치인 $50 \times 240 = 12,000$(만 원)을 초과하므로 준전세에 해당한다.

㉣ 보증금이 1억 원이고 월세가 150만 원인 경우, 보증금이 월세의 12개월치인 $150 \times 12 = 1,800$(만 원) 초과 월세의 240개월 치인 $150 \times 240 = 36,000$(만 원) 이하이므로 준월세에 해당한다.

| 오답풀이 |

㉠ 준전세는 전세와 비슷한 임차 형태로, 보증금이 높은 대신 월세의 비중을 적게 측정하는 계약 방식이다.

09 문제처리능력 자료의 항목 이해하기

| 정답 | ③

| 해설 | 보증금이 2.3억 원이고 전세금 금액이 4억 원일 경우, 전세금 대비 보증금의 비율이 $\frac{2.3}{4} \times 100 = 57.5(\%)$이므로 60%를 초과하지 않아 준전세에 해당하지 않으며 $4 \times \frac{60}{100} = 2.4$(억 원)을 초과해야 준전세가 될 수 있다.

| 오답풀이 |

① 3가지 유형 중 자료에 부합하지 않는 것은 준전세로 1가지이다.

② 월세가 110만 원인 경우, 보증금은 240개월 치 월세인 26,400만 원 이하이므로 준월세에 해당한다.

④ 월세가 340만 원일 경우, 보증금은 12개월 치 월세인 4,080만 원 이하이므로 월세에 해당한다. 또한 월세가 100만 원일 경우, 보증금은 240개월 치 월세인 24,000만 원 이하이므로 준월세에 해당한다.

⑤ 월세의 금액이 지나치게 낮아지면 보증금 대비 월세의 비율에 변화가 생겨 월세, 준월세, 준전세의 정의에 부합하지 못하게 된다.

10 문서이해능력 안내문 이해하기

| 정답 | ②

| 해설 | 경쟁이 있을 경우 「주택공급에 관한 규칙」 제51조에 근거하여 만 65세 이상 또는 장애인등록증이 발급된 분에게 우선 배정한다고 안내되어 있다.

| 오답풀이 |

① 구성원들의 거주 취향이 아닌, 거동이 불편한 노인·장애인 및 다자녀가구의 여부에 따라 주어진다.

③ 신청자가 최하층 주택수를 초과할 경우 최하층에 배정되지 않을 수도 있다고 안내되어 있다.

④ 신청자격 '①'과 '②' 간 경쟁이 있을 경우의 우선순위에 대한 내용은 찾아볼 수 없다.

⑤ 인터넷 △△공사 청약센터 또는 모바일 앱에서 청약을 하는 것으로 안내되어 있다.

11 문제처리능력 우선순위 파악하기

| 정답 | ②

| 해설 | 입주모집공고일 현재 미성년자 자녀를 네 명 둔 신청자는 신청자격 '③'에 해당하며, 장애인 부모님을 세대원으로 둔 40대 신청자는 신청자격 '②'에 해당한다. 따라서 「주택공급에 관한 규칙」 제51조에 근거하여 '①' 또는 '②'에 해당하는 자에게 우선 배정한다는 규정에 따라 경쟁관계 신청자보다 우선순위이다.

| 오답풀이 |

① 입주자모집공고일 기준으로 만 65세 이상이어야 한다.

③ 임산부 신청자 C는 태아를 제외하고 세 명의 미성년자를 뒀으므로, 신청자격 '③'에 해당한다. 장애인등록증이 발급된 자는 신청자격 '②'에 해당되므로 경쟁관계 신청자보다 우선순위가 될 수 없다.

④ 신청자격 '①'과 '②'에 모두 해당되나, 신청을 올바르게 하지 않은 경우이므로 신청 자체에 하자가 있다.

⑤ 신청자격 '①'과 '②'에 모두 해당되나, 자격입증서류를 올바르게 제출하지 않았으므로 절차상 하자가 있다.

12 문서이해능력 자료 이해하기

| 정답 | ④

| 해설 | '용적률 산정 시 연면적은 지하층 부분의 면적이나 사람들의 상시적인 거주성이 없는 공간의 면적은 제외한다'고 언급되어 있다. 따라서 주차장, 피난안전구역 및 대피공간처럼 사람들의 거주성이 없는 공간은 용적률 산정을 위한 연면적에서 제외하므로 용적률 산정과는 관계가 없다.

| 오답풀이 |

① 용적률은 연면적과 대지면적에 의해 바뀌게 되므로 건축면적과 층수를 조정하여도 동일한 용적률이 계산될 수 있다.

② 주어진 건폐율과 용적률의 산식에 의하면 '최대 층수=최대 건축가능연면적÷최대 건축면적'의 공식이 성립함을 알 수 있다.

③ 일정한 대지면적에 대하여 건폐율은 건축면적만을 측정하므로 평면적 밀도를 관리하는 수단이며, 용적률은 매층의 연면적이 모두 반영되므로 입체적 밀도를 관리하는 수단이라고 말할 수 있다.

⑤ 제시된 표를 통해 대부분의 용도지역에서 주거지역의 건폐율과 용적률이 상업지역보다 낮은 것을 확인할 수 있다.

13 문제처리능력 토지용도 지역 구하기

| 정답 | ⑤

| 해설 | 주어진 건축물의 건폐율과 용적률을 계산하면 다음과 같다.

- 건축물 면적 : $40 \times 60 = 2,400(m^2)$
- 연면적 : $2,400 \times 5 = 12,000(m^2)$
- 대지 면적 : $55 \times 70 = 3,850(m^2)$

따라서 건폐율은 $2,400 \div 3,850 \times 100 = 62.3(\%)$, 용적률은 $12,000 \div 3,850 \times 100 = 311.7(\%)$이다.

이는 근린상업지역의 제한인 '건폐율 70% 이하'와 '용적률 200 ~ 900%'에 부합한다.

| 오답풀이 |

①, ②, ③ 건폐율, 용적률 제한에 모두 부합하지 않는다.

④ 건폐율 제한에는 부합하나, 용적률 제한에 부합하지 않는다.

14 문제처리능력 건물의 크기와 층수 구하기

| 정답 | ③

| 해설 | 지하층은 용적률 산정에서 제외한다고 하였으며, 제3종 일반주거지역의 용적률은 200 ~ 300%이다. 건물의 최대 면적은 건폐율 최대 한도에 따라 $500\times\frac{50}{100}=250(m^2)$ 이하여야 한다. 용적률을 적용한 연면적의 넓이는 $500\times2=1,000(m^2)$에서 $500\times3=1,500(m^2)$ 사이에 포함되어야 한다.

㉠ 건물의 크기는 $10\times24=240(m^2)$로 건폐율 허용범위 안에 있으며, $240\times6=1,440(m^2)$로 용적률 범위 안에 있다.

㉡ 건물의 크기는 $8\times30=240(m^2)$로 건폐율 허용범위 안에 있으며, $240\times5=1,200(m^2)$로 용적률 범위 안에 있다.

㉢ 건물의 크기는 $15\times10=150(m^2)$로 건폐율 허용범위 안에 있으며, $150\times8=1,200(m^2)$로 용적률 범위 안에 있다.

따라서 ㉠, ㉡, ㉢는 건축할 수 있다.

| 오답풀이 |

㉣ 건물의 크기는 $14\times17=238(m^2)$로 건폐율 허용 범위 안에 있지만, $238\times4=952(m^2)$로 용적률 범위 밖에 있어서 건축할 수 없다.

15 문서이해능력 규칙을 읽고 문의에 답하기

| 정답 | ④

| 해설 | 과밀억제권역의 경우 5년의 재당첨 제한이 있으며, 그 외의 지역이라면 3년의 제한이 있게 된다.

| 오답풀이 |

① 소명기간 내에 선정순위가 정당함을 소명하지 못하면 당첨이 취소된다고 명시되어 있다.

② 부적격 당첨자도 당첨자가 될 수 있는 경우를 제22조의 2 제4항에서 명시하고 있다.

③ 분양전환되는 임대주택도 포함한다고 명시되어 있다.

⑤ 85제곱미터 이하와 85제곱미터 초과의 경우로 구분하여 제한 기간을 다르게 적용한다.

16 문제처리능력 제한 사항 파악하기

| 정답 | ⑤

| 해설 | 임대주택에 당첨된 자의 세대원은 당첨 제한 사항은 민영주택의 경우 투기과열지구로 한정되어 있으므로 이 경우에는 당첨에 제한이 없다.

| 오답풀이 |

① 주거전용면적에 따라 1년, 3년, 5년간 입주가 제한된다.

② 3개월간 입주자로 선정될 수 없다.

③ 같은 순위 경쟁에서 가점제 점수 기준 이상이 되면 부적격 당첨자라도 당첨자가 될 수 있으므로 점수 기준에 미달하는 부적격 당첨자는 그대로 당첨이 취소된다.

④ 세대주 당첨일로부터 5년간 입주가 제한된다.

17 문서이해능력 관리규약 이해하기

| 정답 | ④

| 해설 | 전출하는 입주자의 관리비 정산 시 전출하는 시점의 전월을 기준으로 하는 것이 아닌, 전출 전 3개월의 평균 관리비에 대하여 전출 월의 거주 일수를 일할 계산하여 정산한다.

| 오답풀이 |

① 장기수선충당금은 세대당 주택공급면적에 비례하므로 공급면적이 클수록 월간 적립금액이 더 많아진다.

② 납부일 7일 이전까지 고지서가 전달되어야 한다고 명시되어 있다.

③ 최소금액 한도는 국토교통부장관이 고시하고 있음을 알 수 있다.

⑤ 연체 중에 납입한 관리비는 체납된 관리비를 먼저 납부한 것으로 보고 앞선 기간의 관리비를 우선 상계처리하게 된다.

18 기초연산능력 월간 적립금액 계산하기

| 정답 | ②

| 해설 | 2단계 계획기간의 요율은 30%이므로 이를 적용하여 월간 적립단가를 계산하면 다음과 같다.

$\{50(\text{억 원}) \times \frac{30}{100}\} \div \{50,000(\text{m}^2) \times 12(\text{개월}) \times 10(\text{년})\} = 250(\text{원}/\text{m}^2)$

따라서 이를 두 가지 평형과 해당 세대수에 따라 합산하면 다음과 같다.

㉠ : $250(\text{원}) \times 50(\text{m}^2) \times 200 = 2,500,000(\text{원})$

㉡ : $250(\text{원}) \times 100(\text{m}^2) \times 400 = 10,000,000(\text{원})$

따라서 월간 적립금 총액은 ㉠+㉡=12,500,000(원)이다.

19 도표분석능력 자료에 따라 보고서 작성하기

| 정답 | ②

| 해설 | C 자재의 20X4년 무역수지는 1,273−1,179=94(억 원)으로 100억 원을 밑돌았으나, 20X3년 무역수지는 전년보다 증가하였으므로 자료의 내용과 일치하지 않는다.

| 오답풀이 |

① 수출액과 수입액은 A 자재가 각각 88억 원, 150억 원 증가, B 자재가 각각 70억 원, 12억 원 증가, D자재가 각각 5억 원, 119억 원 증가하였다.

③ A, B, C 자재의 20X4년 수출액은 수입액보다 크므로 무역수지가 양수, 즉 흑자임을 알 수 있다. 반면 D 자재의 20X4년 수출액은 수입액보다 작으므로 무역수지가 음수, 즉 적자임을 알 수 있다.

④ 합산 수출액 규모는 연도별로 각각 6,060억 원, 6,320억 원, 6,485억 원, 6,193억 원, 6,126억 원이므로 2017년이 가장 많고 이후 감소하고 있으나, 매년 6,000억 원 이상임을 알 수 있다.

⑤ 4개 자재의 합산 무역수지는 연도별로 각각 940억 원, 1,026억 원, 861억 원, 850억 원, 783억 원으로 매년 흑자를 보이고 있다.

20 도표작성능력 자료에 따라 그래프 작성하기

| 정답 | ④

| 해설 | ㉠ 자재별 수출액은 1,393억 원, 2,409억 원, 1,273억 원, 1,051억 원이며, 합계는 6,126억 원이므로 이를 비중으로 환산해 보면 각각 약 22.7%, 39.3%, 20.8%, 17.2%이므로 올바른 그래프이다.

㉡ B 자재의 전년 대비 수입액 증감률은 다음과 같다.

년도	20X0	20X1	20X2	20X3	20X4
수입액	1,975	1,999	2,139	1,989	1,987
증감률		1.2%	7.0%	−7.0%	−0.1%

따라서 올바른 그래프이다.

㉣ 주어진 자료의 20X3년과 20X4년 수입액을 그대로 옮겨 놓은 것으로 올바른 그래프이다.

| 오답풀이 |

㉢ C 자재가 28억 원 감소, D 자재가 5억 원 감소하였으므로 두 수치가 뒤바뀌어 있다.

21 도표분석능력 증가율 계산하기

| 정답 | ②

| 해설 | 20X4년 A 자재의 무역수지는 1,393−893=500(억 원)이다. 20X5년 A 자재의 무역수지는 500억 원에서 12% 감소한 것이므로 500×0.12=60(억 원)이 감소하여 440억 원이다. 20X5년 수입액이 900억 원이므로, 20X5년의 수출액은 440+900=1,340(억 원)이다.

따라서, 20X5년 수출액의 전년 대비 증감률은

$\frac{1,340-1,393}{1,393} \times 100 \fallingdotseq -3.8(\%)$이다.

22 기초연산능력 수열 계산하기

| 정답 | ④

| 해설 | 제시된 직원 수는 다음과 같은 규칙을 가진다.

$1 \xrightarrow{+2} 3 \xrightarrow{+2} 5 \xrightarrow{+4} 9 \xrightarrow{+6} 15 \xrightarrow{+10} 25 \xrightarrow{+16} 41 \xrightarrow{+26} 67 \xrightarrow{+42} (?) \xrightarrow{+68} (?)$

이전 항과 그 이전 항의 등차를 더한 값이 새로운 항의 등차가 되므로, 2020년의 직원 수는 67+42=109(명), 2022년의 직원 수는 109+68=177(명)이다.

23 기초통계능력 확률 계산하기

| 정답 | ③

| 해설 | 2팀인 O형의 수를 a명이라고 했을 때, 2팀인 A형은 2팀인 O형의 수와 같고, 1팀인 O형은 2팀인 A형의 2배

이므로 2팀인 A형의 수는 a명, 1팀인 O형의 수는 $2a$명이다. 또한 3팀인 O형의 수와 3팀인 A형의 수를 합한 값은 1팀인 O형과 3팀인 O형의 수를 합한 값과 같다고 하였으므로, 3팀인 A형의 수는 1팀인 O형의 수와 같은 $2a$명이다. 한편 헌혈하게 될 회사원들 중 임의로 선택한 사원이 A형인 확률이 $\frac{12}{25}$라고 하였으므로, A형의 총인원은 24명, O형의 총인원은 26명이 된다.

1팀 O형	$2a$	1팀 A형	$24-3a$
2팀 O형	a	2팀 A형	a
3팀 O형	$26-3a$	3팀 A형	$2a$
계	26명	계	24명

그런데 헌혈하게 될 O형 회사원 중 임의로 선택한 사원이 1팀일 확률이 $\frac{5}{13}$이므로, 1팀 O형은 10명이 되어 a의 값은 5가 된다.

1팀 O형	10명	1팀 A형	9명
2팀 O형	5명	2팀 A형	5명
3팀 O형	11명	3팀 A형	10명
계	26명	계	24명

따라서 헌혈하게 될 A형 사원 중 임의로 선택한 사람이 3팀일 확률은 $\frac{10}{24}=\frac{5}{12}$이다.

24 도표분석능력 비용 계산하기

| 정답 | ④

| 해설 | 공장별 연간 생산비용을 구하면 다음과 같다.

- A 공장
  {(250×1,400)+(350×1,300)+(300×1,300)+(75×1,600)}×3=3,945,000(원)
- B 공장
  (250+350+300+75)×1,400×3=4,095,000(원)
- C 공장
  {(250×1,400)+(350×1,200)+(300×1,200)+(75×4,000)}×3=4,290,000(원)
- D 공장
  {(250×1,500)+(350×1,000)+(300×1,000)+(75×1,800)}×3=3,480,000(원)
- E 공장
  {(250×1,400)+(350×1,100)+(300×1,100)+(75×1,900)}×3=3,622,500(원)

따라서 D 공장이 선정된다.

25 기초통계능력 경쟁률 계산하기

| 정답 | ③

| 해설 | 전체 응시자 수에서 행정직렬에 지원한 사람의 수와 기술직렬과 행정직렬을 제외한 나머지 직렬에 지원한 사람의 수를 빼면 490명이다. 따라서 기술직렬에 지원한 사람의 수는 490명임을 알 수 있다. 490명 중 35명을 선발한다고 하였으므로 경쟁률은 490 : 35 즉, 14 : 1이다.

26 문제처리능력 최소 비용 구하기

| 정답 | ④

| 해설 | 6개 지역을 빠짐없이 한 번씩만 거쳐 유통되고, C 지역에서 출발하여 바로 B 지역을 거쳐 마지막으로 A 지역에 최종 도달하는 경로 중 E 지역을 네 번째 순서로 거쳐 가지 않는 경로와 유통비용은 다음과 같다.

- 경로 1 : C → B → D → F → E → A로 이동하는 경우
  → 28+16+24.8+3.2+8.8=80.8(만 원/100톤)
- 경로 2 : C → B → E → D → F → A로 이동하는 경우
  → 28+10.4+8+24.8+4=75.2(만 원/100톤)
- 경로 3 : C → B → E → F → D → A로 이동하는 경우
  → 28+10.4+3.2+24.8+2.4=68.8(만 원/100톤)
- 경로 4 : C → B → F → D → E → A로 이동하는 경우
  → 28+16.8+24.8+8+8.8=86.4(만 원/100톤)

따라서 경로 3으로 유통할 때, 유통비용이 68.8만 원/100톤으로 최소이다.

1회 기출예상
2회 기출예상
3회 기출예상
4회 기출예상
5회 기출예상
6회 기출예상

27 문제처리능력 전기요금과 수도요금 구하기

|정답| ①

|해설| 전기요금과 수도요금을 각각 표로 정리하면 다음과 같다.

구분	전기요금계	부가가치세	전력산업 기반기금	청구요금 합계
A 가구	23,020원	2,302원	850원	26,170원
B 가구	31,720원	3,172원	1,170원	36,060원
C 가구	21,520원	2,152원	790원	24,460원
D 가구	31,520원	3,152원	1,160원	35,940원
E 가구	29,220원	2,922원	1,080원	33,220원

구분	구간별 수도요금 합계
A 가구	(20×430)+(10×570)+(70×840) =73,100(원)
B 가구	70×980=68,600(원)
C 가구	(30×830)+(20×900)+(30×1,010) =73,200(원)
D 가구	120×590=70,800(원)
E 가구	가정용 : (20×430)+(10×570)=14,300(원) 영업용 : (30×830)+(20×900)+(10×1,010) =53,000(원) 합계 : 14,300+53,000=67,300(원)

따라서 전기요금은 B 가구가, 수도요금은 C 가구가 가장 많다.

28 기초통계능력 경우의 수 구하기

|정답| ①

|해설| • 입사하는 신입사원이 3명일 경우 : 각 팀에 1명씩 배정하면 되므로 1가지이다.

- 입사하는 신입사원이 4명일 경우 : 각 팀에 1명씩 배정하고 남은 1명을 배정하는 경우의 수를 구하면 된다. ${}_3H_1 = {}_{3+1-1}C_1 = {}_3C_1 = 3$(가지)이다.
- 입사하는 신입사원이 5명일 경우 : 각 팀에 1명씩 배정하고 남은 2명을 배정하는 경우의 수를 구하면 된다. ${}_3H_2 = {}_{3+2-1}C_2 = {}_4C_2 = 6$(가지)이다.

이와 같은 방법으로 계산하면 $1 + {}_3H_1 + {}_3H_2 + \cdots + {}_3H_7 = 1 + {}_3C_1 + {}_4C_2 + \cdots + {}_9C_7 = 120$(가지)이다.

29 도표분석능력 자료의 수치 분석하기

|정답| ①

|해설| 연도별 포장, 비포장구간의 길이를 구하면 다음과 같다.

(단위 : km)

구분	포장구간	비포장구간
20X6년	487×0.56=272.72	487−272.72=214.28
20X7년	497×0.56=278.32	497−278.32=218.68
20X8년	520×0.57=296.4	520−296.4=223.6
20X9년	543×0.56=304.08	543−304.08=238.92

20X6년부터 20X9년까지 포장구간과 비포장구간 모두 증가했다. 따라서 두 구간의 전년 대비 증감 추이는 동일하다.

|오답풀이|

② 연도별 총연장 중 미개통구간 비율은 다음과 같다.

- 20X6년 : $\frac{57}{487} \times 100 ≒ 11.7(\%)$
- 20X7년 : $\frac{59}{497} \times 100 ≒ 11.9(\%)$
- 20X8년 : $\frac{61}{520} \times 100 ≒ 11.7(\%)$
- 20X9년 : $\frac{63}{543} \times 100 ≒ 11.6(\%)$

차량 수는 매년 증가하고 있지만 총연장 중 미개통구간 비율은 20X7년에만 증가하였다.

③ 연도별 차량당 포장구간, 차량당 비포장구간은 다음과 같다.

(단위 : km/천 대)

구분	차량당 포장구간	차량당 비포장구간
20X6년	272.72÷120≒2.27	214.28÷120≒1.79
20X7년	278.32÷123≒2.26	218.68÷123≒1.78
20X8년	296.4÷128≒2.32	223.6÷128≒1.75
20X9년	304.08÷133≒2.29	238.92÷133≒1.80

차량당 포장구간은 20X7년, 20X9년에 감소하였고 차량당 비포장구간은 20X9년에 증가하였다.

④ 연도별 차량당 총연장, 차량당 포장구간은 다음과 같다.

(단위 : km/천 대)

구분	차량당 총연장	차량당 포장구간
20X6년	487÷120≒4.06	2.27
20X7년	497÷123≒4.04	2.26
20X8년	520÷128≒4.06	2.32
20X9년	543÷133≒4.08	2.29

20X9년에 차량당 총연장은 증가, 차량당 포장구간은 감소하였다.

⑤ 전년 대비 차량 증가율과 비포장구간 증가율을 구하면 다음과 같다.

(단위 : %)

구분	전년 대비 차량 증가율	전년 대비 비포장구간 증가율
20X7년	$\frac{123-120}{120}\times100$ =2.5(%)	$\frac{218.68-214.28}{214.28}\times100$ ≒2.05(%)
20X8년	$\frac{128-123}{123}\times100$ ≒4.07(%)	$\frac{223.6-218.68}{218.68}\times100$ ≒2.25(%)
20X9년	$\frac{133-128}{128}\times100$ ≒3.91(%)	$\frac{238.92-223.6}{223.6}\times100$ ≒6.85(%)

전년 대비 차량 증가율이 가장 큰 해는 20X8년, 전년 대비 비포장구간 증가율이 가장 큰 해는 20X9년이다.

30 문제처리능력 영업 일수 파악하기

| 정답 | ⑤

| 해설 | 방문 지역을 확실하게 알 수 있는 날짜를 달력에 표시하면 다음과 같다. 가지 않을 경우, 괄호에 ×를 표기한다.

다음 달						
일	월	화	수	목	금	토
			1	2	3	4
5	6 B(×)	7	8	9	10	11
12	13 B(×)	14	15	16	17	18
19	20 B(×)	21	22 A(×)	23 A	24 A(×)	25
26	27 B(×)	28	29	30	31	

특정 지역에서 판매할 수 있는 날의 수가 최대가 되려면 하루걸러 한 번씩 그 지역을 방문해야 한다. 따라서 1일과 2일에 특정 지역을 방문하는 경우를 확인해 보면 최대치를 알 수 있다.

(가) A 지역의 경우, 1일부터 방문하면 16회가, 2일부터 방문하면 15회가 되어 최대 16일 판매가 가능하다.

(다) C 지역은, 1일과 2일에 방문을 시작할 경우의 최대 방문 가능 일수가 모두 15일로 동일하다.

| 오답풀이 |

(나) B 지역의 경우, 1일부터 방문하면 14회, 2일부터 방문하면 13회가 된다. C 지역의 최대 방문 가능 일수는 15일, A 지역의 최대 방문 가능 일수는 16일로 A 지역이 가장 많다.

31 문제처리능력 최대 방문 횟수 구하기

| 정답 | ④

| 해설 | 3일과 16일은 C 지역을 방문해야 하므로 A 지역을 1일에 방문하는 경우와 2일에 방문하는 경우는 동일하게 15회가 되며, 이를 반영하여 달력에 표시해 보면 다음과 같다.

다음 달						
일	월	화	수	목	금	토
			1 A	2 (A)	3 C	4 A
5	6 B(×), A	7	8 A	9	10 A	11
12 A	13 B(×)	14 A	15	16 C	17 A	18
19 A	20 B(×)	21 A	22 A(×)	23 A	24 A(×)	25 A
26	27 B(×), A	28	29 A	30	31 A	

위와 같은 경우 A 지역 최대 방문 횟수는 15회가 되며, 매주 월요일과 A, C 지역 방문일자를 제외한 1(또는 2일), 5, 7, 9, 11, 15, 18, 22, 24, 26, 28, 30일이 B지역을 방문할 수 있는 날이므로, 최대 횟수는 12회가 된다.

32 문제처리능력 임대인 부담 비용 파악하기

| 정답 | ③

| 해설 | ㉠ 어린 아이들이 거실에서 뛰어 논 것은 목적물의 비정상적인 사용으로 보기 어려울 것이므로 주요 하자인 만큼 임대인이 비용을 부담해야 한다.

㉢ 임차인이 비용을 부담해야 할 하등의 이유가 없는 경우이므로 임대인이 비용을 부담해야 한다.

㉤ 임차인의 사용, 수익에 영향을 미치는 경우라고 볼 수 있으므로 임대인이 비용을 부담해야 한다.

| 오답풀이 |

㉡ 주어진 설명의 '특약에서 수선의무의 범위를 명시하고 있는 등의 특별한 사정이 없는 한'이라는 문구에 의해, 당연히 임대인이 비용을 부담해야 하는 사안임에도 불구하고 특약에서 명시한 바에 따라 임차인이 비용을 부담해야 하는 경우가 된다.

㉣ 임차인이 통보의무를 다하지 않아 더 큰 비용이 발생하게 된 경우로 임대인에게만 수선의무를 강제할 수는 없는 경우이다. 통보의무를 다하지 않은 경우에 대한 처리에 관해서는 주어진 글에 구체적으로 명시되지 않았으나, 비용이 증가하였으므로 반드시 임대인이 수선의무를 져야 하는 경우는 아니라고 보는 것이 타당하다.

33 도표분석능력 자료 이해하기

| 정답 | ④

| 해설 | G 시의 40대 이상 연령층에서는 체육활동 중 걷기를 가장 선호한다는 의견이 각 연령대별 30% 이상으로 가장 높은 비중을 차지하고 있음을 통해 40대 이상이 가장 선호하는 체육활동이 걷기임을 알 수 있으며, 이를 대상으로 맞춤형 참여 프로그램을 계획할 경우 걷기 운동 프로그램을 운영하는 것이 가장 적절하다.

| 오답풀이 |

① G 시의 10대 주민들은 체육시설 중 학교시설의 이용을 가장 많이 선호(52.1%)하므로, 학생을 대상으로 하는 체육활동 지원은 학교시설을 통하는 것이 더욱 바람직하다.

② G 시의 20대 주민들은 체육시설 중 민간시설의 이용을 가장 많이 선호(54.0%)하며, 공공시설은 체육시설을 이용하지 않는다는 의견을 제외한 의견들 중 가장 낮은 선호도(10.0%)를 기록하고 있으므로 20대를 대상으로 공공시설에 생활체육지도사를 배치하는 것은 적절하지 않다.

③ G 시 전체의 체육활동별 선호조사에서 수영은 30대에서 가장 높은 선호도(10.1%)를 기록하고 있으므로, 수영 프로그램을 운영한다면 30대의 참여 비율이 가장 높을 것으로 추측할 수 있다. 피트니스 프로그램은 G 시의 30대 주민들이 가장 선호하는(32.1%) 체육활동이나, G 시 전체를 기준으로 20대의 선호비중이 가장 높으므로(41.0%) 피트니스 프로그램을 운영한다면 30대보다 20대의 참여 비율이 더 높을 것으로 추측할 수 있다.

⑤ G 시 전체의 체육시설별 선호조사에서 공공시설에 대한 선호도는 60대(30.1%)보다 50대(33.7%)이 더 높다.

34 도표분석능력 자료에 의견 제시하기

| 정답 | ⑤

| 해설 | G 시 주민의 체육활동 비참여 사유로는 체육활동 관심부족(평균 15.9%)보다는 낮은 시설접근성(평균 23.3%)과 체육활동 정보부족(평균 24.1%)의 비중이 더 크게 나타나고 있다.

| 오답풀이 |

① 10대의 체육활동 비참여 이유로 체육활동 관심 부족이 가장 높은 비중을 차지(28.2%)하고 있다.

② 체육활동 비참여 이유로 지출비용 부담을 답변한 연령층은 40대가 27.1%로 가장 높은 것으로 기록되고 있다.

③ 체육활동 비참여 이유로 낮은 시설접근성을 답변한 연령층은 70대 이상인 43.2%로 가장 높은 것으로 기록되고 있다. 이를 위한 찾아가는 운동 코칭 서비스 역시 낮은 시설접근성을 극복하는 방안으로 적절하다.

④ G 시의 생활체육 지원 계획에는 이용료 지원, 체육활동 지원, 찾아가는 운동 코칭 서비스 등이 있으나, 체육활동 정보 부족에 따른 요구는 체육계획 비참여 사유의 높은 비율에 비해 그 대응책이 나타나고 있지 않으므로 적절한 의견이다.

35 문제처리능력 케이콘텐츠뱅크 이해하기

| 정답 | ①

| 해설 | A : 제시된 글에서 필자는 디지털 미디어 생태계 발전 방안에 있어 대표적으로 잘못되었다고 판단한 점을 지적하고 있다.

B : 콘텐츠 창작자에게 저작권이 부여되지 않았던 점이 케이콘텐츠뱅크의 문제점이라고 지적하고 있다.

| 오답풀이 |

C : 필자는 대형 플랫폼이 먼저 존재해야 한다는 점에 반대하는 입장이며, 이용자의 관심과 선택의 크기가 크면 저절로 대형 플랫폼이 생겨나게 된다는 입장이라고 볼 수 있다.

D : 젊은 세대와 1인에 한정하는 것이 잘못된 것이라는 주장일 뿐, 2 ~ 3명 이상의 제작자가 참여하는 플랫폼이 더 낫다는 의견은 아니다.

36 문제처리능력 의견에 대해 반박하기

| 정답 | ①

| 해설 | 필자는 플랫폼의 대형화를 먼저 생각할 것이 아니라는 주장에 대한 근거로, '플랫폼은 이용자의 관심과 선택의 크기에 의해 규모가 결정되는 것이지 대형화의 결과로 플랫폼 연결 능력이 생기는 것은 아니다'라고 언급하였다. 따라서 만일 대형 규모가 갖춰진 플랫폼의 성공확률이 높고 이용자 유치에도 더 용이하다는 논리가 성립한다면 필자의 주장은 부적절한 논리를 갖게 된다.

| 오답풀이 |

② 사례로 든 동영상 플랫폼인 엠엔캐스트, 판도라티브이, 엠군 등은 동영상의 품질이 아닌 비싼 망 사용료 때문에 글로벌 플랫폼으로 성장할 기회를 잃은 것이다.

③ 필자는 유튜브와 넷플릭스의 국내 이용자가 코로나로 인해 증가하였다고 말했을 뿐, 코로나 덕분에 사라질 뻔한 기업이 생존해 있다고 언급하지는 않았다.

④ 젊은 창작자와 1인 미디어를 집중 지원한다는 것에 반대하는 이유는 지원 대상을 한정했기 때문인 것이며, 여성과 고연령의 미디어 제작자를 선호한다는 근거를 찾을 수는 없다.

⑤ P2P 전송속도가 빨랐다면 이용자의 유튜브 이동이 줄어들었을 것이며, 플랫폼 기업들이 P2P 사업을 활성화할 수 있었을 것이므로 오히려 인터넷망 사용료가 인하될 수 있었을 것이다.

37 문제처리능력 조건에 따라 등급 산출하기

| 정답 | ②

| 해설 | 빨간 버튼과 파란 버튼을 동일한 횟수만큼 누른다면 재고상태에는 변화가 없다. 따라서 빨간 버튼 13번, 파란 버튼 7번을 누른 것은 빨간 버튼만 6번을 누른 것과 동일하다. 빨간 버튼을 6번 누를 경우 이동 후 재고 상태는 (3, 6, 4, 1)이다. 이동 결과, 저장용량을 초과하는 창고가 없으므로 산출식 X를 적용한다. 초기재고상태와 이동 후 재고상태의 차이의 절댓값이 모두 2로 같으므로 이동 후 보관량의 합은 알파벳 순서가 가장 빠른 A 창고의 수를 두 번 더하여 3+3=6이다. 따라서 2등급에 해당한다.

38 문제처리능력 조건에 따라 횟수 구하기

| 정답 | ④

| 해설 | 4등급이 나왔으므로 이동 결과 저장용량을 초과하는 창고가 없고, 산출식 Y를 적용함에 따라 이동 후 재고상태 기준으로 잉여 저장용량이 가장 적은 창고와 가장 많은 창고의 이동 후 보관량의 합이 15 이상이어야 한다. 이동 후 재고상태를 4가지 경우로 나누면 다음과 같다.

- 이동 후 재고상태가 (8, 7, 9, 6)인 경우 : 잉여 저장용량이 가장 적은 D 창고와 가장 많은 C 창고의 이동 후 보관량의 합은 15이다.
- 이동 후 재고상태가 (9, 8, 6 ,7)인 경우 : 잉여 저장용량이 가장 적은 D 창고와 가장 많은 C 창고의 이동 후 보관량의 합은 13이다.
- 이동 후 재고상태가 (6, 9, 7, 8), (7, 6, 8, 9)인 경우 : D 창고가 저장용량한도를 초과하므로 5등급에 해당한다.

이동 후 재고상태가 (8, 7, 9, 6)이므로 재고상태에는 변화가 없다. 동일 버튼을 4번 누르면 재고상태에 변화가 없으므로 빨간 버튼을 23번 누른 경우 즉, 빨간 버튼을 3번만 누른 경우와 동일하다. 따라서 파란 버튼은 3번을 눌렀음을 알 수 있다.

39 문제처리능력 갑질 이해하기

|정답| ④

|해설| 사람 간에서뿐 아니라 기관과 기관(상급기관과 하급기관) 사이에서도 갑질이 벌어질 수 있다고 설명되어 있다.

|오답풀이|

① 공무원이나 기관이 국민에게, 상급기관이 하급기관에게 행하는 것도 모두 갑질이므로 반드시 상사가 가해자, 부하직원이 피해자인 것만은 아니다.

② 권리나 권한을 부당하게 제한하거나 의무가 없는 일을 부당하게 요구하는 행위가 갑질이다.

③ 공무원 자신이 소속된 기관이 체결하는 물품·용역·공사 등 계약에 관하여 부당 행위가 발생한 것이므로 이 경우는 기관이 국민에게 행한 갑질의 유형이다.

⑤ '상급기관 → 하급기관'의 유형에서는 비용·인력을 부담하도록 부당하게 전가하는 행위를 포함시키고 있다.

40 문제처리능력 갑질 사례 파악하기

|정답| ④

|해설| '고객의 부당한 요구'라고 하였으므로 공무원이 고객에게 부당하게 불이익을 준 것이라고 볼 수 없으며, 다른 민원 고객을 위한 행동으로 판단할 수도 있으므로 갑질에 해당된다고 볼 수 없다.

|오답풀이|

① '공무원 → 공무원' 유형의 갑질에 해당된다.

② '기관 → 국민' 유형의 갑질에 해당된다.

③ '공무원 → 공무원' 유형의 갑질에 해당된다.

⑤ '상급기관 → 하급기관' 유형의 갑질에 해당된다.

6회 기출예상문제

▶ 문제 208쪽

01	①	02	③	03	②	04	②	05	③
06	④	07	③	08	⑤	09	③	10	④
11	④	12	②	13	③	14	④	15	⑤
16	④	17	④	18	③	19	④	20	②
21	⑤	22	④	23	①	24	⑤	25	②
26	③	27	②	28	③	29	②	30	④
31	④	32	②	33	④	34	①	35	⑤
36	④	37	⑤	38	⑤	39	③	40	③

01 문서이해능력 글의 주제 파악하기

|정답| ①

|해설| 제시된 글은 상대방에게 말할 때 '까'를 활용한 열린 질문으로 말하면 저항이 적어져 마음이 열리게 되고, 질문에 대해 스스로 생각하여 내린 결론을 거부감 없이 받아들일 수 있게 됨을 설명하고 있다. 따라서 글의 주제로 가장 적절한 것은 ①이다.

02 문서이해능력 상황에 맞는 사자성어 파악하기

|정답| ③

|해설| 제시된 상황은 A가 융통성 없이 행동한 경우로, 시세의 변천도 모르고, 낡은 것만 고집하는 어리석음을 비유한 말인 각주구검으로 표현할 수 있다.

|오답풀이|

① 와신상담 : 섶에 눕고 쓸개를 씹는다는 뜻으로, 원수를 갚으려고 온갖 괴로움을 참고 견딤.

② 삼고초려 : 인재를 맞기 위해 참을성 있게 힘씀.

④ 오월동주 : 뜻이 전혀 다른 사람들이 한자리에 있게 됨.

⑤ 고진감래 : 고생 끝에 낙이 옴.

03 문서작성능력 표기가 적절한 단어 찾기

| 정답 | ②

| 해설 | • '허용되는 범위에서 크게 벗어나지 아니한 상태에 있다'라는 뜻의 형용사는 '웬만하다'이므로 '웬만한'이 맞다.

• '-든지'는 실제로 일어날 수 있는 여러 가지 중에서 어느 것이 일어나도 뒤 절의 내용이 성립하는 데 아무런 상관이 없음을 나타내는 연결 어미이고, '-던지'는 막연한 의문을 뒤 절의 사실이나 판단과 관련시키는 데 쓰는 연결 어미이다. 따라서 '말하든지'가 맞다.

| 오답풀이 |

• '-로서'는 신분과 자격을 나타내며 '-로써'는 도구와 수단을 나타내므로 '인턴으로서'가 맞다.

• '금세'는 '금시에'의 줄임말이고 '금새'는 잘못된 표기이다.

• '뒤처지다'는 어떤 수준이나 대열에 들지 못하고 뒤로 처지거나 남게 되는 것을 말하며 '뒤쳐지다'는 물건이 뒤집혀서 젖혀진다는 뜻이므로 '뒤처지는'이 맞다.

04 문서이해능력 경영혁신사례 이해하기

| 정답 | ②

| 해설 | ㄱ. 사업개요의 '공공임대상가로 전환하여 사회적기업 유치, 청년창업가, 경력단절여성에게 창업지원'을 통해 알 수 있다.

ㄹ. 향후계획의 '사회적경제기업, 영세소상공인, 신중년, 실수요자 등으로 공급대상자 확대'를 통해 알 수 있다.

ㅁ. 향후계획의 '법률 · 회계 등 외부서비스 연계 제공'을 통해 알 수 있다.

| 오답풀이 |

ㄴ. 경력단절여성 창업희망자에게 영구임대 미임대 상가를 시세로부터 30% 할인된 가격이 아닌, 시세의 30% 가격으로 제공하고 창업가금 및 컨설팅을 지원한다.

ㄷ. 청년 및 경력단절여성의 창업을 패키지로 지원함으로써 경력단절여성 10개팀, 청년 6개팀을 선정하였다.

05 문서이해능력 기사문 이해하기

| 정답 | ③

| 해설 | ㉡ 스마트 우편함은 스마트폰 등과 연결되는 편리한 전자식 우편함이다.

㉤ 무인택배시스템은 일반적으로 아파트 3 ~ 4개 건물당 1개씩 설치돼 상대적으로 거리가 먼 입주민들은 별로 사용하지 않는 실정이었다.

| 오답풀이 |

㉠ ○○공사는 스마트 우편함을 2020년부터 만드는 ○○ 분양주택에 전부 적용하기로 하였다.

㉢ 제시된 기사문을 통해 알 수 없는 내용이다.

㉣ 스마트 우편함은 각 동 출입구별로 설치될 예정이다.

06 문서이해능력 기사 내용 이해하기

| 정답 | ④

| 해설 | • 영희 : "○○공사는 코로나19로 어려움을 겪고 있는 주거약자를 위해 임대주택과 임대상가의 임대료를 최대 50%까지 감면하고"를 통해 적절한 반응임을 알 수 있다.

• 윤지 : "서민이 안심하고 사는 주거환경 조성을 위해 정부 정책사업으로 추진하는 주거복지로드맵"을 통해 적절한 반응임을 알 수 있다.

| 오답풀이 |

• 민수 : "콜센터 근무자 분산 근무"를 통해 콜센터 근무자에게 분산 근무를 도입한 것은 알 수 있지만, 인공지능 콜 상담 기술을 도입했는지에 대해서는 알 수 없다.

• 수혁 : "내년으로 예정된 3기 신도시 사전청약도 정상적으로 진행한다"를 통해 3기 신도시 사전청약이 연기되지 않음을 알 수 있다.

07 문서작성능력 기사에 적절한 제목 찾기

| 정답 | ③

| 해설 | 빈칸을 제목으로 하는 기사 본문의 내용은 ○○공사가 주거복지로드맵, 3기 신도기 등을 통해 주거안정

지원을 위한 주택 시장 공급에 성공했음을 다루고 있다. 따라서 해당 글의 제목으로는 '주거복지로드맵 · 3기 신도시 등 주택정책사업 순항'이 가장 적절하다.

08 문서이해능력 안내문 이해하기

| 정답 | ⑤

| 해설 | '소득확인 대상자 중 임신 중인 자가 있는 경우 병원에서 발행한 임신확인서 추가 첨부'를 통해 확인할 수 있다.

| 오답풀이 |

① 공통적으로 제출해야 하는 서류는 재학증명서, 주민등록등본이다.

② 2, 3순위 중 장애인가구는 장애인등록증을 첨부해야 하므로, 1순위는 제외된다.

③ 신청자가 배우자와 사별 또는 이혼한 경우 모두 혼인관계증명서를 제출해야 한다.

④ 기혼자의 경우, 세대 분리된 배우자의 등본을 추가 첨부해야 한다.

09 문제처리능력 신청 서류 여부 파악하기

| 정답 | ③

| 해설 | 부모가 이혼했을 시, 부 또는 모의 혼인관계증명서를 제출해야 한다. 따라서 둘 중 누구의 혼인관계증명서도 제출하지 않은 대학생 C는 청년전세임대주택 지원을 받을 수 없다.

10 문제처리능력 선정조건 이해하기

| 정답 | ④

| 해설 | 사업지구 내 본인 소유 주택에 거주하였으나 공람공고일 이전에 주택을 매도하였으므로 이주대책 대상자에 선정될 수 없다.

| 오답풀이 |

① 사업지구 내 본인 소유 주택이 있고, 질병으로 인한 요양에 해당한다.

② 사업지구 내 본인 소유 주택이 있고, 공익사업지구 내 타인이 소유하고 있는 건축물에 거주한 것에 해당한다.

③ 사업지구 내 본인 소유 주택이 있고, 징집으로 인한 입영에 해당한다.

⑤ 사업지구 내 본인 소유 주택이 있고, 공무의 이유로 실제 거주하지는 않았더라도 계속하여 거주한 것으로 인정된다.

11 문서이해능력 자료의 내용 이해하기

| 정답 | ④

| 해설 | 사업방식이 '시설물 청주시 매입확약'을 통해 청주시는 공예관은 준공시 건설원가로, 상업시설은 임대종료 후 직접사업비의 80%에 해당하는 금액으로 매입할 것임을 알 수 있다.

12 문서이해능력 자료의 내용 이해하기

| 정답 | ②

| 해설 | 제41조 제5항에 의하여 부도임대주택의 매입절차는 대통령령으로 정한다.

| 오답풀이 |

① 제41조 제2항에서 확인할 수 있다.

③ 제43조 제1항에서 확인할 수 있다.

④ 제43조 제2항에서 확인할 수 있다.

⑤ 제44조 제1항과 제2항에서 확인할 수 있다.

13 문제처리능력 금액 계산하기

| 정답 | ③

| 해설 | A 씨가 국민임대아파트 전환 보증금 제도를 이용하기 전 1년간 월 임대료로 지출하는 비용은 $40 \times 12 = 480$(만 원)이다. 해당 제도를 이용하면 월 임대료는 최대 60%까지 경감이 가능하므로 $40 \times 0.6 = 24$(만 원)이 경감되어 임대료는 16만 원이 되고, 이 경우 시 A 씨는 1년간 $16 \times 12 = 192$(만 원)을 지불하게 된다. 임대보증금 100만 원당 월 임대료 5,000원 차감이 가능하므로 A 씨는 임대보증금을 $\frac{240}{5} =$ 48(백만 원) 증액해야 하며, 해당 금액의 이자는 $4,800 \times 0.02 = 96$(만 원)이다. 따라서 보증금 전환 시 지출 금액은

96+192=288(만 원)이므로 1년간 이득을 보는 금액은 480−288=192(만 원)이다.

14 문제처리능력 자료를 토대로 판단하기

| 정답 | ④

| 해설 | A 부부는 자녀가 없으므로 최대 2회의 재계약이 가능하다.

| 오답풀이 |

① A 부부는 혼인신고를 마치고 자녀는 없으며 신혼부부 Ⅱ형에 신청했으므로 신혼부부 입주대상에 해당한다.

② 수도권 신혼부부 Ⅱ형의 전세금 지원한도액은 24,000만 원이며 Ⅱ형의 임대보증금은 전세지원금의 20%이므로 최대 4,800만 원의 보증금이 필요하다.

③ 수도권 신혼부부 Ⅱ형의 전세금 지원한도액은 24,000만 원이며 전세금은 호당 지원한도액의 250% 이내로 제한하기 때문에 전세금 6억 원 이내 주택까지 입주할 수 있다.

⑤ 신혼부부 Ⅰ형은 도시근로자 가구원수별 월평균소득 70% 이하일 경우 지원 가능하나 배우자가 소득이 있는 경우 90% 이하일 때도 지원 가능하다.

15 문서이해능력 자료를 통해 추론하기

| 정답 | ⑤

| 해설 | 도시개발사업은 공공, 민간, 민관공동 등 다양한 사업이 가능하다고 하였으므로 중앙 정부의 개입은 도시개발사업의 장점으로 적절하지 않다.

16 도표분석능력 통계자료 해석하기

| 정답 | ④

| 해설 | '주택 재고 상승률

$$=\frac{\text{20X9년 주택 재고}-\text{20X8년 주택 재고}}{\text{20X8년 주택 재고}}\times 100(\%)$$'

이다. 울산광역시는 제시된 지역 중 분자가 가장 크고, 분모가 가장 작으므로 주택 재고 상승률이 가장 크다는 것을 알 수 있다.

| 오답풀이 |

① 인구에 대한 통계자료는 제시되어 있지 않기 때문에 알 수 없다.

② 공공임대주택 재고에서 가장 높은 비중을 차지하는 것은 30년 임대이다.

③ 주택 재고가 전년 대비 가장 많이 상승한 임대주택은 30년 임대이지만 상승률이 가장 큰지에 대해서는 제시된 자료를 통해 알 수 없다.

⑤ 특별시 · 광역시의 전체 공공임대주택 재고가 437,146호이므로 국내 전체 주택 수는 $437,146\times\frac{100}{8}=5,464,325$(호) 이상이다.

17 문제처리능력 임대보증금과 임대료 구하기

| 정답 | ④

| 해설 | • A 씨 : 월 임대료를 6만 원 감액하고자 하므로 임대보증금 증액분을 x만 원으로 두면 $x\times0.06\div12=6$(만 원), $x=6\div0.06\times12=1,200$(만 원)이다. 따라서 A 씨의 임대보증금은 1억 3천2백만 원이다.

• B 씨 : 임대보증금을 3천만 원 감액하고자 하므로 $3,000\times0.03\div12=7.5$(만 원), 즉 월 임대료는 7만 5천 원 증가한다. 따라서 B 씨의 월 임대료는 47만 5천 원이다.

18 문제처리능력 축산보상 대상자 구하기

| 정답 | ③

| 해설 | 제시된 가축 현황 비율의 합을 구하면 다음과 같다.

가축 현황	기준 마릿수의 비율 합
꿀벌 10군, 오리 100마리	$10\div20+100\div150\geq1$
염소 5마리, 개 15마리	$5\div20+15\div20\geq1$
소 3마리, 양 5마리	$3\div5+5\div20<1$
토끼 100마리, 닭 100마리	$100\div150+100\div200\geq1$
사슴 10마리, 돼지 10마리	$10\div15+10\div20\geq1$

따라서 ③의 가축 현황은 축산보상을 받을 수 없다.

19 문서이해능력 공고문 이해하기

|정답| ④

|해설| 공급 가능한 주택을 개방하고 순번에 따라 희망하는 주택을 지정하기 때문에 순번이 후순위라면 원하는 매입주택에 입주할 수 없을 가능성이 높다.

|오답풀이|

① 공고일인 7월 31일이 입주자격 판단 기준일이므로 2022년 8월에 혼인 예정인 사람은 입주자격을 얻지 못한다.

② 총 2,345호를 공급하며 입주가능 주택의 3배수를 모집하므로 모집인원의 수는 7,035명이다.

③ 수급자, 지원대상 한부모가족, 차상위계층은 시중 시세 30% 조건으로 임대를 받을 수 있기 때문에 40% 임대를 받는 것보다 혜택이 크다.

⑤ 최초 임대기간이 2년이고 2년씩 재계약이 9회까지 가능하기 때문에 총 20년까지 임대할 수 있다.

20 문제처리능력 정보를 바탕으로 추론하기

|정답| ②

|해설| 지분적립형 분양주택은 최대 30년까지 임대할 수 있으나 일반지역의 경우 최대 20년이다.

21 도표분석능력 자료 내용 해석하기

|정답| ⑤

|해설| 전년 동기 대비 비율을 확인하면 20X1년 누적 매출액 순위는 B 건설이 A 건설보다 높다.

|오답풀이|

① 20X2년 영업이익률은 A 건설이 $\frac{8,429}{99,066}\times 100 \fallingdotseq 8.5$(%)로 가장 크다.

② 20X2년 매출액 중 주택매출 비중은 D 건설이 $\frac{56,440}{89,520}\times 100 \fallingdotseq 63$(%)으로 가장 크다.

③ 전년 대비 매출은 줄었으나 영업이익이 증가한 곳은 B, D 건설로 두 곳이다.

④ 20X1년 영업이익은 C 건설이 $6,772\div(1-0.144)\fallingdotseq 7,911$(억 원)으로 가장 크다.

22 도표분석능력 자료의 수치 분석하기

|정답| ④

|해설| 표에 제시된 광역시 중 순이동이 두 번째로 적은 도시는 광주광역시이다.

|오답풀이|

① 부산, 대구, 인천, 광주의 총전입자 수를 더한 값은 36,788+27,178+36,022+18,435=118,423(명)으로 서울의 총전입자 수가 더 크다.

② 서울특별시의 시도 간 전입자 수는 39,940명, 부산광역시의 시도 간 전입자 수는 8,802명으로 $\frac{39,940}{8,802}\fallingdotseq 4.5$(배) 차이가 난다.

③ 표에 제시된 모든 행정구역의 순이동자 수를 더하면 12,306명이다.

⑤ 부산광역시의 총전입자 수는 36,788명, 세종특별자치시의 총전입자 수는 4,598명으로 부산의 총전입자 수가 $\frac{36,788}{4,598}\fallingdotseq 8$(배) 더 많다.

23 문서작성능력 자료를 바탕으로 수정하기

|정답| ①

|해설| 공공 드롭 시스템 도입은 화성시의 스마트시티 중장기 플랜에 해당된다.

24 도표분석능력 자료의 수치 분석하기

|정답| ⑤

|해설| 202X년 1월부터 7월까지 봉급생활자 가계수입전망지수는 89가 최저이지만 자영업자 가계수입전망지수는 67이 최저이므로 평균적으로 봉급생활자가 자영업자보다 가계수입전망을 더 긍정적으로 예측하는 경향을 보였다고 추론할 수 있다. 또한 봉급생활자 소비지출전망지수는 최저 97, 자영업자 소비지출전망지수는 최저 74이므로, 마찬가지로 봉급생활자가 자영업자보다 소비지출전망을 더 긍정적으로 예측하는 경향을 보였다고 추론할 수 있다.

25 도표분석능력 자료의 수치 분석하기

| 정답 | ②

| 해설 | 제시된 자료에는 전국의 신규공급 배정 물량이 나와 있지 않다. 수도권 전체에서 서울을 제외한 신규공급 배정 물량이 3,110−1,442=1,668(가구)이다.

| 오답풀이 |

① 종로구, 중구, 중랑구의 신규공급 배정 물량이 서울 전체에서 차지하는 비율은 $\frac{(26+26+101)}{1,442}\times 100 \fallingdotseq 10.6(\%)$로, 10%를 초과한다.

③ 서울 전체에서 고령자 가구가 차지하는 비율은 $\frac{564}{1,442}\times 100 \fallingdotseq 39.1(\%)$로, 40%를 넘지 못한다.

④ 영등포구에서 고령자 가구가 차지하는 비율은 $\frac{20}{51}\times 100 = 39.2(\%)$이고, 동작구에서 고령자 가구가 차지하는 비율은 $\frac{22}{55}\times 100 = 40(\%)$이다. 따라서 영등포구의 고령자 가구 비율이 더 낮다.

⑤ 노원구와 강서구, 중랑구의 신규공급 배정 물량을 합친 값이 수도권 전체에서 차지하는 비율은 $\frac{(90+63+101)}{3,110}\times 100 \fallingdotseq 8.2(\%)$이고, 구로구와 양천구의 신규공급 배정 물량을 합친 값이 서울 전체에서 차지하는 비율은 $\frac{(51+62)}{1,442}\times 100 \fallingdotseq 7.8(\%)$이다.

26 도표분석능력 자료의 수치 분석하기

| 정답 | ③

| 해설 | ㉡ 20X5년 도시가스의 1인 공급량이 3,000톤이라면 공급량이 21,678천 톤이므로 표준사용량은 $\frac{21,678,000}{3,000}$ =7,226(톤)이다.

㉢ 20X1년 열에너지의 표준사용량은 $\frac{1,020}{2,040}$=0.5(톤)이고 공급량은 1,702천 톤이므로 1인 공급량은 $\frac{1,702,000}{0.5}$ =3,404,000(톤)이다.

| 오답풀이 |

㉠ 신재생 에너지의 공급량은 5,834천 톤 → 7,124천 톤 → 7,883천 톤 → 9,466천 톤 → 11,096천 톤으로 20X1년 이후 점차 늘어나고 있다.

㉣ 20X5년 LNG의 1인 공급량이 1,400톤이라면 공급량이 850천 톤이므로 표준사용량은 $\frac{850,000}{1,400}$이다. 따라서 에너지 사용량 총합은 $850 \div \frac{850,000}{1,400}$ =1.4(톤)이다.

27 기초연산능력 최단 시간 계산하기

| 정답 | ②

| 해설 | 두 가지 이동 방법의 소요시간을 계산하면 다음과 같다.

[방법 1]

- 도보로 2km 이동 : $\frac{2(\text{km})}{4(\text{km/h})}$=0.5(h), 즉 30분
- X 버스로 12km 이동 : $\frac{12(\text{km})}{36(\text{km/h})}=\frac{1}{3}(\text{h})$, 즉 20분

∴ 총 50분, 3,000원 소요

[방법 2]

- 도보로 4km 이동 : $\frac{4(\text{km})}{4(\text{km/h})}$=1(h)
- Y 버스로 10km 이동 : $\frac{10(\text{km})}{50(\text{km/h})}=\frac{1}{5}(\text{h})$, 즉 12분

∴ 총 1시간 12분, 1,500원 소요

철수는 5,000원을 가지고 있으므로 오고가는 데 방법 1과 2를 한 번씩 이용하면 걸리는 시간은 2시간 2분이다.

28 기초연산능력 택시비 계산하기

| 정답 | ③

| 해설 | A 지점에서 F 지점까지 거리는 14km이다. 2km까지는 기본요금인 4,000원이지만 나머지 12km는 200m(0.2km)당 300원의 추가요금이 붙는다고 하였으므로 택시비는 총 4,000+300×(12÷0.2)=22,000(원)이다.

29 도표분석능력 자료의 수치 계산하기

| 정답 | ②

| 해설 | (B)에 들어갈 값은 고신용자 전체 대출보유자 수 중 900점 이상 구간 신용자와 700 ~ 799점 구간 신용자의 수

를 뺀 값과 같다. 따라서 (B)에 들어갈 값은 17,856,718−(8,530,246+2,687,916)=6,638,556이다.

30 도표분석능력 자료의 수치 계산하기

| 정답 | ④

| 해설 | 신용평점이 399점 이하인 저신용자의 대출 보유 비중은 $\frac{977,526}{1,988,492}\times 100 \fallingdotseq 49.16(\%)$이므로 69.11%로 표기한 것은 옳지 않다.

| 오답풀이 |

① 자료에서의 모든 평점대의 인원수는 총 44,818,057+886,262+1,988,492=47,692,811(명), 대출보유자 수는 17,856,718+789,263+977,526=19,623,507(명)이므로 그 비율은 $\frac{19,623,507}{47,692,811}\times 100 \fallingdotseq 41.15(\%)$이다.

② 중신용자의 인원수는 총 886,262명, 대출보유자 수는 640,997+103,659+44,607=789,263(명)이므로 그 비율은 $\frac{789,263}{886,262}\times 100 \fallingdotseq 89.06(\%)$이다.

③ 고신용자의 인원수는 총 44,818,057명, 대출보유자 수는 17,856,718명이므로 그 비율은 $\frac{17,856,718}{44,818,057}\times 100 \fallingdotseq$ 39.84(%)이다.

31 도표분석능력 자료의 수치 분석하기

| 정답 | ④

| 해설 | 20X2년 3월 구직급여 지급액의 전년 동월 대비 증가율은 $\frac{8,982-6,397}{6,397}\times 100 \fallingdotseq 40.4(\%)$이다.

| 오답풀이 |

② 20X2년 3월 구직급여 신청자의 전년 동월 대비 증가율은 $\frac{155,792-125,006}{125,006}\times 100 \fallingdotseq 24.6(\%)$이다.

32 도표분석능력 변동 추이 파악하기

| 정답 | ②

| 해설 | 20X2년 1분기 숙박음식업 구직급여 신청자 수는 전년도 1분기 대비 29,000−19,092=9,908(명)의 증가로 산업별 구직급여 신청자 수 중 가장 크게 증가하였다.

| 오답풀이 |

① 20X2년 1분기 농림어업의 구직급여 신청자 수는 전년도 1분기 대비 1,967−1,636=331(명) 감소하였다.

③ 20X2년 1분기 도소매업 구직급여 신청자 수는 전년도 1분기 대비 $\frac{39,744-33,748}{33,748}\times 100 \fallingdotseq 18(\%)$ 증가하였다.

④ 20X2년 1분기 운수업 구직급여 신청자 수는 전년도 1분기 대비 $\frac{15,768-11,274}{11,274}\times 100 \fallingdotseq 40(\%)$ 증가하였다.

⑤ 20X2년 1분기 예술스포츠업 구직급여 신청자 수는 전년도 1분기 대비 $\frac{7,037-5,446}{5,446}\times 100 \fallingdotseq 29(\%)$ 증가하였다.

33 도표분석능력 변동 추이 파악하기

| 정답 | ④

| 해설 | 공연장은 2023년에 1,024개로 전년과 동일하다.

| 오답풀이 |

②, ③ 공공도서관은 2023년에 전년 대비 $\frac{1,010-978}{978}\times 100 \fallingdotseq 3.3(\%)$증가하였고, 2022년에 전년 대비 $\frac{978-930}{930}\times 100 \fallingdotseq 5.2(\%)$ 증가하였다.

⑤ 문예회관은 2022년에 229개로 전년도의 232개에 비해 감소하였다.

34 도표작성능력 그래프로 변환하기

| 정답 | ①

| 해설 | ㉢ 2021년 100.49조 원, 2022년 105.51조 원으로 수정해야 한다.

㉣ 박물관 853개, 미술관 229개, 공연장 1,024개, 문예회관 236개로 수정해야 한다.

35 사고력 주어진 조건으로 추론하기

| 정답 | ⑤

| 해설 | ㄱ. 정보 1이 참이라면 회사 A에 투표를 한 투자자의 수는 3명이므로 과반수가 회사 B에 투표할 수 없다. 따라서 정보 2는 거짓이 된다.

ㄴ. 정보 2가 참이라면 회사 B에 투표한 투자자는 적어도 3명 이상이 되며, 회사 A에 투표한 투자자는 최대 2명이 된다. 이때 어떠한 경우에도 회사 A의 득표수는 회사 B와 회사 C의 득표수의 합을 넘을 수 없다. 따라서 정보 2가 참이라면 정보 3은 거짓이 된다.

ㄷ. 정보 3이 참이라면 회사 B와 회사 C에 투표한 투자자들의 합은 최대 2명이 된다. 정보 2는 회사 B에 투표한 투자자의 수는 최소 3명이라는 의미이므로, 정보 3이 참이라면 정보 2는 거짓이 된다.

ㄹ. 정보 3이 참이라면 회사 B와 회사 C에 투표한 투자자들의 합은 최대 2명이 된다. 즉 적어도 3명 이상의 투자자들은 회사 A에 투표했음을 알 수 있는데, 정보 1은 회사 A에 투표한 투자자의 수는 3명이라고 단정짓고 있다. 따라서 정보 3이 참이라도 정보 1이 항상 참이 되지는 않는다.

36 사고력 항상 거짓인 진술 고르기

| 정답 | ④

| 해설 | A ~ D를 표로 나타내면 다음과 같다.

구분	국내 주식	원자재	부동산	손실 위험
A	○	○	○	높다
B	×	○	○	높다
C	×	×	○	낮다
D	○	○	×	높다

B, D만을 고려해 보면 둘 다 손실 위험이 높다는 결과가 나왔으며, 원자재 투자가 공통적으로 포함되어 있음을 알 수 있다. 따라서 원자재 투자가 펀드 손실의 주원인이라고 판단할 수 있다.

37 문제처리능력 자료 이해하기

| 정답 | ⑤

| 해설 | 반의 인원 33명이 다 함께 들어갈 수 있는 테마는 수용 인원이 33명 이상인 무협, 마법, 곰돌이 테마로 총 세 개다.

| 오답풀이 |

① 로봇 테마와 마법 테마의 경우, 사진 촬영이 금지된다.

② 구내식당의 정원은 200명이니, 380명의 학생이 식사를 할 경우 교대로 식사를 해야 한다.

③ 로봇 테마는 자원봉사자의 수가 한 명 부족하므로, 다른 선생님이 인솔자로 참여해야 한다.

④ 문의사항은 ○○시청(339－9999)에서 문의할 수 있다.

38 문제처리능력 견학 일정 계획하기

| 정답 | ⑤

| 해설 | 5월 마지막 주에는 5월 30일이 가정의 달 행사라 견학을 갈 수 없고, 5월 31일에는 무협 테마에서만 행사가 진행되므로, 무협 테마가 아닌 견학 일정을 잡을 수 없다.

| 오답풀이 |

① 학생들이 학교에 가는 2, 3, 4, 5, 6일 중 5일과 6일에는 어린이날 행사로 학교를 비우므로 학교에 있는 날은 3일뿐이다.

② 학생들이 학교 행사 일정을 평일에 한 번도 가지 않는 주는 둘째 주와 넷째 주이며, 어린이날 행사는 둘째 주 평일에 열리지 않으므로 학교에 있는 날이 가장 많은 주는 둘째 주이다.

③ 아이들은 토요일, 일요일에 행사에 참여할 수 없으므로, 로봇 테마에 아이들을 데리고 갈 수 있는 날은 5월 20일 하루뿐이다.

④ 셋째 주에 견학 가능한 날은 17일, 18일, 19일, 20일이므로 가능한 테마는 마법 테마와 숲속의 친구 테마, 무협 테마, 로봇 테마로 네 개다.

39 문제처리능력 자료 이해하기

| 정답 | ③

| 해설 | B 국가와의 업무 미팅이 완료된 이후에 C 국가와의

미팅에 대한 사전 회의가 진행될 수 있으므로, 가능한 날짜는 19일, 20일, 21일, 24일로 나흘이다. C 국가 바이어와의 미팅에는 재무부, 기획부, 영업부가 반드시 참석해야 하는데 8월 20일, 8월 21일에는 기획부, 영업부의 업무일정이 있으므로 진행할 수 있는 날은 19일 수요일 또는 24일 월요일이다.

40 문제처리능력 회의 날짜 정하기

| 정답 | ③

| 해설 | B 국가 바이어와의 업무 미팅 이전에 C 국가 바이어와의 업무 미팅을 위한 사전 회의를 진행할 수 없다. 따라서 8월 18일 이후에 회의 진행이 가능한 날을 달력으로 나타내면 다음과 같다.

일	월	화	수	목	금	토
						1
2	3	4	5	6	7	8
9	10	11	12	13	14	15
16	17	~~18~~	⑲	~~20~~	~~21~~	~~22~~
~~23~~	㉔	25	26	27	28	29
30	31					

따라서 제시된 선택지 중 8월 19일에만 C 국가 바이어와의 업무미팅을 위한 사전 회의가 진행될 수 있다.

NCS
직업기초능력
대비

최신
LH공사
출제유형

2025
고시넷
공기업

LH 한국토지주택공사
5·6급 NCS
기출예상모의고사

gosinet
(주)고시넷

공기업_NCS

2025 고시넷 공기업
초록이① NCS 통합기본서
2025 고시넷 공기업
초록이② NCS 통합문제집
고시넷 공기업
NCS 피듈형 통합 오픈봉투모의고사 6회
2025 고시넷 공기업
LH 한국토지주택공사 5·6급 NCS 기출예상모의고사
2025 고시넷 공기업
LH 한국토지주택공사 7급 업무직원 NCS 기출예상모의고사

2025 고시넷 공기업
코레일 한국철도공사 NCS + 철도법 기출예상모의고사
2025 고시넷 공기업
코레일 한국철도공사 경영학 직무수행능력평가 기출문제집
2025 고시넷 공기업
코레일 한국철도공사 보훈·고졸채용 NCS + 철도법 기출예상모의고사
고시넷 공기업
서울교통공사 NCS 기출예상모의고사 8회
2025 고시넷 공기업
부산교통공사 NCS + 전공필기 부산시 공공기관 통합채용 NCS 기출예상모의고사

2025 고시넷 공기업
경기도 공공기관 통합채용 NCS 직업기초능력평가 기출예상모의고사
고시넷 공기업
한국산업인력공단 6급 NCS + 한국사 + 영어 기출예상모의고사 5회
2025 고시넷 공기업
한국가스공사 NCS 직업기초능력 기출예상모의고사
2025 고시넷 공기업
한국도로공사서비스 NCS 기출예상모의고사
고시넷 공기업
한국전력공사 NCS 기출예상모의고사 5회

고시넷 공기업
사람인 NCS 출제유형모의고사
고시넷 공기업
인크루트 NCS 출제유형모의고사
고시넷 공기업
휴노 NCS 출제유형모의고사
고시넷 공기업
매일경제 NCS 출제유형모의고사
고시넷 공기업
휴스테이션 한국사회능력개발원 NCS 출제유형모의고사

2025 고시넷 공기업
한국도로공사 NCS 직업기초능력 기출예상모의고사
2025 고시넷 공기업
사무직 통합전공 핵심이론 + 문제풀이
고시넷 공기업
한국수자원공사 NCS 기출예상모의고사 6회
2025 고시넷 공기업
코레일 한국철도공사 경영학 통합기본서
2025 고시넷 공기업
한국수력원자력 NCS 직업기초능력 + 상식 기출예상모의고사